이토록 쉬운
데이터 요약과 시각화
with **R**

이토록 쉬운
데이터 요약과 시각화
with R

초판 1쇄 발행 2022년 2월 7일

지은이 임경덕
편   집 윤나라
펴낸이 한창훈

펴낸곳 루비페이퍼 등록 2013년 11월 6일(제 385-2013-000053호)
주소 경기도 부천시 길주로 284 913호
전화 032-322-6754   팩스 031-8039-4526

홈페이지 www.RubyPaper.co.kr
ISBN 979-11-86710-71-5

- 이 책은 저작권법에 따라 보호받는 저작물이므로 무단 전재와 무단 복제를 금하며,
  이 책 내용의 전부 또는 일부를 이용하려면 저작권자와 루비페이퍼의 서면 동의를 받아야 합니다.
- 책값은 뒤표지에 있습니다.
- 잘못된 책은 구입처에서 교환해 드리며, 관련 법령에 따라서 환불해 드립니다.
  단 제품 훼손 시 환불이 불가능 합니다.

임경덕 지음

루비페이퍼

여는 말

월급을 받으며 일한다는 것은 쉽지 않습니다. 사무를 보는 회사에 다녀본 사람이라면 누구나 한 번쯤 인수인계를 받은 경험이 있을 텐데, 선배가 엑셀 파일을 열어 열심히 설명을 해줘도 도무지 무엇을 하는 것인지 이해할 수 없었던 적이 있을 겁니다. 그래도 장부를 펼치고 계산기를 두드려 펜으로 직접 쓰는 것보다는 낫습니다. 우리는 그렇게 알음알음 엑셀을 배워 일을 해나갑니다. 그런데 어느 날 평화롭던 사무실이 뒤숭숭합니다. 해외 선진 사례들과 희망으로 가득한 미래 전략 세미나를 다녀온 대표님이 회의에서 한 마디를 딱 하십니다. "디지털 트랜스포메이션!" 감성으로 충만했던 아날로그 대신 숫자로 가득한 디지털의 기운이 갑자기 회사를 에워쌉니다. 왠지 우리가 일하는 방식이 바뀔 것만 같습니다.

엑셀을 사용한다면 데이터를 분석하고 있다는 뜻입니다. 즉, 우리는 이미 회사에서 활발하게 데이터 분석을 하고 있습니다. 그런데 디지털 트랜스포메이션은 우리에게 똑같은 분석도 더 빠르고 효율적으로, 기존과 다른 새로운 방법으로 할 것을 요구합니다. 그러다 보니 자연스럽게 새로운 도구를 사용하게 됐습니다. 요즘은 컴퓨터 수만큼 구매해야 하는 엑셀 같은 프로그램보다 훨씬 경제적인 오픈소스 분석 도구들이 성장하고 있으며, 이미 많은 회사가 오픈소스 도구들을 도입하고 있습니다.

엑셀 같은 소프트웨어는 사용자가 라이선스를 구매하거나 구독료를 냄으로써 사용할 수 있지만, 이 소프트웨어를 어떻게 만들었는지 뜯어볼 수는 없습니다. 오픈소스(open source)는 말 그대로 어떤 소프트웨어의 프로그래밍 방법을 누구든 확인하고 수정할 수 있으며, 다른 오픈소스와 결합할 수도 있습니다. 오픈소스로 만들어진 도구는 기존의 상용 소프트웨어와 비교해 성능이 뒤처지지 않을뿐더러 오히려 더 뛰어난 성능을 보이기도 합니다. 물론 상용 소프트웨어처럼 제작사의 지원을 받기는 어렵지만, 커뮤니티를 중심으로 정보 공유를 통해 문제를 해결하고 도움을 얻을 수 있습니다. 상용 소프트웨어보다 적은 비용으로 문제를 해결하거나 새로운 것을 시도해볼 수 있기 때문에 기업들은 오픈소스 도구에 관심이 많을 수밖에 없습니다.

여는 말

이 책을 비유하자면 'How are you?' 문장 아래에 '하우 아 유?'라고 음역을 달아 놓은 영어 회화책이라고 생각하면 될 듯합니다. 어느 날부터 갑자기 사무실에서 영어만 쓰기로 지침이 내려졌다고 해봅시다. 영어를 못하면 배워야겠죠. 이 책은 갑자기 맡게 된 데이터 분석 업무를 하기 위해 오픈소스 도구인 R을 급하게 배워야 하는 분들을 위해 썼습니다. 알파벳부터 시작해서 복잡한 문장 독해까지 10년 넘게 영어를 배웠지만 영어로 말 한마디 하기는 어려운 것처럼, R도 마찬가지로 기본적인 사용법과 명령어부터 배우기 시작하면 시간이 오래 걸리지만 실제로 데이터 분석을 잘할 수 있을 거라는 보장은 없습니다. 그래서 이 책에서는 실제 업무에서 자주 등장하는 분석 사례들을 살펴보고 당장 써먹을 수 있는 명령어들을 정리했습니다.

이 책의 실습에서 사용하는 데이터는 여러 데이터를 이것저것 섞지 않고 하나의 데이터로 구성했습니다. 실습을 따라 하면서 응용하다 보면 '아'하고 깨닫는 순간이 올 겁니다. 그러기 위해 쉬운 내용은 더 간결하게, 어려운 내용은 풀어서 설명했습니다. R을 처음 배우는 것이 쉽지는 않겠지만 어디서 어떤 일을 하든 여러분에게 꼭 도움이 될 것입니다. 기계처럼 일하지 말고 기계를 잘 부려서 편하게 일해봅시다!

목차

01장 데이터 분석의 이해

- 1.1 데이터는 무엇일까요? … 1
- 1.2 데이터와 개발 … 3
- 1.3 데이터 분석 … 5
- 1.4 데이터 분석 도구 … 9
  - 1.4.1 SQL … 9
  - 1.4.2 엑셀 … 10
  - 1.4.3 R … 11
- 1.5 디지털 트랜스포메이션과 인공지능 … 13

02장 데이터 분석 준비하기

- 2.1 R 설치 … 16
- 2.2 RStudio 설치 … 19
- 2.3 R과 RStudio 실행 … 21
  - 2.3.1 RStudio 화면 설정 … 25
- 2.4 기본 명령어와 규칙 … 26
  - 2.4.1 =을 활용한 저장 … 27
  - 2.4.2 따옴표를 활용한 문자 표현 … 28
  - 2.4.3 c() 함수로 값 나열 … 28
  - 2.4.4 다양한 문자열과 수열 … 29
  - 2.4.5 문자 관련 함수 … 31
  - 2.4.6 인덱스를 활용한 부분 선택 … 32
  - 2.4.7 공백과 주석 처리 … 33
- 2.5 실습 데이터 소개 … 35
- 2.6 실습자료 다운로드 … 37
- 2.7 패키지 설치 … 40
- 2.8 함수 도움말 확인 … 41

03장 데이터 불러와서 살펴보기

3.1 CSV 파일 불러오기	43
3.2 XLSX 파일 불러오기	50
3.3 데이터 살펴보기	52
3.3.1 View() 함수	52
3.3.2 head(), tail() 함수	53
3.3.3 names() 함수	54
3.3.4 dim(), nrow(), ncol() 함수	57
3.4 데이터 결합하기	58
3.4.1 rbind() 함수	59
3.4.2 merge() 함수	61

04장 패키지를 활용한 요약과 시각화

4.1 실습 데이터 불러오기	67
4.1.1 결제 내역 데이터	67
4.1.2 고객 상세 데이터	69
4.1.3 가맹점 상세 데이터	70
4.2 magrittr 패키지의 %>%	71
4.3 tibble 패키지의 tibble() 함수	76
4.4 dplyr 패키지의 함수	78
4.4.1 summarise() 함수를 활용한 요약값 계산	79
4.4.2 filter() 함수를 활용한 부분 관측치 선택	83
4.4.3 group_by() 함수를 활용한 그룹별 처리와 요약	96
4.4.4 arrange() 함수를 활용한 관측치 정렬	102
4.4.5 파이프라인의 순서	106
4.5 ggplot2 패키지를 활용한 시각화	109
4.5.1 수치형 변수의 히스토그램과 상자그림	111
4.5.2 범주형 변수의 막대그래프	118

05장 다양한 데이터 요약과 시각화

5.1 변수를 몇 개만 보거나 숨기고 싶어요	124
5.2 연령대 변수를 만들어서 분석하고 싶어요	132
5.3 비어 있는 결측치를 채우고 싶어요	140
5.4 다양한 조건으로 그룹 변수를 만들어볼까요?	150
5.5 고객별로 결제 금액이 가장 큰 업종을 찾고 싶어요	155
5.5.1 고객별 최근 결제 건을 찾고 싶어요	158
5.5.2 업종별로 매출액이 가장 높은 가맹점을 찾고 싶어요	159
5.6 업종별로 돈을 제일 많이 쓴 고객을 살펴봅시다	163
5.7 결제 금액이 가장 큰 고객의 정보를 확인하고 싶어요	164
5.8 주소를 쪼개서 지역별로 분석해봅시다	169
5.8.1 n번째 글자를 추출하고 싶어요	170
5.8.2 공백을 기준으로 주소를 나누고 싶어요	173
5.8.3 일부 문자만 추출하고 싶어요	175
5.9 1, 2 대신 남, 여로 바꿔야 이해하기 편합니다	179
5.10 그룹에 따라 결제 금액 분포가 어떻게 다를까요?	184
5.11 두 개 그룹을 활용한 요약을 그래프로 표현해봅시다	192
5.12 연령대별 선호 업종을 찾고 히트맵으로 표현해봅시다	196
5.13 일별 매출 추이를 그리고 요일별로 분석합시다	207
5.13.1 날짜와 시간을 표현해봅시다	209
5.14 가맹점의 매출 건수와 매출 금액의 관계를 살펴봅시다	221
5.15 관측치를 나눠서 그래프를 그리면 뭔가 보입니다	227
5.16 밥 먹고 두 시간 안에 어떤 업종에서 결제를 많이 할까요?	238
5.16.1 고객 실적을 구분해봅시다	238
5.16.2 식후 두 시간 안에 어떤 가게를 많이 이용할까요?	244

06장 분석 결과 공유하기

6.1 CSV 파일로 데이터 내보내기 ... 251
6.2 이미지 파일로 그래프 내보내기 ... 255

맺음말 ... 260

APPENDIX 부록

A.1 데이터베이스와 SQL에 관한 간단한 설명 ... 262
A.2 RStudio의 프로젝트 기능 활용 ... 265
A.3 tidyr 패키지를 활용한 전처리 ... 269
    A.3.1 complete()를 활용한 조합 생성 ... 270
    A.3.2 replace_na()와 fill()을 활용한 결측치 대체 ... 274
    A.3.3 spread()와 gather()를 활용한 형태 변환 ... 278
A.4 파이프 연산자의 추가적인 활용 ... 282
A.5 ggplot2 패키지의 주요 그래프 속성 변경 함수 ... 286
    A.5.1 qplot()을 활용한 단순한 그래프 작성 ... 287
    A.5.2 reorder()를 활용한 범주형 축의 수준 순서 변경 ... 289
    A.5.3 축 바꾸기 ... 291
    A.5.4 수치형 축의 척도, 이름, 범위 지정하기 ... 292
    A.5.5 색상 조합 바꾸기 ... 296
    A.5.6 그래프에 제목 달기 ... 300
    A.5.7 그래프 테마 변경하기 ... 302
    A.5.8 그래프 폰트 설정하기 ... 304

목차

A.6 간단한 정규 표현식 ... 306
    A.6.1 grep()과 grepl()을 활용한 문자열에서 패턴 찾기 ... 307
    A.6.2 정규표현식의 활용 ... 309
    A.6.3 gsub()를 활용한 찾아 바꾸기와 부분 추출 ... 314

A.7 변수 형식 ... 319
    A.7.1 변수 형식 확인 ... 319
    A.7.2 변수 형식 변환 ... 322

01장

데이터 분석의 이해

데이터 분석 경험이 많거나 R을 바로 시작하고 싶다면 이 장은 건너뛰어도 괜찮습니다. 이 장에서는 제가 학교에서 배우고, 회사에서 일하고, 또 여러 곳에서 강의하면서 얻은 경험을 토대로 데이터 분석에 대해 이야기합니다. 데이터 분석의 기본 개념과 분석 절차, 비즈니스에서의 데이터 분석 환경 등 알아두면 도움이 되는 내용입니다. 그럼 데이터에 관한 이야기부터 시작하겠습니다.

1.1 데이터는 무엇일까요?

우리는 살아가면서 글을 쓰고 사진을 찍고 숫자를 적으며 수많은 기록을 남깁니다. 그리고 우리가 모르는 새 다른 누군가도 우리에 관한 것들을 기록합니다. 스마트폰을 한 번 터치할 때마다, 물건을 사거나 카드 결제를 할 때마다, 그리고 위치가 바뀔 때마다 기록이 남습니다.

넓게 생각하면 우리가 남긴 모든 흔적을 데이터라고 할 수 있습니다. 요즘 같은 디지털 세상에서는 우리의 행동 하나하나가 데이터로 기록되죠. 그러나 이런 데이터는 우리가 직접 저장하는 것이 아닙니다. 우리가 다양한 서비스를 사용하면서 흔적을 남기면, 서비스를 제공한 그 회사들이 흔적들을 모아 방대한 데이터로 쌓습니다.

물건을 파는 유통사는 어떤 고객이 어떤 상품을 얼마나 샀는지를 기록합니다. 신용을 파는 금융사는 어떤 고객이 어디서 어떤 서비스를 어떻게 이용했는지 기록합니다. 전파를 파는 통신사는 어떤 고객이 어디서 얼마나 전파를 쓰는지 기록합니다. 이 모든 기록은 데이터가 됩니다. 예를 들어 제가 일했던 카드사의 대표적인 매출 원장 데이터는 다음과 같은 항목으로 구성되어 있습니다.

결제 ID	결제 일시	고객 ID	가맹점 ID	결제 금액

이 데이터는 카드 결제가 이뤄질 때마다 다섯 개의 정보를 저장합니다. 결제 일시에는 결제가 언제 이뤄졌는지, 결제 금액에는 결제된 금액이 얼마인지를 기록합니다. 결제 일시나 결제 금액처럼 관심 있는 대상의 특성을 정의한 것을 **변수(variable)** 또는 **속성(feature)**이라고 부릅니다. 데이터의 변수가 정해지면 한 건의 결제가 발생할 때마다 아래로 한 줄씩 데이터가 쌓이는데, 이렇게 가로로 한 줄씩 쌓이는 값을 **관측치(observation)**라고 합니다.

결제 ID	결제 일시	고객 ID	가맹점 ID	결제 금액
090001	2020-12-31 18:30:00	U0001	M123456	51,200
090002	2020-12-31 18:30:12	U0002	M654321	9,000

그리고 카드사는 이렇게 쌓인 데이터로 일을 합니다. 매주 가맹점별로 매출을 집계해서 정산하고, 한 달 뒤에는 고객별로 결제 금액을 청구합니다. 카드 대금을 정해진 기한에 납부하지 않은 고객이 있으면 다음과 같이 연체 데이터에 기록해 관리하고, 이 데이터를 활용해 대금 납부를 독촉하고 채권을 추심합니다.

기준 연월	고객 ID	연체 여부	연체 금액
202012	U00123	Y	2,500,000

물론 비즈니스 분야에서만 데이터를 쌓는 것은 아닙니다. 수많은 연구에서도 다양한 데이터를 수집합니다. 우주를 탐색하는 과학자는 우주의 전파를 데이터로 수집해서 블랙홀을 찾고, 신약을 개발하는 연구원은 실험을 통해 데이터를 만들어 신약의 효과를 입증합니다. 고객의 마음이 궁금한 마케터는 설문과 리서치로 데이터를 얻어 고객의 성향을 파악합니다.

이렇게 데이터 없이 할 수 있는 일은 없다고 할 수 있을 정도로 다양한 곳에서 데이터를 활용합니다. 데이터는 회사를 운영하다 보니 저절로 쌓일 수도 있고, 연구나 실험을 위해 목적에 따라 선별해서 저장할 수도 있습니다. 그러나 이렇게 쌓인 데이터를 제대로 활용하지 못하면 아무 소용이 없습니다. 결국 모든 데이터는 분석을 통해 진정한 가치를 발휘합니다.

1.2 데이터와 개발

요즘 온라인 쇼핑몰에서 주문한 물건을 다음 날 새벽에 배송해주는 서비스가 많아졌습니다. 이 서비스를 이용하려면 홈페이지나 앱에 접속해서 필요한 물건을 장바구니에 담고 결제한 뒤 기다리기만 하면 됩니다. 간단하죠. 그런데 이 서비스를 제공하기 위한 프로세스는 생각보다 간단하지 않습니다.

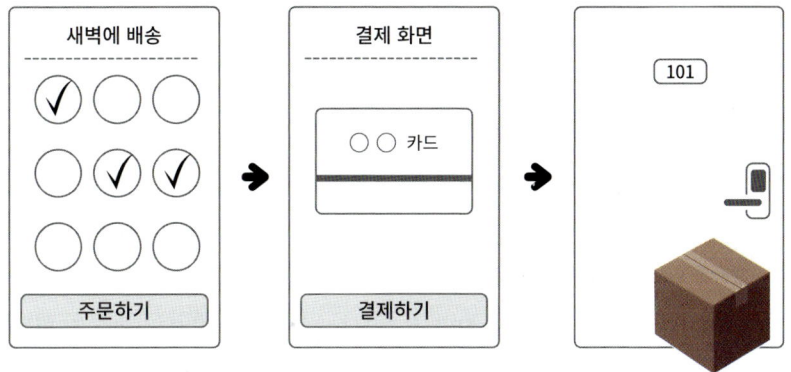

그림 1-1 온라인 쇼핑몰 이용 과정

우리가 접속하는 홈페이지나 앱을 **프런트엔드(front-end)**라고 하는데, 일반 고객을 대상으로 하는 B2C(Business-to-Consumer) 비즈니스에서 고객과 가장 가까이 맞닿아 있는 업무 영역입니다. 당연히 고객의 시선을 끌고 고객이 편리하게 이용할 수 있어야 합니다. 그래서 프런트엔드 엔지니어는 고객에 눈에 비칠 UI(User Interface)와 고객이 서비스를 이용하면서 경험할 UX(User eXperience)에 신경을 씁니다.

앱(app)은 **애플리케이션(application)**을 줄인 표현이며, 일반적으로 알고 있는 앱 스토어나 플레이 스토어에서 다운로드해 설치하는 소프트웨어보다 의미가 더 넓습니다. 온라인

쇼핑몰에서 결제할 때 보이는 카드사의 결제 인증 화면도 일종의 앱입니다. 이렇게 고객에게 직접 노출되는 영역을 프런트엔드라고 합니다. 그러나 프런트엔드만으로 서비스가 운영되지는 않습니다.

예를 들어 온라인 쇼핑몰에 회원가입을 하면 이름이나 주소 같은 신상 정보가 서비스를 제공하는 회사에 '고객 정보'라는 데이터로 저장됩니다. 고객이 쇼핑몰 앱에서 볼 수 있는 여러 상품의 이름과 이미지, 상세 정보 등은 '상품 정보' 데이터에 저장되어 있습니다. 결제 정보는 '주문 결제'라는 데이터에, 주문이 완료된 상품 정보는 '주문 상세'라는 데이터에 추가됩니다. 또한, 마우스 클릭이나 터치가 발생할 때마다 '웹 로그'라는 데이터에 그 정보가 한 줄씩 기록됩니다. 여러 서비스를 다루는 각 회사는 이러한 데이터를 잘 관리하고 활용하기 위해서 **데이터베이스(database)**, 줄여서 DB라고 부르는 곳에 데이터를 저장합니다.

그리고 데이터베이스에 데이터를 저장하고 활용하기 위한 도구를 통틀어 **데이터베이스 관리 시스템(DataBase Management System, DBMS)**이라고 합니다. 데이터베이스와 DBMS 등 고객에게는 보이지 않는 업무 영역을 백엔드(back-end)라고 부르죠. 백엔드 영역은 데이터베이스뿐만 아니라 회사 내부에서 업무에 활용하는 앱들도 포함합니다.

프런트엔드와 백엔드는 서로 정보를 전달하며 끊임없이 소통합니다. 온라인 쇼핑몰에 접속해서 어떤 상품을 클릭하면 '상품 정보'라는 데이터에서 그 상품의 정보를 가져다가 화면을 구성하고, 고객이 '주문 내역'을 클릭하는 순간 '주문 결제'와 '주문 상세' 데이터에서 조회된 정보가 프런트엔드로 넘어갑니다. 이렇게 정보가 오가는 것이나 그 과정을 **인터페이스(interface)**라고 부릅니다. API(Application Program Interface)라는 표현이 더 익숙할 수도 있겠네요. 서비스를 제공하기 위해 다양한 앱들이 서로 정보를 주고받을 수 있도록 하는 것이 API입니다. 여기서 주고받을 정보, 즉 데이터는 데이터베이스에서 가져옵니다.

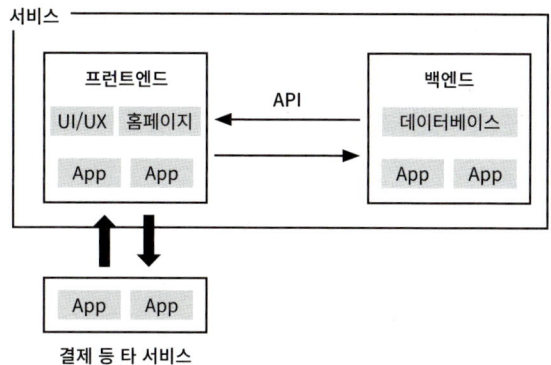

그림 1-2 온라인 쇼핑 서비스의 프런트엔드와 백엔드 구성

개발(development) 영역에서 데이터는 프런트엔드와 백엔드를 잇는 인터페이스에서 오가는 정보를 말합니다. 서비스를 제공할 때 어떤 데이터를, 어떻게 저장하고, 어떻게 주고받을지를 고려해야 하므로 필요한 데이터를 효율적으로 저장하고 전달하는 것이 중요합니다.

1.3 데이터 분석

개발 영역에서 데이터는 짐과 비슷합니다. 짐을 창고에 어떻게 쌓고 어떻게 다른 곳으로 옮길지는 고민하지만 짐, 즉 데이터 자체에는 관심이 없습니다. 개발 대상은 서비스고, 데이터는 원활한 서비스 운영이라는 목표를 위해 처리해야 할 짐일 뿐이죠.

그러나 데이터 분석은 조금 다릅니다. 데이터 분석의 대상은 데이터입니다. 데이터를 분석하는 목표는 데이터에서 **인사이트**(insight)를 얻고 가치를 만드는 것입니다. 예를 들어 고객이 어떤 상품을 자주 구매하는지 분석해서 고객이 로그인했을 때 지난번에 구매한 상품을 바로 장바구니에 담을 수 있게 해준다거나, 나이와 성별에 따라 좋아할 만한 상품을 추천해줄 수도 있고요. 앱 로그를 활용하면 A 상품을 본 사람이 좋아할 만한 다른 상품을 찾거나 고객이 원하는 상품을 찾는 데까지 어떤 어려움을 겪었는지도 알 수 있습니다. 각 상품의 시기별 판매량과 함께 팔리는 상품을 분석하면 상품마다 적정 재고량을 계산할 수 있고, 창고에서 상품을 효율적으로 배치할 수 있습니다.

개발과 분석을 완전히 구분 짓는 것은 어렵습니다. 분석이라고 표현하진 않지만 프런트엔드의 UI/UX와 백엔드의 트래픽 관리 등에서도 자연스럽게 데이터 분석을 활용합니다. 이렇게 비즈니스 데이터는 단순히 저장하거나 주고받기만 하는 것이 아니라 분석을 통해 다양하게 활용됩니다.

분석(分析)이라는 단어의 한자를 살펴보면 물건을 칼로 잘라 나누고 도끼로 나무를 쪼개는 모습입니다. 단어가 주는 이러한 느낌 때문인지 데이터 분석이라고 하면 흔히 작은 부분들을 하나하나 꼼꼼히 들여다보는 과정이라고 생각합니다. 틀린 말은 아니지만 오히려 반대로 생각해야 합니다. 데이터 분석은 데이터를 멀리서 바라보고 데이터가 주는 큰 이미지를 찾는 과정입니다.

다음은 어떤 배달 앱의 주문 데이터 예시입니다.

결제 ID	결제 일시	고객 ID	가맹점 ID	결제 금액
O000023	2021-01-01 12:13:14	U00123	M00099	22,000

배달 주문이 하나 들어올 때마다 다섯 개의 정보가 저장됩니다. 실제 주문 데이터에는 주문 상품이나 결제 방법, 고객 성별, 연령대, 매장 업종이나 위치와 같이 훨씬 더 많은 정보가 저장될 것입니다. 한 달 동안 주문이 수천만 건 이루어지면 배달 앱을 운영하는 회사에는 배달 데이터가 수천만 줄 쌓입니다. 온라인 쇼핑몰이나 카드사도 마찬가지입니다. 수백만 고객이 한 번씩만 주문하거나 결제를 해도 데이터가 수백만 줄 쌓입니다.

다음 그림을 보면 한 페이지에 숫자가 가득 차 있습니다. 이 숫자들을 아무리 자세히 살펴봐도 의미 있는 정보를 찾아내는 것은 불가능합니다. 6,000개의 숫자만 봐도 그러한데, 수억 건에 달하는 결제 데이터의 크기는 아마 상상할 수도 없을 정도일 겁니다.

그림 1-3 120행 50열(6,000개)의 숫자

엑셀에서 수백 칸이 채워진 데이터도 한눈에 보기 힘든데 그보다 큰 데이터를 잘게 쪼개서 꼼꼼히 살펴본다고 잘 이해할 수 있을까요? 이럴 때는 오히려 멀리서 크게 보고 패턴을 찾아야 인사이트를 얻을 수 있습니다.

일반적으로 우리가 업무에서 분석해야 할 데이터는 크기가 매우 크고 복잡해서 단번에 인식하기가 어렵습니다. 그래서 데이터를 분석해서 인식할 수 있을 정도로 크기를 줄이고 형태를 바꾸는데, 가장 간단한 방법이 데이터 **집계**(aggregation)입니다.

아마 집계라는 방법 중에서 가장 익숙한 방법은 평균일 겁니다. 만약 어떤 시험의 평균 점수를 구하려면 시험을 치른 전체 학생의 점수가 필요합니다. 수험생이 1,000명이라면 1,000개의 점수를 모두 더한 뒤 1,000으로 나눠 평균 점수를 계산합니다. 그렇다면 우리는 시험을 보고 나서 왜 꼭 평균을 계산할까요? 1,000개의 점수를 하나씩 살펴봐서는 오히려 의미를 파악하기 어렵기 때문에 평균이라는 하나의 숫자를 계산하는 것입니다.

전체 데이터에서 평균, 최댓값, 최솟값, 중앙값, 분위수 등의 값을 몇 개 구하면 데이터의 특성을 파악할 수 있습니다. 그런데 전체 데이터에서 하나의 값을 계산하는 것은 너무 큰 축약이기 때문에 데이터를 조금 더 잘게 나누는 것이 좋습니다. 학생의 성별이나 학년, 학과별로 데이터를 나눠 평균을 계산하면 값은 많아지지만 데이터가 가진 인사이트를 더 잘 발견할 수 있습니다.

그룹별 평균을 계산하면 그룹별로 평균값이 얼마나 차이가 나는지 확인할 수 있습니다. 상품의 일일 판매량 평균을 계산할 수도 있지만, 요일별 판매량을 계산하면 이 상품이 어떤 요일에 얼마나 더 많이 팔리는지 알 수 있죠.

이렇게 몇 개의 값을 계산해서 전체 데이터를 요약하는 것을 집계라고 합니다. 집계와 같은 데이터 분석은 데이터의 전반적인 특성뿐만 아니라 데이터 속에 숨어 있는 차이도 확인할 수 있습니다. 즉, 데이터 속에 숨어 있는 관계나 패턴을 찾아낼 수 있다는 뜻입니다.

그래서 오늘도 수많은 회사원이 종일 컴퓨터를 들여다보고 있을 겁니다. 데이터에서 관심 있는 부분을 선택하고, 그룹별 건수나 합계 또는 평균을 계산하고 정렬해서 어떤 의미가 있는지 파악하겠죠. 그 결과를 효율적으로 전달하기 위해 그래프를 그리고 보고서를 작성하면 하루가 금방 다 갈 겁니다.

그럼 우리는 데이터 분석에 주로 어떤 도구가 쓰이는지 살펴봅시다.

1.4 데이터 분석 도구

분석 도구마다 역할이 다르고 장단점이 있어서 데이터 분석 과정 전체를 하나의 도구로 해결할 수는 없습니다. 데이터를 저장, 조회하고 API에 활용하기에 적합한 도구가 있고, 단순 데이터 집계나 간단한 그래프 작성에 적합한 도구도 있습니다. 새롭고 효과적인 분석을 위해 알고리즘을 활용할 수 있는 더 복잡한 도구도 있습니다. 다양한 분석 도구가 있지만 그중에서 SQL과 엑셀 그리고 이 책에서 활용할 R에 관해서 간단히 살펴보겠습니다.

1.4.1 SQL

앞서 살펴본 것처럼 데이터는 데이터베이스에 저장됩니다. 그런데 데이터를 저장하겠다는 의지만으로 데이터가 저장되지는 않겠죠? 백엔드로 들어온 정보는 어디에 어떤 형식으로 저장해서 데이터를 만들지 정하고 데이터를 추가, 수정, 이용할 수 있게 사용자의 권한을 관리하는 도구가 바로 SQL(Structured Query Language)입니다. 참고로 데이터베이스를 다루는 분야에서는 데이터 대신 테이블(table)이라는 표현을 더 많이 사용합니다.

그런데 테이블을 정의해서 실제 정보를 저장, 수정, 삭제할 수 있는 권한은 능력 있고 믿을 만한 소수의 데이터베이스 관리자 또는 개발자에게만 부여됩니다. 절대다수인 데이터베이스 사용자에게는 많은 권한이 부여되지 않죠. 일반적으로 데이터 분석가에게는 저장된 테이블을 조회하는 READ 권한만 부여됩니다. 그것도 모든 테이블이 아니라 업무에 필요한 테이블만 조회할 수 있도록 권한은 엄격하게 관리됩니다.

READ 권한을 활용해 어떤 테이블에서 어떤 조건과 일치하는 데이터를 추출하거나 조회, 요약할 때는 SQL 쿼리(query)라고 부르는 정해진 문법을 사용합니다. SQL을 활용해 데이터를 추출하는 방법은 생각보다 빠르게 익힐 수 있어서 잘 배우면 누구나 원하는 데이터를 SQL로 추출할 수 있습니다. 읽기(read)와 관련된 SQL 쿼리문에 대한 설명은 부록 A.1에 있으니 관심 있는 분은 살펴보기 바랍니다. 이 책에서는 편의상 SQL 조회 쿼리를 SQL 쿼리라고 부릅니다.

그런데 SQL은 왜 필요할까요?

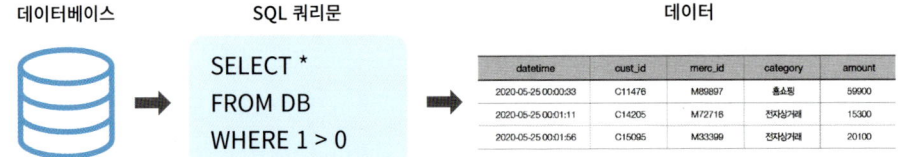

그림 1-4 SQL 쿼리문을 활용한 데이터 추출

데이터는 우리가 데이터를 분석하거나 보고서를 쓰는 PC와는 멀리 있는 데이터베이스에 저장되어 있습니다. 그래서 데이터베이스에 있는 데이터를 업무 PC로 불러오는 과정이 필요한데요. 이것이 SQL 쿼리의 역할입니다. 정해진 문법에 따라 쿼리 구문을 정의해 필요한 데이터를 데이터베이스에 요청하는 겁니다. 조건에 따라 추출된 데이터는 보통 CSV와 XLSX 파일로 저장한 뒤 엑셀에서 분석합니다.

1.4.2 엑셀

우리가 평소에 한국어로 소통하는 것처럼 회사원들은 엑셀로 정보를 주고받습니다. 갑자기 한국어 대신 영어만 사용하라고 하면 사람들이 당황하듯이, 회사에서 엑셀을 사용하지 못하게 한다면 일 처리에 곤란을 겪는 사람들이 많을 것입니다. 엑셀로는 도대체 무엇을 하기에 회사원에게 떼려야 뗄 수 없는 존재일까요? 엑셀의 대표적인 기능은 다음과 같습니다.

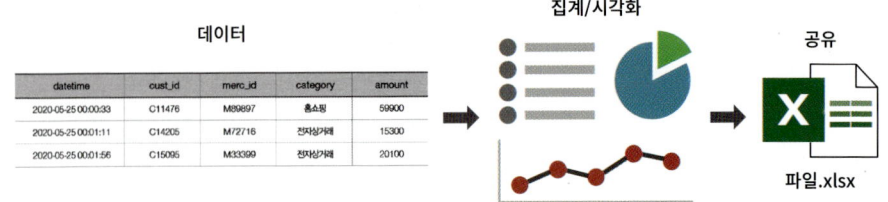

그림 1-5 엑셀의 집계, 시각화, 공유 기능

- 데이터 불러오기
- 필터를 활용한 데이터 부분 선택
- 피벗 테이블을 활용한 그룹별 평균 등 요약값 계산

- 정렬을 활용한 관측치 정렬
- VLOOKUP ( ) 함수를 활용한 데이터 결합
- 다양한 그래프 작성

엑셀은 한마디로 데이터를 불러와서 요약하고 시각화하는 도구입니다. 엑셀의 기능 중에서 그래프 작성을 제외하고는 대부분 SQL로도 할 수 있지만 둘의 역할은 엄연히 다릅니다. SQL로는 데이터 분석의 시작 과정에서 분석에 필요한 데이터를 큰 덩어리로 PC로 가져오고, 엑셀로는 가져온 데이터를 더 작은 덩어리로 쪼개서 요약합니다.

데이터를 처리하기 위해 여전히 수많은 회사원이 온종일 엑셀에서 마우스를 클릭하고 드래그하고 있을 겁니다. 엑셀이 단순 집계 같은 간단한 분석에는 유용하지만 다양한 분석 방법을 사용하기에는 한계가 있습니다. 웹 스크랩을 활용해 데이터를 수집하거나 복잡한 알고리즘을 활용하기도 하고, 데이터를 데이터베이스에 다시 보내기도 해야 하는데 엑셀로는 이러한 작업을 수행하기 어렵습니다.

그리고 엑셀에서는 최대 2^{20}인 약 104만 행의 데이터까지만 불러올 수 있습니다. 만약 매출 데이터의 매출 건수가 105만 개라면 엑셀로 불러올 수 없습니다. 또한, 엑셀에서는 주로 마우스를 사용하기 때문에 반복 작업을 하려면 마우스 클릭과 드래그를 반복해야 해서 번거롭습니다. 무엇보다도 엑셀은 유료입니다. 그래서 R과 같은 새로운 오픈소스 도구가 주목받고 있습니다.

1.4.3 R

무료로 누구나 사용할 수 있는 R은 엑셀에서 가능한 분석 작업은 물론이고 앞에서 살펴본 엑셀의 단점도 보완합니다. 다양한 데이터를 불러와서 더 빠르고 효율적으로 데이터를 처리하며 요약 및 시각화, 웹 스크랩, 머신러닝 알고리즘 활용 등 데이터 분석에서 필요한 거의 모든 작업을 할 수 있습니다.

한 가지 문제가 있다면 R에서는 마우스를 사용하지 않는다는 점입니다. 데이터 분석의 모든 과정이 키보드로 입력한 명령어에 따라 수행되기 때문에 처음 배울 때는 어색하고 힘들 수도 있습니다. 그렇다고 C나 Java처럼 완전히 컴퓨터에 가까운 언어는 아니므로 이 책에 있는 실습 정도는 대부분 문제없이 따라 하고 응용할 수 있을 겁니다. 제가 강의를 하며 만나본 수강생들을 봤을 때 엑셀을 사용한 적이 있다면 R도 잘 따라올 수 있으니 걱정하지 않아도 됩니다.

프로그래밍이나 코딩이라는 단어를 들으면 배워본 적이 있든 없든 전문가가 아닌 이상 겁이 나는 게 정상입니다. Java나 C++ 같은 언어는 단순한 계산을 하는 것도 복잡해서 아무리 쉬운 책을 봐도 어렵습니다.

예를 들어 a는 10이고 b는 20인데, a+b는 얼마일까?는 너무 쉬운 문제입니다. 답은 30이죠. 암산이 가장 쉽고, 펜으로 종이에 수식을 써서 계산하는 것은 귀찮지만 어렵지 않습니다. 엑셀로도 세 칸이면 끝나는 계산입니다. 그런데 Java나 C++의 문법으로 표현하면 어떨까요? 먼저 Java입니다.

```java
public class simpleSum {
    public static void main(String[] args) {
        int a = 10;
        int b = 20;
        int sum = a+b;
        System.out.println(sum);
    }
}
```

그리고 다음은 C++입니다.

```cpp
#include <cstdio>

int main(void) {
    int a = 10;
    int b = 20;
    int sum = a+b;
    printf("%d\n", sum);
    return 0;
}
```

코드의 의미를 대충 이해할 수 있을 것 같지만 겨우 더하기 하나 하는데 명령어가 복잡하게 쓰였습니다. 게다가 명령어만 입력한다고 10+20이 계산되는 것이 아니라 컴파일(compile)이라는 과정을 거쳐야 컴퓨터가 명령어를 실행해서 결과를 알려줍니다. 답은 모두 똑같이 30이지만 도구에 따라 과정은 단순할 수도, 복잡할 수도 있습니다. 그럼 R은 어떨까요?

```
a = 10
b = 20
a + b
```

마치 우리가 종이에 수식을 써서 계산하는 것처럼 간결한 명령어로 컴파일 없이 바로 답을 계산합니다. 이처럼 단순한 계산뿐만 아니라 훨씬 복잡한 분석도 명령어 몇 개로 해결할 수 있습니다.

많은 회사가 R과 같은 새로운 도구를 분석 환경에 도입하는 이유는 디지털 트랜스포메이션 전략이나 로봇 프로세스 자동화 체계에 적용하기 위해서입니다. 자세한 내용은 다음에서 좀 더 살펴봅시다.

1.5 디지털 트랜스포메이션과 인공지능

2010년대에 빅데이터(big data)가 있었다면 2020년대에는 디지털 트랜스포메이션, DT(Digital Transformation)가 있습니다. 이름부터 남다른 이 DT는 말 그대로 아날로그 시대의 업무 환경과 방식을 디지털로 전환하는 것을 목표로 하는 전략입니다. 데이터 분석도 이 전략과 밀접한 관계가 있습니다.

사실 이미 많은 회사에는 디지털 업무 환경이 갖춰져 있습니다. 이메일을 주고받고 전자 결재를 하는 등 수많은 업무를 전산으로 처리합니다. 그런데 업무 방식은 아직 많이 바뀌지 않았습니다. 회의 자료를 만들기 위해 누군가는 매주 또는 매달 데이터를 분석해서 그래프를 그리고 보고서를 만들죠. 이러한 정기적인 데이터 분석은 매번 데이터가 바뀔지라도 분석 방법은 바뀌지 않습니다. 아날로그 업무 방식은 이렇게 사람이 직접 단순 반복 작업에 많은 시간과 노력을 쏟아야 한다는 점에서 비효율적입니다.

반복 작업은 우리보다 컴퓨터가 훨씬 빠르고 정확합니다. 아무리 복잡한 작업이더라도 과정을 세분화하고 패턴을 정형화해서 지시하면 됩니다. 이 개념이 바로 로봇 프로세스 자동화(Robotic Process Automation, RPA)입니다. 로봇 프로세스 자동화를 통해 집계와 시각화, 보고서 작성, 웹 스크랩 등 반복적으로 해야 하는 업무를 자동화하고 대시보드로 전환할 수 있습니다. 이렇게 사람이 손이 아니라 머리로 일하는 시간을 늘리는 것이 데이터 분석 분야에서 디지털 트랜스포메이션 전략의 첫 번째 목표입니다.

반복 작업을 컴퓨터에게 맡겼으니 사람은 뭘 해야 할까요? 컴퓨터가 결과를 빠르게 내놓는 만큼 회의실에 더 자주 모이게 될 겁니다. 그러나 회의를 많이 한다고 해서 더 좋은 생각이 떠오를 거란 보장은 없죠. 평균이나 건수를 계산하는 단순 집계 중심의 분석 결과는 이미 다 알고 있는 내용일 가능성이 커서 아무리 면밀하게 살펴보더라도 얻을 수 있는 인사이트가 많지 않습니다. 즉, 사람은 기계가 하기 어려운 분석을 해야 합니다.

그래서 **머신러닝(Machine Learning, ML)**에 관심이 커졌습니다. 이름만 봐서는 로봇 프로세스 자동화처럼 컴퓨터가 일하는 것을 떠올릴 수도 있습니다. 머신러닝에는 여러 알고리즘이 있어서 데이터를 알고리즘에 집어넣어 새로운 분석을 할 수 있습니다. 일단 데이터가 알고리즘에 입력되면 컴퓨터가 모든 걸 처리하겠지만 그 전과 후에는 사람의 생각이 많이 필요합니다. 분석 목표를 정해서 적합한 알고리즘을 선택하고, 분석 결과를 해석해 활용 방안을 찾는 것은 사람의 몫이니까요.

물론 그 사람의 몫까지 컴퓨터에게 넘기려는 시도도 있습니다. 바로 **AI(Artificial Intelligence)**입니다. AI에 워낙 관심이 많다 보니 'AI'라는 이름을 단 수많은 제품과 서비스가 쏟아지고 있습니다. 대표적인 것이 바둑을 둘 줄 아는 알파고(AlphaGO)와 비즈니스 데이터를 알고리즘에 넣어 문제를 해결하는 IBM의 왓슨(Watson)이죠. 그런데 알파고가 바둑은 잘 둬도 훨씬 더 쉬운 장기를 두라고 하면 시작하자마자 에러가 날 겁니다. 장기는 아직 못 배웠거든요. 아무리 똑똑한 왓슨도 어떤 데이터로 뭘 해야 할지 알려주지 않으면 아무것도 하지 않습니다.

AI라고 하면 굉장히 똑똑한 무언가처럼 느껴지지만, 많은 업체에서 내세우는 서비스는 단순히 데이터의 요약 결과를 AI라는 이름으로 포장한 것이거나 딥러닝(deep learning) 알고리즘 혹은 그 알고리즘으로 구현한 결과물일 때가 많습니다. 영화 속 아이언맨의 자비스 같은

AI가 등장하려면 꽤 오랜 시간이 걸릴 것입니다. 물론 그런 AI가 등장하면 우리의 업무 역시 많이 바뀔 겁니다. 육체노동을 기계가 대신한 공장처럼 정신노동을 AI가 대체해서 사람이 필요 없고, 결국은 사무실도 필요 없어질지 모릅니다.

다행히 이런 AI 시대는 아직 멀었고 사람이 해야 할 일이 산더미처럼 쌓여 있습니다. 따라서 R과 같은 도구를 잘 활용하여 단순한 일은 컴퓨터가 빠르고 효율적으로 처리하게 하고, 우리는 조금 더 복잡한 문제를 해결하는 데 시간을 쓰도록 합시다.

데이터 분석의 모든 내용을 책 한 권에 담기는 어려우므로 이 책에서는 아주 기본적인 분석 방법인 데이터의 단순 집계와 시각화를 중점으로 다룹니다. 그리고 데이터 요약을 어떻게 해야 하는지 기본적인 개념부터 엑셀로 하던 일을 어떻게 R에서 할 것인가, R로 하면 무엇이 더 나은가에 관해 이야기하려 합니다. 그럼 이제 R을 설치해봅시다.

02장

데이터 분석 준비하기

여기서는 R을 설치하고, R을 편리하게 사용할 수 있게 해주는 RStudio도 함께 설치하겠습니다. R과 RStudio는 항상 최신 버전을 설치하기를 권장합니다. 설치는 두 개의 설치 파일을 내려받아서 실행하면 되는 간단한 작업입니다. 아래의 설치 내용을 따라 해도 되고, dataartproject.com에 접속해서 설치 파일과 함께 실습자료를 한 번에 받아도 됩니다. 모든 설치가 끝나면 기본적인 함수와 연산자의 사용법 그리고 실습 데이터를 살펴보겠습니다.

그림 2-1 R과 RStudio 로고

2.1 R 설치

먼저 R을 설치하겠습니다. R 홈페이지인 r-project.org에 접속해서 왼쪽에 보이는 [Download] 메뉴 아래 [CRAN]을 클릭합니다. 그럼 다음 화면에 다양한 서버가 나오는데, 서버는 크게 중요하지 않으므로 맨 위에 있는 0-Cloud를 선택합니다.

그림 2-2 R 설치를 위한 서버 선택하기

다음으로 운영체제에 따라 설치 파일을 선택합니다. Windows 사용자는 [Download R for Windows] → [base] → [Download R 4.y.z for Windows]를 클릭해 설치 파일을 다운로드하고 R을 설치합니다.

그림 2-3 Windows용 설치 파일 다운로드하기

macOS 사용자는 가장 위에 있는 R-4.y.z.pkg 파일을 다운로드합니다. 설치 시점에 따라 세부 버전이 조금씩 다를 수 있는데, R을 설치한 적이 있다면 이전 버전을 삭제하고 새 버전을 설치하기를 권합니다.

The Comprehensive R Archive Network

Download and Install R

Precompiled binary distributions of the base system and contributed packages, **Windows and Mac** users most likely want one of these versions of R:

- Download R for Linux (Debian, Fedora/Redhat, Ubuntu)
- Download R for macOS
- Download R for Windows

R is part of many Linux distributions, you should check with your Linux package management system in addition to the link above.

R for macOS

This directory contains binaries for a base distribution and packages to run on macOS. Releases for old Mac OS X systems (through Mac OS X 10.5) and PowerPC Macs can be found in the old directory.

Note: Although we take precautions when assembling binaries, please use the normal precautions with downloaded executables.

Package binaries for R versions older than 3.2.0 are only available from the CRAN archive so users of such versions should adjust the CRAN mirror setting (https://cran-archive.r-project.org) accordingly.

R 4.y.z "ABCD EFGH" released on 20yy/mm/dd

Please check the SHA1 checksum of the downloaded image to ensure that it has not been tampered with or corrupted during the mirroring process. For example type
`openssl sha1 R-4.y.z.pkg`
in the *Terminal* application to print the SHA1 checksum for the R-4.y.z.pkg image. On Mac OS X 10.7 and later you can also validate the signature using
`pkgutil --check-signature R-4.y.z.pkg`

Latest release:

R-4.y.z.pkg (notarized and signed) SHA1- hash: 61d3909bc070f7fb86c5a2bd67209fda9408faaa (ca. 87MB)	**R 4.y.z** binary for macOS 10.13 (**High Sierra**) and higher, **Intel 64-bit** build, signed and notarized package. Contains R 4.y.z framework, R.app GUI 1.77 in 64-bit for Intel Macs, Tcl/Tk 8.6.6 X11 libraries and Texinfo 6.7. The latter two components are optional and can be ommitted when choosing "custom install", they are only needed if you want to use the tcltk R package or build package documentation from sources.

그림 2-4 macOS용 설치 파일 다운로드하기

2.2 RStudio 설치

이번에는 RStudio를 설치합니다. rstudio.com에 접속해서 다음 그림과 같이 다운로드하며, 설치 파일은 역시 운영체제에 따라 다릅니다. RStudio도 계속해서 업데이트되기 때문에 버전이 다를 수 있습니다.

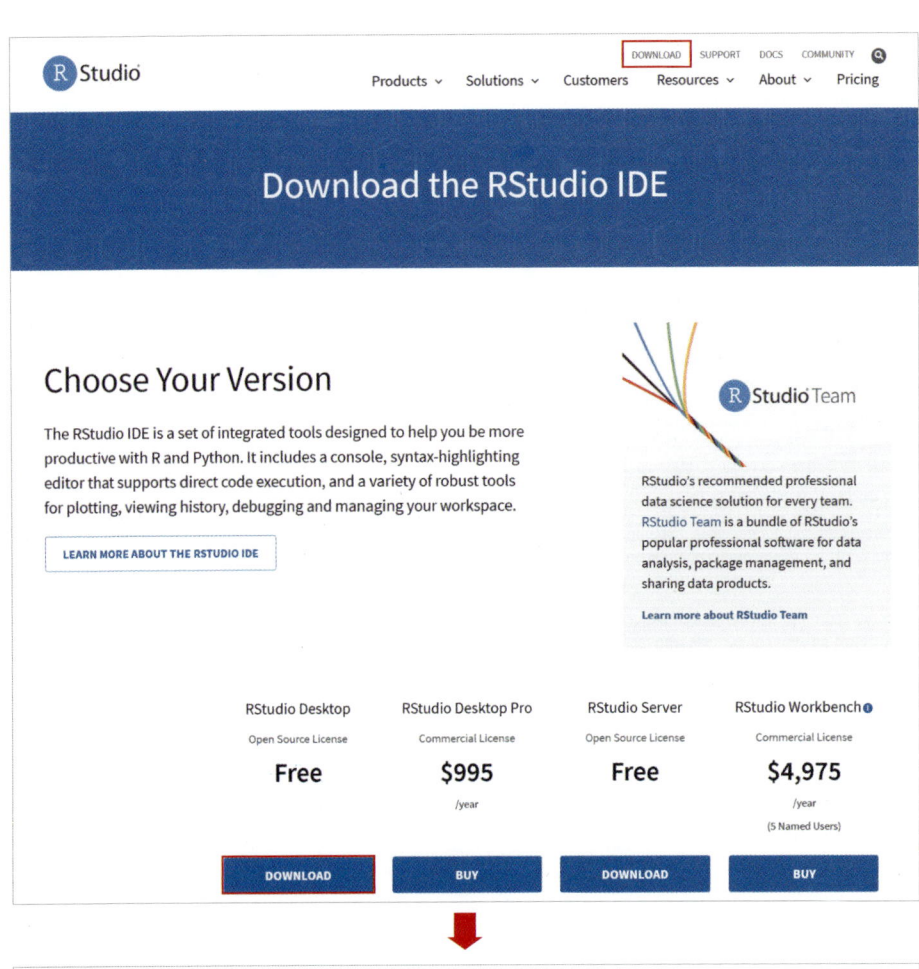

그림 2-5 RStudio 설치 파일 다운로드하기

2.3 R과 RStudio 실행

R은 다운로드한 설치 파일을 실행한 뒤 계속해서 〈다음〉 버튼을 누르면 설치가 완료됩니다. 설치한 R을 실행하면 다음과 같은 화면이 열립니다.

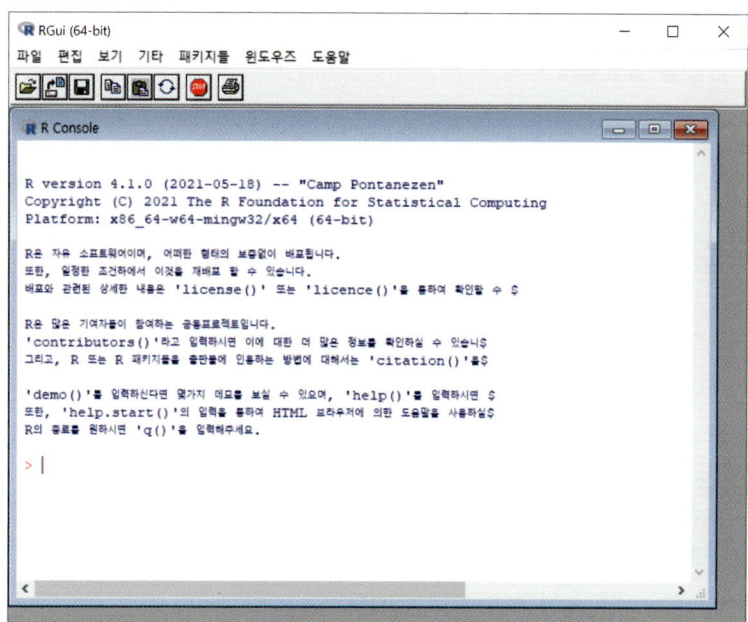

그림 2-6 R 실행 화면

R은 훌륭한 분석 도구지만 UI/UX 측면에서는 많이 아쉬운 모습을 보입니다. 그래서 R을 직접 실행하지 않고 RStudio 같은 도구에서 R을 불러와 분석에 활용합니다. 실행한 R을 종료하고 RStudio를 설치합시다.

RStudio도 마찬가지로 설치 파일을 실행해서 〈다음〉 버튼을 눌러 설치합니다. RStudio 같은 프로그램을 통합 개발 환경(Integrated Development Environment, IDE)이라고 부르며, 프로그래밍 언어를 쉽고 효율적으로 활용할 수 있는 인터페이스를 제공합니다.

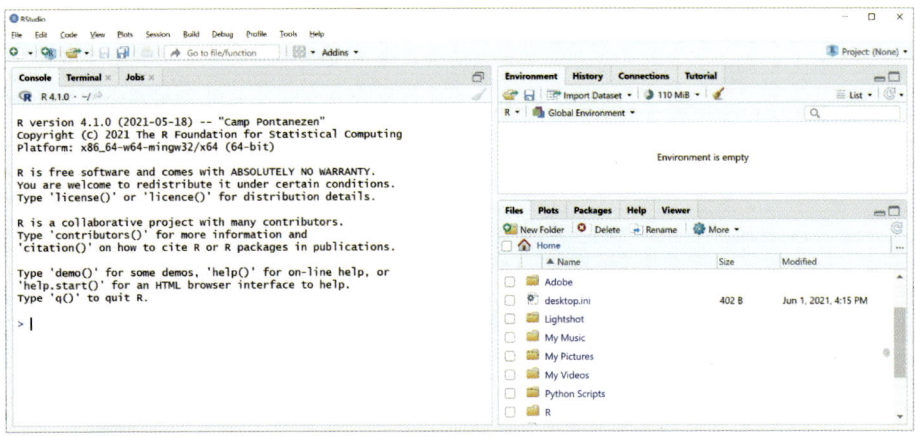

그림 2-7 **RStudio** 실행 화면

실행된 RStudio의 콘솔(Console)창 맨 아랫줄을 보면 홑화살괄호(>) 옆에 커서가 깜빡이고 있을 겁니다. RStudio에서는 키보드로 명령어를 입력해 작업을 지시합니다. 이 깜빡이는 커서는 컴퓨터가 명령을 기다리고 있다는 뜻이죠. 그리고 우리가 어떤 명령어를 실행하면 이 콘솔창에 결과를 보여줍니다.

간단한 사칙 연산을 해볼까요? 다음처럼 산술 연산자 +, -, *, /를 사용해서 다양한 사칙 연산을 입력하고 [Enter]를 누르면 결과가 나옵니다.

```
> 1+2*3
[1] 7
> 4/5-6
[1] -5.2
```

연산자로는 비교적 간단한 계산이나 작업을 하고, 복잡한 작업을 할 때는 다양한 **함수**(function)를 활용합니다. 함수는 엑셀처럼 수행하는 작업에 따라 이름이 붙여져 있으며, 소괄호(()) 안에 입력된 값을 처리합니다. 예를 들어 sum() 함수는 다음과 같이 입력된 값을 모두 더합니다.

```
> sum(1, 2, 3, 4, 5)
[1] 15
```

이처럼 R은 다양한 연산자와 함수를 숫자나 문자 또는 데이터와 함께 사용해서 계산 등 여러 가지 명령을 실행할 수 있습니다. 그런데 수십, 수백 줄의 명령어를 콘솔에 입력했는데 중간에 오류가 나면 모두 처음부터 다시 입력해야 하는 문제가 생깁니다.

그래서 프로그래밍과 코딩은 스크립트를 활용합니다. 스크립트는 단어의 뜻처럼 대본을 만드는 것인데요. 명령어를 바로바로 실행하는 것이 아니라 실행할 내용을 미리 작성하고 저장하며, 저장된 스크립트는 수정하고 공유할 수 있습니다.

RStudio의 상단 메뉴에서 [File] → [New File] → [R Script]를 클릭하거나 [File] 바로 아래에 새 파일 아이콘(●) → [R Script]를 클릭하면 새 스크립트가 열립니다. 그러면 콘솔창에서 깜빡이던 커서가 스크립트창에서 깜빡입니다.

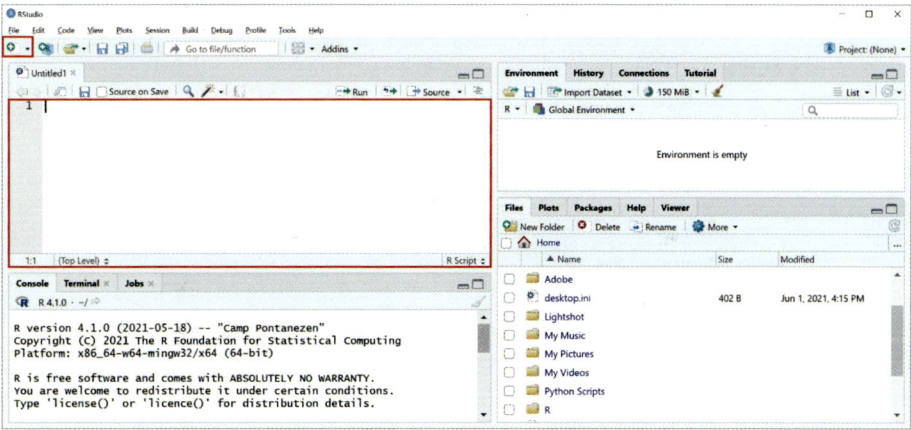

그림 2-8 새 스크립트 열기

비어있는 새 스크립트에 다음과 같이 입력해봅시다.

```
a = 2020
b = 2030
b-a
```

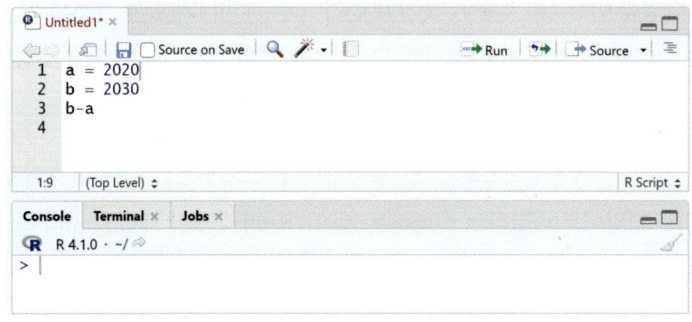

그림 2-9 스크립트에 코드 작성하기

입력한 스크립트를 실행하려면 실행하려는 줄에 커서를 놓고 스크립트 오른쪽 위에 있는 Run(→) 아이콘을 클릭합니다.

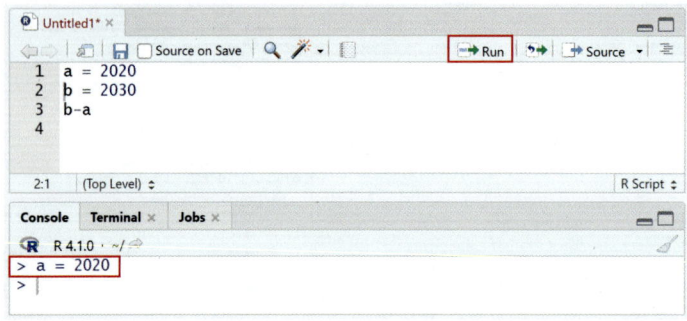

그림 2-10 스크립트에 작성한 코드 실행하기

코드 실행 단축키는 Windows 사용자는 [Ctrl]+[Enter], macOS 사용자는 [Command]+[Enter]이며, 키를 누를 때마다 그다음 줄이 실행됩니다. 마우스 드래그나 [Shift]로 범위를 지정하면 여러 줄을 한 번에 실행할 수 있습니다. 우리가 실행한 =이 들어간 명령어에 대해서는 설치가 끝난 후 설명하겠습니다.

RStudio에서는 스크립트와 콘솔이 창으로 분할되어 경계가 명확하지만, 표현이 제한적인 책에서는 스크립트의 명령어와 콘솔창에서 실행된 결과물이 헷갈릴 수 있습니다. 따라서 이 책에서는 스크립트와 콘솔창의 내용을 아래의 서식으로 구분해서 표현했습니다.

```
# 스크립트(명령어) 화면입니다.
```

```
# 콘솔(결과) 화면입니다.
```

2.3.1 RStudio 화면 설정

RStudio는 기본값으로 설정된 화면의 테마나 글꼴을 바꿀 수 있습니다. 상단 메뉴의 [Tools] → [Global Options…]를 클릭하면 뜨는 팝업창에서 네 번째 [Appearance] 탭을 클릭합니다.

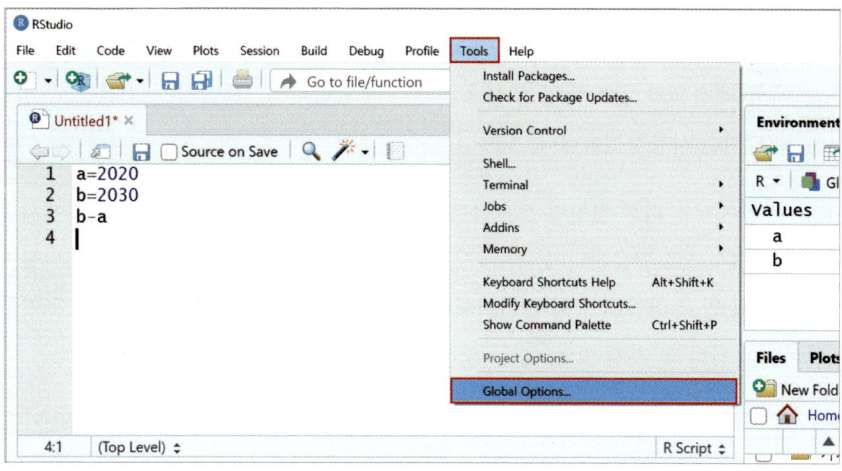

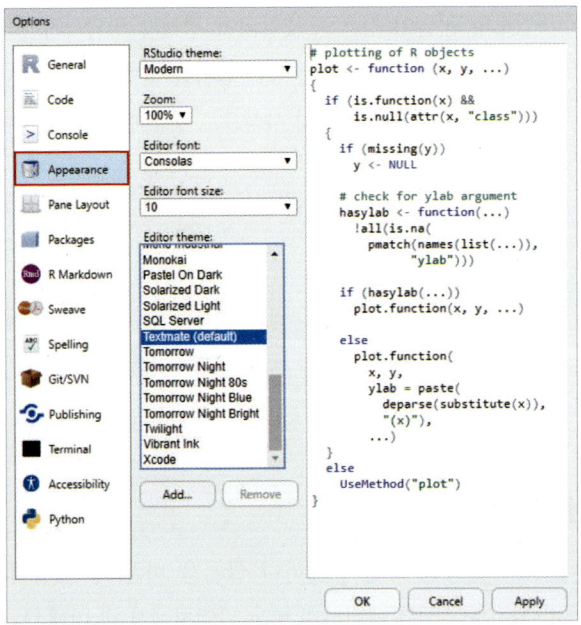

그림 2-11 RStudio 화면 설정 바꾸기

[Zoom]은 RStudio의 내용을 확대거나 축소하고, [Editor font]에서 폰트를 바꿀 수 있습니다. 콘솔과 스크립트의 글자 크기는 [Editor font size]에서 조정합니다. 그리고 [Editor theme]에서 배경색과 글자색의 조합을 바꿀 수 있습니다. 책에서는 기본으로 설정된 Textmate 테마를 사용하겠습니다.

RStudio는 앞에서 살펴본 것처럼 스크립트에 명령어를 작성해서 실행하고 콘솔창에서 결과를 확인하는 방식으로 활용합니다. 자주 사용하는 연산자와 함수는 자연스럽게 외워질 테지만 종류가 워낙 많고 다양해서 영어 단어처럼 외우는 것은 권하지 않습니다. 그래도 기초 문법은 알아둬야 하니 몇 가지 명령어를 실행해봅시다.

2.4 기본 명령어와 규칙

명령을 기다리고 있는 RStudio의 스크립트창에 다음에 나오는 내용들을 입력하고 실행해보겠습니다. 프로그래밍이 처음이라면 어렵게 느껴질 수도 있으나 R을 다루는 기본적인 규칙이므로 차근차근 하나씩 살펴봅시다.

2.4.1 =을 활용한 저장

앞에서 실행했던 명령어를 다시 입력해봅시다.

```
a = 2020
b = 2030
b-a
[1] 10
```

R 명령어는 보자마자 이해할 수 있을 만큼 직관적이고 합리적입니다. 위에서 등호(=)가 두 번 등장하는데, 등호는 조금 어려운 말로 **할당**(allocation)을 하는 연산자입니다. 쉽게 표현하면 저장을 한다는 뜻입니다. 할당은 홑화살괄호와 빼기 연산자를 합친 기호(<-)로 나타낼 수도 있지만 우리는 더 직관적이고 빠르게 입력할 수 있는 등호를 사용하겠습니다.

즉, 위의 코드를 해석하면 a=2020은 'a는 2020이야' 혹은 'a에 2020이라는 값을 저장할게'라는 뜻이며, 마찬가지로 b에는 2030을 저장한다는 뜻입니다. 그다음 b에서 a를 빼는 마지막 명령어를 실행하면 2030-2020을 계산한 10이 출력됩니다.

RStudio에서 스크립트창의 오른쪽을 보면 환경(Environment)창이 있습니다. 환경이란 저장소 정도로 이해하면 됩니다. 우리가 a, b라는 이름으로 값을 저장하면 환경창 목록에 a, b가 추가됩니다. 데이터를 불러와서 저장할 때마다 환경창 목록에 추가되므로 나중에 어떤 데이터들이 있는지 한눈에 확인할 수 있습니다.

R 명령어는 대소문자를 구별합니다. 다음 실습으로 확인해보겠습니다.

```
B = 3020
B-a
[1] 1000
```

대문자 B와 소문자 b를 구별하기 때문에 b-a와 B-a는 결과가 다르게 나옵니다. 이렇게 값이나 불러온 데이터를 저장한 것을 통틀어 **객체**(object)라고 부릅니다. a, b, B는 객체 이름이고요. 객체 이름은 마음대로 지정할 수 있으며 한글도 가능하나 일반적으로는 알파벳으로 시작하고 숫자, 마침표(.), 밑줄(_)을 섞어서 만듭니다.

2.4.2 따옴표를 활용한 문자 표현

매출 데이터 중 B 가게에 관심이 있어 '전체 매출 데이터에서 B 가게만 따로 살펴보자'는 명령을 하고 싶습니다. 그런데 RStudio에서 B를 실행하면 아까 우리가 B라는 이름에 저장했던 3020이라는 숫자가 나타납니다. 우리가 의미한 건 이름, 즉 값이 B인데 R은 B라는 이름을 가진 객체를 찾아서 객체에 저장된 3020이라는 값을 출력합니다.

```
B
[1] 3020
```

R에서는 객체가 아닌 우리 눈에 보이는 글자인 값을 표현할 때 꼭 따옴표를 붙입니다. 작은따옴표('')를 써도 되지만, 이 책에서는 기본 원칙인 큰따옴표("")를 사용하겠습니다.

```
'B'
[1] "B"
```

앞으로 실습자료에서 R 명령어 스크립트를 볼 때 따옴표가 붙어 있으면 '값이구나!', 따옴표가 없으면 '객체구나!'라고 생각하면 됩니다. 값은 말 그대로 값 그 자체고, 객체는 무언가 저장되어 있다고 생각하면 되겠죠? 다음 예시를 봅시다.

```
d = "D"
d
[1] "D"
```

소문자 d는 객체 이름입니다. d라는 이름으로 대문자 D라는 값을 저장했고요. 즉, d는 따옴표가 없는 객체라서 d를 실행하면 저장된 대문자 D가 출력됩니다. 문자에는 따옴표가 붙는다는 것만 기억하면 됩니다.

2.4.3 c() 함수로 값 나열

B 가게 외에 다른 가게의 매출 데이터도 보고 싶으면 어떻게 해야 할까요? '전체 매출 데이터에서 B 가게를 살펴보자', '그리고 A 가게도 보자', '또 C 가게도 보자'라고 명령하는 것보

다 '전체 매출 데이터에서 B, A, C 세 가게를 각각 살펴보자'라고 명령을 내리는 것이 더 효율적입니다.

이렇게 한 번에 명령하려면 세 가게를 묶을 필요가 있습니다. 이때 c() 함수를 사용합니다. 앞에 나왔던 sum() 함수가 합을 계산했던 것처럼 함수마다 역할이 있는데, c() 함수는 묶음을 만드는 역할을 합니다.

```
target = c("B", "A", "C")
target
[1] "B" "A" "C"
```

c() 함수를 이용해 target이라는 이름으로 세 개의 값을 묶어서 저장했습니다. c() 함수에는 보통 다음 예시처럼 같은 범주에 들어가는 값들을 넣습니다.

```
region = c("서울", "부산", "제주")
months = c(3, 6, 9, 12)
```

region이라는 이름으로 세 지역을 묶고, months에는 3개월 간격으로 네 개의 달을 묶었습니다. 여기서 서울, 부산처럼 여러 글자를 c() 함수로 묶어 나열한 것을 문자열, 숫자를 나열한 것은 수열이라고 부릅니다.

c() 함수는 다른 예시에서도 자주 등장하므로 그때마다 더 설명하겠습니다.

2.4.4 다양한 문자열과 수열

문자열이나 수열을 만드는 방법은 다양합니다.

```
seq1 = 1:4
seq1
[1] 1 2 3 4
```

콜론(:)은 1씩 커지는 수열을 만듭니다. 1:4는 1부터 4까지라고 해석하죠. 그리고 다음처럼 음수를 사용하면 수열의 방향을 바꿀 수도 있습니다.

```
3:-1
[1]  3  2  1  0 -1
```

수열로 사칙 연산도 할 수 있습니다. 앞에서 c() 함수로 만든 수열 3, 6, 9, 12는 seq1에 3을 곱하는 방법으로도 만들 수 있습니다.

```
seq1 * 3
[1]  3  6  9 12
```

그리고 seq() 함수로도 똑같은 결과를 만들 수 있습니다.

```
seq(3, 12, 3)
[1]  3  6  9 12
```

등차수열을 만드는 seq() 함수는 입력값이 세 개 필요합니다. 입력값은 순서대로 from, to, by를 의미합니다. 즉, seq(3, 12, 3)은 '3부터 12까지 3 간격으로'라는 명령어입니다.

```
rep(3, 4)
[1] 3 3 3 3
rep(c("A", "Z"), 2)
[1] "A" "Z" "A" "Z"
```

rep() 함수는 반복을 하는 함수입니다. rep(3, 4)는 '3을 4번 반복하라'는 명령어입니다. rep(c("A", "Z"), 2)는 'c() 함수로 묶은 A, Z를 2번 반복하라'는 의미이므로 A와 Z가 번갈아 두 번 나옵니다.

A와 Z를 각각 두 번씩 반복하려면 each라는 옵션을 지정합니다.

```
rep(c("A", "Z"), each = 2)
[1] "A" "A" "Z" "Z"
```

그럼 A와 Z가 각각 두 번씩 반복됩니다. 이렇듯 함수마다 다양한 옵션이 있는데, 어떤 옵션을 사용하는지에 따라 출력 결과가 달라집니다. 모든 함수의 모든 옵션을 외울 필요는 없습니다. 중요하고 필요한 옵션들은 자주 등장하므로 결국 눈에 익을 것입니다.

2.4.5 문자 관련 함수

앞에서 c() 함수를 사용해 문자열을 잠깐 다뤄봤는데 데이터 분석을 할 때 실제 데이터에는 사람이나 물건의 이름, 주소, 고객 ID, 상품 ID, 앱 로그 등 다양한 문자 변수가 있습니다. 그리고 R에는 이런 문자들을 처리하는 다양한 함수가 있습니다.

그중 첫 번째로 소개할 함수는 paste()입니다. paste() 함수는 문자와 숫자 등을 연결해서 새로운 문자를 만듭니다. 사용법은 간단합니다. paste() 함수 안에 연결하고 싶은 값들을 쉼표로 구분해서 넣으면 됩니다.

```
paste("A", "+", 1, "등급")
[1] "A + 1 등급"
paste("2학년", c("1반", "2반", "3반"), sep = "-")
[1] "2학년-1반" "2학년-2반" "2학년-3반"
paste(1:4, "학기", sep = "")
[1] "1학기" "2학기" "3학기" "4학기"
paste0(1:4, "학기")
[1] "1학기" "2학기" "3학기" "4학기"
```

첫 번째 실습의 결과를 보면 괄호 안에 들어간 A, +, 1, 등급이라는 네 개의 값이 붙어서 'A + 1 등급'이라는 하나의 문자열로 출력된 것을 확인할 수 있습니다. paste() 함수는 연결된 값들 사이에 기본값으로 공백을 넣는데, sep 옵션을 사용하면 공백 대신 다른 문자를 넣을 수 있습니다. 공백을 없애고 싶으면 앞 실습의 세 번째 코드처럼 sep="" 옵션을 추가하면 됩니다. 그러나 같은 기능을 하는 paste0() 함수를 더 많이 사용합니다. 문자를 연결할 때 공백 없이 붙이는 경우가 많다 보니 paste0()이라는 함수를 따로 만든 것이죠.

paste() 함수가 문자를 연결한다면, substr() 함수는 문자열(string)에서 부분(sub-)을 선택할 때 사용합니다. 함수 안에는 순서대로 원본 문자열, 시작 선택 위치, 마지막 선택 위치를 입력합니다.

다음 실습의 첫 번째는 알파벳 26개 중 10번째부터 13번째 알파벳을 선택하는 명령어로, 실행하니 정확히 10~13번째에 해당하는 JKLM이라는 네 개의 문자가 선택됐습니다. 두 번째 코드를 살펴보면 한글과 알파벳 한 개는 모두 한 글자로 인식하는 것을 확인할 수 있습니다.

```
substr("ABCDEFGHIJKLMNOPQRSTUVWXYZ", 10, 13)
[1] "JKLM"
substr("가나B다C", 3, 4)
[1] "나B"
```

참고

substr() 함수가 많이 쓰이진 않습니다. 예를 들어 주소에서 맨 앞에 나오는 도와 시만 선택하고 싶은데 서울특별시는 다섯 글자고 경기도는 세 글자입니다. 제주특별자치도는 일곱 글자나 됩니다. 그래서 글자 수를 기준으로 잘라내는 것보다 gsub() 함수와 정규 표현식을 사용한 패턴 추출을 많이 활용합니다. 관련 내용은 부록 A.6에 있으니 참고하기 바랍니다

2.4.6 인덱스를 활용한 부분 선택

지금까지 언급하지 않은 것이 하나 있습니다. 스크립트를 실행하면 결과 앞에 항상 [1]이 함께 나왔을 겁니다. R에서 대괄호[]는 인덱스(index), 즉 순번을 의미합니다. [1]은 첫 번째라는 뜻인데 LETTERS를 입력하고 실행해서 확인해봅시다.

```
LETTERS
 [1] "A" "B" "C" "D" "E" "F" "G" "H" "I" "J"
[11] "K" "L" "M" "N" "O" "P" "Q" "R" "S" "T"
[21] "U" "V" "W" "X" "Y" "Z"
```

LETTERS는 R에 내장된 객체 중 하나로 알파벳 대문자 26자가 저장돼있습니다. 그런데 콘솔이 가로로 충분히 넓지 않으면 A부터 Z까지 26개의 문자가 한 줄로 쭉 나오지 않고 줄을 바꿔 여러 줄로 나옵니다. 지금까지 우리가 실행한 코드들은 결과가 모두 한 줄로 표현되는 간단한 실습이어서 [1]만 있었는데, 이번엔 [11]도 있고 [21]도 있습니다. 두 번째 줄에 처음 나온 K는 11번째, 세 번째 줄에 처음 나온 U는 21번째 문자라는 의미입니다. 이 숫자는 콘솔창의 크기에 따라 줄 바꿈이 다르게 되므로 각 줄에서 처음 나오는 알파벳에 따라 다르게 나올 수 있습니다.

대괄호 인덱스는 콘솔에 출력되는 것뿐만 아니라 스크립트에서도 많이 사용합니다.

```
LETTERS[]
 [1] "A" "B" "C" "D" "E" "F" "G" "H" "I" "J"
[11] "K" "L" "M" "N" "O" "P" "Q" "R" "S" "T"
[21] "U" "V" "W" "X" "Y" "Z"
LETTERS[15]
[1] "O"
LETTERS[c(7, 15, 15, 4)]
[1] "G" "O" "O" "D"
```

대괄호를 포함한 LETTERS[]를 실행하면 대괄호 없이 LETTERS를 실행한 것과 똑같은 결과가 나옵니다. 그런데 이 대괄호 안에 1부터 26까지 숫자 중 하나를 넣고 실행하면 입력한 숫자에 해당하는 순번에 있는 알파벳이 출력됩니다. c()함수로 숫자를 여러 개 입력하면 해당하는 모든 알파벳이 출력됩니다.

대괄호 인덱스는 데이터를 불러온 다음 대괄호 안에 관측치나 변수를 입력해서 데이터의 부분을 선택할 때도 사용합니다. 그러나 대괄호를 사용하는 방법은 직관적이지 않아서 보통 함수를 더 많이 사용합니다. 그래도 문자열에서 부분을 선택할 때 종종 사용되므로 대괄호가 나오면 '앞에 있는 것에서 일부분을 선택하는구나'하고 이해하고 넘어갑시다.

참고로 콘솔에 출력되는 대괄호 인덱스는 콘솔창의 크기에 따라 숫자가 달라져서 헷갈릴 수 있으므로 책에서는 생략하겠습니다.

2.4.7 공백과 주석 처리

키보드에는 빈칸을 입력할 수 있는 키가 세 개 있습니다. [Space Bar]는 1칸, [Tab]은 1탭, [Enter]는 1줄을 띄웁니다. R에서는 공백이 명령어에 영향을 주지 않아서 꼭 붙여 써야 한다거나 반드시 몇 칸을 띄어야 한다는 규칙이 없습니다.

```
a   =1+4
b   =seq(1,9,3)
new =b*(a+1)
```

그런데 위와 같이 공백 없이 스크립트를 입력하면 별것 아닌 명령어도 어렵게 보입니다. 눈에 잘 들어오지 않기 때문이죠. 이런 명령어는 [Space Bar]와 [Tab] 키로 줄을 맞춰주면 보기에도 좋고 인식하기도 편합니다.

```
a   = 1+4
b   = seq(1, 9, 3)

new = b*(a+1)
```

a, b를 입력한 뒤에는 [Space Bar]를 세 번, new를 입력한 뒤에는 [Space Bar]를 한 번 눌러서 =이 시작하는 위치를 맞췄습니다. = 다음에도 [Space Bar]를 눌러 한 칸을 띄었고요. 함수 안에서 쉼표 뒤에도 공백이 있으면 가독성이 있습니다. 함수의 내용이 복잡하면 쉼표 뒤에서 [Enter]를 눌러 줄을 바꾸기도 합니다. 공백은 명령어에 전혀 영향을 주지 않기 때문에 넣어도 그만, 넣지 않아도 그만이지만 가독성을 위해 신경 쓰는 게 좋습니다. 스크립트를 눈에 보기 좋게 작성해야 남이 봐도, 나중에 내가 다시 봐도 이해하기 편합니다.

스크립트를 작성할 때 신경 써야 할 것이 하나 더 있습니다. **주석**(comment)입니다. 어제 만든 보고서를 오늘 다시 보면 내가 작성했어도 도대체 무슨 내용인지 이해하기 어려울 때가 많습니다. 그럼 보고서를 찬찬히 뜯어보면서 다시 수정하거나 뒤에 내용을 덧붙이기도 하죠. R 스크립트도 마찬가지입니다. 분명 하나하나 직접 입력하고 실행했는데 나중에 보면 바로 의미를 파악하기 어려울 때가 있습니다. 그래서 될 수 있으면 주석을 자세히 적는 것이 좋습니다.

스크립트에서 **#**을 달면 그 줄의 내용을 모두 주석으로 처리합니다.

```
# 아무리 실행해도 실행되지 않습니다.
# x = 10
x # Error: object 'x' not found 오류가 발생합니다.
```

R 스크립트는 길이 제한이 없어서 주석을 원하는 만큼 여유 있게 달아도 됩니다. 여러 줄을 한꺼번에 주석 처리할 때는 마우스나 키보드로 스크립트에서 범위를 지정한 다음, 상단 메뉴에서 [Code] → [Comment/Uncomment Lines]를 클릭합니다. 이미 주석 처리된 명령어를 지정하고 클릭하면 주석이 해제됩니다.

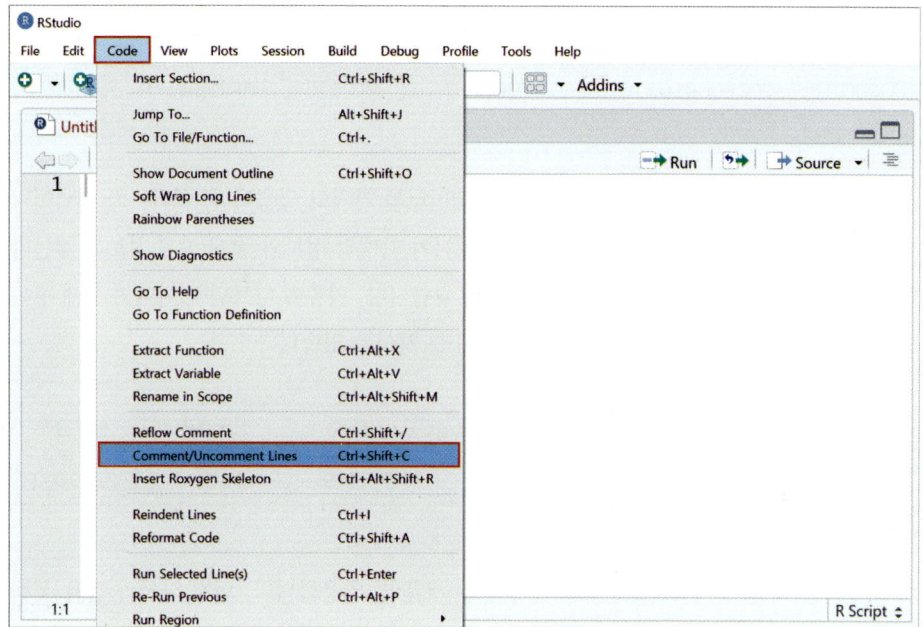

그림 2-12 주석 설정/해제하기

단축키는 Windows에서는 [Ctrl]+[Shift]+[C], macOS에서는 [Command]+[Shift]+[C]입니다. 단축키를 누르면 커서가 있는 한 줄을 주석 처리하고, 범위를 지정했으면 전체가 주석 처리됩니다.

지금까지 R의 기본 명령어들을 알아봤습니다. 이 정도면 앞으로 이 책의 내용을 공부하는 데 문제없을 겁니다. 이제 같이 실습해볼 실습 데이터를 살펴봅시다.

2.5 실습 데이터 소개

회사나 부서마다 하는 일은 모두 다릅니다. 당연히 다루는 데이터도 각각 다르죠. 그래도 큰 틀에서 보면 회사에서 다루는 데이터들은 비슷하게 생겼습니다. 이 책에서는 가상의 카드사 매출 데이터를 실습으로 활용합니다. 카드로 결제가 이뤄질 때마다 카드사에는 누가, 어디서, 언제, 얼마를 결제했는지에 대한 정보가 담긴 데이터가 한 줄씩 쌓이는데, 카드사는 이 데이터를 이용해 일을 합니다.

결제 ID	결제 일시	고객 ID	가맹점 ID	업종	결제 금액
CO0001	2021-07-01 09:10:12	C003	M023	커피전문점	4,100

⋮

은행이나 보험사 같은 회사도 비슷한 구조의 데이터를 가지고 있습니다. 이커머스 기업이나 유통사의 데이터도 크게 다르지 않습니다. 카드사가 가맹점 정보와 결제 상세 정보를 쌓는다면, 이 회사들은 상품 정보와 주문 상세 정보를 쌓습니다. 업종이 다르면 데이터의 상세 항목도 조금씩 다르지만 아래와 같이 데이터 구조에 큰 차이는 없습니다.

주문 ID	주문 일시	고객 ID	상품 ID	상품 분류	결제 금액
O1234	2021-12-31 12:20:50	C0101	P13579	노트북	2,990,000

⋮

이 책에서는 매출 데이터와 또 다른 데이터 두 개를 더 활용합니다. 먼저 다음과 같은 고객 데이터입니다.

고객 ID	성별	연령	주소
C0101	1	35	서울시 강동구

⋮

그리고 가맹점 데이터입니다.

가맹점 ID	상호	업종	주소	위도	경도
M023	별다방 강동점	커피전문점	서울시 강동구	37.55	127.15

⋮

A 가맹점에서 결제가 이뤄질 때마다 상호와 주소를 함께 저장한다고 생각해보겠습니다. A 가맹점에서 1년에 1만 번 결제가 이뤄졌다면 상호는 한 번도 바뀐 적이 없지만 결제 데이터에는 상호가 1만 번이나 중복 저장됩니다. 그래서 가맹점의 정보는 필요할 때만 붙여 쓸 수 있도록 가맹점 ID라는 변수를 만들어 따로 저장해둡니다. 이렇게 하면 가맹점 데이터만 따로 분석할 수도 있고, 결제 데이터를 고객 데이터와 결합해서 새로운 아이디어를 발굴할 수도 있습니다.

> **더 많은 분석을 위한 TIP** ─ 데이터 결합을 활용한 분석 ─
>
> 데이터 3법이 통과되면서 익명이 아닌 가명으로 처리된 데이터를 주고받을 수 있고, 마이데이터 산업이 확장함에 따라 많은 기업에서 데이터 결합에 대한 관심이 커졌습니다. 데이터 결합은 엑셀에서는 `VLOOKUP()`이라는 함수로, SQL에서는 `JOIN` 키워드로 합니다.
>
> 예를 들어, 카드사에서 성별에 따라 결제 패턴을 분석하고 싶다면 매출 데이터만으로는 데이터가 부족합니다. 고객 데이터에 있는 고객 ID를 매출 데이터와 결합해야 분석할 수 있죠. 이처럼 기업에서는 다양한 데이터 결합을 시도하면서 새로운 아이디어를 발굴하고 있습니다.

앞으로 이 데이터들을 활용해서 다양한 분석 방법을 살펴볼 텐데, 실습 데이터에 관해서는 4장에서 R로 불러온 다음 더 자세히 설명하겠습니다. 실습 데이터는 여러분이 실제로 사용하는 데이터와 달라서 이해하기 어려울 수도 있습니다. 그러나 데이터와 변수 이름만 여러분의 데이터로 바꾸면 비슷한 분석 결과를 얻을 수 있을 것입니다.

2.6 실습자료 다운로드

이 책에서 다룰 실습 데이터와 스크립트를 포함한 모든 실습자료는 dataartproject.com/book에서 다운로드할 수 있습니다. 간혹 금융 회사 같은 곳에서는 외부망을 차단하기도 하므로 이런 경우를 위해 한 번에 파일을 옮길 수 있도록 R 설치 파일 등도 모두 포함하여 올려두었습니다.

홈페이지의 [Book] 메뉴에서 [실습자료 다운로드]를 눌러 실습자료를 다운로드하고, 압축을 풀면 다음과 같습니다. 압축을 풀지 않고 실행하면 오류가 발생하므로 반드시 압축을 풀어 실습을 진행해주세요.

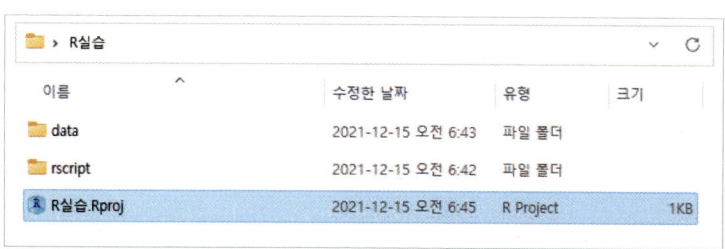

그림 2-13 실습자료 폴더

data 폴더에 실습 데이터가 들어있습니다. 엑셀로 데이터를 분석할 때는 보통 .xlsx라는 확장자를 가진 엑셀 파일에 데이터가 저장되어 있고, 시트(sheet)를 추가해서 여러 데이터와 분석 결과를 저장합니다. 그래서 하나의 파일로 한 번의 분석을 합니다. 그런데 R에서는 데이터를 불러와 각각 a, b 같은 이름을 달아 객체로 저장하기 때문에 데이터가 여러 파일로 나뉘어 있어도 상관없습니다. 그리고 이렇게 하나의 분석에 필요한 데이터 파일들은 한 폴더에 넣어두는 것이 편합니다.

rscript 폴더에 들어가보면 제가 미리 저장해둔 스크립트 파일들이 있습니다. R 스크립트는 .R이라는 확장자를 가집니다. 큰 주제별로 스크립트 하나에 내용을 정리했는데, 앞에서 함께 살펴본 것처럼 제가 직접 새 스크립트를 열고 내용을 입력한 다음 저장했습니다. 데이터 파일을 한 폴더에 넣은 것처럼 분석을 하면서 작성한 스크립트도 한 폴더에 넣어두면 편리합니다. 그리고 스크립트 파일 이름에 아래와 같이 주제와 날짜, 버전을 표시하면 파일을 더 효율적으로 관리할 수 있습니다.

R 매출분석_20210927_v1.R

이 폴더에는 스크립트 파일이 있다는 것만 확인하고 다시 상위 폴더로 이동하겠습니다. 우선, 혼선을 막기 위해 열려있는 RStudio가 있다면 종료해주세요. 실습자료 폴더에는 data와 rscript 폴더 외에 R실습.Rproj라는 파일이 하나 있는데, 이 파일을 더블 클릭하면 RStudio가 실행됩니다.

다음 그림처럼 실행된 화면 오른쪽 위에 폴더 이름과 동일하게 'R실습'이라는 이름이 떠야 합니다. RStudio가 실행되면 마치 누군가가 작업하던 것처럼 스크립트가 열릴 것입니다. 여기서는 RStudio의 기능을 간단히 설명하고 있으니 읽어보기 바랍니다. 특히 RStudio의 프로젝트 기능은 너무나 중요하므로 부록 A.2의 설명을 참고하여 꼭 한번 따라서 실행해보기 바랍니다.

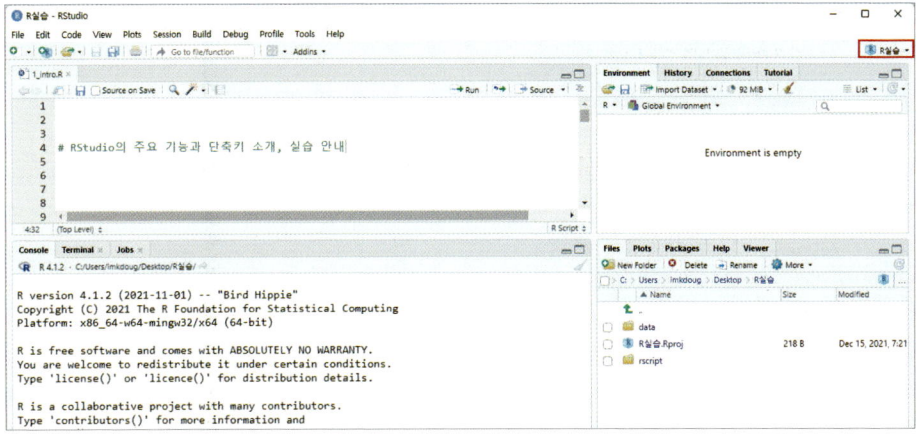

그림 2-14 R실습.Rproj 파일 실행 화면

RStudio의 전체 화면에서 오른쪽 아래를 보면 [Files] 탭이 활성화되어 있고, 익숙한 data와 rscript 폴더가 보입니다. Windows의 파일 탐색기 혹은 macOS의 Finder가 RStudio에 달려있다고 생각하면 됩니다. 그래서 RStudio를 벗어나지 않고도 RStudio 안에서 대부분의 작업을 진행할 수 있습니다. 그럼 실습 스크립트를 하나 열어보겠습니다.

[Files] 탭에서 rscript 폴더를 클릭하고, 두 번째에 있는 2_chapter2_basic.R 파일을 클릭합니다. 그럼 왼쪽 위에 저장된 스크립트가 열립니다. 실습자료에는 이렇게 장마다 저장해놓은 스크립트가 있으니 다음 장부터 하나씩 같이 따라 해보며 실습을 진행하겠습니다.

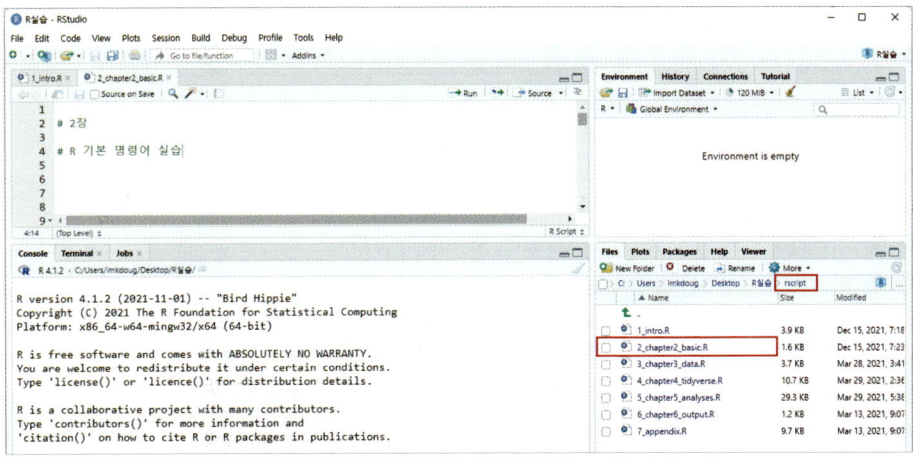

그림 2-15 실습 스크립트 파일 열기

2.7 패키지 설치

지금 RStudio에 열려 있는 스크립트는 앞으로의 준비를 위한 스크립트입니다. 이제 패키지를 설치하려고 합니다.

R로 많은 것을 할 수 있지만, R을 설치할 때 모든 기능이 설치되지는 않습니다. 더욱이 R은 오픈소스이므로 다양한 사람들이 다양한 목적에 사용할 새로운 함수나 기능을 패키지라는 이름으로 자유롭게 배포합니다. R을 처음 설치하면 기본적인 기능만 설치되므로 필요에 따라 패키지를 설치해서 기능을 추가하거나 새로운 작업을 할 수 있습니다.

우리가 사용할 수 있는 패키지는 1만 5천 개가 넘습니다. 관심 있는 분석 방법이나 프로세스 또는 기능이 있다면 패키지를 찾아서 설치하면 됩니다. 그런데 모든 패키지를 사용하지는 않으므로 구글에서 'R package 관심 주제'로 검색하여 관련 패키지를 찾아본 뒤 설치하는 것이 일반적입니다.

이 책에서 다룰 데이터 요약과 시각화는 R의 기본 함수와 기능만으로도 처리할 수 있습니다. 그러나 데이터를 조금 더 효율적으로 요약하고, 더 보기 좋은 그래프를 만들기 위해서 패키지를 설치할 것입니다. 그리고 회사원이라면 대부분 사용하는 엑셀 파일을 R로 불러오기 위한 패키지도 설치하겠습니다. 설치할 패키지는 다음과 같습니다.

- readxl 엑셀 파일을 R로 불러올 때 사용
- dplyr 함수를 조합해서 데이터를 요약할 때 사용
- ggplot2 데이터나 요약 결과를 그래프로 시각화할 때 사용

패키지 설치는 `install.packages()` 함수를 사용합니다. 이 함수에 설치할 패키지 이름을 넣고 실행하면 서버에서 압축 파일을 내려받아 자동으로 압축을 풉니다. 이때 `c()` 함수로 여러 패키지를 묶어서 입력하면 모두 한 번에 설치할 수 있습니다. 패키지를 설치할 때는 온라인 서버에서 파일을 다운로드하므로 인터넷에 접속되어 있어야 합니다.

```
install.packages("readxl")
packages_to_install = c("dplyr", "ggplot2")
install.packages(packages_to_install)
```

패키지마다 먼저 설치가 필요한 패키지가 있을 수 있습니다. 예를 들어 `dplyr`이라는 패키지를 설치하려면 `tibble`이라는 패키지가 먼저 설치되어 있어야 합니다. `tibble` 패키지는 또 `pillar`라는 패키지를 필요로 합니다. 그러나 `install.packages()` 함수를 사용하면 설치에 필요한 패키지들을 순서대로 알아서 설치하므로 걱정하지 않아도 됩니다.

항상 시킨 대로만 일하는 컴퓨터는 우리가 패키지를 설치하라고 했으니 설치를 끝냈습니다. 그러나 컴퓨터에 엑셀이 설치되어 있어도 엑셀이 항상 열려있지는 않듯이 패키지를 설치한 것과 사용하는 것은 별개입니다. R을 실행할 때 사용하지도 않을 수많은 패키지를 자동으로 불러오면 비효율적이기도 하고요. 그래서 R에서는 패키지를 필요할 때만 불러와 사용합니다. 이때는 `library()` 함수를 사용합니다.

```
library(readxl)
```

`library()` 함수로 필요한 패키지를 불러오면 기존에 없던 새로운 기능들을 사용할 수 있습니다. .xlsx 파일을 R로 불러오는 것은 원래 불가능하지만 `readxl` 패키지를 설치함으로써 R에서 .xlsx 파일을 열 수 있게 됩니다. 자세한 방법은 다음 장에서 다루겠습니다.

2.8 함수 도움말 확인

R에 있는 다양한 패키지와 함수를 잘 활용하면 데이터를 효율적으로 분석할 수 있습니다. 그런데 분석 과정에서 생긴 문제를 해결하기 위해 어떤 패키지 또는 함수를 써야 할지 모른다는 것이 문제입니다. 일단 이 책에 나오는 패키지와 함수들의 사용법만 알아도 데이터 요약 과정을 대부분 해결할 수 있습니다. 그리고 더 궁금한 것이 있다면 구글에서 검색하면 됩니다. 'R'과 함께 분석 주제나 문제를 검색창에 입력하면 수많은 질문과 해답이 나올 겁니다. 그래도 해결이 어렵다면 Facebook의 R 커뮤니티인 Korean R Study Group에 질문을 올리거나 제 홈페이지에 문의해도 좋습니다.

패키지를 설치했는데 어떤 함수를 사용할지 이름만 알 뿐 사용법을 모르거나 상세한 옵션에 관한 설명을 알고 싶을 때가 있습니다. 이럴 때는 함수 이름 앞에 물음표(?)를 붙여서 실행하면 패키지나 함수를 만든 사람이 설명한 도움말이 RStudio의 오른쪽 밑에 있는 [Help]창에 뜹니다. 도움말에는 함수의 입력값과 옵션에 관한 설명 그리고 간단한 실습도 포함되어 있습니다.

```
?paste
```

예를 들어 paste() 함수의 도움말에는 paste() 함수와 활용이 비슷한 paste0() 함수의 설명이 함께 나옵니다. 그리고 비슷한 역할을 하거나 반대 역할을 하는 substr(), strsplit(), nchar() 같은 관련 함수들도 확인할 수 있습니다. 또한, 콘솔창에 바로 붙여넣어 실행할 수 있는 간단한 예시가 나와 있습니다.

패키지와 함수의 종류는 너무 많아서 백과사전식으로 정리하기 어렵고 설명이 한글로 번역되어 있지도 않습니다. 많이 사용하여 익숙해지는 것이 가장 좋으며 필요에 따라 검색, 질문, 도움말을 통해서 확인하면 됩니다.

강의를 하다보면 생각보다 많은 분이 함수가 정리된 책이나 블로그를 추천해달라고 요청합니다. 우리가 암기식 교육에 익숙하다보니 영어 단어처럼 일단 외우고 사용하는 것이 편하다고 느끼는 것 같습니다. 하지만 영어 단어를 아무리 외웠어도 실제 상황에서 영어로 한마디 하기 쉽지 않은 것처럼 함수도 마찬가지입니다. 하나하나 외우기보다는 사용하면서 익히고 단어가 아니라 문장을 외우듯 상황에 맞는 함수 조합을 배우는 것이 훨씬 좋은 방법입니다. 다시 한번 말하지만 이 책의 내용만으로도 대부분 회사에서 사용하는 데이터 요약은 해결할 수 있습니다. 데이터 분석을 정복하겠다는 너무 앞선 미래를 바라보지 말고 이 책을 다 살펴볼 때까지는 이 책에만 집중해봅시다.

데이터 분석을 시작하기 위한 긴 준비가 모두 끝났습니다. 이제 실습 데이터를 불러오고, 요약하고, 시각화하는 방법을 살펴보겠습니다.

03장
데이터 불러와서 살펴보기

모든 분석은 데이터를 불러오는 것부터 시작합니다. 데이터 분석을 하려는 회사원이 엑셀을 실행해서 데이터를 여는 것처럼 R을 활용할 때도 데이터를 불러오는 과정이 꼭 필요합니다. 엑셀에서 VLOOKUP() 함수를 사용해 데이터를 결합해본 적이 있나요? R에서도 데이터 두 개를 결합할 수 있습니다. 그럼 본격적인 데이터 분석에 앞서 R에서는 데이터를 어떻게 불러오고 처리하는지 확인해봅시다. RStudio에서 실습자료의 세 번째 스크립트 3_chapter3_data.R을 불러와 살펴보겠습니다.

3.1 CSV 파일 불러오기

관심 있는 데이터를 R로 분석하려면 먼저 데이터를 R로 불러와야 합니다. 그러려면 파일 이름과 저장된 형식을 확인해야 하는데요, 데이터 파일의 확장자는 CSV 형식이 가장 많이 사용됩니다.

사람들의 이름과 거주 지역, 연령대, 성별을 데이터로 만들려면 엑셀에서 칸마다 정보를 입력하면 됩니다. 하지만 엑셀은 비싼 소프트웨어라서 메모장을 이용해 텍스트 파일로 저장하려고 합니다.

임경덕 서울 30대 남자

정보마다 [Space Bar]로 한 칸씩 띄우고 이 공백을 기준으로 정보를 나눌 수 있겠네요. 그런데 이렇게 작성하면 상세 주소를 추가하는 순간 변수를 구분하기 어려워집니다.

임경덕 서울 강동구 30대 남자

'서울'과 '강동구'인지 '서울 강동구'인지 구분이 어렵죠. 그래서 정보를 구분할 때는 보통 탭이나 쉼표를 사용합니다.

임경덕,서울 강동구,30대,남자

다음 사람의 정보는 [Enter]를 눌러 줄을 바꿔서 추가합니다.

임경덕,서울 강동구,30대,남자
김루비,경남 통영시,20대,여자

이런 형식으로 만든 파일이 CSV(Comma Separated Value) 파일입니다. CSV 파일은 메모장이나 엑셀, R을 포함한 대부분 도구에서 활용할 수 있어 편리합니다. R에서는 `read.csv()` 함수를 사용해서 CSV 파일을 불러옵니다. 함수에는 불러올 파일의 경로와 이름을 다음과 같이 입력합니다.

```
# [코드 3-1]
sample = read.csv("data/sample1.csv")
sample
   name  addr  age  gender
1   IM   Seoul  34    M
2  PARK  Seoul  35    F
3  KIM    Jeju  25    F
```

2장에서 다운로드한 실습자료의 data 폴더를 보면 sample1.csv라는 파일이 있는데, 이 CSV 파일을 불러와 `sample`이라는 이름으로 저장하겠다는 의미의 명령어입니다. 문제없이 실행됐다면 환경창의 [Data] 목록에 `sample`이라는 이름이 추가된 것을 확인할 수 있습니다. 환경창에서 `sample`을 마우스로 클릭하면 `View()` 함수가 실행되면서 저장된 데이터를 스크립트창에서 스프레드시트 형식으로 확인할 수 있습니다.

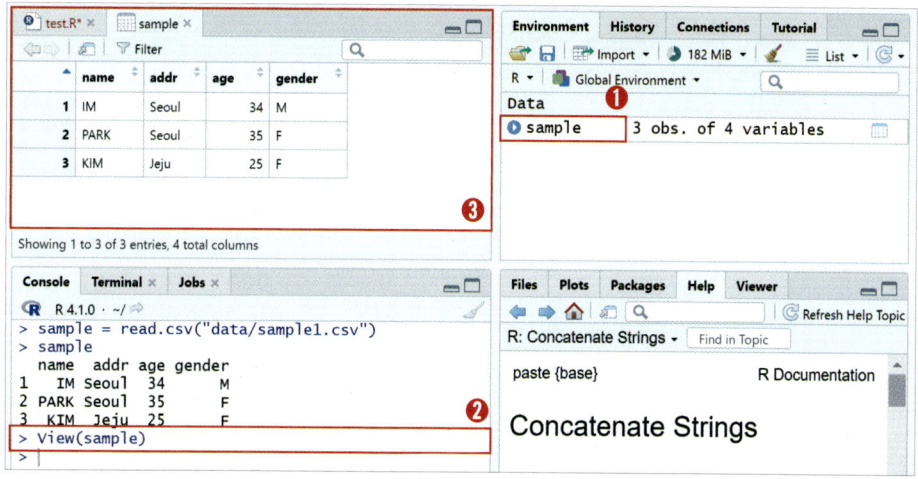

그림 3-1 sample1.csv 파일 불러와서 확인하기

여기서 몇 가지 유의할 사항이 있습니다. 첫 번째는 파일 경로를 입력할 때 꼭 큰따옴표를 사용해야 한다는 점이고, 두 번째는 R에서 경로를 구분할 때 역슬래시라고 부르는 [\] 혹은 [₩] 키가 아니라 [?]와 함께 있는 [/(슬래시)] 키를 사용한다는 점입니다. 다음처럼 \를 두 번 쓴 \\로 경로를 나타내기도 하지만 간편하게 / 하나를 사용합니다.

```
# [코드 3-2]
sample = read.csv("data\\sample1.csv")
sample = read.csv("data/sample1.csv")
```

세 번째는 상대 경로의 개념입니다. 실습 파일의 경로는 Windows를 사용하는지 macOS를 사용하는지에 따라, 그리고 또 실습자료를 내려받은 위치에 따라 다릅니다. 똑같이 바탕 화면에 다운로드했어도 사용자 계정 이름이 다르면 경로도 다르죠. 그런데 모두가 별다른 문제 없이 data 폴더에서 sample1.csv 파일을 불러오고 저장할 수 있는 것은 RStudio의 프로젝트 기능 덕분입니다. 아직 이 기능을 잘 모른다면 첫 번째 스크립트(1_intro.R)나 부록 A.2에 있는 내용을 참고해서 꼭 본인의 프로젝트를 하나 만들어보세요.

이번에는 예시 코드 없이 여러분이 직접 명령어를 입력해서 데이터를 불러와보세요. [data] 폴더 → [practice] 폴더에 weather.csv 파일이 있습니다. 이 데이터를 불러와서 my_practice라는 이름으로 저장하는 명령어를 스크립트에 작성해봅시다.

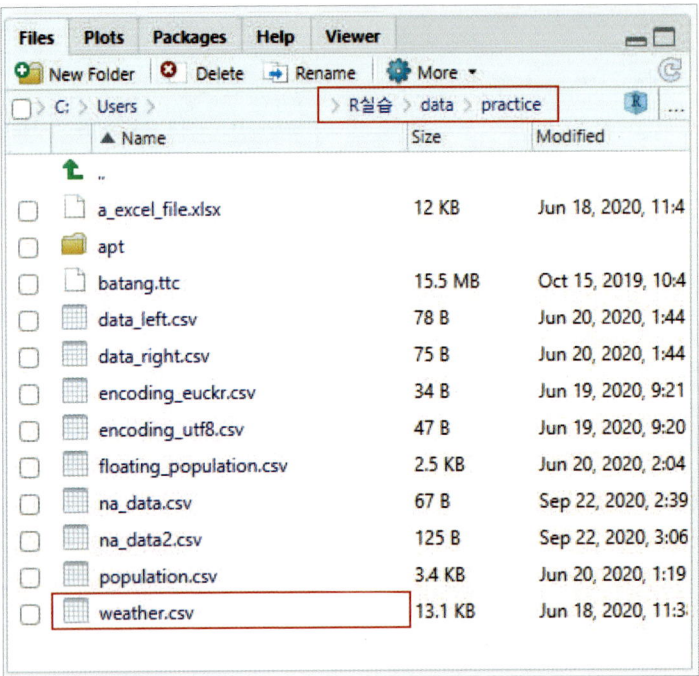

그림 3-2 weather.csv 파일 불러오기

무사히 데이터를 불러왔나요? 누군가가 만들어놓은 스크립트를 보면 간단해 보이지만 막상 키보드를 두드려 직접 스크립트를 작성하려고 하면 쉽지 않습니다. 그런데 명령어를 모두 키보드로 직접 입력할 필요는 없습니다. RStudio가 자동완성 기능을 제공하기 때문이죠.

자동완성 기능을 활용해서 다시 한번 명령어를 같이 입력해봅시다. 먼저 저장할 이름 `my_practice`와 저장하기 위한 연산자 =은 어쩔 수 없이 직접 입력합니다. 다음은 CSV 파일을 불러올 `read.csv()` 함수를 입력할 차례인데요. `rea` 세 글자를 입력하면 다음 그림처럼 자동완성 목록이 뜹니다. 자동완성 목록이 뜨지 않을 때는 [Tab] 키를 한 번 누르면 됩니다.

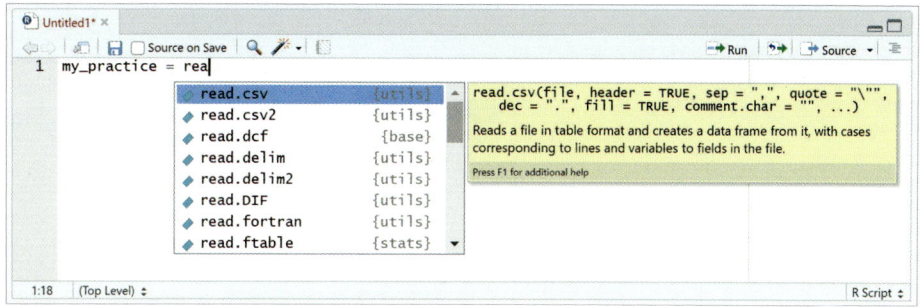

그림 3-3 RStudio의 자동완성 기능으로 함수 입력하기

자동완성 목록에는 rea로 시작하거나 중간에 rea가 들어간 함수들이 뜹니다. 방향키를 위아래로 움직여서 필요한 함수를 선택하고 [Tab] 키를 누르면 선택한 함수가 자동으로 완성돼서 입력됩니다. 이렇게 입력된 함수는 괄호가 자동으로 붙고, 커서가 괄호 사이에 위치합니다.

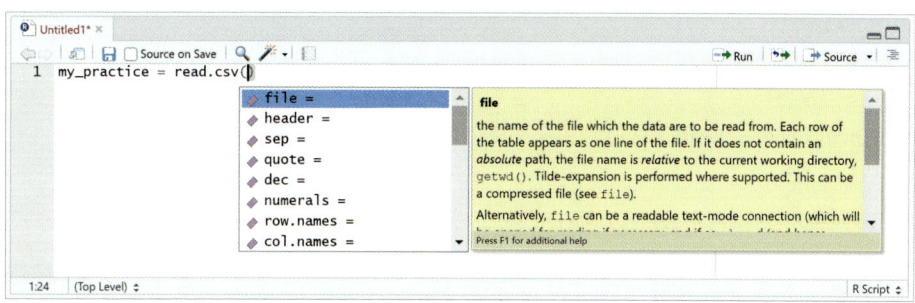

그림 3-4 RStudio의 자동완성 기능으로 옵션 입력하기

여기서 다시 한번 [Tab] 키를 누르면 함수에 들어갈 입력과 옵션 목록이 뜹니다. 파일 경로는 `file`이라는 첫 번째 입력값에 들어가는데, 역시 [Tab] 키를 눌러 `file` 옵션을 선택하면 `file=`이 자동으로 입력됩니다. 참고로 우리가 입력할 파일의 경로와 이름은 누가 봐도 첫 번째 `file`에 들어갈 입력값이기 때문에 `file=`을 생략해도 됩니다. 다음으로 파일 경로를 입력하기 위해 따옴표를 입력하면 닫는 따옴표가 자동으로 생성됩니다.

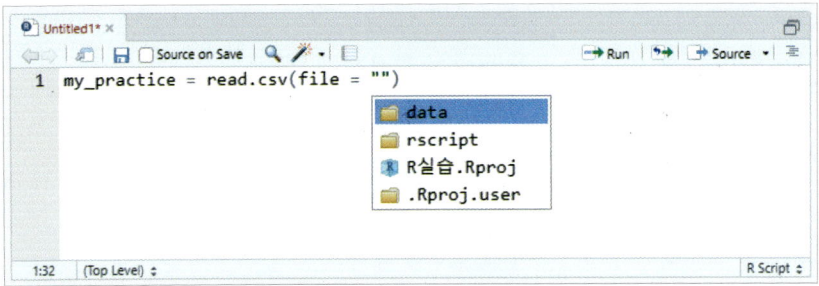

그림 3-5 RStudio의 자동완성 기능으로 경로 입력하기

그리고 다시 [Tab] 키를 누르면 우리가 직접 폴더나 파일 이름을 입력하지 않아도 프로젝트 폴더 안에 있는 폴더와 파일 목록이 뜹니다. 목록 중 data 폴더를 찾아 방향키로 이동한 다음 [Tab] 키를 누르면 **data/**가 입력되고, data 폴더의 하위 폴더와 파일 목록으로 바뀝니다. 계속해서 이런 식으로 [practice] 폴더 → weather.csv 파일을 선택하면 다음처럼 명령어가 완성되죠. 이 명령어를 실행하고 환경창을 보면 데이터를 정상적으로 불러온 것을 확인할 수 있습니다.

```
# [코드 3-3]
my_practice = read.csv(file = "data/practice/weather.csv")
```

read.csv() 함수의 옵션을 몇 가지 더 살펴봅시다. 방금 작성한 명령어에서 다음처럼 경로를 지정한 따옴표 뒤에 쉼표를 입력하고 [Tab] 키를 누르면 다시 이 함수의 옵션 목록이 뜹니다.

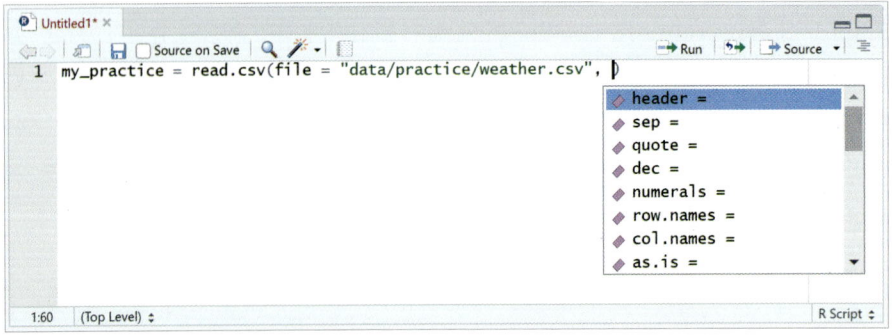

그림 3-6 read.csv( ) 함수의 옵션 목록

이 중에서 중요한 옵션을 살펴보겠습니다. `header`라는 옵션의 기본값은 `TRUE`입니다. 보통 CSV 같은 데이터 파일의 첫 줄에는 변수 이름이 저장되어 있습니다. 그런데 간혹 변수 이름 없이 첫 줄부터 관측치가 등장하는 데이터도 있습니다. 이럴 때는 `header=FALSE` 혹은 `FALSE`를 `F`로 줄여서 `header=F`라는 옵션을 추가하면 됩니다.

`sep` 옵션의 기본값은 쉼표입니다. CSV 파일은 이름대로 한 관측치의 여러 정보, 즉 변수를 쉼표로 구분해서 저장합니다. 그런데 쉼표를 탭이나 세미콜론(;)으로 구분한 파일이라면 `sep` 옵션을 활용합니다. 탭으로 구분된 파일은 `sep="\t"`를 추가하고, 세미콜론으로 구분된 파일은 `sep=";"`을 추가하면 지정된 특수 문자를 기준으로 정보를 나눈 데이터를 저장합니다.

`stringAsFactors`는 숫자가 아닌 값을 문자로 저장할지 혹은 범주형 변수로 저장할지 정하는 옵션입니다. 범주형 변수는 4장에서 설명하며, `stringAsFactors` 옵션에 관한 내용과 R의 변수 형식에 관련된 내용은 부록 A.7에 정리했습니다.

마지막으로 가장 중요한 `fileEncoding` 옵션을 살펴봅시다. 1장에서 데이터 분석의 큰 흐름을 설명할 때 SQL이라는 도구가 데이터베이스에서 데이터를 추출하는 역할을 한다고 했습니다. 실제로 분석 환경이 갖춰진 회사에서 SQL 쿼리를 실행하면 관심 있는 데이터를 CSV 파일로 저장할 수 있고, 그 데이터를 `read.csv()`로 불러올 수 있습니다.

그런데 엑셀을 사용하다 보면 가끔 한글이 깨지는 문제가 발생합니다. 알파벳과 숫자는 큰 문제가 없지만 Windows, Linux, macOS 같은 운영체제에 따라 한글을 포함한 문자를 저장하는 방법, 즉 인코딩 방식이 달라서 발생하는 현상입니다. 서버가 구동되는 Linux나 macOS에서는 UTF-8이라는 인코딩을 활용하는 반면, 대부분의 회사 업무에 사용하는 Windows에서는 euc-kr 혹은 CP949라는 인코딩을 사용합니다. 그래서 같은 CSV 파일이라도 Windows에서는 잘 열리지만 macOS에서는 열리지 않아 서로 데이터를 주고받을 수 없는 문제가 생기는 것이죠.

R에서는 데이터를 불러올 때 파일의 인코딩을 지정함으로써 이런 문제를 해결합니다. 인코딩을 지정하지 않으면 컴퓨터의 기본 인코딩이 자동으로 지정됩니다. 만약 어떤 파일을 불러오는데 내 컴퓨터에서만 오류가 나거나 한글이 깨진다면 다음처럼 인코딩 옵션을 지정하면 대부분 해결됩니다.

```
# [코드 3-4]
read.csv("data/practice/encoding_utf8.csv", fileEncoding = "UTF-8")
              text
1 문제가없으면한글이보입니다
read.csv("data/practice/encoding_euckr.csv", fileEncoding = "euc-kr")
              text
1 문제가없으면한글이보입니다
```

Windows를 사용하는 컴퓨터에서는 보통 UTF-8로 저장된 데이터를 불러올 때 문제가 발생하므로 `fileEncoding="UTF-8"`이라는 옵션을 추가하고, macOS를 사용할 때는 Windows에서 만든 euc-kr 방식으로 저장된 데이터를 불러올 때 문제가 발생하므로 `fileEncoding="euc-kr"`이라는 옵션을 추가합니다. 이때 대소문자를 구분하니 주의하세요.

이 정도만 알면 CSV 파일을 불러오는 데는 문제가 없을 겁니다. 여러분이 가진 CSV 파일이나 온라인에 공개된 CSV 형식의 실습 데이터를 다운받아서 마음껏 연습해보세요.

그런데 문제가 있습니다. 우리의 실습자료는 대부분 CSV 형식이 아니라 XLSX 형식입니다.

3.2 XLSX 파일 불러오기

회사에서는 대부분 엑셀을 사용하기 때문에 데이터 역시 대부분 XLSX 형식으로 저장되어 있습니다. 그런데 XLSX 파일은 엑셀이 설치되어 있어야 열 수 있지 앞에서 배운 `read.csv()` 함수로는 XLSX 파일을 불러올 수 없습니다. 보통 XLSX 파일은 시트마다 다른 데이터가 저장되어 있어서 `read.csv()` 함수를 이용하려면 시트 하나하나를 [다른 이름으로 저장]에서 CSV 형식으로 바꿔 저장해야 합니다. 귀찮은 데다가 쓸데없이 파일 개수가 늘어나므로 다른 방법을 찾아야겠네요.

지금이 앞에서 설치했던 `readxl` 패키지를 사용할 때입니다. 구글에서 'R read excel file'이라고 검색하면 여러 가지 패키지가 나오는데, `readxl`은 그중 하나일 뿐 무조건 이 패키지를 사용해야 하는 것은 아닙니다. 먼저 `library()` 함수로 패키지를 불러옵니다.

```
# [코드 3-5]
library(readxl)
```

이미 설치한 패키지라서 다시 설치할 필요는 없습니다. R을 한번만 설치하면 계속 사용할 수 있는 것처럼 패키지도 마찬가지입니다. 대신 패키지는 사용할 때마다 `library()`로 불러와야 합니다. RStudio를 종료하면 다시 켜야 하는 것처럼 패키지도 다시 실행시키는 것이죠.

`readxl` 패키지에는 `read_excel()`이라는 함수가 있습니다. 패키지를 설치하고 불러왔기 때문에 다음 코드처럼 이 함수를 사용해 XLSX 파일을 불러올 수 있습니다.

```
# [코드 3-6]
data_sheet1 = read_excel("data/practice/a_excel_file.xlsx", sheet = 1)
data_sheet2 = read_excel("data/practice/a_excel_file.xlsx", sheet = 2,
                         skip = 2)
```

첫 번째 명령어를 보면 먼저 `read.csv()`와 동일하게 경로가 들어갑니다. 그리고 한 파일에 시트가 여러 개 있는 XLSX 파일의 특성상 `sheet` 옵션으로 몇 번째 시트를 불러올지 지정합니다. `sheet` 옵션을 생략하면 기본값이 1이므로 첫 번째 시트를 불러옵니다.

두 번째 명령어를 보면 `skip` 옵션이 있습니다. 외부 데이터를 다운로드하면 데이터 위에 몇 줄 정도 설명을 달아놓은 경우가 있습니다. 이럴 때는 R이 데이터를 첫 줄부터 읽는 것이 아니라 데이터가 시작하는 줄부터 읽어야 오류가 발생하지 않습니다. `skip=2` 옵션을 지정함으로써 첫 번째와 두 번째 줄은 무시하고 세 번째 줄부터 데이터를 불러옵니다.

회사 업무에서 활용하는 데이터 대부분은 CSV나 XLSX처럼 엑셀로 열 수 있는 격자 형태로 이루어진 데이터입니다. 따라서 `read.csv()`와 `read_excel()` 함수를 사용해서 데이터를 R로 불러왔습니다. 그런데 데이터는 고객 리뷰나 앱 로그같이 텍스트로만 이루어진 경우도 있습니다. .txt로 끝나는 텍스트 파일을 R로 불러올 때는 `readLines()`라는 함수를 사용합니다. 이처럼 상황이나 데이터의 특성에 따라 함수를 다르게 사용해서 불러온다는 것을 알아두세요.

3.3 데이터 살펴보기

엑셀이 익숙한 사람에게는 R이 어색하고 불편할 수 있습니다. 엑셀에서는 데이터를 열면 바로 실제 값들이 눈에 보이지만, R에서 데이터는 이름을 가지고 메모리에 저장되어 있을 뿐이라서 눈으로 직접 확인하려면 명령어를 입력해야 합니다.

예를 들어 `sample`에 불러온 데이터는 관측치가 3개, 변수는 4개밖에 없어서 콘솔에서 전체 데이터를 확인해도 문제가 없습니다. 그런데 `my_practice` 데이터는 조금 다릅니다. 2019년 한 해 동안 서울의 일별 최고 기온, 최저 기온, 습도, 강수량, 일조량, 운량을 정리한 데이터죠. 날짜를 포함해 변수가 7개 있고 관측치도 365개나 되기 때문에 실행했을 때 콘솔창에서 데이터 전체를 한눈에 볼 수 없습니다. RStudio는 출력할 값이 너무 많으면 콘솔창에 다 출력하지 않고 `omitted 223 rows`라는 문구로 나머지 223개 행은 생략했음을 표시합니다.

```
# [코드 3-7]
my_practice
        date    temp_high  temp_low  temp_hum  temp_rain  temp_sun  temp_cloud
1   2019-01-01      -0.6      -8.2      49.5        NA        7.5        3.4
2   2019-01-02       0.2      -8.8      42.8        NA        8.7        0.0
3   2019-01-03       3.2      -8.4      38.8        NA        8.7        0.1
                                         ⋮
140 2019-05-20      20.2      13.0      63.6       8.7       10.5        4.5
141 2019-05-21      23.8      11.7      52.0        NA       13.1        0.0
142 2019-05-22      26.5      12.3      46.0        NA       12.6        1.4
[ reached 'max' / getOption("max.print") -- omitted 223 rows ]
```

이제, 불러온 데이터를 확인하고 데이터의 특성을 살펴보기 위한 함수들을 소개합니다.

3.3.1 View() 함수

환경창을 보면 우리가 저장한 데이터 목록을 볼 수 있다고 했습니다. 여기서 데이터 이름을 클릭하면 데이터를 엑셀 같은 스프레드시트 형식으로 확인할 수 있습니다. `my_practice`를 클릭해봅시다. 그러면 스크립트창에 새 탭이 하나 생기면서 데이터에 어떤 값이 있는지

화면에 나타납니다. 이 스프레드시트는 콘솔에 `View()`라는 함수가 실행되면서 나타나는 것인데, 마우스를 사용하지 않고 다음과 같이 함수를 직접 입력해도 됩니다. 참고로 변수나 관측치가 많을 때는 스크립트창을 스크롤하면 추가로 값들을 보여줍니다.

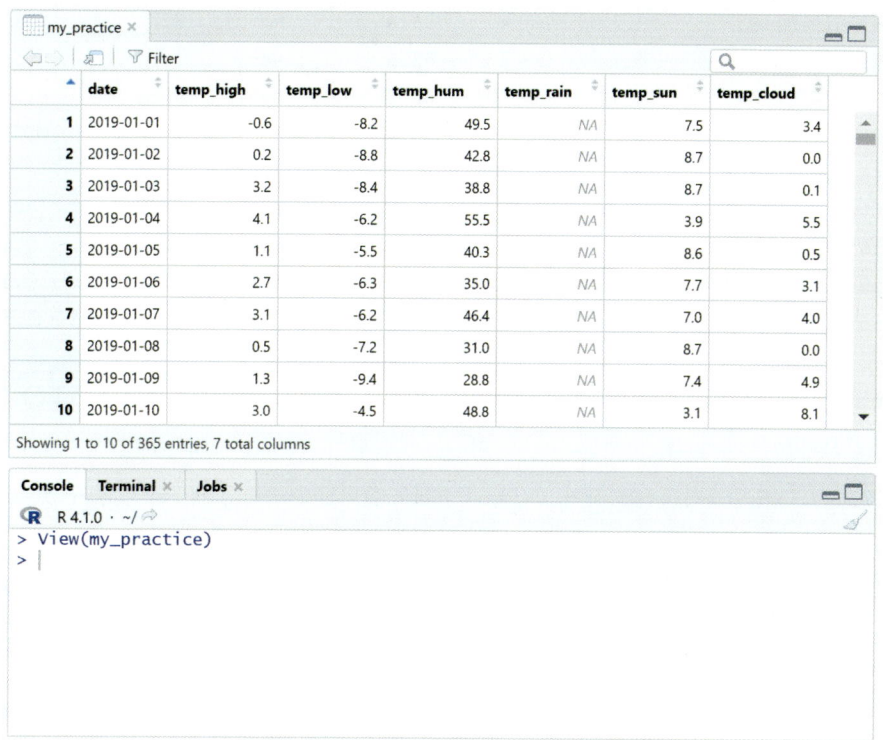

그림 3-7 View( ) 함수로 데이터 확인하기

3.3.2 head(), tail() 함수

그런데 `View()` 함수는 변수와 관측치가 많은 비즈니스 데이터를 여는 시간이 오래 걸리고, 작성 중이던 스크립트를 가려 비효율적이어서 많이 쓰지 않습니다. 대신 콘솔에 부분 데이터를 보여주는 `head()`나 `tail()` 함수를 사용합니다.

```
# [코드 3-8]
head(my_practice)
        date temp_high temp_low temp_hum temp_rain temp_sun temp_cloud
1 2019-01-01      -0.6     -8.2     49.5        NA      7.5        3.4
2 2019-01-02       0.2     -8.8     42.8        NA      8.7        0.0
3 2019-01-03       3.2     -8.4     38.8        NA      8.7        0.1
4 2019-01-04       4.1     -6.2     55.5        NA      3.9        5.5
5 2019-01-05       1.1     -5.5     40.3        NA      8.6        0.5
6 2019-01-06       2.7     -6.3     35.0        NA      7.7        3.1
tail(my_practice, n = 3)
          date temp_high temp_low temp_hum temp_rain temp_sun temp_cloud
363 2019-12-29       6.2      1.1     52.5       1.4      0.0        9.0
364 2019-12-30       6.8     -5.7     70.3       0.4      0.0        7.5
365 2019-12-31      -4.5    -10.9     39.3       0.0      9.1        1.3
```

head() 함수는 이름 그대로 데이터에서 처음 부분에 있는 관측치를 보여주고, tail() 함수는 끝에 있는 관측치를 보여줍니다. 두 함수는 n 옵션의 기본값이 6이기 때문에 처음과 끝에 있는 6개의 관측치를 출력하며, n값을 조정해서 출력할 관측치의 개수를 바꿀 수 있습니다. 보통 가장 최신 데이터가 가장 나중에 추가되어 제일 아래에 있습니다. 따라서 head()와 tail() 함수는 가장 먼저 기록된 최초 관측치와 가장 나중에 기록된 최근 관측치를 확인할 때 사용합니다.

View(), head(), tail() 함수는 분석하는 도중에 틈틈이 실행하면서 불러온 데이터에 이상이 없는지, 변수 이름이나 값이 잘 저장됐는지, 한글 같은 문자가 깨지는 않는지 등 의도한 대로 데이터가 잘 처리되고 있는지 확인하는 데 유용하지만 데이터를 보기만 할 수 있을 뿐 수정하거나 추가할 수는 없습니다. 데이터를 수정하거나 변수를 추가하려면 다른 함수를 활용해야 합니다.

3.3.3 names() 함수

R을 활용해 데이터를 분석할 때는 변수의 이름이 중요합니다. 분석 내용을 말로 설명하려면 아마 '이 변수의', '이 변수를 기준으로', '이 변수들을 활용해서'처럼 변수라는 말이 자주 나올 겁니다. 데이터 분석은 변수 또는 변수 간 관계의 특징을 찾는 과정이기 때문이죠. 그래서 변수의 이름을 항상 잘 알고 있어야 합니다.

조건을 설정해 부분 관측치를 선택하거나 평균 같은 요약값을 계산할 때도 변수 이름을 활용합니다. 변수 이름은 head()와 tail() 함수의 출력 결과에도 나오지만, 주로 names() 함수로 확인합니다. 다음과 같이 names() 함수에 데이터 이름을 넣고 실행하면 변수 이름만 확인할 수 있습니다.

```
# [코드 3-9]
names(my_practice)
"date"        "temp_high"  "temp_low"    "temp_hum"   "temp_rain"  "temp_sun"
"temp_cloud"
```

변수 이름을 바꾸고 싶으면 어떻게 할까요? 다음 스크립트를 살펴봅시다. 먼저 x라는 이름으로 A와 C, 두 문자를 저장합니다.

```
# [코드 3-10]
x = c("A", "C")
x
"A" "C"
```

그리고 x에 다시 다음처럼 X와 Y를 저장하면, x에는 아까 저장한 A와 C가 사라지고 새로 저장한 X와 Y가 있습니다. 등호는 무언가를 저장할 때 사용한다고 했지만 이미 무언가가 저장돼있다면 새로 입력한 내용으로 업데이트합니다.

```
# [코드 3-11]
x = c("X", "Y")
x
"X" "Y"
```

예를 들어 다음처럼 sample 데이터의 변수 이름을 확인하는 명령어 뒤에 =과 함께 paste0() 함수로 V1, V2, V3, V4라는 값을 입력하면 변수 이름이 바뀝니다. 이처럼 명령어로 확인할 수 있는 모든 값은 등호로 업데이트, 즉 수정할 수 있습니다.

```
# [코드 3-12]
names(sample)
"name" "addr" "age" "gender"
names(sample) = paste0("V", 1:4)
sample
```

```
    V1    V2  V3 V4
1   IM  Seoul 34  M
2 PARK  Seoul 35  F
3  KIM   Jeju 25  F
```

데이터 속 변수 이름은 외우지 않아도 됩니다. RStudio에는 자동완성 기능이 있으니까요. 변수는 $를 이용해 선택합니다.

```
my_
```

my_를 입력하고 앞에서 만든 my_practice 데이터가 자동완성 목록에 보이면 [Tab] 키를 눌러 선택합니다. 그리고 다음과 같이 $를 한 개 입력합니다.

```
my_practice$
```

그러면 my_practice의 변수 목록이 펼쳐집니다. 방향키로 temp_high 변수를 선택하고 [Tab] 키를 누릅니다. 그리고 명령어를 실행하면 전체 데이터가 아니라 temp_high 변수에 해당하는 데이터만 출력됩니다.

```
# [코드 3-13]
my_practice$temp_high
-0.6  0.2  3.2  4.1  1.1  2.7  3.1  0.5  1.3  3.0
 7.2  8.0  7.6  5.3  2.6 -1.1  4.0  6.7  8.5  4.0
 4.2  7.1  7.0  6.5  2.6  2.4  5.1  4.5  7.0  6.6
                        ⋮
 2.6  6.1  6.2  6.8 -4.5
```

이번에는 이렇게 선택한 변수를 max() 함수에 넣어볼까요? 그럼 이 변수의 최댓값을 구할 수 있습니다.

```
# [코드 3-14]
max(my_practice$temp_high)
36.8
```

2019년에 가장 더웠던 날의 기온은 36.8도였네요!

우리는 다음 장에서 조금 더 효율적인 방법으로 최댓값과 평균 같은 요약값을 구해 볼 것입니다. 명령어의 구성은 다르지만 지금까지 사용한 데이터 이름과 변수 이름 그리고 `max()`, `sum()` 같은 집계 함수는 그대로 활용합니다. 자동완성 기능이 있어서 변수 이름을 정확히 외우지는 않아도 되지만 기본적으로 변수마다 무엇을 의미하는지는 대략 파악하고 있어야 합니다.

3.3.4 dim(), nrow(), ncol() 함수

앞서 살펴본 것처럼 데이터는 변수와 관측치로 구성됩니다. 그리고 관측치 개수×변수 개수를 데이터의 차원(dimension)이라고 부릅니다. 실제로 두 숫자를 곱하는 것은 아니고, 100×10으로 표현해서 관측치는 100개, 변수는 10개라는 것을 나타내는 것입니다. 데이터의 차원은 `dim()` 함수로 계산합니다.

```
# [코드 3-15]
dim(my_practice)
365    7
```

`my_practice` 데이터에는 관측치가 365개, 변수가 7개 있네요.

관측치 개수나 변수 개수를 따로 계산하려면 각각 `nrow()`와 `ncol()` 함수를 이용합니다. `nrow()` 함수에 데이터를 넣으면 관측치 개수를, `ncol()`에 데이터를 넣으면 변수 개수를 확인할 수 있습니다.

```
# [코드 3-16]
nrow(my_practice)
365
ncol(my_practice)
7
```

데이터 분석에 관한 이야기를 하다 보면 '모수가 적어서'라는 표현을 할 때가 있습니다. 보통 `nrow()` 함수로 확인한 관측치 개수를 모수라고 표현하기도 하는데 이는 틀린 표현입니다.

모수(parameter)는 통계에서 분포나 알고리즘의 특성을 결정짓는 숫자를 의미합니다. 예를 들면 정규 분포의 μ, σ가 모수입니다. 따라서 모수라는 표현 대신 관측치 개수, 마케팅 대상자 수, 고객 수, 매출 건수 등이 정확한 표현입니다.

`dim()`, `nrow()`, `ncol()` 함수는 모두 함수 안에 데이터 이름을 집어넣어 데이터 크기를 잽니다. 그런데 `c()` 함수를 사용해 만든 데이터나 데이터에서 불러온 문자열에 값이 몇 개나 있는지 세야 할 때도 있습니다. 이때는 `length()` 함수를 사용합니다.

```
# [코드 3-17]
LETTERS
"A" "B" "C" "D" "E" "F" "G" "H" "I" "J" "K" "L" "M" "N" "O" "P" "Q"
"R" "S" "T" "U" "V" "W" "X" "Y" "Z"
length(LETTERS)
26
```

알파벳은 26자니 26이라는 숫자가 나왔습니다. LETTERS는 격자 형태의 데이터가 아니라 값들이 한 줄로 늘어선 문자열입니다. 통계나 수학에서는 이렇게 한 줄로 나열된 수열이나 문자열을 벡터(vector)라고 부르는데, 일상에서 쓰는 '개수를 센다'는 의미가 벡터를 다루는 선형대수에서는 '길이를 잰다'라는 의미와 같습니다. 그래서 함수 이름이 `length()`인 것이죠.

참 할 일이 많습니다. 데이터를 요약하고 시각화하기 위해 이런 작업까지 해야 할까 싶지만 데이터를 불러온 뒤에는 다음 스크립트를 하나의 루틴으로 여기고 실행하길 권합니다.

```
# [코드 3-18]
my_practice = read.csv("data/practice/weather.csv")
head(my_practice)
names(my_practice)
dim(my_practice)
```

3.4 데이터 결합하기

데이터를 불러와서 살펴봤으니 바로 분석을 시작해도 됩니다. 하지만 우리는 그 전에 한 가지, 데이터 결합을 알아보겠습니다. 데이터 결합은 분석할 데이터 파일이 여러 개일 때 필요합니다.

3.4.1 rbind() 함수

같은 분석을 매번 하는 사람에게는 데이터가 여러 개 있습니다. 데이터의 생김새는 똑같지만 1월, 2월이나 2020년, 2021년처럼 기간이 다르거나 A 지점, B 지점 혹은 X 상품, Y 상품처럼 대상이 다르게 말입니다. 이럴 때는 데이터를 모두 R로 불러와서 하나의 데이터로 결합하면 효율적으로 분석할 수 있습니다.

rbind() 함수는 row(행)와 bind(결합)를 붙여 이름 지은 함수입니다. 이름대로 데이터의 행들을 아래로 쭉 결합합니다. 먼저 데이터를 불러오겠습니다.

```
# [코드 3-19]
data_1 = read_excel("data/practice/apt/apt_강남구.xlsx")
data_2 = read_excel("data/practice/apt/apt_서초구.xlsx")
data_3 = read_excel("data/practice/apt/apt_송파구.xlsx")
dim(data_1)
  1488    15
dim(data_2)
  1398    15
dim(data_3)
  1253    15
head(data_1, n = 2)
# A tibble: 2 x 15
      시군구   번지   본번   부번   단지명   `전용면적(㎡)`   계약년월  계약일 `거래금액(만원)`    층
      <chr>   <chr>  <chr>  <chr>  <chr>        <chr>          <chr>    <chr>       <chr>     <chr>
1     서울특~  655-2  0655   0002   개포2차~       77.75         202104    15       174,000       9
2     서울특~  658-1  0658   0001   개포6차~       79.97         202105    15       195,000       5
# ... with 5 more variables: 건축년도 <chr>, 도로명 <chr>, 해제사유발생일 <chr>,
#   거래유형 <chr>, 중개사소재지 <chr>
head(data_2, n = 2)
# A tibble: 2 x 15
      시군구   번지   본번   부번   단지명   `전용면적(㎡)`   계약년월  계약일 `거래금액(만원)`    층
      <chr>   <chr>  <chr>  <chr>  <chr>        <chr>          <chr>    <chr>       <chr>     <chr>
1     서울특별~  BL-1  0001   0000   서초~        84.81         202101    16       154,000       3
2     서울특별~  BL-1  0001   0000   서초~        84.81         202101    27       150,000       1
# ... with 5 more variables: 건축년도 <chr>, 도로명 <chr>, 해제사유발생일 <chr>,
#   거래유형 <chr>, 중개사소재지 <chr>
```

```
head(data_3, n = 2)
# A tibble: 2 x 15
   시군구    번지   본번   부번  단지명  `전용면적(㎡)`  계약년월  계약일  `거래금액(만원)`    층
   <chr>    <chr>  <chr>  <chr> <chr>         <chr>         <chr>    <chr>        <chr>     <chr>
1  서울특별~ 16-21  0016   0021  e지브~         84.78        202106      8         77,000      3
2  서울특별~ 166-2  0166   0002  sk파~          84.35        202106     19        107,000     16
# ... with 5 more variables: 건축년도 <chr>, 도로명 <chr>, 해제사유발생일 <chr>,
#   거래유형 <chr>, 중개사소재지 <chr>
```

이 데이터들은 국토교통부 실거래가 공개시스템(rtdown.molit.go.kr)에서 내려받은 2021년 상반기 서울특별시 각 구의 아파트 실거래가 데이터입니다. head() 함수로 확인한 데이터의 값은 서로 다르지만 누가 봐도 닮은 모양새입니다. 1년 동안 강남구는 1,488건, 서초구는 1,398건, 송파구는 1,253건으로 거래 건수에도 차이가 있지만 구조는 같습니다. 즉, 각 데이터의 변수 개수와 형식, 이름이 모두 같아서 데이터들을 그대로 위아래로 붙여도 문제없습니다.

만약 우리가 이 강남 3구를 각각 나눠서 분석하지 않고 구별로 차이를 확인하고 싶다면 먼저 세 개의 데이터를 하나로 결합해야 합니다. 데이터를 하나로 합치려면 rbind() 함수 안에 결합하고 싶은 데이터를 쉼표로 구분해서 나열하기만 하면 됩니다. 데이터를 불러올 때처럼 rbind() 함수를 사용한 결과도 적당한 이름으로 저장해봅시다.

```
# [코드 3-20]
data_123 = rbind(data_1, data_2, data_3)
dim(data_123)
4139   15
```

세 개의 데이터를 하나로 결합했습니다. 결합한 데이터에는 총 4,139개의 관측치가 있는데, 이는 앞에서 확인한 각 구의 거래 건을 모두 합한 것과 같습니다. 이처럼 구조가 동일한 데이터를 분석할 때는 데이터를 먼저 결합한 뒤 처리하거나 요약하면 반복 작업을 줄여주므로 훨씬 효율적입니다.

3.4.2 merge() 함수

카드사나 유통사에서는 매출 데이터와 고객 신상 데이터를 따로 저장하고 관리합니다. 매출 데이터는 매출 정보만, 고객 신상 데이터는 각 고객의 정보만 저장하죠. 대신 두 데이터 모두 고객 ID 변수를 함께 저장해서 필요할 때 이 변수를 이용해 데이터를 결합합니다.

신입 사원에게 엑셀 파일을 인수인계할 때 선배가 자주하는 질문이 "VLOOKUP 함수는 써봤어요?"입니다. SQL을 주로 사용하는 회사에서는 JOIN 구문을 물어봅니다. 실무에서는 어떤 변수를 기준으로 두 데이터를 결합하는 작업을 자주 하기 때문인데, 엑셀의 VLOOKUP() 함수와 SQL의 JOIN 구문은 모두 데이터 결합과 관련이 있습니다.

앞서 예로 든 매출 데이터와 고객 신상 데이터처럼 비즈니스에서는 주제별로 데이터를 나누는 경우가 많고, 나한테 필요한 정보가 다른 사람이 관리하는 데이터에 들어 있기도 합니다. 일반적인 매출 분석이 아니라 고객 특성에 따른 매출 성향 차이를 분석하고자 한다면 매출 데이터와 고객 신상 데이터를 결합해야겠죠. 여기서는 데이터를 결합할 때 사용하는 merge() 함수를 알아보겠습니다.

먼저 실습을 위해 간단하게 만들어놓은 두 개의 실습 데이터를 불러옵시다. data_left.csv 파일은 상품 판매 데이터, data_right.csv 파일은 상품 카테고리 상세 데이터입니다. 두 데이터를 각각 d_left, r_right로 저장하겠습니다.

```
# [코드 3-21]
d_left  = read.csv("data/practice/data_left.csv")
d_right = read.csv("data/practice/data_right.csv")
d_left
  product_id   category   sales
1     P001          A      100
2     P002          B      300
3     P003       None      100
4     P005          A      200
d_right
  category       name    manager_id
1        A       Food          E009
2        B   Beverage          E009
3        C  Industrial         E010
```

d_left에는 product_id, category, sales 변수가 있고 관측치는 4개입니다. d_right에는 d_left에도 있는 category 변수와 카테고리 이름과 담당자를 의미하는 name, manager_id 변수가 있고 관측치는 3개입니다.

앞에서 rbind() 함수로 데이터를 결합할 때는 모든 데이터의 구조가 같은지 확인하는 것이 중요했습니다. 그런데 지금 불러온 두 데이터는 변수 구조가 다릅니다. 그러므로 어떤 변수를 기준으로 데이터를 결합할지 결정해야 합니다. 마침 두 데이터에는 category 변수가 똑같이 있네요.

그럼 merge() 함수에 결합할 데이터를 넣겠습니다. merge() 함수는 먼저 들어간 데이터가 x, 나중에 들어간 데이터가 y라는 별명을 갖습니다. 따라서 첫 번째 입력한 d_left가 x, 두 번째 입력한 d_right가 y입니다. 그다음 by.x, by.y 옵션을 이용해 각 데이터에서 결합의 기준이 되는 변수를 알려줍니다.

```
# [코드 3-22]
d_merged = merge(d_left, d_right, by.x = "category", by.y = "category")
d_merged
  category product_id sales     name manager_id
1        A       P001   100     Food       E009
2        A       P005   200     Food       E009
3        B       P002   300 Beverage       E009
```

두 데이터가 잘 결합됐습니다. 그런데 지금처럼 데이터를 결합할 변수 이름이 같을 때는 by.x, by.y 옵션으로 굳이 데이터마다 변수를 지정하지 않아도 되고, 다음처럼 by 옵션 하나만 사용하면 됩니다.

```
merge(d_left, d_right, by = "category")
```

merge() 함수로 데이터를 결합할 때는 항상 관측치 개수를 유심히 살펴봐야 합니다. 처음 두 데이터에는 관측치가 각각 4개, 3개였는데 데이터를 결합한 후에는 관측치가 3개만 남았습니다. 상품 판매 데이터에 있던 4건의 판매 건수 중 1건이 사라진 것이죠. 왜 이런 문제가 생겼을까요?

기준 변수로 두 데이터를 결합하면 변수끼리 짝이 있는 관측치만 출력되기 때문입니다. d_left를 보면 category가 None인 관측치가 있는데, d_right에는 category가 None인 관측치가 없습니다. 결합할 정보가 없는 것이죠. 즉, 이 관측치는 짝이 없어서 merge() 함수를 실행하는 순간 제거됩니다. 그런데 매출 데이터는 1건이라도 사라지면 안 되는 중요한 데이터여서 짝이 없다고 제거해버리면 나중에 큰 문제가 생깁니다. 그래서 merge() 함수를 사용할 때는 all.x, all.y, all 옵션으로 짝이 없는 관측치를 어떻게 할지 결정합니다.

```
# [코드 3-23]
merge(d_left, d_right, by = "category", all.x = T)
  category  product_id  sales    name      manager_id
1    A         P001     100      Food        E009
2    A         P005     200      Food        E009
3    B         P002     300      Beverage    E009
4   None       P003     100      <NA>        <NA>
```

all.x=T 또는 all.x=TRUE 옵션을 추가하면 첫 번째 데이터 x의 짝이 없는 관측치까지 포함한 모든 관측치를 출력합니다. 앞 코드의 결과를 보면 category가 None인 매출 건은 d_right에서 category를 기준으로 결합할 정보를 찾지 못했지만 제거되지 않았습니다. 이 방법은 엑셀에서 VLOOKUP()으로 데이터를 결합한 결과와 같습니다.

> **더 많은 분석을 위한 TIP** — 엑셀의 VLOOKUP()과 R의 merge() 비교
>
> 엑셀의 VLOOKUP() 함수는 데이터에 변수를 하나 새로 추가할 때 사용합니다. 그러나 SQL의 JOIN 구문이나 R의 merge() 함수는 어떤 데이터에 또 다른 데이터를 추가하는 기능이므로 여러 변수를 한꺼번에 추가할 수 있습니다.

```
# [코드 3-24]
merge(d_left, d_right, by = "category", all.y = T)
  category  product_id  sales    name        manager_id
1    A         P001     100      Food          E009
2    A         P005     200      Food          E009
3    B         P002     300      Beverage      E009
4    C         <NA>     NA       Industrial    E010
```

all.y=T 옵션을 사용하면 두 번째 데이터 y의 모든 관측치를 출력합니다. 실행 결과를 보면 판매된 정보는 없지만 category에서 C의 정보가 포함된 데이터가 만들어졌습니다.

all=T 옵션은 짝이 있든 없든 관계없이 두 데이터의 모든 관측치가 출력됩니다.

```
# [코드 3-25]
merge(d_left, d_right, by = "category", all = T)
  category product_id sales    name manager_id
1        A       P001   100    Food       E009
2        A       P005   200    Food       E009
3        B       P002   300 Beverage      E009
4        C       <NA>    NA Industrial    E010
5     None       P003   100    <NA>       <NA>
```

merge() 함수를 사용한 후에는 항상 nrow() 함수를 실행해서 결합 전 데이터의 관측치 개수와 결합 후 데이터의 관측치 개수를 비교해보는 것이 좋습니다. 관측치 개수만 봐도 내가 원하는 결합이 만들어졌는지, 짝이 없는 관측치가 많아서 관측치가 줄어들었는지, 기준 변수가 잘못 쓰여서 관측치가 늘어나지는 않았는지를 알 수 있습니다.

참고

모든 옵션을 기억하려고 하면 오히려 헷갈리는 일이 많습니다. merge()를 사용할 때는 더 중요하고, 관측치 개수가 더 많고, 더 세부적인 데이터를 먼저 입력하되 짝이 없는 관측치가 많으면 all.x=T라는 옵션을 사용한다는 정도만 알고있으면 됩니다.

데이터를 결합할 때 기준이 되는 변수가 여러 개일 때도 있습니다. 이번에 다뤄볼 첫 번째 데이터는 SK텔레콤의 빅데이터 허브에서 유동 인구 데이터를 요약하고 각색한 구/연령대별 주중 유동 인구 데이터입니다. 유동 인구는 당연히 인구수와 연관이 있을 겁니다. 그래서 두 번째로 서울 열린데이터 광장(data.seoul.go.kr)에서 구/연령대별 인구 데이터도 준비했습니다. 먼저 두 데이터를 다음과 같이 불러와 살펴보겠습니다.

```
# [코드 3-26]
floating   = read.csv("data/practice/floating_population.csv",
                      fileEncoding = "euc-kr")
```

```
population = read.csv("data/practice/population.csv",
                     fileEncoding = "euc-kr")
head(floating, n = 3)
  자치구 연령대 유동인구
1 강남구    20   117714
2 강남구    30   156132
3 강남구    40   138398
head(population, n = 3)
  자치구 연령대  인구
1 강남구    10   60013
2 강남구    20   75431
3 강남구    30   85013
```

두 데이터의 변수를 보니 자치구와 연령대가 모두 있네요. 이번에는 이 두 개의 변수를 기준으로 데이터를 결합해보겠습니다. 여러 개의 변수를 기준으로 삼으려면 다음처럼 c() 함수로 변수 이름을 묶어주면 됩니다.

```
merge(floating, population, by = c("자치구", "연령대"))
```

결과는 생략할 테니 두 데이터의 관측치 개수와 결합 데이터의 관측치 개수를 한번 비교해보세요. 그리고 다음 명령어를 실행해서 결합 기준 변수를 하나만 지정했을 때는 어떤 문제가 생기는지도 스스로 살펴보길 바랍니다.

```
merge(floating, population, by = "자치구")
```

자! 이제 정말 데이터 분석을 위한 준비가 끝났습니다. 이 장에서는 분석할 데이터를 R로 불러와서 데이터의 특징을 확인하고 결합하는 방법을 살펴봤습니다. 이렇게 데이터 분석을 준비하는 과정은 생각보다 오래 걸리고, 또 그만큼 중요합니다.

이 과정을 잘 알아두면 뒤에 나올 데이터 요약과 시각화는 너무나 직관적이고 단순한 작업이므로 쉽게 따라올 수 있을 테니 지금까지 실습한 내용을 자신의 데이터에 적용해 복습해보고, 부록 A.7에 있는 변수 형식에 관련된 내용도 살펴보기 바랍니다.

04장

패키지를 활용한 요약과 시각화

R을 처음 배울 때는 보통 R의 기본 함수를 하나씩 사용해보면서 데이터를 요약하고 그래프를 그리는 방법을 익힙니다. 하지만 이 책에서는 기본 함수 대신 실제 분석에서 자주 쓰는 `dplyr`과 `ggplot2` 패키지를 바로 활용하려고 합니다. 물론 `sum()`, `mean()`처럼 기본 집계 함수도 사용하지만, 데이터에서 일부를 선택하거나 여러 집계값을 계산하는 `subset()`, `aggregate()` 같은 기본 함수는 굳이 알아두지 않아도 됩니다. 데이터 요약과 그래프 그리기는 기본 함수보다 패키지를 활용한 방법이 훨씬 가독성도 좋고 효율적이기 때문입니다.

데이터 분석을 하다보면 처음에 생각한 '이렇게 하겠다'는 목표대로 흘러가는 경우는 드뭅니다. 분석 방법을 다르게 하고 싶거나 상사나 의사결정권자가 분석 방향을 바꾸라고 지시하기도 하고, 갑자기 다른 아이디어가 떠오르기도 합니다. 분석에는 정해진 답이 있는 게 아니므로 스크립트에 명령어를 작성할 때도 자유롭게 수정하고 변형하기 편한 방법으로 작성하는 것이 좋습니다.

그리고 내가 작성한 스크립트는 나만의 것이 아닙니다. 팀원에게 공유하거나 언젠가 후임에게 인수인계를 해야 하죠. 똑같은 내용을 담고 있어도 읽기 편한 매뉴얼이 있고 그렇지 않은 매뉴얼이 있는 것처럼 스크립트도 마찬가지입니다. 분석 결과가 동일해도 명령어를 어떻게 구성하느냐에 따라서 훨씬 더 읽기 편한 스크립트를 만들 수 있습니다.

엑셀 파일을 불러오기 위한 `readxl`과 데이터를 요약할 때 활용하는 `dplyr`, 시각화에 활용하는 `ggplot2`, 데이터를 보기 좋게 출력해주는 `tibble`, 그리고 부록에서 설명할 전처리에 활용하는 `tidyr` 등의 패키지를 묶어 `tidyverse`라고 부릅니다. RStudio를 개발한 사람들이 만들어서 배포하고 있죠. `tidyverse`에 관한 더 많은 정보는 tidyverse.org에서 확인할 수 있습니다.

먼저 앞으로 우리가 활용할 실습 데이터 `checkout`, `customer`, `merchant`를 불러오겠습니다. RStudio에서 스크립트 파일 4_chapter4_tidyverse.R을 열고 한 줄씩 살펴봅시다.

4.1 실습 데이터 불러오기

```r
# [코드 4-1]
checkout = read.csv("data/checkout.csv", fileEncoding = "UTF-8")
customer = read.csv("data/customer.csv", fileEncoding = "UTF-8")
merchant = read.csv("data/merchant.csv", fileEncoding = "UTF-8")
```

CSV 파일 세 개를 R로 불러왔습니다. 모두 이 책의 실습을 위해 작성한 가상의 카드사 결제 데이터입니다. 앞에서 배운 `head()`, `tail()`, `dim()`, `names()` 함수를 사용해 각 데이터의 정보를 자유롭게 확인해보세요.

그럼 각 데이터를 자세히 살펴봅시다.

4.1.1 결제 내역 데이터

물건이나 서비스를 파는 회사에서는 결제나 거래 데이터가 가장 중요합니다. 유통사에서는 누가 언제 어떤 물건을 얼마나 샀는지가 중요하고, 카드사에서는 누가 언제 어디서 얼마를 결제했는지가 중요합니다. `checkout`이라는 이름으로 불러온 checkout.csv 파일은 다음 표와 같이 카드사 고객들의 2020년 5월 25일부터 6월 7일까지 2주간 카드 결제 내역을 담고 있습니다.

datetime	cust_id	merc_id	category	amount
2020-05-25 00:00:33	C11476	M89897	홈쇼핑	59900
2020-05-25 00:01:11	C14205	M72716	전자상거래	15300
2020-05-25 00:01:56	C15095	M33399	전자상거래	20100
⋮				
2020-06-07 23:51:26	C11793	M54985	커피/음료전문점	5600
2020-06-07 23:51:54	C14306	M95911	배달업종	22500
2020-06-07 23:55:49	C12748	M49219	중식	72400

결제 내역 데이터의 변수는 다음과 같습니다.

- `datetime` 카드 결제 일시
- `cust_id` 결제한 고객 ID
- `merc_id` 고객이 결제한 가맹점 ID
- `category` 고객이 결제한 가맹점 업종
- `amount` 결제 금액

그런데 변수 이름은 왜 모두 영어일까요? 실제 회사들의 데이터 역시 변수 이름은 영어로 되어 있는데, 데이터를 관리하는 서버가 대부분 외국 회사의 제품이다 보니 자음과 모음으로 조합된 한글을 잘 이해하지 못하기 때문입니다. 우리가 지금 사용하고 있는 RStudio도 마찬가지입니다. 변수 이름을 한글로 지정하면 분석에는 큰 문제가 없지만, 자동완성 등 RStudio의 기능을 제대로 사용할 수 없습니다. 따라서 변수나 데이터의 이름은 영어로 지정하는 것이 좋습니다. 참고로 데이터의 값은 한글이어도 전혀 문제없습니다.

4.1.2 고객 상세 데이터

`customer`라는 이름으로 불러온 customer.csv 파일에는 각 고객에 대한 상세 정보가 담겨 있습니다.

cust_id	gender	age	address
C10001	2	44	데이터구 알고리즘로1길 32
C10002	1	44	데이터구 설계로2길 9
C10003	2	67	데이터구 설계로6길 64

고객 상세 데이터의 변수는 다음과 같습니다.

- `cust_id` 고객 ID
- `gender` 고객의 성별(1=남자, 2=여자)
- `age` 고객의 나이
- `address` 등록된 고객의 주소

결제 내역 데이터와 마찬가지로 이 데이터에도 `cust_id`라는 변수가 있습니다. 이 변수는 3장에서 살펴본 `merge()` 함수를 활용해 결제 데이터와 고객 데이터를 결합할 때 필요합니다. 결제 내역 데이터에서는 고객의 ID를 나타내는 `cust_id` 변수 덕분에 누가 결제를 했는지 알 수 있지만, 그 사람이 어떤 사람인지는 알 수 없습니다. 이때 `cust_id` 변수로 결제 내역 데이터와 고객 상세 데이터를 결합하면 성별이나 나이 같은 고객의 특성에 따른 결제 패턴 분석이 가능해집니다.

실제 고객 데이터에는 더 많은 정보가 있지만, 실습에 사용할 `customer` 데이터에는 가상의 고객 1만 명에 대한 성별과 나이, 주소 정보만 저장하였습니다.

4.1.3 가맹점 상세 데이터

마지막 데이터는 가맹점 상세 데이터입니다.

merc_id	name	category	address	latitude	longitude
M00685	SS 전처리 셀프주유소	주유소/충전소	데이터구 전처리로2길 23	37.5436443	127.1283267
M00855	-	제과/아이스크림점	데이터구 설계로4길 6	37.5469144	127.1543397
M01039	GG 전처리 VFX점	편의점	데이터구 전처리로8길 51	37.5327175	127.1298606
M01169	EM 알고리즘 TVB점	편의점	데이터구 알고리즘로4길 49	37.5432075	127.1452811

R에서 `merchant`라는 이름으로 불러온 merchant.csv 파일은 결제 내역 데이터에 있는 가맹점들의 상세 정보를 가지고 있습니다. 역시 실제 가맹점 데이터에는 더 많은 변수가 있지만 몇 가지 주요 변수만 만들어 저장했습니다. 가맹점 상세 데이터의 변수는 다음과 같습니다.

- `merc_id`   가맹점 ID
- `name`   가맹점 상호
- `category`   업종
- `address`   가맹점 주소
- `latitude`   가맹점 위치의 위도
- `longitude`   가맹점 위치의 경도

`merc_id`는 가맹점 ID로, `cust_id`와 마찬가지로 결제 내역 데이터와 결합하는 데 사용하는 변수입니다. `name`은 가맹점의 상호입니다. 특별한 의미가 없어 보이지만 상호는 브랜드 같은 정보를 담고 있습니다. 예를 들어 앞의 표에서 첫 번째 가맹점을 살펴보면 **SS**는 브랜드명을 의미하고, **전처리**는 주소에서 볼 수 있듯이 지명을, **셀프**는 이 주유소의 특성을 나타냅니다. 유통사나 이커머스사의 데이터에 포함된 상품명처럼 상호에는 생각보다 많은 정보가 있습니다. 이 정보들을 활용하는 방법은 5장에서 함께 살펴보겠습니다.

`category`는 업종이고, `address`는 고객 데이터와 동일한 주소이며, `latitude`와 `longitude`에는 각각 위도와 경도가 저장되어 있습니다.

참고

가상의 데이터를 만드는 일은 쉬워 보이지만, 그럴싸하게 보이게 하는 것은 쉬운 일이 아닙니다. 위 데이터들은 인구 통계와 여신금융협회의 보도자료 등을 기초로 랜덤 확률을 적용해 시간이나 거리, 고객의 성향을 반영해서 만든 데이터입니다. 이는 실제 데이터가 아니므로 분석 결과가 현실과 다를 수 있다는 점에 유의해주세요.

위치 정보는 랜덤으로 만들면 지도 시각화 등의 실습 구성이 불가능하기 때문에 서울 열린데이터광장에서 제가 살고 있는 서울시 강동구의 건물 정보를 활용했습니다. 고객 상세 데이터와 가맹점 상세 데이터에 있는 위도와 경도 정보는 실제 건물의 위치를 참고한 것으로, 실제 개인이나 가맹점과는 무관하게 가상 데이터를 랜덤으로 지정했다는 것을 밝힙니다.

이제 데이터에 대한 설명이 끝났으니 본격적인 분석으로 넘어가겠습니다. 앞서 설명했듯 이 책에서는 데이터를 요약할 때 기본 함수가 아니라 주로 패키지에 포함된 함수를 활용합니다. 그럼 어떤 패키지들이 어떤 기능을 하는지 하나씩 살펴봅시다.

4.2 magrittr 패키지의 %>%

파이프 그림에 '이것은 파이프가 아니다'라는 문구를 넣은 르네 마그리트(René Magritte)라는 화가가 있습니다. 그의 이름에서 마지막 글자만 r로 바꾼 `magrittr` 패키지에는 `%>%`라는 연산자가 있죠. 이것은 파이프입니다.

R의 명령어는 파이프 연산자 `%>%`처럼 `%`가 양쪽에 붙어있으면 연산자를 나타냅니다. 이러한 연산자가 무엇을 하는지는 중간에 있는 기호를 보면 알 수 있습니다. 여기서 >는 부등호가 아니라 화살표, 즉 진행 방향을 의미합니다.

연산자 중에서 +를 생각해볼까요? +는 누구나 잘 알고 있는 덧셈 연산자입니다. 연산자의 양쪽에는 피연산자인 입력값이 있어서 정해진 덧셈 연산을 수행합니다. 즉, 2+3이라는 연산은 양쪽에 있는 2와 3을 더해 5라는 결과가 나오죠. 파이프도 연산자라서 마찬가지로 양쪽에 무언가 필요합니다. 보통 파이프 연산자 앞에는 데이터가, 뒤에는 함수가 옵니다. 간단한 실습을 살펴봅시다.

```
# [코드 4-2]
head(checkout)
          datetime cust_id merc_id category amount
1 2020-05-25 00:00:33  C11476  M73846   홈쇼핑  59900
2 2020-05-25 00:01:11  C14205  M44463 전자상거래  15300
3 2020-05-25 00:01:56  C15095  M50270 전자상거래  20100
4 2020-05-25 00:05:30  C15963  M50270 전자상거래 105500
5 2020-05-25 00:12:14  C18252  M44463 전자상거래  38100
6 2020-05-25 00:15:27  C17780  M44463 전자상거래  25800
```

앞에서 불러온 checkout 데이터를 head() 함수에 넣어 관측치를 확인합니다. 그리고 magrittr 패키지를 불러와서 파이프 연산자를 다음과 같이 사용합니다.

참고 dplyr 패키지를 설치하면 magrittr 패키지도 함께 설치됩니다. 우리는 준비 과정에서 dplyr 패키지를 설치했기 때문에 따로 설치하지 않아도 됩니다.

```
# [코드 4-3]
library(magrittr)
checkout %>% head()
```

코드를 실행하면 결과는 앞 실습과 같습니다. 그런데 명령어의 생김새가 다릅니다. checkout %>% head()는 checkout이라는 데이터가 파이프를 따라 head() 함수로 넘어갔다고 해석하면 됩니다. 업무 프로세스나 공장의 공정라인처럼 파이프 연산자로 분석의 파이프라인을 만든 것이죠. 이 실습만 보고는 파이프 연산자를 사용하는 이유를 잘 느끼지 못할 수도 있을 것 같아서 파이프의 장점을 살짝 맛보고 넘어가겠습니다. 파이프는 뒤에서 좀 더 자세히 다룹니다.

```
# [코드 4-4]
library(dplyr)
arrange(
  summarise(
    group_by(
      filter(checkout, category == "홈쇼핑"), cust_id),
    결제금액 = sum(amount)), 결제금액)
```

```
# A tibble: 1,417 x 2
   cust_id  결제금액
   <chr>    <dbl>
 1 C14811   14900
 2 C16060   14900
 3 C10924   19900
 4 C12098   19900
 5 C12360   19900
 6 C18972   19900
 7 C19024   19900
 8 C19192   19900
 9 C17352   20500
10 C16228   22500
# ... with 1,407 more rows
```

엄청 복잡하죠? 명령어 한 줄에 `dplyr` 패키지의 대표적인 함수들이 다 나왔습니다. `arrange()` 함수 안에 `summarise()` 함수가 있고, 그 안에 `group_by()` 함수가 있고, 또 그 안에 `filter()` 함수가 있습니다. 모든 연산이 그렇듯 함수도 항상 맨 안쪽 괄호부터 수행합니다. 따라서 입력 순서와는 반대로 `filter()`, `group_by()`, `summarise()`, `arrange()` 순으로 실행됩니다. 각 함수에 대한 자세한 내용은 다음 절에서 다루므로 여기서는 간단히 살펴봅시다.

- `filter()`   조건에 일치하는 관측치 선택
- `group_by()`   그룹 변수 지정
- `summarise()`   집계 및 요약값 계산
- `arrange()`   관측치 정렬

[코드 4-4]의 명령어는 이러한 함수 네 개를 중첩해서 작성한 형태입니다. 한 줄짜리 명령어를 보기 편하게 줄 바꿈한 것이지만 여전히 무엇을 하는지 알기 어렵습니다. 그렇다면 같은 결과를 출력하는 다음 명령어는 어떤가요?

```
# [코드 4-5]
A = filter(checkout, category == "홈쇼핑")
B = group_by(A, cust_id)
C = summarise(B, 결제금액 = sum(amount))
arrange(C, 결제금액)
```

훨씬 이해하기 수월해진 것 같지 않나요? 해석해보면, 첫 번째 줄은 checkout 데이터에서 category가 홈쇼핑과 일치하는지 조건을 걸어 홈쇼핑 결제 건만 선택한 A를 만들었습니다. 두 번째 줄은 A에서 고객 ID인 cust_id를 그룹 변수로 지정한 B를 만들고, 세 번째 줄에서 B에 해당하는 고객별로 결제금액의 합을 계산해서 결제금액으로 저장한 C를 만듭니다. 그리고 마지막으로 결제금액인 C를 기준으로 정렬한다는 명령어입니다.

이렇게 중첩된 명령어를 여러 줄로 나눠서 작성하면 의미를 파악하기 쉬워집니다. 가독성이 높아지기 때문이죠. 그런데 이 방법에는 치명적인 단점이 하나 있습니다. 명령어를 실행하는 과정에서 데이터가 만들어질 때마다 A, B, C와 같이 따로 저장해야 한다는 점입니다. 분석 과정에서 이러한 중간 데이터가 생기면 몇 가지 요약만 해도 쓸데없는 데이터가 수십 개씩 생겨 복잡해집니다. 가독성은 높지만 비효율적이죠. 그래서 파이프 연산자를 활용해서 파이프라인을 만듭니다.

```
# [코드 4-6]
checkout %>%
  filter(category == "홈쇼핑") %>%
  group_by(cust_id) %>%
  summarise(결제금액 = sum(amount)) %>%
  arrange(결제금액)
```

보통 파이프 연산자를 쓴 다음에는 [Enter]를 한 번 눌러서 읽기 편하게 줄 바꿈을 해줍니다. 의미를 대충 파악할 수 있겠죠? 코드를 실행하면 checkout 데이터가 파이프 연산자를 통해 filter(), group_by(), summarise(), arrange()를 순차적으로 흘러가면서 앞에서 살펴본 명령어와 똑같은 결과를 출력합니다. 가독성도 좋고 중간 데이터도 신경 쓸 필요가 없어서 효율적입니다.

파이프 연산자와 줄 바꿈으로 작성한 파이프라인 스크립트는 수정하거나 활용하기도 편합니다. # 하나만 붙이면 주석 처리되니까 하나의 과정을 쉽게 생략할 수 있죠.

```
# [코드 4-7]
checkout %>%
  # filter(category == "홈쇼핑") %>%
  group_by(cust_id) %>%
  summarise(결제금액 = sum(amount)) %>%
  arrange(결제금액)
# A tibble: 8,713 x 2
    cust_id   결제금액
    <chr>     <dbl>
 1  C12155     1600
 2  C11958     1800
 3  C15105     1800
 4  C15815     3000
 5  C13732     3100
 6  C10670     3400
 7  C11479     3600
 8  C13773     3600
 9  C19832     3600
10  C13356     3900
# ... with 8,703 more rows
```

#이 붙은 두 번째 줄은 무시하고 명령어가 실행됩니다. 그럼 **category**가 **홈쇼핑**인 관측치를 선택한 과정이 사라지면서 고객별로 전체 업종에 대한 카드 결제금액의 합을 계산해서 출력합니다.

```
# [코드 4-8]
checkout %>%
  filter(category == "홈쇼핑") %>%
  # group_by(cust_id) %>%
  summarise(결제금액 = sum(amount)) %>%
  arrange(결제금액)
      결제금액
1    476155800
```

여기서는 세 번째 줄의 **group_by()** 앞에 #이 있으니 그룹을 지정하는 과정을 생략합니다. 그럼 고객별로 결제금액을 계산하는 것이 아니라 모든 고객이 홈쇼핑 업종에서 사용한 전체 결제금액이 계산됩니다. 이렇게 파이프라인을 활용하면 쉽고 다양하게 분석을 변형할 수 있습니다.

먼 상수원에서 취수된 물이 수많은 수도관을 따라 우리 집 세면대까지 오는 것처럼, 원본 데이터를 이용해 보고서에 들어갈 숫자를 만들려면 여러 과정을 거쳐야 합니다. 잠시 후에 살펴볼 dplyr 패키지에는 데이터 요약의 각 과정에 적합한 다양한 함수가 있습니다. 이 함수들을 파이프 연산자로 잘 연결하기만 하면 분석은 끝납니다.

> **더 많은 분석을 위한 TIP 파이프라인의 이해를 위한 비교**
>
> 파이프라인은 엑셀을 자주 사용하는 사람에게 익숙한 필터, 피벗 테이블, 정렬 기능을 함수로 표현한 것이며, 데이터를 복사하고 붙여넣기 위해 시트를 옮겨 다니던 것을 파이프 연산자로 대체한 것이라고 이해하면 됩니다.
>
> SQL을 사용해 데이터를 요약하는 사람이라면 R에는 SELECT, FROM, WHERE, GROUP BY, ORDER BY 같은 키워드와 동일한 역할을 하는 함수가 있고, 이 키워드들을 파이프 연산자로 연결한 것으로 생각하면 됩니다.

4.3 tibble 패키지의 tibble() 함수

R의 기본 함수인 head()를 사용해 checkout 데이터를 살펴보면 콘솔창에 다음처럼 결과가 출력됩니다.

```
# [코드 4-9]
checkout %>% head()
      datetime        cust_id merc_id  category  amount
1 2020-05-25 00:00:33  C11476  M73846    홈쇼핑   59900
2 2020-05-25 00:01:11  C14205  M44463  전자상거래   15300
3 2020-05-25 00:01:56  C15095  M50270  전자상거래   20100
4 2020-05-25 00:05:30  C15963  M50270  전자상거래  105500
5 2020-05-25 00:12:14  C18252  M44463  전자상거래   38100
6 2020-05-25 00:15:27  C17780  M44463  전자상거래   25800
```

이 결과는 관측치를 기본값으로 6개만 출력한 결과인데, 변수와 관측치 개수가 이보다 많으면 출력 결과를 한눈에 보기 어렵습니다. 그럴 때 `dplyr` 패키지의 `group_by()` 같은 함수를 사용해서 파이프라인을 만들면 결과를 가독성 있게 출력할 수 있습니다.

다음은 [코드 4-6]에서 처음 파이프라인을 만들었을 때의 출력 결과입니다. 첫 줄을 보면 `tibble`이라는 단어가 있습니다. 깔끔한(tidy) 테이블(table)의 합성어인 `tibble`은 콘솔창에 테이블의 관측치와 변수를 정돈해서 출력해줍니다.

```
# A tibble: 1,417 x 2
   cust_id   결제금액
   <chr>     <dbl>
 1 C14811    14900
 2 C16060    14900
 3 C10924    19900
 4 C12098    19900
 5 C12360    19900
 6 C18972    19900
 7 C19024    19900
 8 C19192    19900
 9 C17352    20500
10 C16228    22500
# ... with 1,407 more rows
```

`dplyr` 패키지의 모든 함수가 출력 데이터의 형식을 자동으로 `tibble`로 바꾸는 것은 아닙니다. 만약 결과 출력 형식을 `tibble`로 바꾸고 싶으면 파이프라인의 끝에 `tibble()` 함수나 `as_tibble()` 함수를 파이프 연산자로 붙여주면 됩니다. `tibble()`과 `as_tibble()`은 `tibble` 패키지에 포함된 함수인데, `dplyr` 패키지를 설치하고 불러오면 `tibble` 패키지도 자동으로 함께 설치되고 불러오므로 따로 신경 쓰지 않아도 됩니다.

`tibble` 형식을 좀 더 자세히 살펴보겠습니다. `tibble` 형식은 관측치가 아무리 많아도 콘솔창에 관측치를 10개만 보여줍니다. 그리고 왼쪽에 있는 행 번호는 변수와 헷갈리지 않도록 회색으로 출력합니다. 변수 이름 아래에는 문자(character)를 의미하는 `<chr>`이나 숫자(numeric)를 표현하는 형식 중 double을 의미하는 `<dbl>` 등을 붙여 변수의 형식을 표시합니다.

다음과 같이 tibble() 함수에 checkout 데이터를 넣고 실행하면 head() 함수를 사용하지 않아도 데이터 항목을 한눈에 확인할 수 있습니다.

```
# [코드 4-10]
tibble(checkout)
# A tibble: 199,664 x 5
            datetime       cust_id    merc_id    category    amount
            <chr>          <chr>      <chr>      <chr>       <dbl>
 1  2020-05-25 00:00:33    C11476     M73846     홈쇼핑       59900
 2  2020-05-25 00:01:11    C14205     M44463     전자상거래    15300
 3  2020-05-25 00:01:56    C15095     M50270     전자상거래    20100
 4  2020-05-25 00:05:30    C15963     M50270     전자상거래   105500
 5  2020-05-25 00:12:14    C18252     M44463     전자상거래    38100
 6  2020-05-25 00:15:27    C17780     M44463     전자상거래    25800
 7  2020-05-25 00:20:22    C14616     M02556     전자상거래    42800
 8  2020-05-25 00:21:05    C16475     M44463     전자상거래    86300
 9  2020-05-25 00:22:15    C17745     M44463     전자상거래    20600
10  2020-05-25 00:23:14    C15149     M02556     전자상거래    24000
# ... with 199,654 more rows
```

결과 출력 형식의 차이를 잘 모르겠거나 tibble 형식이 필요치 않다고 생각되면 tibble 패키지와 tibble() 함수를 신경 쓰지 않아도 됩니다. dplyr 패키지의 함수를 사용하면 결과가 tibble 형식으로 콘솔창에 출력되니 '자동으로 tibble() 함수가 적용됐구나' 하고 넘어가면 됩니다.

이제 dplyr 패키지의 다양한 함수들을 살펴보겠습니다.

4.4 dplyr 패키지의 함수

파이프 연산자가 아무리 편리하고 tibble 형식이 아무리 보기 편해도 분석 과정과 상황에 알맞은 함수를 알아야 분석을 위한 파이프라인을 만들 수 있겠죠. 이제 데이터 분석 과정에서 사용할 dplyr 패키지의 요약값을 계산하고, 부분 데이터를 선택하고, 관측치를 정렬하는 함수들을 살펴보겠습니다.

4.4.1 summarise() 함수를 활용한 요약값 계산

`summarise()` 함수는 단어 그대로 요약을 하는 함수입니다. 좀 더 정확하게 표현하면 `dplyr` 패키지로 만든 파이프라인에서 요약 과정을 담당합니다. `summarise()`를 이용해 합을 계산해봅시다.

```
# [코드 4-11]
checkout %>%
  summarise(sum(amount))
    sum(amount)
1   3980539940
```

데이터 분석에서는 항상 정확한 표현이 중요합니다. 그냥 '합을 계산'할 수는 없습니다. '결제 금액이라는 변수의 합을 계산'이라고 표현해야 하죠. `sum(amount)`가 바로 그 정확한 표현입니다. 즉, `summarise()` 함수가 직접 요약을 하는 것이 아니라 함수 안에서 `sum()` 같은 R의 기본 집계 함수가 요약값을 계산합니다.

```
# [코드 4-12]
checkout %>%
  sum(amount)
Error in checkout %>% sum(amount) : object 'amount' not found
```

가끔 의욕이 앞서다 보면 앞과 같이 파이프 연산자 뒤에 바로 요약값을 계산하는 함수를 넣는 실수를 하기도 합니다. 이는 잘못된 명령어이므로 에러 문구가 출력됩니다. 요약값을 계산할 때는 파이프 연산자 뒤에 무조건 `summarise()` 함수가 먼저 나오고, `summarise()` 함수 안에 `sum()`이나 `mean()`과 같은 집계 함수를 입력해야 합니다.

다시 [코드 4-11]에서 계산한 결제금액의 합계를 살펴보겠습니다. `checkout` 데이터에는 약 20만 건의 결제 내역이 있는데 이 중 `amount`라는 변수의 합을 계산했습니다. 그런데 출력 결과를 보니 `sum(amount)`가 변수 이름입니다.

```
    sum(amount)
1   3980539940
```

일반적으로 분석 작업을 할 때는 지금처럼 간단히 합계를 구하는 것으로 끝나지 않고 그룹별로 합계를 구한 다음 정렬을 하는 등의 후속 작업을 진행합니다. 다시 말해 summarise() 함수가 끝이 아니라 다시 파이프 연산자가 등장해서 summarise() 함수에서 계산한 요약값을 다음 함수에서 변수로 활용합니다. 따라서 요약값을 계산할 때는 적절한 이름을 붙여주는 게 좋습니다. 다음과 같이 집계 함수 앞에 total을 입력하고 =으로 연결해서 적절한 변수 이름을 지정합니다.

```
# [코드 4-13]
checkout %>%
    summarise(total = sum(amount))
        total
1  3980539940
```

계산 결과는 같지만 이름을 지정하면 무엇을 계산한 건지 알기 쉽고 나중에 활용하기에도 편합니다. 이처럼 새로운 변수의 이름은 입력과 의미 파악이 쉽도록 간결하게 지정하면 됩니다. 앞에서 이야기한 것처럼 변수 이름에는 한글보다는 영어를 사용하고, 필요에 따라 숫자나 . 그리고 _ 같은 특수문자를 활용합니다.

R의 기본 집계 함수나 dplyr 패키지의 집계 함수로 합계뿐만 아니라 다음과 같은 다양한 요약값을 계산할 수 있습니다. 이 중에서 n()과 n_distinct() 함수만 dplyr 패키지의 함수이고 나머지는 모두 R의 기본 집계 함수입니다.

- sum() 변수의 합을 계산합니다.
- mean() 변수의 평균을 계산합니다.
- n() 데이터의 관측치 개수를 셉니다.
- n_distinct() 중복된 값을 제거한 데이터의 관측치 개수를 셉니다.
- min() 변수의 최솟값을 계산합니다.
- max() 변수의 최댓값을 계산합니다.
- median() 변수의 중앙값을 계산합니다.
- quantile() 변수의 분위수를 계산합니다.

summarise() 함수에는 집계 함수를 여러 개 넣어 여러 요약값을 한 번에 계산할 수 있습니다. 앞에서 소개한 요약 함수들을 몇 개씩 묶어서 계산해보겠습니다.

```
# [코드 4-14]
checkout %>%
  summarise(SUM     = sum(amount),
            MEAN    = mean(amount),
            n1      = length(amount),
            n2      = n(),
            n_cust  = n_distinct(amount))
         SUM       MEAN      n1       n2    n_cust
1   3980539940   19936.19  199664  199664    3880
```

mean()은 평균을 구하는 함수입니다. 평균을 의미하는 average라는 단어와 헷갈리지 않도록 조심합시다. 매출 데이터에서 관측치의 개수는 곧 매출 건수입니다. 관측치의 개수를 구할 때는 3장에서 살펴본 length() 함수를 사용해도 되지만, length라는 표현은 개수를 센다는 느낌이 잘 들지 않기 때문에 dplyr 패키지에 있는 n() 함수를 주로 사용합니다. 함수의 괄호 안에는 아무것도 넣지 않아도 됩니다.

n() 함수처럼 개수를 구하지만 distinct가 붙은 n_distinct() 함수는 데이터에서 중복된 값을 제거한 뒤 개수를 세는 매우 유용한 함수입니다. 보통은 한 사람이 하나의 카드로 여러 번 결제할 테니 이 회원의 고객 ID는 매출 데이터에서 여러 번 등장할 겁니다. 따라서 매출 건수와 결제 회원 수는 다릅니다. 한 상품이 여러 번 판매될 수 있으니 매출 건수와 판매 상품 수도 다르고요. 이처럼 고객 ID나 판매 상품은 데이터에 여러 번 등장하기 때문에 고객 수나 상품 수를 계산하려면 중복된 값을 제거한 다음 개수를 세야 합니다. 이때 n_distinct() 함수를 사용하면 카드사에서 말하는 '카드 이용 회원 수'를 쉽게 계산할 수 있습니다.

주의할 점은 대부분의 요약 함수에는 변수를 하나만 쓸 수 있다는 것입니다. x, y, z라는 세 개 변수의 평균을 구하고 싶다고 해서 summarise(sum(x, y, z))라고 표현하면 안 됩니다. 다음 실습처럼 변수 하나당 함수를 하나씩 사용해야 합니다.

```
# [코드 4-15]
data %>%
  summarise(SUM_x = sum(x),
            SUM_y = sum(y),
            SUM_z = sum(z))
```

그렇다고 하나의 요약값을 계산할 때 요약 함수를 하나만 사용해야 하는 것은 아닙니다. 여러 요약 함수로 사칙 연산 등을 통해 새로운 요약값을 구할 수 있습니다.

```
# [코드 4-16]
checkout %>%
  summarise(CNT_PER_CUST   = n() / n_distinct(cust_id),
            SALES_PER_CUST = sum(amount) / n_distinct(cust_id))
```

	CNT_PER_CUST	SALES_PER_CUST
1	22.91564	456850.7

n() 함수로 계산한 전체 매출 건수를 n_distinct() 함수로 구한 카드 이용 회원 수로 나누면 고객당 매출 건수가 계산됩니다. sum() 함수로 계산한 매출액 합계를 카드 이용 회원 수로 나누면 고객당 평균 매출액이 계산되고요. 이런 식으로 함수를 조합해서 원하는 요약값을 손쉽게 계산할 수 있습니다.

이번에는 조금 다른 요약값을 계산해보겠습니다.

```
# [코드 4-17]
checkout %>%
  summarise(m   = min(amount),
            M   = max(amount),
            MED = median(amount),
            Q1  = quantile(amount, 0.25),
            Q3  = quantile(amount, 0.75))
```

	m	M	MED	Q1	Q3
1	0	2300000	7500	4300	15000

명령어를 실행하면 차례로 amount 변수의 최솟값, 최댓값, 중앙값, 25%와 75%에 해당하는 값을 계산합니다. 중앙값은 평균과는 다르게 합계가 아니라 정렬을 활용하는데, 관측치를

크기 순서대로 정렬했을 때 정확히 중간에 있는 관측치를 찾아 해당 결제금액이 얼마인지 알려줍니다.

통계에서는 이런 값들을 순서 통계량(order statistics)이라고 부릅니다. 관측치를 줄 세워서 계산할 수 있는 값이라는 의미인데요. 컴퓨터한테 정렬은 기본값이 오름차순이므로 작은 값이 먼저 옵니다. 즉, 75%에 해당하는 값은 작은 것부터 세었을 때 75%에 있는 값입니다. 우리가 일반적으로 말하는 상위 25%에 해당하는 값이죠.

`quantile()` 함수에 변수를 넣고 0부터 1 사이의 숫자를 넣으면 원하는 분위수를 계산할 수 있습니다. 흔히 사용하는 표현 중에는 백분위수가 있는데, 엄밀히 말하면 백분위수는 0%부터 100%까지 1% 간격으로 계산한 101개의 분위수를 의미합니다. 백분율이나 퍼센트(percent)와는 다른 개념입니다. 그런데 101개의 숫자를 분석에 활용하기에는 개수가 너무 많아서 보통은 0%부터 100%까지 25% 간격으로 계산한 사분위수(quartile)를 많이 활용합니다.

앞 코드에서 계산한 다섯 개의 숫자가 `amount`의 사분위수입니다. 다섯 개 숫자 중에서 첫 번째, 세 번째, 다섯 번째는 각각 최솟값, 중앙값, 최댓값이라는 표현이 이미 널리 사용되고 있어서 그대로 씁니다. 두 번째 25% 값은 `1st Quartile`에서 따온 Q1, 네 번째 75% 값은 `3rd Quartile`에서 따온 Q3로 많이 표현합니다.

`dplyr` 파이프라인은 일반적으로 데이터를 요약하려고 만들기 때문에 파이프라인에서 적어도 한 번은 `summarise()` 함수가 나옵니다. 평균 하나를 계산하든, 100개의 값을 계산하든 요약값은 `summarise()` 함수 안에서만 계산할 수 있다는 것을 꼭 기억하세요.

4.4.2 filter() 함수를 활용한 부분 관측치 선택

만약 우리가 회사 경영에 직접 관여하고 있거나 임원직에 있다면 전체 매출이 중요하겠죠. 그러나 매출 중에서도 담당하는 부분이나 특별히 관심 있는 기간이 따로 있다면 전체 매출보다는 부분 매출을 알고 싶을 겁니다. 데이터에서 부분 관측치를 선택하는 일은 아주 흔합니다. 엑셀에서는 필터라는 기능으로, SQL에서는 WHERE라는 키워드로 부분 관측치를 선택합니다. R의 `dplyr` 파이프라인에서는 `filter()` 함수를 사용해 부분 관측치를 선택할 수 있습니다.

```
# [코드 4-18]
checkout %>%
  filter(category == "전자상거래") %>%
  summarise(N              = n(),
            CNT_PER_CUST   = n() / n_distinct(cust_id),
            SALES_PER_CUST = sum(amount) / n_distinct(cust_id))
     N CNT_PER_CUST SALES_PER_CUST
1 7213     2.169323       128094.2
```

우리는 [코드 4-6]에서 요약값을 계산하는 파이프라인 중간에 `filter()` 함수를 사용한 적이 있습니다. `filter()` 함수는 단어의 의미대로 파이프라인에서 관측치를 걸러내는 역할을 합니다. 함수 안에는 여러 가지 조건문이 들어갈 수 있어서 비교, 일치 여부, 포함 여부를 연산을 통해 확인합니다. 조건에 맞는 관측치는 파이프라인을 따라 다음 과정으로 넘어가고, 조건에 맞지 않는 관측치는 통과하지 못합니다.

`checkout` 데이터에 포함된 약 20만 개의 결제 건은 전자상거래, 커피/음료 전문점, 제과/아이스크림점 등 결제 업종이 다양하게 있습니다. 위 실습에서 `category` 변수와 ==이라는 연산자로 작성한 `filter(category=="전자상거래")` 명령어는 업종이 전자상거래인 결제 건만 `filter()` 함수를 통과시켜서 다음 줄에 있는 `summarise()` 함수로 넘어가게 합니다. 출력된 결과는 전체 데이터가 아니라 `filter()` 함수로 선택한 부분 데이터만 계산한 결과죠.

참고

`filter(category=="전자상거래")`에서 category는 변수 이름이라서 따옴표가 없지만, 전자상거래는 변수가 아니라 값이기 때문에 꼭 따옴표를 붙여야 합니다.

`filter()` 함수와 조건문의 원리에 대해서 더 살펴봅시다.

```
# [코드 4-19]
100 >= 99
TRUE
100 < 99
FALSE
```

100 >= 99를 보고 대부분 '100은 99 이상이다'라고 읽었을 겁니다. 그런데 우리는 지금 R이라는 언어로 명령어를 적어 컴퓨터에게 무언가를 시키고 있습니다. 그래서 100 >= 99는 우리가 판단하는 것이 아니라 '100은 99 이상인가?'라고 컴퓨터에 묻는 과정이라고 봐야 합니다. 컴퓨터가 봐도 100은 99 이상입니다. 그래서 컴퓨터의 대답은 TRUE입니다. 반대로 물으면 어떨까요? '100이 99 미만인가?' 그렇지 않습니다. 그래서 FALSE라는 결과가 나옵니다. 컴퓨터에게 논리란 맞거나 틀리거나 둘 중 하나이기 때문에 스위치로 불을 켜고 끄는 것처럼 조건문의 연산 결과는 TRUE 아니면 FALSE입니다.

TRUE와 FALSE, 한글로는 참과 거짓으로 구분되는 논리값을 불(boolean)이라고 합니다. R에서는 TRUE와 FALSE 두 가지 값을 묶어 논리형(logical type)이라고 부르고요. 이런 형식 이름이나 표현이 중요한 것은 아닙니다. 여기서는 조건문의 결과가 TRUE 혹은 FALSE로 나오며, 조건문으로 된 명령어를 filter() 함수에 집어넣어서 관측치를 걸러낸다는 것만 이해하면 됩니다. 즉, filter() 함수는 관측치 중에서 조건문 연산 결과가 TRUE인 것만 통과시켜서 조건과 일치하는 관측치만 다음 파이프 공정으로 넘어가게 합니다.

R에는 조건문에 활용할 수 있는 연산자와 함수가 많습니다. 그중에서 대표적인 몇 가지를 소개합니다.

- >, <, >=, <=   크기를 비교하는 연산자
- ==, !=   일치, 불일치를 판단하는 연산자
- %in%   포함 여부를 판단하는 연산자
- grepl()   텍스트에 특정 단어나 패턴의 포함 여부를 검색하는 함수
- is.na()   결측치가 있는지 연산하는 함수

초과(>), 미만(<), 이상(>=), 이하(<=)는 우리가 알고있는 일반적인 의미대로 사용하면 됩니다.

```
# [코드 4-20]
customer %>%
  filter(age < 30) %>%
  summarise(n_cust = n())
```

```
     n_cust
1      1423
customer %>%
   filter(age >= 30) %>%
   summarise(n_cust = n())
     n_cust
1      8577
```

첫 번째 코드는 1만 명이 있는 고객 상세 데이터에서 30세 미만인 회원만 선택해서 몇 명인지 출력했고, 두 번째 코드는 30세 이상인 회원을 선택해서 몇 명인지 출력했습니다.

어떤 조건과 일치하는지를 확인할 때는 일치 연산자를 사용합니다. 일치 연산자는 =을 두 개 붙인 ==입니다. 객체를 만들거나 저장할 때 사용하는 = 연산자와 헷갈리지 않도록 주의하세요. 반대로 일치하지 않음을 확인할 때는 = 앞에 느낌표를 붙인 불일치 연산자 !=을 사용합니다.

```
# [코드 4-21]
customer %>%
   filter(gender == 1) %>%
   summarise(n_cust = n())
     n_cust
1      4922
customer %>%
   filter(gender != 2) %>%
   summarise(n_cust = n())
     n_cust
1      4922
```

gender 변수에서 1은 남자, 2는 여자를 의미합니다. 첫 번째 코드는 '남자가 몇 명인지 세어보자'는 명령어고, 두 번째 코드는 '여자가 아닌 사람이 몇 명인지 세어보자'라는 명령어여서 결과가 같습니다. 만약 데이터에 gender 변수의 값이 비어있거나 관측치에 1, 2가 아닌 다른 값이 있다면 두 명령어의 결과는 다르게 나올 겁니다.

데이터 분석에서는 == 연산자를 자주 사용하는데, 지금 소개할 연산자는 아마 이보다 훨씬 더 많이 사용할지도 모릅니다. 바로 %in%입니다. 파이프 연산자처럼 양쪽에 있는 %는 연산자를 나타내는 기호일 뿐이고, 중간에 있는 in이라는 단어가 중요합니다. 단어 뜻대로 %in% 연산자는 앞에 있는 변수의 값이 뒤에 있는 묶음에 들어있는지를 확인합니다.

```
# [코드 4-22]
target_category = c("커피/음료전문점", "제과/아이스크림점")
target_category
"커피/음료전문점"    "제과/아이스크림점"
```

먼저 `target_category`라는 이름으로 관심 있는 업종 두 개를 `c()` 함수로 묶었습니다. 업종의 이름은 값이기 때문에 꼭 따옴표를 붙입니다.

```
# [코드 4-23]
checkout %>%
  filter(category %in% target_category) %>%
  summarise(MEAN = mean(amount))
        MEAN
1    4552.27
```

그다음 `filter()` 함수에서 변수 이름인 `category`와 `target_category` 사이에 `%in%` 연산자를 입력했습니다. 전체 결제 건을 살펴보면 `category`에는 한식, 일식 등 다양한 업종의 값이 있는데, 그중에서 관심 있는 두 개 업종의 매출 건만 선택하기 위해 `filter()` 함수와 `%in%`를 사용한 것입니다. 명령어를 실행하면 `target_category`에 포함된 두 개 업종의 결제 건은 조건문의 결과가 **TRUE**이고 나머지 업종의 결제 건은 **FALSE** 이므로 관심 있는 두 개 업종 결제 건만 다음 함수 `summarise()`로 넘어간 뒤 결제 금액의 평균이 계산됩니다.

`filter()` 함수에서 많이 활용되는 함수가 또 있습니다. `grepl()` 함수입니다. 유용한 함수지만 R을 깊게 배우지 않았다면 잘 모를 수 있으니 같이 알아봅시다. `grepl()` 함수는 텍스트와 문자 변수의 다양한 패턴을 정의하고 패턴과 일치하는지 논리 연산을 할 때 활용합니다. 다음은 텍스트에 특정한 문자를 포함하는지 아닌지를 논리 연산으로 따져보는 간단한 실습입니다.

```
# [코드 4-24]
list_func = c("sum", "mean", "max", "min")
grepl("n", list_func)
FALSE  TRUE FALSE  TRUE
```

요약에서 많이 사용하는 함수들의 이름을 `list_func`로 저장하고 `grepl()` 함수에 관심 있는 문자인 n을 따옴표를 붙여서 넣은 다음 `list_func`를 입력했습니다. 결과는 TRUE와 FALSE로 출력되네요. `grepl()` 함수는 `list_func`에 있는 네 개의 함수 이름 각각에 대해서 n이라는 문자가 있는지 없는지 확인합니다. 그리고 각 이름에 n이 있으면 TRUE, 없으면 FALSE를 출력합니다. `sum`과 `max`에는 n이 없으니 FALSE, `mean`과 `min`에는 n이 있으니 TRUE가 출력됩니다. `grepl()` 함수의 이런 특징을 이용하면 주소나 상품명 같은 변수를 조건문에 활용할 때 상당히 유용합니다.

다음 코드를 실행해보겠습니다.

```
# [코드 4-25]
checkout %>%
  distinct(category)
        category
1         홈쇼핑
2         전자상거래
3         주유소/충전소
4         약국
5         제과/아이스크림점
6         한식/일반음식점
7         편의점
8         대형마트
9         슈퍼마켓
10        택시
11        병의원
12        영화관/전시관
13        학원업종/학습지
14        백화점
15        커피/음료전문점
16        일식/생선회점
17        중식
```

18	양식
19	기타음식점
20	패스트푸드점
21	배달업종
22	아파트관리비
23	대중교통
24	도시가스비

distinct()라는 새로운 함수가 등장했습니다. n_distinct() 함수가 summarise() 함수 안에서 중복을 제거한 관측치 개수를 세는 함수라면 distinct() 함수는 파이프라인에서 중복된 값을 제거한 목록을 만드는 함수입니다. 여러분은 실습 데이터에 업종을 의미하는 category 변수가 있는 것은 알고 있지만 어떤 업종들이 있는지는 모릅니다. 고객 ID도 마찬가지고요. 이럴 때 distinct() 함수 안에 중복을 제거한 목록을 확인하고 싶은 변수를 넣고 실행하면 됩니다.

```
# [코드 4-26]
checkout %>%
  distinct(category) %>%
  filter(grepl("식", category))
```

	category
1	한식/일반음식점
2	일식/생선회점
3	중식
4	양식
5	기타음식점

이번에는 파이프라인에 파이프 연산자를 더해 grepl() 함수가 들어간 filter() 함수를 추가했습니다. grepl() 함수에는 먼저 찾을 패턴을 정의하고, 다음으로 category처럼 패턴을 찾을 변수를 입력합니다. 앞 실습에서 출력된 결과를 보면 '식'이라는 글자가 들어간 카테고리를 다섯 개 찾았습니다. 이처럼 grepl() 함수를 사용하면 모든 업종을 일일이 확인할 필요 없이 해당하는 관측치만 선택할 수 있습니다.

파이프라인을 다음처럼 만들면 고객들이 밥을 먹을 때마다 돈을 얼마큼 쓰는지 분석할 수 있죠.

```
# [코드 4-27]
checkout %>%
  filter(grepl("식", category)) %>%
  summarise(MEAN = mean(amount))
      MEAN
1 10195.14
```

다음처럼 %in% 연산자를 사용해도 됩니다. 그러나 이때는 우리가 직접 '식'이라는 글자가 들어간 모든 업종 이름을 골라낸 후 목록을 만들어야 해서 번거롭습니다. grepl() 함수가 바로 이 과정을 처리하는 역할입니다.

```
# [코드 4-28]
checkout %>%
  filter(category %in% c("한식/일반음식점", "양식", "일식/생선회점", "중식",
                        "기타음식점")) %>%
  summarise(MEAN = mean(amount))
      MEAN
1 10195.14
```

고객 상세 데이터에서 주소라는 변수에 **강동구**가 포함된 고객을 찾는다거나, 결제 내역 데이터에서 상품명에 **냉장고**가 들어간 상품 목록을 만들 때도 grepl() 함수를 활용합니다. 다음은 merchant로 저장된 가맹점 상세 데이터의 name 변수를 기준으로 **주유소**로 끝나는 관측치만 선택하는 코드입니다.

```
# [코드 4-29]
merchant %>%
  filter(grepl("주유소$", name))
   merc_id         name      category              address    latitude longitude
1   M82447   GG 직영 설계주유소   주유소/충전소   데이터구 분석로1길 24   37.55582  127.1262
2   M90564   GG 데이터주유소    주유소/충전소   데이터구 알고리즘로9길 26  37.54787  127.1249
3   M69209   GG 전처리 셀프주유소 주유소/충전소   데이터구 설계로3길 12   37.55096  127.1269
4   M13299   HH 직영 알고리즘주유소 주유소/충전소  데이터구 통계로1길 31   37.53752  127.1242
5   M13809   HH 직영 전처리주유소  주유소/충전소   데이터구 설계로2길 12   37.54821  127.1335
6   M32246   SO 분석주유소      주유소/충전소   데이터구 전처리로5길 9   37.54046  127.1425
7   M16479   SO 알고리즘주유소   주유소/충전소   데이터구 분석로5길 41   37.54233  127.1275
8   M91151   SS 설계주유소      주유소/충전소   데이터구 전처리로7길 18  37.53504  127.1319
```

| 9 | M92892 | SS 전처리 셀프주유소 | 주유소/충전소 | 데이터구 설계로5길 | 2737.55877 | 127.1694 |
| 10 | M93377 | SS 데이터주유소 | 주유소/충전소 | 데이터구 분석로6길 | 937.54552 | 127.1342 |

grepl() 함수는 부록에서 정규 표현식과 함께 패턴을 활용하는 방법을 자세히 설명합니다. 특정 단어가 아니라 여섯 자리 숫자나 두 글자로 된 한글 등 패턴을 정의하는 다양한 작업 방법을 참고하기 바랍니다.

마지막으로 is.na() 함수는 결측치를 다룰 때 사용하는데, 이 함수를 설명하면 내용이 길어지므로 나중에 관련 있는 주제가 나왔을 때 함께 설명하겠습니다.

그런데 실제 데이터를 요약할 때는 조건이 실습에서처럼 단순하지 않습니다. 예를 들면 카드사에서는 고객 중 '30대' 또는 '남자'가 아니라 '30대 남성'이라는 조건에 더 관심이 많습니다. 이처럼 보통 필요한 조건은 두 개 이상이어서 조건을 설정하는 작업도 그만큼 늘어납니다. 이때 조건을 설정하려면 filter() 함수를 여러 번 사용하는 방법이 가장 직관적입니다.

```
# [코드 4-30]
customer %>%
  filter(age >= 30) %>%
  filter(age < 40) %>%
  filter(gender == 1) %>%
  summarise(n = n())
    n
1 919
```

원하는 작업을 수행하는 데는 전혀 문제가 없지만 똑같은 함수가 세 번이나 나와서 비효율적이네요. age는 수치형 변수라서 30대를 선택하려면 age >= 30으로 나이가 30세 이상인 고객을 먼저 선택하고, age < 40으로 나이가 40세 미만인 고객을 한 번 더 선택해야 합니다. R의 문법으로는 30 <= age < 40처럼 두 가지 명령어를 한 줄에 작성하지 못합니다. 대신 between() 함수를 활용하면 됩니다.

```
# [코드 4-31]
customer %>%
  filter(between(age, 30, 39.9)) %>%
  filter(gender == 1) %>%
  summarise(n = n())
```

```
     n
1  919
```

between() 함수에 먼저 수치형 변수를 넣고 왼쪽 경곗값과 오른쪽 경곗값을 순서대로 넣으면 왼쪽 경곗값 이상, 오른쪽 경곗값 이하인 관측치를 선택합니다. 여기서 '이상'과 '이하'라는 단어에 집중해야 합니다. between(age, 30, 40)으로 작성하면 30~39세뿐만 아니라 40세인 고객도 선택되므로 30대라고 할 수 없습니다. 따라서 경곗값에는 위와 같이 30과 39.9를 입력해야 '30세 이상 39.9세 이하'인 30대의 관측치가 선택됩니다.

이처럼 between() 함수나 %in% 같은 연산자를 활용하면 명령어의 길이를 조금 줄일 수 있습니다. 조건에 활용하는 변수 한 개당 filter() 함수도 한 개만 사용하는 것이 좋은데, 그래도 여전히 위 코드에서는 filter() 함수가 두 개네요. 이럴 때는 &와 |을 활용합니다. 흔히 앤드라고 부르는 앰퍼샌드(&)는 논리 연산에서 AND 연산을 담당합니다. 반대로 [Enter] 키 위에 있는 수직선(|, vertical bar)은 OR 연산을 담당합니다. 즉, 두 개의 조건문을 &로 연결하면 모든 조건을 만족하는 관측치가 선택되고, |으로 연결하면 두 조건 중 한 개만 만족해도 다음 파이프로 넘어갑니다.

```
# [코드 4-32]
customer %>%
  filter(between(age, 30, 39.9) & gender == 1) %>%
  summarise(n = n())
     n
1  919
```

&로 두 조건을 묶어서 filter() 함수에 넣은 결과는 [코드 4-30]의 결과와 같습니다. 반대로 |을 사용하면 '30대이거나 남자'라는 의미로 조건이 훨씬 완화돼서 더 많은 관측치가 출력됩니다.

```
# [코드 4-33]
customer %>%
  filter(between(age, 30, 39.9) | gender == 1) %>%
  summarise(n = n())
     n
1  5807
```

어떤 조건문이나 논리 연산 앞에 !를 하나 붙이면 결과가 반대로 나옵니다. TRUE는 FALSE가 되고 FALSE는 TRUE가 되죠. 다음 실습을 보면 3은 당연히 2보다 커서 연산 결과는 TRUE지만, 조건문 앞에 !가 있어서 결과는 TRUE의 반대인 FALSE가 출력됩니다.

```
# [코드 4-34]
(3 > 2)
TRUE
!(3 > 2)
FALSE
```

filter() 함수에서도 !는 동일하게 적용됩니다. 단 !를 사용할 때는 소괄호로 논리 연산을 묶는 것이 중요합니다.

```
# [코드 4-35]
customer %>%
    filter(!(between(age, 30, 39.9) & gender == 1)) %>%
    summarise(n = n())
        n
1  9081
```

앞 실습에서는 &로 연결된 조건 두 개를 소괄호로 묶었습니다. 30대 남성만 선택하는 명령어에 !가 붙어서 반대 조건인 30대가 아니거나 남자가 아닌 사람, 즉 '30대 남성을 제외하고' 선택하는 명령어가 되죠. 만약 소괄호로 잘 묶지 않으면 어떻게 될까요?

```
# [코드 4-36]
customer %>%
    filter(!between(age, 30, 39.9) & gender == 1) %>%
    summarise(n = n())
        n
1  4003
```

filter() 함수에 들어간 조건을 살펴보면 소괄호 없이 between() 함수 앞에 !가 붙어 있기 때문에 '30대가 아닌'이라는 의미가 됩니다. 그리고 & 뒤에 있는 '남자'라는 조건은 그대로 붙어서 결국 '30대가 아닌 남성'이 선택됩니다. 결과는 앞에서 30대 남자를 선택했을 때

계산된 919명보다 더 많은 4,003명으로 계산된 것을 확인할 수 있습니다. 이렇게 조건문은 &와 |, ! 그리고 괄호를 사용해 다양하게 조합할 수 있지만 입력 순서 같은 작은 실수에서 큰 차이가 나타나기 때문에 항상 주의하고 또 확인해야 합니다.

조건이 세 개 이상일 때도 &와 |으로 조건들을 연결하면 되는데, 이때는 연산자 중에서 &가 가장 먼저 계산된다는 점에 유의해야 합니다. 세 개의 논리 연산 A, B, C가 다음과 같이 연결되어 있다고 생각해봅시다.

A | B & C

1+2×3이 있으면 뒤에 있는 곱하기를 먼저 계산하듯이 연산자 중에서는 &를 먼저 연산합니다. 그러므로 A | B & C는 B와 C를 동시에 만족하거나 A를 만족하는 관측치를 선택합니다. 만약 'A나 B를 만족하고 동시에 C도 만족하는 관측치'를 선택하고 싶다면 다음과 같이 소괄호로 묶어줍니다.

(A | B) & C

그렇다면 다음과 같이 `filter()` 함수에 세 개의 조건문을 순서대로 |과 &로 연결하면 어떤 관측치가 나올까요?

```
# [코드 4-37]
checkout %>%
    filter(category == "편의점" | amount <= 3000 & cust_id == "C11476")
              datetime       cust_id   merc_id   category   amount
1    2020-05-25 06:39:19     C16059    M52816     편의점     3400
2    2020-05-25 06:49:49     C18847    M50609     편의점     2300
3    2020-05-25 06:57:58     C12882    M53366     편의점     3300
4    2020-05-25 07:01:06     C19779    M12780     편의점     4400
5    2020-05-25 07:01:17     C10823    M50609     편의점     4400
                                  ⋮
196  2020-05-25 08:53:00     C14016    M47525     편의점     6200
197  2020-05-25 08:53:27     C10997    M76882     편의점     8900
198  2020-05-25 08:53:31     C18711    M22051     편의점     5100
199  2020-05-25 08:53:37     C11530    M43472     편의점     3700
200  2020-05-25 08:53:44     C17722    M09953     편의점     2600
[ reached 'max' / getOption("max.print") -- omitted 15331 rows ]
```

첫 번째 조건 `category == "편의점"`은 전체 결제 내역 데이터에서 편의점 업종만 선택하고, 두 번째 조건 `amount <= 3000`은 결제 금액이 3천 원 이하인 결제 건만 선택합니다. 그리고 마지막 세 번째 조건 `cust_id == "C11476"`은 고객 ID가 C11476인 한 명의 고객을 선택합니다. 지금처럼 괄호 없이 조건문을 실행하면 &로 묶인 두 번째와 세 번째 조건문을 먼저 연산합니다. 그러므로 이 명령어는 '전체 고객의 편의점 결제 건'과 'C11476 회원의 3천 원 이하 결제 건'을 선택합니다.

만약 원하는 결과가 'C11476 회원의 편의점 업종 카드 결제 건 또는 3천 원 이하 결제 건'이라면 다음 실습처럼 앞에 있는 두 개의 조건문을 소괄호로 묶어야 합니다.

```
# [코드 4-38]
checkout %>%
  filter((category == "편의점" | amount <= 3000) & cust_id == "C11476")
            datetime  cust_id  merc_id  category    amount
1 2020-05-27 14:45:36  C11476   M66982  한식/일반음식점  3000
2 2020-05-29 21:04:19  C11476   M67920       편의점  10800
3 2020-06-02 14:26:25  C11476   M84176  커피/음료전문점  2000
4 2020-06-04 14:20:58  C11476   M30753       편의점   3000
5 2020-06-05 14:46:36  C11476   M84176  커피/음료전문점  2600
```

일반적인 분석에서 OR 연산자, |은 자주 사용하지 않습니다. 보통 AND 연산자, &를 사용해 여러 조건을 모두 만족하는 관측치를 선택하는 경우가 많습니다. 참고로 `filter()` 함수에서는 입력하기 번거로운 & 대신에 다음처럼 콤마를 사용해 조건문을 나열해도 AND 연산을 할 수 있습니다.

```
# [코드 4-39]
customer %>%
  filter(between(age, 30, 39.9), gender == 1) %>%
  summarise(n = n())
    n
1 919
```

&를 사용한 [코드 4-32]와 결과는 같습니다.

filter() 함수는 파이프라인의 초반부에 많이 등장하는데, 불러온 데이터 전체를 사용해 요약하는 것보다 필요한 데이터만 일부를 선택해서 분석하는 경우가 많기 때문입니다. 앞에서 배운 주석 기능을 활용하면 filter() 함수에 #을 붙였다 뗐다 하면서 전체나 부분 요약을 번갈아 할 수 있고, 다음처럼 여러 조건을 만들어 두고 필요한 조건 하나만 선택할 수도 있습니다.

```
# [코드 4-40]
customer %>%
  # filter(between(age, 30, 39.9), gender == 1) %>%
  # filter(between(age, 30, 39.9), gender == 2) %>%
  filter(between(age, 20, 29.9)) %>%
  summarise(n = n())
      n
1  1423
```

4.4.3 group_by() 함수를 활용한 그룹별 처리와 요약

이번에는 업종별로 가맹점이 몇 개나 있는지 요약하려고 합니다. 앞에서 배운 filter()와 summarise() 함수를 조합해 요약할 수 있습니다.

```
# [코드 4-41]
merchant %>%
  distinct(category)
      category
1     기타음식점
2     대중교통
3     대형마트
4     도시가스비
5     배달업종
6     백화점
7     병의원
8     슈퍼마켓
9     아파트관리비
10    약국
```

11	양식	
12	영화관/전시관	
13	일식/생선회점	
14	전자상거래	
15	제과/아이스크림점	
16	주유소/충전소	
17	중식	
18	커피/음료전문점	
19	택시	
20	패스트푸드점	
21	편의점	
22	학원업종/학습지	
23	한식/일반음식점	
24	홈쇼핑	

```
merchant %>%
    filter(category == "편의점") %>%
    summarise(가맹점수 = n())
    가맹점수
1     100
```

먼저 어떤 업종이 있는지 목록을 확인한 다음, 업종에 해당하는 값을 하나씩 `filter()` 함수의 조건식에 집어넣었습니다. 업종별 가맹점 수는 두 번째 코드에서 '편의점'을 백화점, 슈퍼마켓 등 다른 업종으로 직접 하나씩 바꿔가면서 관측치 수를 세고 이를 모두 하나로 합치면 결과가 나옵니다. 그러나 좀 더 간단하게 작업할 수 있는 방법을 살펴보겠습니다.

엑셀에서 데이터를 요약하기 위해 피벗 테이블 기능을 사용할 때는 피벗 테이블의 행이나 열에 그룹 변수를 마우스로 끌어놓는 것이 매우 중요한 작업입니다. 그럼 피벗 테이블 결과표의 행이나 열에 끌어다 놓은 그룹 변수의 수준들이 펼쳐져 표의 틀이 잡힙니다. 마찬가지로 SQL 쿼리에서는 GROUP BY 키워드가, `dplyr` 패키지에서는 `group_by()` 함수가 같은 작업을 합니다. `filter()` 함수가 조건문을 이용해 관심 있는 관측치만 걸러낸다면 `group_by()` 함수는 그룹 변수를 지정해서 관측치를 그룹별로 나눠 작업합니다. 간단한 실습으로 알아봅시다.

```
# [코드 4-42]
merchant %>%
  group_by(category)
# A tibble: 1,023 x 6
# Groups:   category [24]
   merc_id name  category address              latitude longitude
   <chr>   <chr> <chr>    <chr>                   <dbl>     <dbl>
 1 M64967  ""    기타음식점 데이터구 전처리로1길 7      37.5      127.
 2 M16979  ""    기타음식점 데이터구 분석로 59        37.5      127.
 3 M89897  ""    기타음식점 데이터구 통계로2길 77      37.5      127.
 4 M13711  ""    기타음식점 데이터구 분석로7길 14      37.5      127.
 5 M30996  ""    기타음식점 데이터구 알고리즘로3길 38   37.5      127.
 6 M33399  ""    기타음식점 데이터구 통계로2길 9       37.5      127.
 7 M72716  ""    기타음식점 데이터구 전처리로 24       37.5      127.
 8 M89510  ""    기타음식점 데이터구 전처리로3길 66    37.5      127.
 9 M99108  ""    기타음식점 데이터구 알고리즘로6길 58   37.5      127.
10 M70567  ""    기타음식점 데이터구 분석로5길 67      37.5      127.
# ... with 1,013 more rows
```

파이프라인에 group_by() 함수가 있고, 함수 안에 그룹 변수의 역할을 하는 category를 입력했습니다. 출력된 결과를 보면 원본 데이터와 큰 차이가 없는데요, 결과 화면의 2행에 Groups: category [24]라는 문구가 보입니다. 언뜻 원본 데이터와 출력 결과가 똑같아 보이지만 group_by() 함수를 통과한 이 데이터는 24개의 수준을 가진 category 변수가 그룹으로 지정된 데이터입니다. 그럼 파이프라인에 이어서 집계값을 계산해보겠습니다.

```
# [코드 4-43]
merchant %>%
  group_by(category) %>%
  summarise(가맹점수 = n())
# A tibble: 24 x 2
   category  가맹점수
   <chr>     <int>
 1 기타음식점   30
 2 대중교통      1
 3 대형마트      3
```

```
    4   도시가스비          1
    5   배달업종            5
    6   백화점              3
    7   병의원             50
    8   슈퍼마켓           10
    9   아파트관리비        3
   10   약국              30
# ... with 14 more rows
```

group_by() 함수를 통과한 데이터가 summarise() 함수에 들어오면 n()으로 관측치 개수를 셀 때도 지정된 그룹별로 계산합니다. 요약값을 계산하는 mean()이나 sum() 같은 다른 함수를 사용해도 모두 그룹별로 연산합니다.

참고로 group_by() 함수를 거쳐 tibble 형식으로 출력된 결과를 보면 10행까지만 보여주고 나머지는 생략됐는데, 모든 행을 출력하고 싶으면 파이프라인의 끝에 print() 함수를 붙이고 그 안에 n=30처럼 충분한 숫자를 적어주면 됩니다. 앞 코드의 결과를 보면 가맹점 수가 24개지만 10개만 출력됐습니다. 그런데 다음처럼 print(n=50)을 파이프라인의 마지막에 추가하면 전체 업종의 결과를 모두 확인할 수 있습니다.

```
# [코드 4-44]
merchant %>%
   group_by(category) %>%
   summarise(가맹점수 = n()) %>%
   print(n = 50)
```

회사에서 매일 요약 작업을 하는 분들은 '그룹별'이라는 단어가 나오면 아마도 요약과 바로 연관 짓는 경우가 많을 겁니다. 그러나 파이프라인에서 group_by() 함수를 사용한다고 해서 바로 요약이 되는 것은 아닙니다. group_by() 함수는 단어 그대로 그룹을 지정하는 역할만 할 뿐, 요약은 summarise() 함수가 하는 것이죠. 각 함수의 역할을 잘 구분하도록 합시다.

이번에는 그룹 변수를 두 개로 늘려보겠습니다. 먼저 고객별로 카드 결제 금액의 합을 다음과 같이 계산합니다.

```
# [코드 4-45]
checkout %>%
  group_by(cust_id) %>%
  summarise(total = sum(amount))
# A tibble: 8,713 x 2
   cust_id   total
   <chr>     <dbl>
 1 C10001   810400
 2 C10002   404800
 3 C10003   631700
 4 C10005   544650
 5 C10006   179900
 6 C10007   181300
 7 C10009     8400
 8 C10010   593660
 9 C10012   448380
10 C10013   363800
# ... with 8,703 more rows
```

그리고 조금 더 자세하게 각 고객의 업종별 카드 결제 금액을 계산해보려고 합니다. 그럼 그룹 변수를 고객과 업종, 이렇게 두 개로 지정해야 합니다. 이런 경우는 크게 고민할 것 없이 **group_by()** 함수에 첫 번째 그룹 변수를 넣고, 콤마 뒤에 두 번째 그룹 변수를 넣기만 하면 됩니다. **summarise()** 함수에는 결제 건수를 계산하는 **n()**을 추가합니다.

```
# [코드 4-46]
checkout %>%
  group_by(cust_id, category) %>%
  summarise(n     = n(),
            total = sum(amount))
# A tibble: 76,079 x 4
# Groups:   cust_id [8,713]
   cust_id   category      n    total
   <chr>     <chr>       <int>   <dbl>
 1 C10001    대형마트       2   304900
 2 C10001    배달업종       1    19500
 3 C10001    병의원         2    10800
```

4	C10001	슈퍼마켓	5	289000
5	C10001	약국	1	3900
6	C10001	일식/생선회점	4	38000
7	C10001	중식	3	46000
8	C10001	커피/음료전문점	6	44500
9	C10001	택시	2	31300
10	C10001	패스트푸드점	2	22500

```
# ... with 76,069 more rows
```

group_by() 안에 cust_id 변수만 입력했던 앞 실습에서는 고객별 총 결제액만 출력됐는데, category 변수가 함께 들어간 이번 실습에서는 두 변수가 조합되면서 한 고객이 어떤 업종에서 카드 결제를 얼마나 했는지 정리된 훨씬 더 상세한 데이터가 만들어졌습니다. 그룹 변수를 추가할 때는 group_by() 함수 안에서 변수를 콤마로 나열하기만 하면 됩니다.

그룹별 요약에서 관측치 수만 세고 싶을 때는 count() 함수를 사용하면 명령어가 훨씬 간결해집니다.

```
# [코드 4-47]
checkout %>%
  count(cust_id, category)
```

	cust_id	category	n
1	C10001	대형마트	2
2	C10001	배달업종	1
3	C10001	병의원	2
4	C10001	슈퍼마켓	5
5	C10001	약국	1
		⋮	
329	C10044	중식	1
330	C10044	커피/음료전문점	5
331	C10044	택시	2
332	C10044	편의점	1
333	C10044	한식/일반음식점	9

```
[ reached 'max' / getOption("max.print") -- omitted 75746 rows ]
```

count() 함수는 group_by()와 summarise(n = n()) 함수를 합친 함수라고 할 수 있습니다. 그러나 count() 함수는 딱 관측치 수만 셀 수 있습니다. 앞 실습처럼 group_by()와 summarise() 함수를 조합하면 다른 집계 함수들을 활용해서 합계, 평균, 중복을 제외한 관측치 수 등 다양한 요약값을 한 번에 계산할 수 있으니 count() 함수를 굳이 외워서 사용하기보다는 group_by()와 summarise()를 활용하는 방법이 더 좋습니다.

4.4.4 arrange() 함수를 활용한 관측치 정렬

제가 대학교를 다녔을 때는 시험 점수를 아날로그 방식으로 공개하는 경우가 많았습니다. 채점이 끝나면 개인정보를 적당히 가린 성적표가 연구실 문 옆에 붙었는데, 이 성적표에는 내림차순으로 정렬된 점수가 기재되어 있었습니다. 위에서부터 시작해서 내 눈이 점수를 따라 얼마만큼 내려가는가에 따라 기분이 달라졌죠. 이 성적표가 이름순으로 정렬되어 있었다면 어땠을까요? 내 점수를 빨리 찾을 수는 있지만 내가 어느 정도 수준으로 시험을 봤는지 가늠하기는 어려웠을 겁니다.

똑같은 데이터도 정렬을 잘하면 정보를 파악하기 쉬워지기 때문에 정렬은 중요합니다. 그러나 원본 데이터는 관측치가 너무 많아서 정렬이 무의미하죠. 100만 매출 건을 매출 금액 순서로 정렬해도 컴퓨터만 애쓸 뿐 거기서 우리가 정보를 얻기는 어렵습니다. 그래서 정렬은 보통 데이터 요약을 한 후에 진행합니다.

```
# [코드 4-48]
checkout %>%
  group_by(cust_id) %>%
  summarise(total = sum(amount)) %>%
  arrange(total)
# A tibble: 8,713 x 2
   cust_id  total
   <chr>    <dbl>
 1 C12155    1600
 2 C11958    1800
 3 C15105    1800
 4 C15815    3000
```

```
   5  C13732    3100
   6  C10670    3400
   7  C11479    3600
   8  C13773    3600
   9  C19832    3600
  10  C13356    3900
# ... with 8,703 more rows
```

위 코드는 [코드 4-45]에서 살펴본 고객별 카드 결제 금액을 요약하는 파이프라인 뒤에 `arrange()` 함수를 추가한 코드입니다. `arrange()` 안에도 역시 변수 이름이 들어갑니다. `total`은 원래 데이터에 있던 변수가 아니라 `summarise()` 함수에서 만들어진 요약 변수의 이름입니다.

파이프라인에서 `arrange()` 함수를 사용하지 않으면 데이터는 원래 저장된 순서로 출력되거나 `group_by()`에서 지정한 그룹 변수 순서로 정렬됩니다. 그래서 앞 실습의 파이프라인에 `arrange()`가 추가되기 전까지는 결과가 `cust_id`를 기준으로 정렬되어 `C10001`이 가장 먼저 나왔던 것입니다. 그런데 `arrange(total)`을 추가하면 결과가 `total`을 기준으로 정렬되어 출력됩니다.

참고

모든 컴퓨터 프로그램의 정렬 기본값은 오름차순입니다. 따라서 정렬 기준을 따로 지정하지 않으면 관측치는 오름차순으로 정렬됩니다. 위 실습의 결과에도 총 결제 금액이 가장 적은 고객이 가장 먼저 출력됐습니다.

그렇다면 여기서 잠깐 문제를 하나 내겠습니다. `customer` 데이터에서 카드 결제 금액이 가장 적은 고객은 누굴까요? 위 실습의 출력 화면을 보고 `C12155`라고 대답하겠지만 눈에 보이는 것만 믿으면 안 됩니다. 우리가 요약한 `checkout` 데이터는 결제 내역 데이터라서 결제 건이 있어야만 데이터에 찍힙니다. 즉, 한 번도 결제한 적이 없는 사람은 `checkout` 데이터에 없습니다. 따라서 결제 금액이 가장 적은 고객은 전체 1만 명의 고객 중 결제 금액이 0원인, `checkout` 데이터에 없는 1천여 명의 고객입니다.

다시 정렬 문제로 돌아오겠습니다. 우리가 `arrange()` 함수를 사용하면 요약 데이터가 관심 있는 변수의 오름차순으로 정렬됩니다. 그런데 대부분 학교나 회사에서 정렬을 매길 때는 큰 숫자가 먼저 나오는 내림차순을 기본으로 생각합니다. 시험 점수가 낮은 사람보다는 시험 점수가 높은 사람, 돈을 적게 쓴 사람보다는 돈을 많이 쓴 사람에게 관심이 많기 때문이죠. 이럴 때는 아래와 같이 desc() 함수를 변수에 씌워서 오름차순의 반대인 내림차순으로 정렬합니다. desc() 함수는 내림차순을 의미하는 영어 단어인 descending에서 따온 이름입니다.

```
# [코드 4-49]
checkout %>%
  group_by(cust_id) %>%
  summarise(total = sum(amount)) %>%
  arrange(desc(total))
# A tibble: 8,713 x 2
   cust_id   total
   <chr>     <dbl>
 1 C10942  3900550
 2 C16961  3837450
 3 C12849  3713000
 4 C13445  3632000
 5 C16757  3257600
 6 C17692  3101200
 7 C14866  3100000
 8 C14104  3079300
 9 C10524  3002300
10 C17071  2981600
# ... with 8,703 more rows
```

그룹 변수가 여러 개일 수 있듯이 정렬 기준 변수도 여러 개 입력할 수 있습니다. 정렬 기준 변수가 여러 개면 다음 코드처럼 arrange() 함수 안에서 콤마로 나열합니다.

```
# [코드 4-50]
checkout %>%
  group_by(cust_id, category) %>%
  summarise(n = n(), total = sum(amount)) %>%
  arrange(cust_id, desc(total))
```

```
# A tibble: 76,079 x 4
# Groups:   cust_id [8,713]
   cust_id  category        n    total
   <chr>    <chr>         <int>  <dbl>
 1 C10001   대형마트          2   304900
 2 C10001   슈퍼마켓          5   289000
 3 C10001   중식             3    46000
 4 C10001   커피/음료전문점    6    44500
 5 C10001   일식/생선회점     4    38000
 6 C10001   택시             2    31300
 7 C10001   패스트푸드점      2    22500
 8 C10001   배달업종         1    19500
 9 C10001   병의원           2    10800
10 C10001   약국            1     3900
# ... with 76,069 more rows
```

arrange() 함수 안에 cust_id를 먼저 입력해서 cust_id의 관측치를 먼저 오름차순으로 정렬했습니다. 그러면 group_by()에 넣은 두 변수인 고객과 업종의 조합으로 행이 만들어지기 때문에 하나의 cust_id값에는 여러 개의 category값이 등장합니다. 이때 arrange() 함수 안에 desc(total)을 cust_id 콤마 뒤에 넣어서 고객별로 결제 금액이 더 많은 업종부터 출력하도록 내림차순으로 정렬했습니다.

모든 업종이 아니라 일부 업종만 살펴보고 싶다면 다음처럼 filter() 함수를 파이프라인에 추가해 일부 업종만 선택합니다.

```
# [코드 4-51]
checkout %>%
  filter(category %in% c("백화점", "대형마트", "슈퍼마켓")) %>%
  group_by(cust_id, category) %>%
  summarise(n = n(), total = sum(amount)) %>%
  arrange(cust_id, desc(total))
# A tibble: 7,603 x 4
# Groups:   cust_id [5,249]
   cust_id  category        n    total
   <chr>    <chr>         <int>  <dbl>
 1 C10001   대형마트         2   304900
```

```
  2   C10001    슈퍼마켓    5   289000
  3   C10002    대형마트    2   404800
  4   C10003    대형마트    3   181400
  5   C10005    대형마트    2    96100
  6   C10005    슈퍼마켓    2    69100
  7   C10006    대형마트    1    29400
  8   C10010    대형마트    4   196100
  9   C10013    대형마트    1    63700
 10   C10014    대형마트    1   164600
# ... with 7,593 more rows
```

파이프라인 앞쪽에 `filter()` 함수를 추가해서 주요 유통 업종만 선택했습니다. 결과를 보면 각 고객이 오프라인 쇼핑을 어디서 더 많이 하는지 알 수 있습니다.

4.4.5 파이프라인의 순서

파이프라인에서 함수의 구성 순서는 실행하는 데 걸리는 시간이나 출력되는 결과에 영향을 줍니다. 여기서는 파이프라인의 순서에 대해 알아보겠습니다.

다음 실습에 나오는 두 가지 파이프라인은 모두 `category`에서 '식'이라는 글자가 들어간 업종의 목록을 만드는 파이프라인입니다. 명령어를 실행할 때 실행 속도에 집중해보세요. 출력 결과는 같아도 `distinct()` 함수로 먼저 `category`의 목록을 만든 다음 `filter()` 함수를 적용한 것이 계산 속도가 더 빠를 겁니다. `filter()` 함수를 먼저 사용하면 일단 조건과 일치하는 관측치에 대한 모든 변수를 가져온 다음 그중에서 `category`를 선택하고 중복값을 제거하므로 시간이 더 오래 걸립니다. 아래 코드를 각각 직접 실행해보고 실행 속도의 차이를 느껴보세요.

```
# [코드 4-52]
checkout %>%
  filter(grepl("식", category)) %>%
  distinct(category)
          category
1    한식/일반음식점
2     일식/생선회점
```

```
3           중식
4           양식
5           기타음식점
```

```r
checkout %>%
  distinct(category) %>%
  filter(grepl("식", category))
        category
1   한식/일반음식점
2   일식/생선회점
3           중식
4           양식
5           기타음식점
```

데이터를 요약하거나 정렬할 때도 마찬가지입니다. 명령어를 수행하는 데 걸리는 시간을 측정하는 `system.time()` 함수를 사용해 다음 세 개의 파이프라인을 실행하는 시간이 각각 얼마나 걸리는지 측정해봅시다.

```r
# [코드 4-53]
system.time(
  checkout %>%
    filter(category %in% c("백화점", "대형마트", "슈퍼마켓")) %>%
    group_by(cust_id, category) %>%
    summarise(n = n(), total = sum(amount)) %>%
    arrange(cust_id, desc(total))
)
 사용자    시스템   elapsed
  0.26     0.00     0.27
system.time(
  checkout %>%
    group_by(cust_id, category) %>%
    summarise(n = n(), total = sum(amount)) %>%
    filter(category %in% c("백화점", "대형마트", "슈퍼마켓")) %>%
    arrange(cust_id, desc(total))
)
 사용자    시스템   elapsed
  2.58     0.01     2.60
```

```
system.time(
  checkout %>%
    group_by(cust_id, category) %>%
    summarise(n = n(), total = sum(amount)) %>%
    arrange(cust_id, desc(total)) %>%
    filter(category %in% c("백화점", "대형마트", "슈퍼마켓"))
)
 사용자   시스템  elapsed
  2.80    0.06     2.86
```

세 개의 파이프라인은 `filter()` 함수의 위치만 다를 뿐, 함수의 구성과 출력 내용은 같습니다. 그러나 실행 속도에서 차이가 납니다. `filter()` 함수를 가장 먼저 사용한 첫 번째 파이프라인이 전체가 아닌 부분 관측치로 그룹별 요약을 하고 정렬하므로 훨씬 가볍고 빠릅니다. 즉, 전체 데이터 중 일부에만 관심이 있다면 실행 속도를 고려해서 파이프라인의 시작에서 부분 데이터를 먼저 선택하는 것이 좋습니다.

두 번째와 세 번째 파이프라인의 차이는 부분을 선택하고 정렬하는지와 정렬한 다음 부분을 선택하는지의 차이입니다. 정렬이 별것 아닌 것처럼 보이지만 데이터 요약에서는 많은 연산을 반복해야 하는 작업입니다. 정렬할 데이터 관측치가 두 배면 정렬하는데 걸리는 시간은 두 배 이상입니다. 반대로 정렬할 데이터의 양이 절반으로 줄면 정렬에 걸리는 시간은 절반 이상으로 줄어듭니다. 그래서 정렬 작업은 일반적으로 파이프라인의 마지막에 오도록 구성합니다.

지금까지 `dplyr` 패키지에 있는 핵심 함수들을 살펴봤습니다. 엑셀에서 데이터를 요약하는 작업은 데이터 불러오기, 필터 기능으로 부분 선택, 피벗 테이블로 데이터 요약, 정렬 순으로 진행합니다. R에서는 `filter()`, `group_by()`, `summarise()`, `arrange()` 함수를 파이프 연산자로 순서대로 연결하면 엑셀에서 하던 데이터 요약 작업을 그대로 재현할 수 있습니다.

`dplyr` 패키지에는 지금까지 알아본 함수 외에도 더 많은 함수가 있고, R에는 `dplyr`과 함께 사용할 수 있는 유용한 패키지들도 많습니다. 다음 장에서 조금 더 다양한 실습을 다루며 소개하겠습니다. 그 전에 `ggplot2` 패키지를 활용한 시각화 방법을 먼저 살펴봅시다.

4.5 ggplot2 패키지를 활용한 시각화

R이 처음 등장했을 때 많은 사람이 간편하고 수준 높은 시각화를 R의 장점으로 꼽았습니다. 그럼 R에 있는 다양한 그래프를 만드는 기본 함수들을 알아보겠습니다.

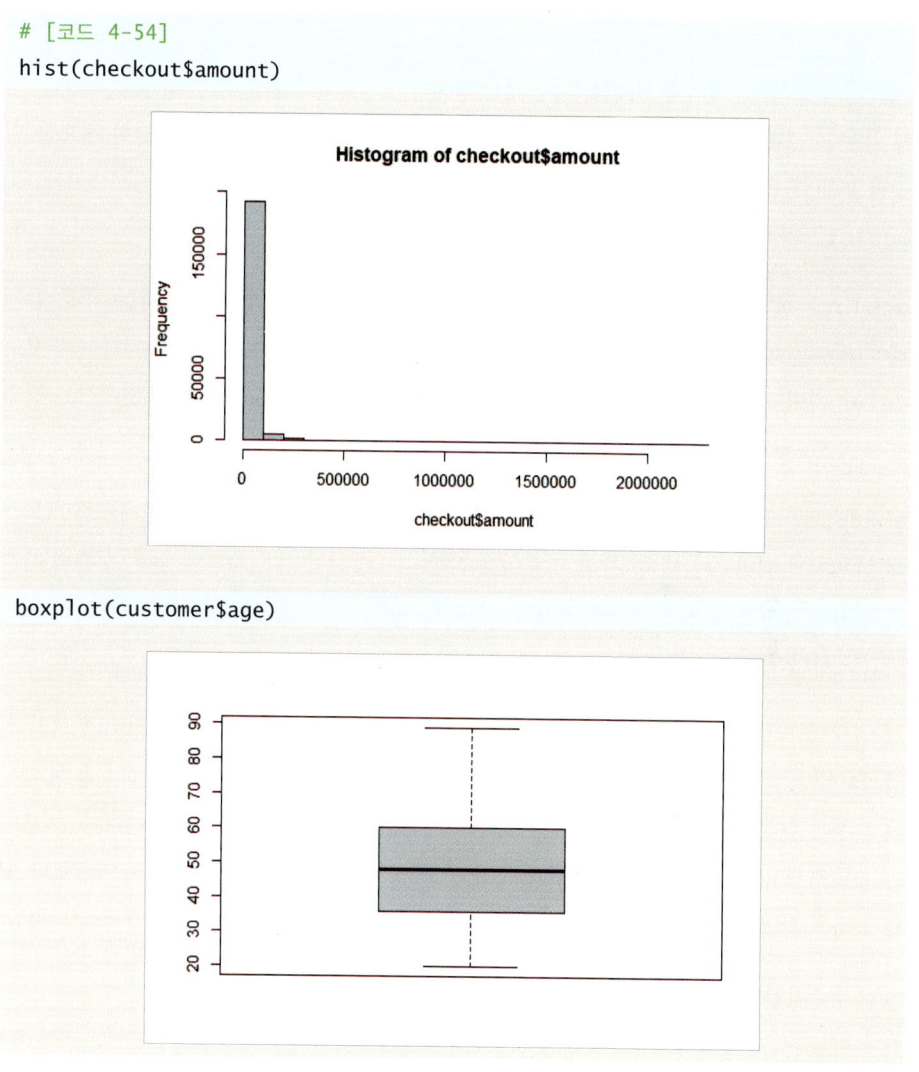

수치형 변수의 특성을 살펴볼 수 있는 히스토그램과 상자그림을 그렸습니다. 첫 번째는 결제 내역 데이터에서 결제 금액을 의미하는 **amount** 변수의 히스토그램이고, 두 번째는 고객 상세 데이터에서 고객 나이를 의미하는 **age** 변수의 상자그림입니다.

RStudio에서 그래프를 그리면 오른쪽 아래의 분할 화면에 [Plots] 탭이 활성화되면서 그래프가 뜹니다. 좌우 화살표 아이콘으로 이전이나 다음 그래프를 확인할 수 있고, [Zoom]을 클릭하면 그림을 새 창으로 좀 더 크게 확인할 수 있습니다. [Export]는 그래프를 그림이나 PDF로 저장하거나 클립보드에 복사할 수 있습니다.

R의 기본 그래프는 함수의 옵션을 사용해 수정해서 시각적인 부분을 개선할 수 있지만 그 정도 수준의 그래프를 보고서에 넣기엔 부족합니다. 따라서 기본 그래프는 간단히 정보를 확인할 때만 사용하고 다른 사람에게 공유할 그래프는 더 좋은 패키지와 함수를 사용하는데, `ggplot2` 패키지가 가장 많이 쓰입니다.

`ggplot2` 패키지에 있는 함수는 다양한 그래프를 그리고, 그래프를 원하는 대로 수정해 그래프를 아름답게 만들 수 있습니다. 또 파이프 연산자를 활용하여 데이터를 불러오고 `dplyr` 파이프라인으로 데이터를 요약한 다음 바로 이어서 그래프를 그릴 수 있으므로 작업을 효율적으로 할 수 있죠.

하지만 모든 작업을 명령어로 표현해야 합니다. 그래프 틀을 잡는 데 한 줄, 그래프를 그리는 데 한 줄, 색을 바꾸는 데 한 줄씩 명령어를 작성하는 방식입니다. 그래서 높은 수준의 시각화가 필요 없는 일부 사용자들은 `ggplot2` 패키지가 아닌 기본 함수를 사용하는 것을 선호하기도 합니다.

그래도 보고서는 역시 숫자로만 채우기보다는 그래프가 들어가야 좋겠죠. 이왕이면 보기 편하면서도 보고서의 다른 요소들과 잘 어울리는 그래프로 말입니다. 그래서 R을 사용해 데이터 분석을 한다면 `ggplot2` 패키지를 활용한 시각화 방법을 반드시 익혀야 합니다. 처음에는 막막하겠지만 스크립트로 그래프를 하나 만들어두면 이후 반복 작업에서는 엑셀보다 훨씬 편하게 작업할 수 있습니다.

그럼 대표적인 그래프의 기본 개념과 몇 가지 실습을 함께 살펴보겠습니다.

4.5.1 수치형 변수의 히스토그램과 상자그림

금액이나 건수처럼 숫자로 표현되는 변수를 **수치형**(numerical) **변수**라고 합니다. 여러분의 카드 결제금액을 한번 생각해보세요. 금액이 모두 제각각일 겁니다. 성별처럼 분명하게 나뉘지 않고 5,600원이나 14,700원일 수도 있고 895,000원 등 종잡을 수가 없죠. 그래서 이런 수치형 변수를 요약할 때는 범위나 분위수를 사용합니다.

평균을 요약에 사용해도 되지만, 평균은 카드 결제 건이 100건이든 1억 건이든 숫자 하나로 계산되기 때문에 잃어버리는 정보가 많습니다. 범위나 분위수는 평균보다 더 많은 숫자가 계산되므로 정보 손실이 적습니다. 이렇게 여러 개로 계산된 숫자 정보를 효과적으로 전달하기 위해 그래프로 표현합니다.

요약에 대한 설명이 어렵게 느껴진다면 우리가 잘 알고 있는 그래프를 함께 떠올려봅시다. 혹시 중학생 때 배운 도수분포표를 기억하나요? 도수분포표를 배울 때 우리는 20개 정도의 숫자를 5개 정도로 나눠진 구간을 보고 각 구간에 해당하는 숫자가 몇 개나 있는지 바를 정(正)자로 세었습니다. 이걸 그대로 그래프로 옮긴 것이 **히스토그램**(histogram)이죠.

그림 4-1 도수분포표와 히스토그램

도수분포표처럼 히스토그램도 구간마다 간격이 같습니다. 그럼 결제 내역 데이터에서 결제 금액의 히스토그램을 그려보겠습니다. 먼저 ggplot2 패키지를 `library()` 함수로 불러옵니다. 그리고 데이터를 `ggplot()` 함수에 넣습니다. 패키지 이름은 ggplot2이지만 함수 이름은 2가 없는 `ggplot()`입니다. `ggplot()` 안에는 항상 `aes()` 함수를 넣습니다. `aes()`는 aesthetic에서 이름을 따온 함수로 단어 뜻처럼 그래프의 축, 크기, 형태, 색상 등 외형을 결정합니다.

```
# [코드 4-55]
library(ggplot2)
ggplot(checkout, aes(x = amount))
```

그래프하면 생각나는 이미지를 떠올려보세요. 보고서나 발표 자료에서 그래프는 가로축(x축)과 세로축(y축)에 어떤 변수가 있는지, 그래프에서 색깔이나 크기가 무엇을 의미하는지, 어떤 값에 따라 그래프의 모양이 달라지는지로 설명합니다. 히스토그램은 x축에 관심 있는 수치형 변수가 들어가죠. 그래서 앞 실습을 보면 aes() 함수 안에 x=amount가 들어가 있습니다. amount는 checkout 데이터에 있는 결제금액의 변수 이름입니다.

만들어진 그래프의 틀을 보니 aes() 함수에 정의한 대로 x축에 amount 변수가 들어가 있네요. 여기에 +로 geom_histogram() 함수를 추가하면 히스토그램이 그려집니다.

참고

그래프를 그리는 geom_histogram() 같이 함수 이름에 나오는 geom은 geometric object를 의미합니다. 직역하면 기하 객체지만 도형 정도로 이해하면 됩니다. 스크립트창에 geom을 입력하고 자동완성 목록을 살펴보면 geom으로 시작하는 다양한 함수들을 확인할 수 있습니다. 이 함수들은 각각 사전에 정의된 그래프를 그리거나 직선, 원, 사각형 같은 도형을 추가할 때 활용합니다.

```
# [코드 4-56]
ggplot(checkout, aes(x = amount)) +
  geom_histogram()
```

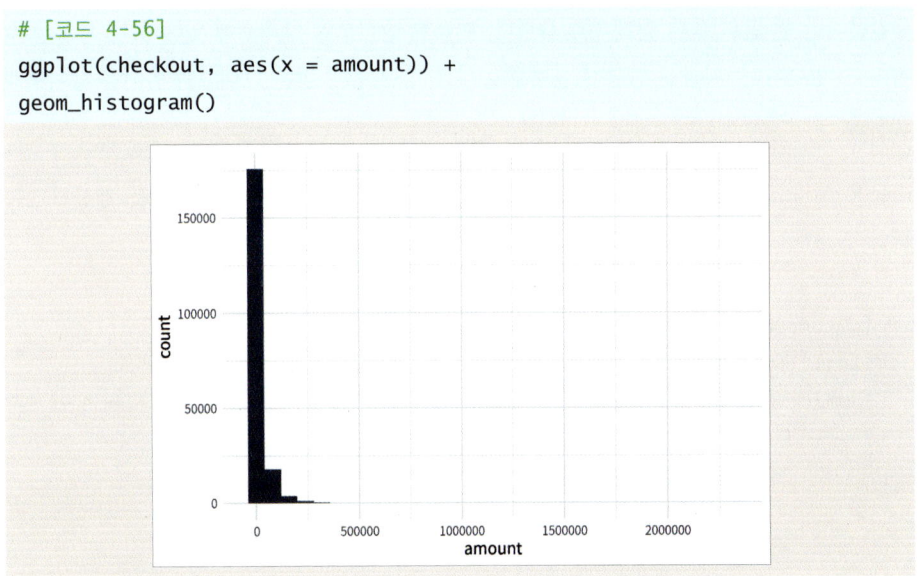

이와 같이 ggplot() 함수는 aes() 함수로 그래프의 기본 틀을 만들고 +를 사용해 그래프를 추가합니다. 그리고 +로 또 다른 함수를 더해 그래프에 여러 요소를 추가하거나 수정하는데, + 말고도 각 함수가 가진 옵션을 잘 활용하면 그래프의 형태나 특성을 손쉽게 바꿀 수 있습니다. 예를 들어 geom_histogram() 함수에 있는 binwidth 옵션은 히스토그램의 구간을 조정합니다.

```
# [코드 4-57]
ggplot(checkout, aes(x = amount)) +
  geom_histogram(binwidth = 50000)
```

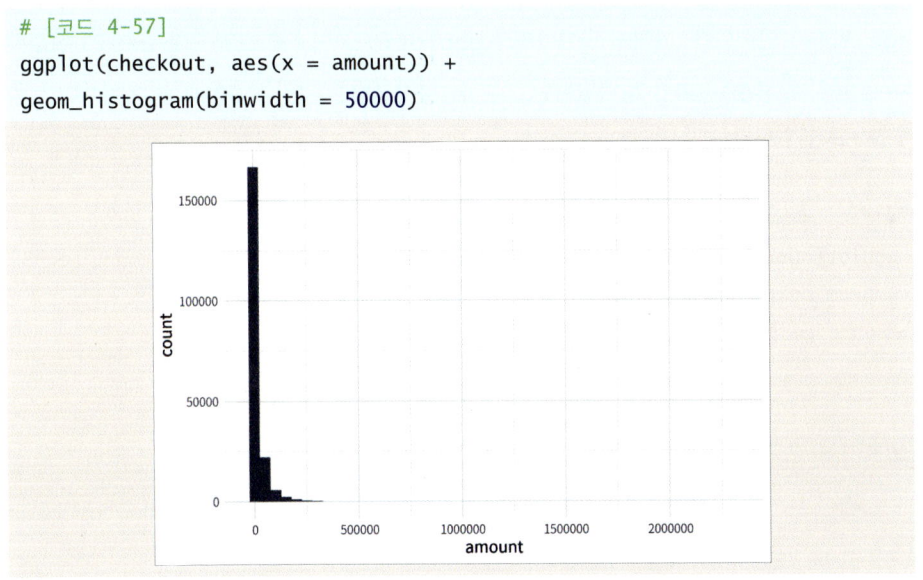

구간을 5만 원 단위로 더 잘게 나눴습니다. 이러한 방식으로 그래프에 있는 모든 요소를 수정할 수 있습니다. 지금은 간단히 살펴보고 다음 장에서 더 많은 그래프와 옵션을 알아보겠습니다.

다음은 상자그림입니다. 상자그림의 의미를 알아보기 위해서 먼저 요약값을 계산하겠습니다.

```
# [코드 4-58]
customer %>%
  summarise(m   = min(age),
            Q1  = quantile(age, 0.25),
            MED = median(age),
            Q3  = quantile(age, 0.75),
            M   = max(age))
     m   Q1  MED   Q3    M
1   20   36   48   60   89
```

[코드 4-17]에서 계산했던 사분위수입니다. 사분위수는 숫자 자체도 의미가 있지만 숫자의 간격을 잘 살펴봐야 합니다. 그런데 숫자를 눈으로만 보면 간격을 파악하기 어렵습니다. 그래서 상자그림을 그립니다.

[코드 4-54]에서 기본 함수로 그린 상자그림을 보면 x축에 변수가 없고, y축에는 관심 있는 age 변수가 있습니다. 따라서 상자그림을 ggplot()을 이용해 그릴 때는 aes() 함수에 x=은 넣지 않고 y=age만 입력합니다. 그다음 상자그림을 그리는 geom_boxplot() 함수를 +로 붙입니다.

```
# [코드 4-59]
ggplot(customer, aes(y = age)) +
  geom_boxplot()
```

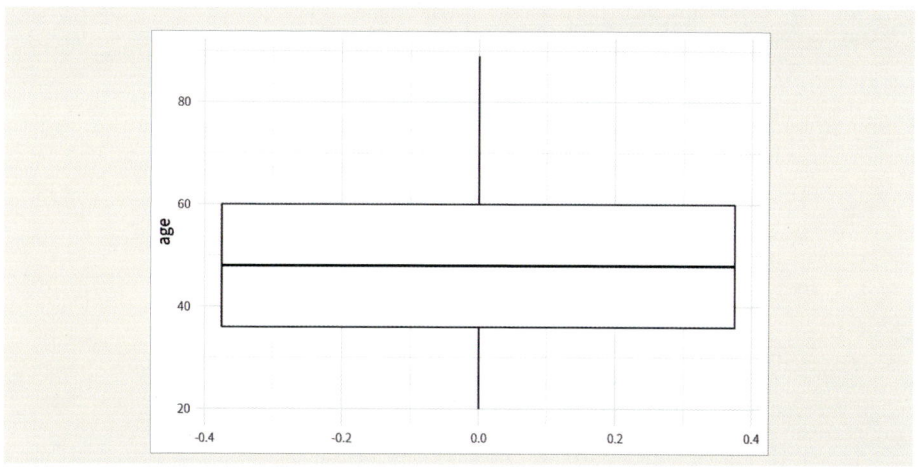

상자그림에서 가로선을 잘 보면 5개의 지점이 있습니다. 제일 아래 시작점부터 상자의 아랫변, 상자 중앙의 짙은 선과 상자의 윗변, 그리고 제일 위 끝점입니다. 순서대로 최솟값, Q1, 중앙값, Q3, 최댓값입니다. 즉, 상자그림은 사분위수를 높이로 표현한 그래프입니다.

히스토그램은 같은 간격으로 나눈 구간별로 몇 개의 관측치가 있는지를 높낮이로 표현한 그래프라면, 상자그림은 25%씩 같은 비율로 나눈 구간의 위치와 길이가 어떻게 다른지를 나타냅니다. 그럼 위 그래프를 해석해봅시다. 최솟값과 Q1 사이, Q1과 중앙값 사이, 중앙값과 Q3 사이, Q3와 최댓값 사이에는 각각 전체 고객 1만 명의 25%에 해당하는 2천 5백 명이 있습니다. 그리고 각 구간의 길이가 다른데, 길이가 짧을수록 짧은 구간에 많은 관측치가 모여 있다는 것을 의미합니다.

이처럼 히스토그램과 상자그림은 모두 수치형 변수의 분포를 확인하는 그래프입니다. 결국 어디에 값이 많이 분포하는지 살펴보는 방법이죠. 그런데 데이터 분석을 하다보면 비교를 해야 합니다. 평균을 계산할 때도 전체 평균이 아니라 그룹별 평균을 계산한 것처럼 히스토그램이나 상자그림도 그룹별로 그려서 그룹별 분포를 비교합니다.

그래프를 그룹별로 한눈에 비교하려면 겹쳐 그려야 합니다. 그런데 히스토그램은 그룹 수가 세 개만 돼도 그래프의 의미를 파악하기 어려워 비교하기에 좋은 방법이 아닙니다. 반면 그룹별 상자그림은 그룹 수와 상관없이 나란히 그릴 수 있어서 유용합니다.

```
# [코드 4-60]
ggplot(checkout, aes(x = category, y = amount)) +
  geom_boxplot()
```

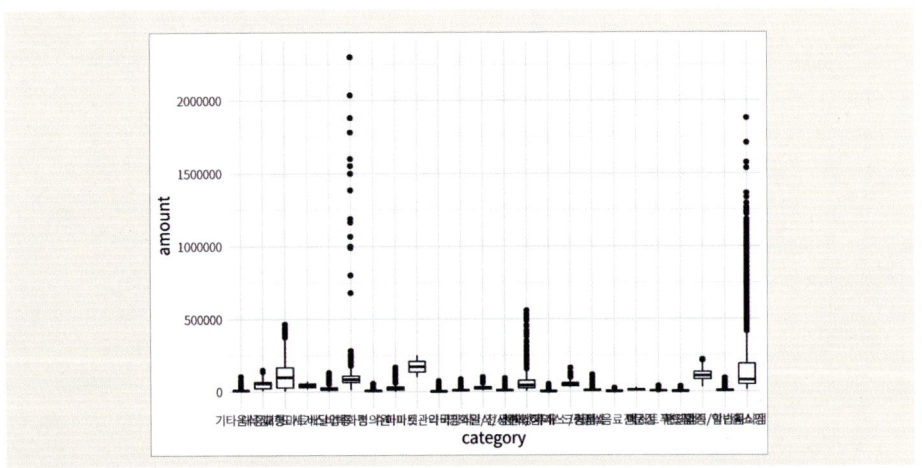

aes() 안에 있는 y=amount는 amount 변수로 상자그림을 그리겠다는 의미이고, 그 앞에 있는 x=category는 x축에 업종을 넣겠다는 의미입니다. 그럼 결제금액의 상자그림이 업종별로 나란히 그려집니다. 조금 복잡해 보이지만 손쉽게 의미 있는 그래프를 만들었습니다.

그런데 x축에 업종 이름이 서로 겹쳐져서 어떤 업종인지 읽기가 어렵습니다. 이때는 x축에 있는 업종 이름(label)을 90도 회전하는 옵션으로 해결합니다.

```
# [코드 4-61]
ggplot(checkout, aes(x = category, y = amount)) +
  geom_boxplot() +
  theme(axis.text.x = element_text(angle = 90, hjust = 1))
```

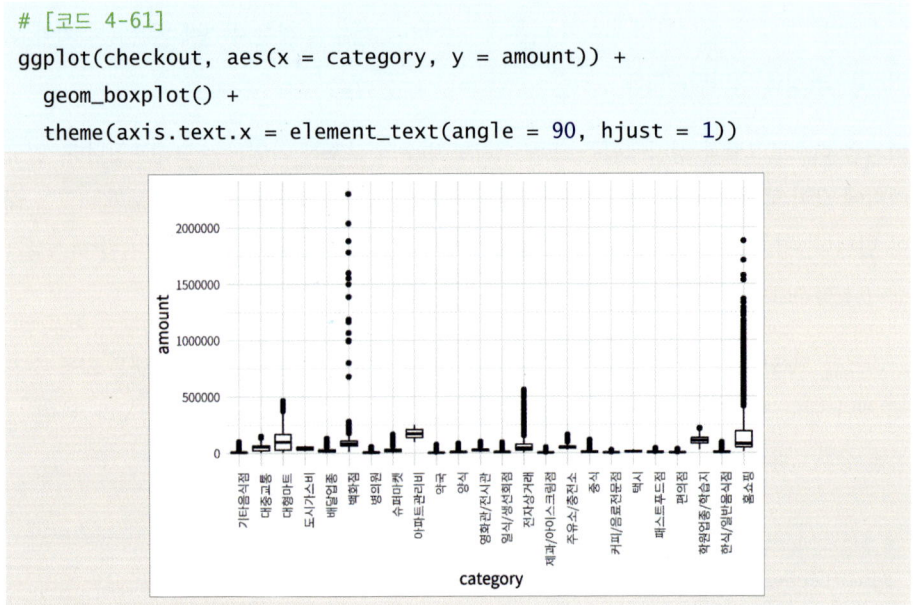

이렇게 우리가 원하는 그래프를 만들고 수정하려면 그만큼 함수를 더해주는 노력이 필요합니다. 그래프에 관한 다양한 함수는 구글에서 'r ggplot2 키워드'로 검색하면 만족할 만한 답을 얻을 수 있을 겁니다. 부록에도 ggplot2 패키지를 활용해 그래프를 그릴 때 많이 사용하는 옵션들을 따로 정리했으니 참고하세요.

> **더 많은 분석을 위한 TIP 이상치(outlier)**
>
> 상자그림을 그리다 보면 앞에서 그려본 고객의 나이 상자그림에서는 볼 수 없었던 점이 표시되기도 합니다. 이러한 점은 이상치를 표현한 것으로, 다른 값과는 다르게 매우 크거나 작은 값을 점으로 표현한 것입니다.
>
> 과거에는 그룹 간 평균을 중심으로 비교하는 데이터 분석에서 그룹 특성에 벗어나는 유달리 크거나 작은 관측치 때문에 평균이 왜곡되는 것을 막기 위해 이상치를 확인하고 제거하는 작업을 했습니다. 어느 회사 직원들의 평균 연봉을 계산하는데 대표님의 연봉까지 포함해서 평균을 계산하면 평균이 왜곡될 가능성이 크겠죠. 그러나 최근에는 오히려 이런 특이한 관측치에 관심이 많아서 이상치를 제거하지 않고 그대로 분석에 활용하는 경우가 더 많습니다.

지금까지는 그래프를 그릴 때 전체 데이터를 사용했지만 부분 데이터나 요약 데이터로 그래프를 그리기도 합니다. 그래서 `ggplot()` 함수 안에 데이터를 직접 넣기보다 파이프 연산자를 사용하는 것을 권합니다. 그리고 `aes()` 함수 안에서는 x=, y=과 같은 옵션 이름을 생략할 수 있는데, 입력한 값은 순서대로 x, y가 된다는 점에 주의해야 합니다.

```
# [코드 4-62]
checkout %>%
  ggplot(aes(category, amount)) +
  geom_boxplot()
```

결과는 [코드 4-60]에서 실행한 명령어와 같습니다. 이번처럼 파이프 연산자를 활용하면 그래프를 그리기 전에 또 다른 함수들을 활용해서 파이프라인을 구성할 수 있다는 장점이 있죠. 예를 들어 `filter()` 함수를 파이프라인에 추가하면 몇 개 업종만 선택할 수 있습니다.

```
# [코드 4-63]
checkout %>%
  filter(category %in% c("백화점", "대형마트", "슈퍼마켓")) %>%
  ggplot(aes(category, amount)) +
  geom_boxplot()
```

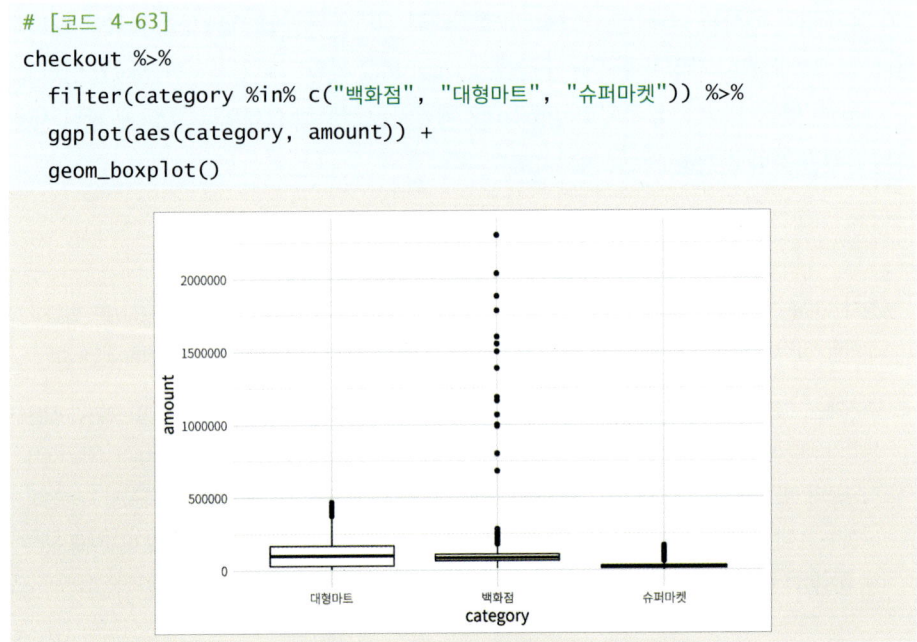

4.5.2 범주형 변수의 막대그래프

수치형 변수와 달리 성별이나 연령대 같은 **범주형(categorical) 변수**는 관측치의 값이 다양하지 않고 몇 가지로 한정돼 있어서 요약 방법이나 그래프가 단순합니다. 예를 들어 고객 상세 데이터에 성별이라는 변수가 있다면 이 변수는 관측치 개수에 상관없이 남자와 여자라는 두 개의 값을 가집니다. 이 변수를 요약하는 방법은 남자와 여자로 나눠 관측치 수를 세는 게 전부입니다. 이때 **막대그래프(barplot)**를 활용합니다. 막대그래프는 그룹별로 계산된 숫자를 막대의 높이로 표현합니다.

```
# [코드 4-64]
customer %>%
  group_by(gender) %>%
  summarise(n = n()) %>%
  ggplot(aes(gender, n)) +
  geom_col()
```

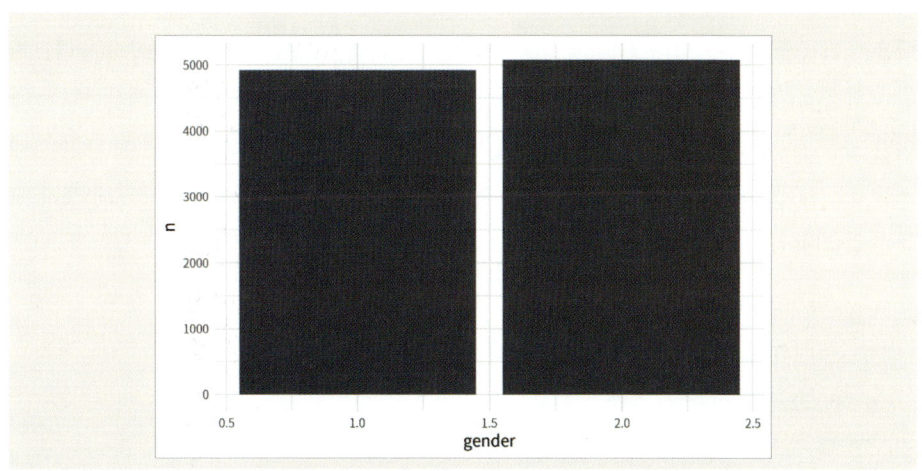

앞 실습을 보면 group_by()와 summarise()를 사용해 먼저 n이라는 이름으로 성별마다 고객 수를 계산하고, 이 데이터를 파이프 연산자를 통해 ggplot() 함수로 넘겼습니다. ggplot()의 aes() 함수에 입력한 gender와 n이라는 변수가 순서대로 x, y축에 들어갑니다. 그다음 기둥이라는 뜻의 column에서 이름을 따온 geom_col() 함수를 더하면 막대그래프가 그려집니다.

사실 막대그래프를 그리는 함수는 따로 있습니다. geom_bar() 함수를 이용하면 다음 실습처럼 간결한 명령어로 위와 똑같은 그래프를 그릴 수 있습니다.

```
# [코드 4-65]
customer %>%
  ggplot(aes(gender)) +
  geom_bar()
```

group_by()와 summarise() 함수 없이 count() 함수로 그룹별 관측치 수를 셀 수 있었던 것처럼 geom_bar() 함수는 aes() 함수에 x로 입력된 그룹 변수의 관측치 개수를 세고 막대그래프까지 그려주는 편리한 함수입니다. 그러나 count() 함수가 개수만 셀 수 있던 것처럼 geom_bar() 함수도 개수를 세서 막대그래프를 그리는 역할만 합니다. 그룹별 평균을 계산한 다음 막대그래프로 표현하려면 geom_bar() 함수로는 불가능하죠. 그러므로 편리한 geom_bar() 함수를 기억해놓고 사용해도 되지만 손이 조금 더 가더라도 geom_col() 함수를 활용하는 방법을 권장합니다.

다음은 그룹별 평균을 막대그래프로 표현하는 코드입니다. [코드 4-64]와 데이터는 다르지만 요약을 n() 함수로 개수를 계산하는 대신 mean() 함수를 사용해 평균을 계산한다는 차이만 있습니다. 그리고 데이터 요약 결과를 변수 **agg**로 저장하고, **agg**를 활용해 그린 그래프를 **p**로 저장합니다. 이렇게 중간 과정을 저장했을 뿐 하나의 파이프라인을 구성한 것과 결과는 같습니다.

```
# [코드 4-66]
agg = checkout %>%
  group_by(category) %>%
  summarise(MEAN = mean(amount))
agg
# A tibble: 24 x 2
     category        MEAN
     <chr>           <dbl>
 1   기타음식점      11801.
 2   대중교통        50396.
 3   대형마트       110754.
 4   도시가스비      44893.
 5   배달업종        23202.
 6   백화점          99735.
 7   병의원           7443.
 8   슈퍼마켓        25457.
 9   아파트관리비   173452.
10   약국             5474.
# ... with 14 more rows
p = agg %>%
  ggplot(aes(category, MEAN)) +
  geom_col()
p
```

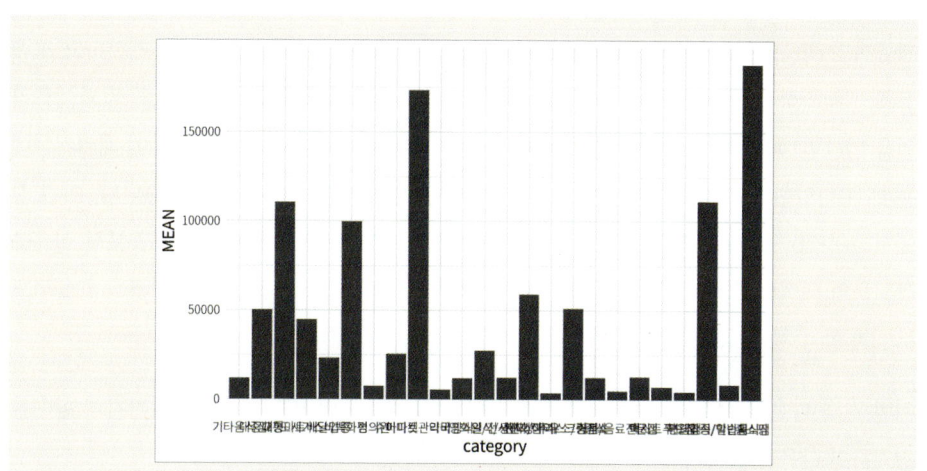

ggplot2 패키지에는 이외에도 다양한 그래프 함수와 옵션 함수들이 있습니다. 다음 코드처럼 위에서 그래프를 저장한 p에 theme_minimal()이라는 함수를 더하면 흰색 배경의 깔끔한 테마로 바뀝니다. 아래 실습에서는 하는 김에 x축 이름을 90도 회전해 가독성을 높였습니다. 이처럼 제목이나 범례, 글자 크기 등과 같은 그래프의 속성을 모두 변경할 수 있는데, 더 많은 내용은 부록에 따로 설명하였으니 참고하기 바랍니다.

```
# [코드 4-67]
p +
    theme_minimal() +
    theme(axis.text.x = element_text(angle = 90, hjust = 1))
```

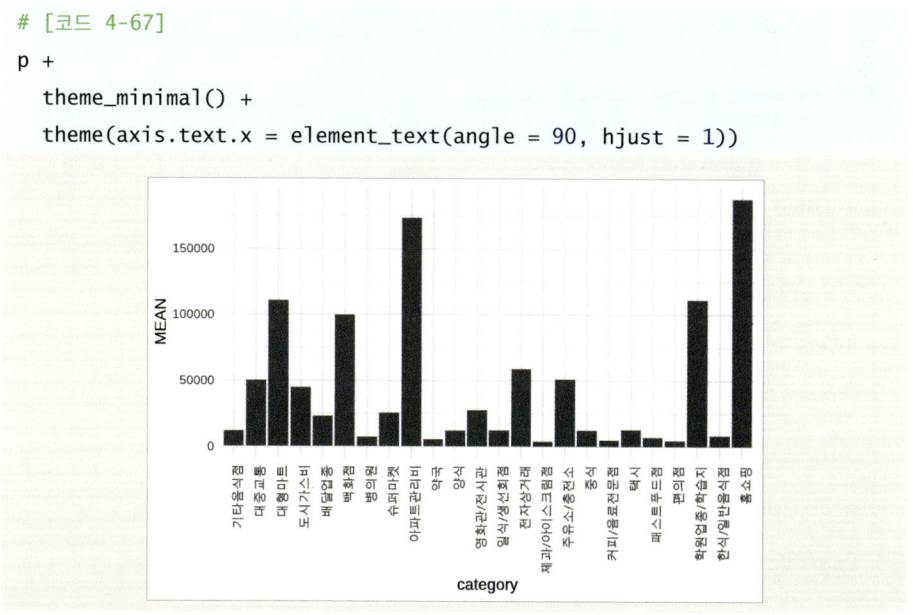

지금까지 `dplyr` 패키지와 `ggplot2` 패키지를 활용해 데이터에서 요약값을 계산하고 그래프로 시각화하는 방법을 살펴봤습니다. 파이프 연산자와 다양한 함수를 조합해서 파이프라인을 만들면 효율적으로 데이터를 분석할 수 있다는 것도 확인했고요. 그런데 이 패키지들에는 매우 다양한 함수와 기능이 있어서 모든 것을 한 번에 설명하기가 쉽지 않습니다. 이번 장에서 함수의 기초적인 사용법을 중심으로 살펴봤으니 다음 장에서는 실용적인 분석 실습을 다뤄보며 데이터 요약 과정에서 비율 같은 다양한 집계값 계산 방법과 분석 결과를 효율적으로 표현할 수 있는 그래프의 기능을 더 자세히 살펴보겠습니다.

이번 장과 다음 장에서 나오는 실제 분석 과정에서 자주 등장하는 `dplyr` 패키지의 함수를 정리하면 다음과 같습니다.

관측치 관련 함수

- `slice()` — 특정 행 번호에 해당하는 관측치를 선택
- `slice_head()` — 데이터에서 먼저 저장된 관측치를 선택
- `slice_tail()` — 데이터에서 최근 저장된 관측치를 선택
- `slice_min()` — 특정 변수를 기준으로 정렬한 하위 관측치를 선택
- `slice_max()` — 특정 변수를 기준으로 정렬한 상위 관측치를 선택
- `slice_sample()` — 일부 관측치를 임의로 선택
- `filter()` — 조건에 맞는 관측치를 선택
- `arrange()` — 특정 변수를 기준으로 관측치를 정렬

변수 및 집계 관련 함수

- `select()` — 순서 혹은 이름을 활용해 변수를 선택
- `mutate()` — 파생 변수를 생성
- `summarise()` — 요약값을 계산
- `group_by()` — 그룹 변수를 지정
- `ungroup()` — 그룹 변수 지정을 해제

dplyr 패키지에는 이외에도 더 많은 함수가 있습니다. 그리고 필요에 따라 또 다른 패키지를 분석에 활용할 줄도 알아야 합니다. `dplyr`과 `ggplot2` 패키지를 포함한 `tidyverse`의 패키지들은 RStudio 홈페이지(rstudio.com/resources/cheatsheets)에서 제공하는 치트시트(cheat sheet)에 패키지마다 어떤 함수가 어떤 기능을 하는지 간략히 설명되어 있으니 찾아보기 바랍니다.

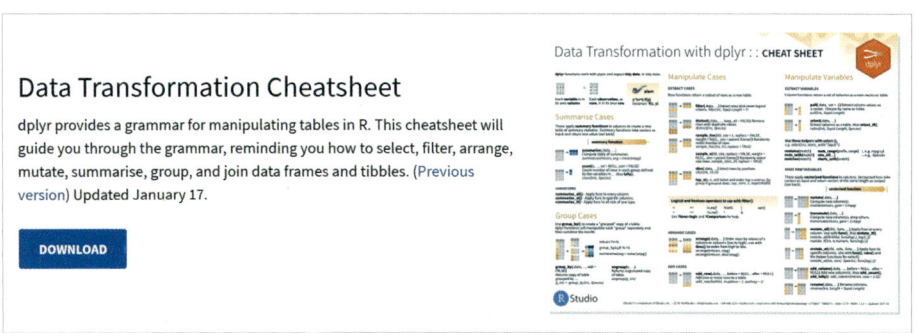

그림 4-2 RStudio 홈페이지에서 제공하는 dplyr 패키지의 치트시트

그러나 영어 단어를 많이 외웠다고 해서 바로 영어 회화를 잘할 수는 없는 것처럼 함수를 많이 외운다고 해서 분석을 잘하게 되는 것은 아닙니다. 상황에 맞는 함수를 선택하고 조합해서 활용하려면 다양한 실습을 살펴보고 분석 경험을 많이 쌓는 것이 중요합니다. 그래서 다음 장에서는 함수 하나하나를 소개하는 것이 아니라 실제 비즈니스 데이터 분석에서 자주 다루는 주제를 하나씩 살펴보려고 합니다. 각각의 문제를 해결하기 위해서 어떤 함수를 어떻게 조합하는지 함께 알아봅시다.

05장

다양한 데이터 요약과 시각화

4장에서는 주요 함수들의 기본적인 기능을 중심으로 파이프라인을 만드는 방법을 설명했습니다. 그러나 실제 분석 과정에서는 더욱 다양한 문제들이 있어서 기본적인 함수 조합으로는 해결하기 어려울 수도 있습니다. 그래서 이 장에서는 `dplyr`과 `ggplot2` 패키지를 활용한 다양한 데이터 요약과 시각화 방법을 다룹니다. 데이터와 분석 주제가 달라도 스크립트는 비슷할 때가 많으므로 다양한 실습을 통해 경험해보도록 하겠습니다.

요약과 시각화 방법은 워낙 다양해서 이 책에서 모든 것을 다루기 어렵지만 일반적이고 대표적인 분석 상황 몇 가지를 실습으로 구성했습니다. 대다수 직장인이 수행하는 요약 작업을 R로 어떻게 해결하는지, 어떤 그래프로 표현하는지 살펴보면 여러분의 분석 실력에 도움이 될 것입니다. 그럼 예제를 중심으로 새로운 함수와 옵션을 알아봅시다.

5.1 변수를 몇 개만 보거나 숨기고 싶어요

데이터를 불러오면 필요 없는 변수가 섞여 있을 때가 있습니다. 필요 없는 변수를 그냥 둬도 문제는 없지만 쓸데없이 자리를 차지하는 변수는 버리고 필요한 변수만 선택하는 것이 효율적입니다. 엑셀에는 '숨기기' 기능이 있어서 필요 없는 변수를 눈에 보이지 않게 할 수 있습니다. SQL에서는 **SELECT** 키워드를 사용하여 변수를 선택합니다. R에서는 원하는 변수를 선택해 해당 데이터만 출력하고 싶을 때 **select()** 함수를 사용합니다. 같은 기능을 하는 SQL의 **SELECT** 키워드에서 따온 이름이죠. 만약 우리가 가맹점 담당자라면 **select()** 함수로 결제 데이터에서 가맹점이나 결제에 관련된 변수만 남겨서 분석 속도를 높여 시간을 줄일 수 있습니다.

```
# [코드 5-1]
checkout %>%
  tibble()
# A tibble: 199,664 x 5
     datetime            cust_id   merc_id   category   amount
     <chr>               <chr>     <chr>     <chr>       <dbl>
 1   2020-05-25 00:00:33 C11476    M73846    홈쇼핑       59900
 2   2020-05-25 00:01:11 C14205    M44463    전자상거래    15300
 3   2020-05-25 00:01:56 C15095    M50270    전자상거래    20100
 4   2020-05-25 00:05:30 C15963    M50270    전자상거래   105500
 5   2020-05-25 00:12:14 C18252    M44463    전자상거래    38100
 6   2020-05-25 00:15:27 C17780    M44463    전자상거래    25800
 7   2020-05-25 00:20:22 C14616    M02556    전자상거래    42800
 8   2020-05-25 00:21:05 C16475    M44463    전자상거래    86300
 9   2020-05-25 00:22:15 C17745    M44463    전자상거래    20600
10   2020-05-25 00:23:14 C15149    M02556    전자상거래    24000
# ... with 199,654 more rows
checkout %>%
  select(merc_id, datetime, amount) %>%
  tibble()
# A tibble: 199,664 x 3
     merc_id   datetime             amount
     <chr>     <chr>                 <dbl>
 1   M73846    2020-05-25 00:00:33   59900
 2   M44463    2020-05-25 00:01:11   15300
 3   M50270    2020-05-25 00:01:56   20100
 4   M50270    2020-05-25 00:05:30  105500
 5   M44463    2020-05-25 00:12:14   38100
 6   M44463    2020-05-25 00:15:27   25800
 7   M02556    2020-05-25 00:20:22   42800
 8   M44463    2020-05-25 00:21:05   86300
```

```
 9  M44463    2020-05-25 00:22:15    20600
10  M02556    2020-05-25 00:23:14    24000
# ... with 199,654 more rows
```

첫 번째 코드에서 checkout 데이터를 tibble() 함수에 넣어 출력했습니다. head() 함수는 일부 관측치만 출력하고, tibble() 함수는 일부 관측치와 콘솔창의 크기에 따라 일부 변수만 출력합니다. 굳이 모든 관측치를 살펴볼 필요가 없는 것처럼 변수도 필요한 변수만 확인하는 것이 편합니다. 그래서 두 번째 코드에서 파이프라인에 select() 함수를 넣었습니다. select() 함수에 merc_id와 datetime, 그리고 amount 변수를 순서대로 콤마로 구분해서 나열했고, 실행 결과를 보면 관측치에서 우리가 이름을 입력한 세 개의 변수만 출력되는 것을 확인할 수 있습니다.

여기서 두 가지 중요한 포인트가 있습니다. 첫째, select()에 입력한 순서대로 변수 순서가 바뀐다는 점입니다. 원래 결제 데이터에는 datetime이라는 결제 일시 변수가 가장 먼저 출력됐는데 지금은 merc_id가 가장 먼저 나옵니다. select()의 원래 목적은 변수 선택이지만 이렇게 변수의 출력 순서를 바꿀 때도 활용할 수 있습니다.

둘째, 파이프라인은 항상 데이터로 작업한 결과를 출력만 할 뿐 데이터 자체를 업데이트하지는 않는다는 점입니다. 엑셀을 자주 사용하는 분들이 가장 혼동하는 부분입니다. 엑셀은 데이터를 통째로 열어 작업하고 무언가를 수정하면 바로 데이터가 업데이트되지만, R의 파이프라인은 파이프 연산자(%>%)의 화살표 방향대로 데이터를 한번 흘려보내는 것일 뿐 그 결과가 원본 데이터에 영향을 미치지는 않습니다. 즉, 우리가 select() 함수로 특정 변수를 선택해도 원본 데이터에는 모든 변수가 그대로 있습니다.

그럼 원본 데이터를 바꾸려면 어떻게 할까요? 정답은 =입니다. checkout 데이터는 다음 실습에서도 사용해야 해서 지금 업데이트를 해버리면 곤란하므로 =으로 checkout 데이터를 복제한 뒤 함께 살펴봅시다.

```
# [코드 5-2]
checkout2 = checkout
checkout2 = checkout2 %>%
  select(merc_id, datetime, amount)
checkout2 %>%
  head()
```

	merc_id	datetime	amount
1	M73846	2020-05-25 00:00:33	59900
2	M44463	2020-05-25 00:01:11	15300
3	M50270	2020-05-25 00:01:56	20100
4	M50270	2020-05-25 00:05:30	105500
5	M44463	2020-05-25 00:12:14	38100
6	M44463	2020-05-25 00:15:27	25800

첫 번째 명령어에서 checkout과 똑같은 checkout2 데이터를 하나 만들었습니다. 미리 불러온 데이터 checkout을 checkout2라는 이름에 할당했으니 결국 똑같은 데이터를 이름만 바꿔 저장한 것입니다. checkout 데이터는 다음 실습을 위해 잘 보존해 놓고, 복제한 checkout2 데이터로 업데이트 실습을 하겠습니다.

두 번째 명령어는 checkout2 데이터에 select() 함수를 파이프로 이어 변수를 선택했는데요. 이전 코드와 다르게 파이프라인 앞에 checkout2=을 붙였습니다. 원래 파이프라인이 실행되면 콘솔창에 실행 결과가 출력되는데, =이 붙어있기 때문에 실행 결과가 콘솔창에 출력되지 않고 checkout2에 저장됩니다. 세 번째 명령어로 데이터 업데이트 결과를 확인해보면 checkout2에 나머지 변수는 모두 사라지고 select() 함수에 입력한 세 개의 변수만 있습니다.

참고로 R에는 [Ctrl]+[z], 즉 실행 취소 기능이 없습니다. 데이터가 한번 업데이트되면 되돌릴 수 없으므로 주의해야 합니다. 그래서 보통은 부분 선택한 데이터나 요약 결과를 =을 사용해 업데이트하는 것이 아니라 다음처럼 다른 이름으로 저장해서 사용합니다.

```
# [코드 5-3]
checkout_sub = checkout %>%
  select(merc_id, datetime, amount)
```

[코드 5-2]의 checkout2처럼 데이터를 따로 복제하지 않고, checkout 데이터로 시작하는 파이프라인 앞에 checkout_sub라는 이름과 =을 붙여 실행 결과를 바로 다른 이름으로 저장하는 것입니다. 엑셀에서 여러 시트에 각기 다른 데이터를 저장하는 것처럼 R에서도 이름만 다르게 해서 얼마든지 데이터를 저장할 수 있습니다. 물론 쓸데없이 모든 결과를 저장하면 효율이 떨어질 수 있으니 잘 판단해야 합니다.

select() 함수는 앞에서 사용해본 것처럼 필요한 변수 이름을 나열해서 부분 데이터를 선택합니다. 그런데 수많은 변수 중 한 개 혹은 두 개만 제외하고 싶을 때 나머지 변수 이름을 모두 입력하는 것은 무척 비효율적입니다. 이때는 -를 사용합니다.

```
# [코드 5-4]
checkout %>%
  select(-datetime) %>%
  tibble()
# A tibble: 199,664 x 4
   cust_id  merc_id  category  amount
   <chr>    <chr>    <chr>     <dbl>
 1 C11476   M73846   홈쇼핑     59900
 2 C14205   M44463   전자상거래 15300
 3 C15095   M50270   전자상거래 20100
 4 C15963   M50270   전자상거래 105500
 5 C18252   M44463   전자상거래 38100
 6 C17780   M44463   전자상거래 25800
 7 C14616   M02556   전자상거래 42800
 8 C16475   M44463   전자상거래 86300
 9 C17745   M44463   전자상거래 20600
10 C15149   M02556   전자상거래 24000
# ... with 199,654 more rows
```

checkout 데이터의 변수 중 datetime 변수를 제외한 나머지 모든 변수를 선택하기 위해 selcet() 함수 안에서 datetime 앞에 -를 붙였습니다. 만약 datetime 변수와 함께 merc_id 변수도 빼고 싶으면 콤마로 -merc_id를 연결해 select(-datetime, -merc_id)와 같이 입력하면 됩니다.

만약 변수가 100개 있을 때 50개 정도만 선택하고 싶으면 어떡할까요? select() 안에 변수를 하나씩 넣거나 빼는 것도 번거롭기는 마찬가지네요. 이럴 때는 콜론(:)이나 함수를 몇 개 사용하면 변수를 편하게 선택할 수 있습니다.

```
# [코드 5-5]
checkout %>%
  select(merc_id:amount) %>%
  tibble()
```

```
# A tibble: 199,664 x 3
   merc_id  category  amount
   <chr>    <chr>      <dbl>
 1 M73846   홈쇼핑      59900
 2 M44463   전자상거래  15300
 3 M50270   전자상거래  20100
 4 M50270   전자상거래 105500
 5 M44463   전자상거래  38100
 6 M44463   전자상거래  25800
 7 M02556   전자상거래  42800
 8 M44463   전자상거래  86300
 9 M44463   전자상거래  20600
10 M02556   전자상거래  24000
# ... with 199,654 more rows
```

:은 2장에서 문자열과 수열을 만들 때 등장했었습니다. 명령어 `1:10`이 1부터 10까지의 숫자를 의미하는 것처럼 `merc_id:amount`는 데이터에 저장된 순서대로 `merc_id`부터 `amount`까지의 변수를 의미합니다. 즉, `select(datetime:amount)`는 `checkout`의 모든 변수를 선택합니다.

다음 함수들은 모두 변수를 선택하는 함수로, 변수 이름의 패턴을 활용해 선택할 변수 목록을 만들며 `select()` 함수 안에서만 쓰입니다.

- `starts_with()`   이름이 특정 단어로 시작하는 변수 선택
- `ends_with()`   이름이 특정 단어로 끝나는 변수 선택
- `contains()`   이름에 특정 단어가 포함된 변수 선택
- `matches()`   이름에 특정 패턴이 포함된 변수 선택

회사에서 사용하는 데이터의 변수 이름은 보통 체계적인 규칙에 따라 정해지므로 위처럼 패턴을 활용하는 함수가 유용합니다. 예를 들어 `id`로 끝나는 변수와 `am`이라는 단어가 들어간 변수를 찾고 싶으면 앞에 설명한 함수들을 다음과 같이 사용합니다.

```
# [코드 5-6]
checkout %>%
  select(ends_with("id"), contains("am")) %>%
  tibble()
# A tibble: 199,664 x 3
   cust_id merc_id amount
   <chr>   <chr>    <dbl>
 1 C11476  M73846   59900
 2 C14205  M44463   15300
 3 C15095  M50270   20100
 4 C15963  M50270  105500
 5 C18252  M44463   38100
 6 C17780  M44463   25800
 7 C14616  M02556   42800
 8 C16475  M44463   86300
 9 C17745  M44463   20600
10 C15149  M02556   24000
# ... with 199,654 more rows
```

변수를 선택하는 함수 중 matches() 함수는 앞에서 배운 grepl() 함수와 비슷합니다. grepl() 함수가 어떤 패턴에 일치하는 관측치를 찾는다면 matches()는 이름을 기준으로 패턴과 일치하는 변수를 선택합니다. 예를 들면 다음과 같은 명령어로 이름에 알파벳이 연속해서 7글자 이상 나오는 변수를 선택할 수 있습니다. [a-zA-Z]는 대소문자를 합친 알파벳 중 한 글자를, {7,}는 7번 이상 반복을 의미합니다. 즉, 이 둘을 합친 [a-zA-Z]{7,}는 알파벳 7글자 이상이라는 패턴을 표현합니다. 패턴에 관한 자세한 설명은 부록 A.6을 참고하기 바랍니다.

```
# [코드 5-7]
checkout %>%
  select(matches("[a-zA-Z]{7,}")) %>%
  tibble()
# A tibble: 199,664 x 2
  datetime            category
  <chr>               <chr>
1 2020-05-25 00:00:33 홈쇼핑
2 2020-05-25 00:01:11 전자상거래
```

```
3      2020-05-25 00:01:56    전자상거래
4      2020-05-25 00:05:30    전자상거래
5      2020-05-25 00:12:14    전자상거래
6      2020-05-25 00:15:27    전자상거래
7      2020-05-25 00:20:22    전자상거래
8      2020-05-25 00:21:05    전자상거래
9      2020-05-25 00:22:15    전자상거래
10     2020-05-25 00:23:14    전자상거래
# ... with 199,654 more rows
```

변수 이름이 아니라 변수 순서를 활용할 수도 있습니다. 다음 코드처럼 `select()` 함수에 숫자를 나열하면 되는데, 1은 첫 번째 변수를 선택하고 콜론을 사용한 `3:5`는 세 번째부터 다섯 번째 변수를 선택합니다.

```
# [코드 5-8]
checkout %>%
  select(1, 3:5) %>%
  tibble()
# A tibble: 199,664 x 4
      datetime             merc_id   category    amount
      <chr>                <chr>     <chr>       <dbl>
 1    2020-05-25 00:00:33  M73846    홈쇼핑       59900
 2    2020-05-25 00:01:11  M44463    전자상거래   15300
 3    2020-05-25 00:01:56  M50270    전자상거래   20100
 4    2020-05-25 00:05:30  M50270    전자상거래   105500
 5    2020-05-25 00:12:14  M44463    전자상거래   38100
 6    2020-05-25 00:15:27  M44463    전자상거래   25800
 7    2020-05-25 00:20:22  M02556    전자상거래   42800
 8    2020-05-25 00:21:05  M44463    전자상거래   86300
 9    2020-05-25 00:22:15  M44463    전자상거래   20600
10    2020-05-25 00:23:14  M02556    전자상거래   24000
# ... with 199,654 more rows
```

이처럼 필요한 변수만 선택하는 `select()` 함수는 자주 쓰일 것 같지만 그렇지 않습니다. 실제 분석을 할 때는 파이프라인의 `group_by()`나 `summarise()` 함수를 거치면서 자연스럽게 분석에 활용한 변수만 결과 데이터에 남기 때문입니다.

```
# [코드 5-9]
system.time(
  checkout %>%
    select(cust_id, category, amount) %>%
    filter(category %in% c("백화점", "대형마트", "슈퍼마켓")) %>%
    group_by(cust_id, category) %>%
    summarise(n = n(), total = sum(amount)) %>%
    arrange(cust_id, desc(total))
)
 사용자    시스템      elapsed
  0.28     0.00        0.29
```

앞에서 함수 순서에 따른 속도 차이를 설명할 때 나왔던 [코드 4-52]의 파이프라인에 `select()` 함수를 한 줄 추가했습니다. `filter()` 함수로 분석에 활용할 관측치를 먼저 선택했던 것처럼 이렇게 파이프라인 시작 부분에서 실제 분석에 활용할 변수를 `select()` 함수로 미리 선택하면 더 효율적일까요? 딱히 그렇지는 않습니다. 파이프라인과 `dplyr` 패키지는 우리가 변수를 선택하지 않아도 `filter()`, `group_by()`, `summarise()` 함수를 통해 필요한 변수만 선택해서 작업하기 때문입니다. 그래서 `select()` 함수는 원본 데이터나 최종 데이터에서 정말 쓸모없는 변수를 제거할 때 주로 사용합니다.

5.2 연령대 변수를 만들어서 분석하고 싶어요

기존 변수를 선택하기만 하는 게 아니라 변수를 변형해서 파생 변수로 만들어 사용할 수도 있습니다. 고객 정보를 담은 `customer` 데이터의 `age` 변수에는 고객들의 나이가 저장되어 있습니다. 그런데 어떤 회사도 연령을 한 살 한 살 따져서 분석하지는 않습니다. 그러면 0세부터 99세까지 100개의 그룹이 있어야 하는데, 복잡하기도 하고 무엇보다 한두 살 차이로 고객의 특성이 크게 달라지지는 않기 때문에 보통 나이는 5세 단위로 나눠서 활용합니다. 회사 데이터에 나이 변수는 있지만 연령대 변수가 없다면 나이를 쪼개서 연령대 변수를 직접 만들어야 합니다.

이렇게 새로운 변수를 만들 때는 `mutate()` 함수를 사용합니다. `select()`가 원래 있던 변수 중 일부를 선택한다면 `mutate()`는 원래 있던 변수를 활용해서 새로운 변수를 만들 때 사용합니다. 그래서 이 함수 안에는 어떻게 새로운 변수를 만들지 알려주고, 새 변수의 이름을 무엇으로 할지도 지정해야 합니다.

먼저 간단한 코드를 살펴봅시다.

```
# [코드 5-10]
customer %>%
  mutate(new_variable = 1) %>%
  tibble()
# A tibble: 10,000 x 5
   cust_id gender   age address            new_variable
   <chr>    <int> <int> <chr>                     <dbl>
 1 C10001       2    44 데이터구 알고리즘로1길 32           1
 2 C10002       1    44 데이터구 설계로2길 9              1
 3 C10003       2    67 데이터구 설계로6길 64             1
 4 C10004       1    64 데이터구 전처리로6길 31            1
 5 C10005       2    47 데이터구 전처리로7길 25            1
 6 C10006       1    29 데이터구 알고리즘로9길 18           1
 7 C10007       1    53 데이터구 설계로8길 7              1
 8 C10008       1    28 데이터구 설계로6길 30             1
 9 C10009       1    48 데이터구 알고리즘로1길 19           1
10 C10010       1    41 데이터구 알고리즘로1길 19           1
# ... with 9,990 more rows
```

mutate() 안에 new_variable=1이 들어가 있는데요, new_variable은 새로운 변수의 이름이고 뒤에 있는 1은 저장할 값입니다. 그럼 customer 데이터에 모든 관측치가 똑같이 1이라는 값을 가지는 새로운 변수가 추가됩니다. 그런데 이렇게 관측치마다 같은 값을 저장하는 경우는 드뭅니다.

mutate() 함수는 함수 이름 뜻대로 데이터에 있는 기존 변수를 변형해서 새로운 변수를 만든다고 했습니다. 이제 age 변수를 변형해서 5세 단위의 연령대 변수를 만들어봅시다. 더불어 이 작업을 편하게 만들어줄 cut() 함수도 소개하겠습니다.

```
# [코드 5-11]
1:10
 1  2  3  4  5  6  7  8  9 10
```

```
cut(1:10, breaks = c(0, 3, 7, 10))
 (0,3]  (0,3]  (0,3]  (3,7]  (3,7]  (3,7]  (3,7]  (7,10] (7,10] (7,10]
Levels: (0,3] (3,7] (7,10]
```

1부터 10까지 10개의 숫자를 `cut()` 함수에 넣고 `breaks` 옵션에는 구간 경계가 될 숫자를 네 개 넣었습니다. 경계가 네 개라서 세 개의 구간이 나오는데요. 1~3은 첫 번째 구간, 4~7은 두 번째 구간, 8~10이 세 번째 구간입니다. 결과에 출력된 `(0,3]`을 보면 소괄호는 열려 있다는 의미로 포함하지 않음을, 대괄호는 닫혀 있다는 의미로 포함함을 의미합니다. 즉, 첫 번째 구간은 0 초과 3 이하를 나타냅니다.

이렇듯이 구간을 설정할 때는 오른쪽 경계를 포함하지 않는 경우가 많습니다. 30대라고 하면 30세 이상 40세 미만을 의미하죠. 그래서 오른쪽 경계를 포함하지 않도록 `right=F`라는 옵션을 추가합니다. 경곗값과 괄호로 표현된 구간을 그대로 값으로 사용할 필요는 없으므로 각 구간에 이름표(label)를 달아주는 `labels=c("A", "B", "C")` 옵션도 추가하겠습니다.

```
# [코드 5-12]
cut(1:10, breaks = c(0, 3, 7, 10), labels = c("A", "B", "C"), right = F)
 A    A    B    B    B    B    C    C    C    <NA>
Levels: A B C
```

그런데 문제가 하나 있네요. 오른쪽 경계를 포함하지 않았더니 마지막에 있는 10이라는 숫자가 어떤 구간에도 포함되지 않아서 NA, 즉 결측치로 나왔습니다. 값이 들어갈 자리는 있지만 값이 정해지지 않아 비어 있는 것이죠. `cut()` 함수를 사용할 때 이러한 결측치가 나오지 않기 위해서는 경계값의 첫 값은 충분히 작고, 마지막 값은 충분히 크게 지정하는 게 좋습니다. 그리고 `breaks`의 처음 값이 첫 번째 구간에 포함될 수 있도록 `include.lowest=T`라는 옵션도 추가해줍니다. 지금처럼 `right=F`와 함께 사용했을 때는 `breaks`의 마지막 값이 마지막 구간에 포함됩니다.

```
# [코드 5-13]
cut(1:10, breaks = c(0, 3, 7, 20), labels = c("A", "B", "C"), right = F,
    include.lowest = T)
 A A B B B B C C C C
Levels: A B C
```

이번에는 cut() 함수를 사용해 5세 단위의 연령대 변수를 만들겠습니다. breaks 옵션에 c() 함수로 직접 경곗값을 묶어 넣어도 되지만, 좀 더 편하게 seq() 함수를 사용해서 15부터 100까지 5씩 커지는 수열을 만들어 넣었습니다. label 옵션에는 시작 나이를 구분하기 위해 언더바(_)를 하나 붙였습니다.

```
# [코드 5-14]
customer %>%
  mutate(연령대 = cut(age,
                  breaks = seq(15, 100, 5),
                  labels = paste0(seq(15, 95, 5), "_"),
                  right  = F)) %>%
  tibble()
# A tibble: 10,000 x 5
   cust_id gender   age address              연령대
   <chr>    <int> <int> <chr>                <fct>
 1 C10001       2    44 데이터구 알고리즘로1길 32   40_
 2 C10002       1    44 데이터구 설계로2길 9       40_
 3 C10003       2    67 데이터구 설계로6길 64      65_
 4 C10004       1    64 데이터구 전처리로6길 31    60_
 5 C10005       2    47 데이터구 전처리로7길 25    45_
 6 C10006       1    29 데이터구 알고리즘로9길 18   25_
 7 C10007       1    53 데이터구 설계로8길 7       50_
 8 C10008       1    28 데이터구 설계로6길 30      25_
 9 C10009       1    48 데이터구 알고리즘로1길 19   45_
10 C10010       1    41 데이터구 알고리즘로1길 19   40_
# ... with 9,990 more rows
```

관측치를 몇 개만 살펴봐도 연령대 변수 **연령대**가 잘 만들어진 것을 확인할 수 있습니다.

그런데 파이프라인에 있는 `mutate()`는 `select()`와 마찬가지로 원본 데이터에 영향을 주지는 않습니다. 우리가 연령대 변수를 만들어서 추가했지만 다음 코드에서 원본 데이터를 확인해보면 바뀐 것이 없습니다. `mutate()`로 만든 파생 변수는 `mutate()` 이후의 파이프라인에서만 마음껏 활용할 수 있습니다. 원본 데이터에 파생 변수를 추가하려면 역시 =을 사용해야 합니다.

```
# [코드 5-15]
customer %>%
  tibble()
# A tibble: 10,000 x 4
   cust_id gender   age address
   <chr>    <int> <int> <chr>
 1 C10001       2    44 데이터구 알고리즘로1길 32
 2 C10002       1    44 데이터구 설계로2길 9
 3 C10003       2    67 데이터구 설계로6길 64
 4 C10004       1    64 데이터구 전처리로6길 31
 5 C10005       2    47 데이터구 전처리로7길 25
 6 C10006       1    29 데이터구 알고리즘로9길 18
 7 C10007       1    53 데이터구 설계로8길 7
 8 C10008       1    28 데이터구 설계로6길 30
 9 C10009       1    48 데이터구 알고리즘로1길 19
10 C10010       1    41 데이터구 알고리즘로1길 19
# ... with 9,990 more rows

customer = customer %>%
  mutate(agggrp5 = cut(age,
                       breaks = seq(15, 100, 5),
                       labels = paste0(seq(15, 95, 5), "_"),
                       right  = F))
customer %>%
  tibble()
(결과 생략)
```

파이프라인의 결과를 새로운 이름으로 만들지 않고 기존 데이터 이름으로 저장하면 데이터가 업데이트됩니다. 우리가 파이프라인에서 파생 변수를 하나 만들었으니 이제 원본 데이터에 새 변수인 연령대가 추가됩니다. 이렇게 =을 사용해 원본 데이터에 파생 변수를 추가할 수 있지만, 파생 변수는 분석에 일시적으로 필요한 변수이므로 파이프라인에서만 활용하는 것이 좋습니다.

그럼 추가된 변수를 활용해서 5세 단위의 연령대별 고객이 몇 명인지 확인해볼까요?

```
# [코드 5-16]
연령대별고객수 = customer %>%
  group_by(연령대) %>%
```

```
  summarise(n = n())
```

연령대별고객수
```
# A tibble: 14 x 2
    연령대      n
    <fct>   <int>
 1   20_     628
 2   25_     795
 3   30_     826
 4   35_     978
 5   40_    1000
 6   45_    1152
 7   50_     970
 8   55_    1056
 9   60_     827
10   65_     598
11   70_     461
12   75_     380
13   80_     218
14   85_     111
```

그리고 ggplot2 패키지의 geom_col() 함수를 사용해서 연령대별고객수를 막대그래프로 나타내봅시다.

```
# [코드 5-17]
library(ggplot2)
연령대별고객수 %>%
  ggplot(aes(연령대, n)) +
  geom_col()
```

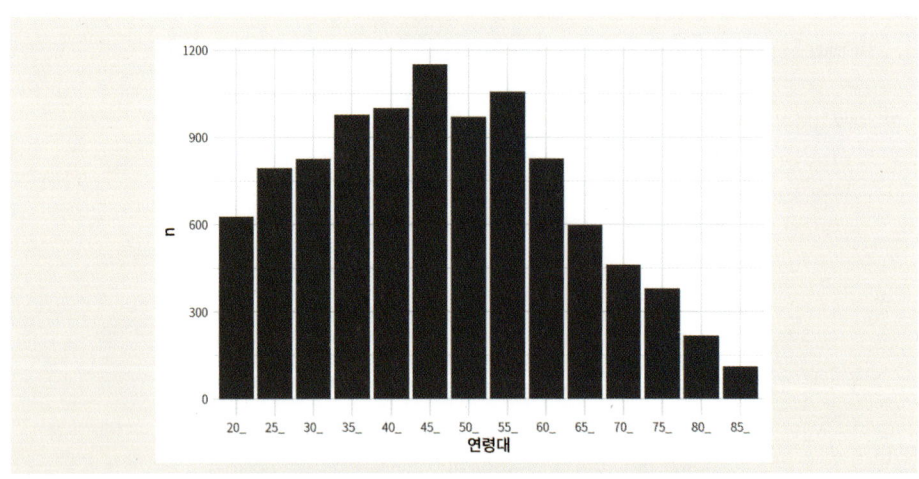

이렇게 수치형 변수를 구간화하는 것은 자주 사용하는 중요한 작업입니다. 카드사나 유통사에서도 결제 금액이나 매출 금액에 따라 고객을 나눌 때 구간화가 꼭 필요하죠. 예를 들어 카드사는 한 달간 결제 금액을 기준으로 무실적, 10만 원 이하, 30만 원 이하, 50만 원 이하, 100만 원 이하, 100만 원 이상으로 고객의 실적을 구분합니다. 이 작업을 하는 코드는 다음과 같습니다.

```
# [코드 5-18]
고객실적구간 = checkout %>%
  group_by(cust_id) %>%
  summarise(total = sum(amount)) %>%
  mutate(
    실적구간 = cut(total,
                breaks = c(-1, 0, 100000, 500000, 1000000, 9999999),
                labels = c("1_무실적", "2_10만원이하", "3_50만원이하",
                           "4_100만원이하", "5_100만원이상"),
                right = T))

고객실적구간
# A tibble: 8,713 x 3
     cust_id   total  실적구간
     <chr>     <dbl>  <fct>
1    C10001   810400  4_100만원이하
2    C10002   404800  3_50만원이하
3    C10003   631700  4_100만원이하
```

```
   4   C10005     544650    4_100만원이하
   5   C10006     179900    3_50만원이하
   6   C10007     181300    3_50만원이하
   7   C10009       8400    2_10만원이하
   8   C10010     593660    4_100만원이하
   9   C10012     448380    3_50만원이하
  10   C10013     363800    3_50만원이하
# ... with 8,703 more rows
```

먼저 group_by()와 summarise() 함수로 고객별 결제 금액 합계를 계산한 다음, mutate() 함수로 결제 금액을 구간화한 실적 구간 변수를 만들었습니다. cut() 함수의 labels 옵션을 보면 1_, 2_처럼 값 앞에 일련번호를 붙였는데요. 만약 일련번호가 없으면 금액순으로 정렬하고 싶은데 10만 원 다음이 50만 원이 아니라 100만 원이 나올 수 있습니다. 그래서 값을 원하는 대로 편하게 정렬하고 싶으면 일련번호를 붙이는 습관을 들이는 게 좋습니다.

결과가 만족스럽나요? 그럼 이 데이터로 실적 구간별 고객 수를 계산하고 막대그래프를 그려보겠습니다.

```
# [코드 5-19]
고객실적구간 %>%
  group_by(실적구간) %>%
  summarise(n = n()) %>%
  ggplot(aes(실적구간, n)) + geom_col()
```

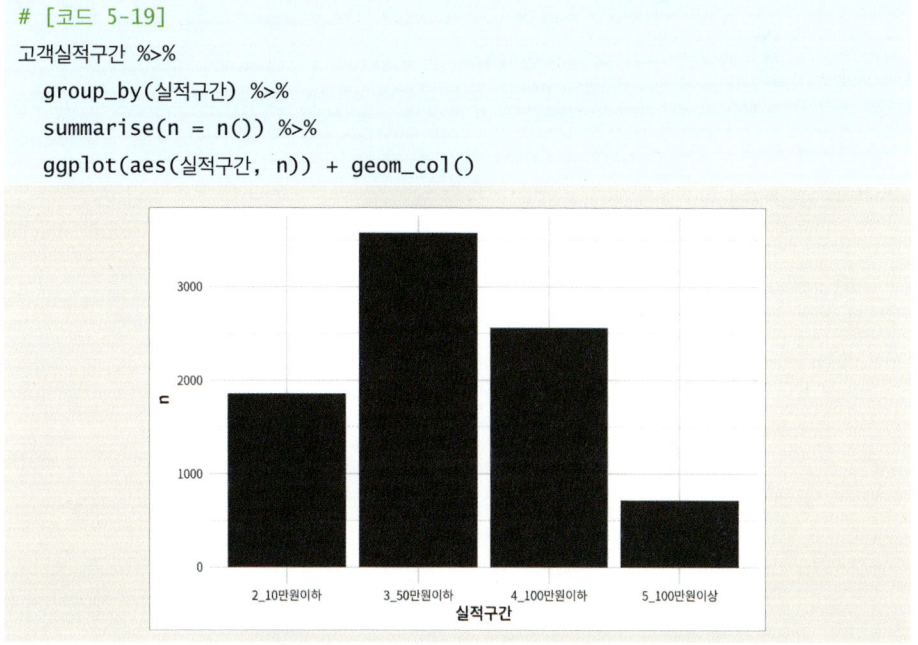

분명 **무실적** 구간을 만들었는데 실제 데이터에는 무실적 고객이 보이지 않습니다. 무실적은 이름 그대로 한 번도 결제하지 않은 고객을 의미하는데, 결제 데이터에는 무실적 고객이 없으니까 무실적 고객 수가 나오지 않은 것이죠. 결제 이력이 없는 고객을 포함해 분석하려면 결제 데이터만으로는 분석할 수 없고, 고객 데이터와 결합해야 합니다. 그런데 이 과정에서 또 문제가 발생합니다. 이어지는 절에서 살펴봅시다.

5.3 비어 있는 결측치를 채우고 싶어요

실무 데이터는 실습 데이터와 달리 값들이 체계적으로 저장되어 있지 않기도 하고 필요 없는 부분이 섞여 있기도 합니다. 또 변수에 있어서는 안 될 값이 들어가 있기도 하며 변수나 관측치가 아무런 값 없이 비어 있을 때도 있습니다. 값이 비어 있는 경우를 결측치(missing value)라고 합니다. 관측치에 대한 변숫값이 온전히 데이터에 쌓이지 못하고 누락되면 결측치가 생기는데, 이 결측치 때문에 분석 과정에서 생각지 못한 문제가 일어날 수 있습니다.

조금 전 살펴본 것처럼 한 번도 결제하지 않은 고객은 결제 데이터에 저장돼있지 않아서 고객별 실적 데이터에 빈자리가 생깁니다. 우리가 결제 데이터에서 계산한 평균 결제 금액은 전체 고객이 아니라 결제 이력이 있는 고객의 평균 결제 금액이죠. 따라서 전체 고객을 대상으로 평균을 계산하려면 추가 작업이 필요합니다. 이때 값의 빈자리, 즉 결측치를 채우는 과정을 결측치 대체라고 합니다. 일반적으로 금액이나 건수 같은 수치형 변수는 0으로 채우고, 그룹 역할을 하는 범주형 변수는 그대로 두거나 '기타'같이 무난한 값으로 바꿉니다. 간단한 실습으로 살펴보겠습니다.

```
# [코드 5-20]
na_data = read.csv("data/data_na.csv")
na_data
    var1 var2
1   A    10
2   B    20
3   A    15
4        40
5   C    NA
6   C    35
7        15
```

data_na.csv 실습 데이터에는 변수 2개와 관측치 7개가 있습니다. 첫 번째 변수 **var1**은 A, B, C 중 하나의 값을 가지는 범주형 변수고, 두 번째 변수 **var2**는 정수의 값을 가지는 수치형 변수입니다. 두 변수에는 모두 결측치가 있습니다. 엑셀로 이 데이터를 열었을 때 빈칸이 결측치입니다.

var1에는 4번째와 7번째 관측치가 비어 있는데, `read.csv()` 함수가 숫자가 아닌 범주형 변수의 결측치를 자동으로 ""로 바꿔 저장합니다. 따옴표를 열자마자 닫아서 문자형이나 범주형 변수에 값이 없다는 것을 나타냅니다. $로 이 변수만 선택해서 보면 ""를 확인할 수 있습니다.

```
# [코드 5-21]
na_data$var1
"A" "B" "A" ""  "C" "C" ""
```

수치형 변수는 어떨까요? **var2**의 5번째 값을 보면 숫자가 아니라 NA가 있네요. NA는 Not Available의 약자로 빈칸을 의미합니다. 정리하면 `read.csv()` 함수로 데이터를 불러올 때 결측치가 있으면 수치형 변수는 NA로, 나머지 변수는 ""로 채웁니다. 이런 결측치가 있으면 분석할 때 다음과 같은 제약이 생깁니다.

```
# [코드 5-22]
na_data %>%
  summarise(n       = n(),
            total   = sum(var2),
            average = mean(var2))
n   total   average
7    NA      NA
```

`sum()`과 `mean()`은 값을 더하는 함수인데 결과가 모두 NA로 나왔습니다. NA는 연산에 쓰일 수 없는 값이라 다음 코드에서도 확인할 수 있듯이 어떤 숫자와 연산해도 결과가 NA로 나옵니다.

```
# [코드 5-23]
1+NA
NA
```

이처럼 결측치가 있는 변수는 합이나 평균을 계산할 수 없습니다. 그런데 결측치가 있더라도 sum()과 mean()의 na.rm이라는 옵션을 사용하면 계산을 할 수 있게 됩니다. na에 remove를 의미하는 rm이 붙어서 '결측치는 제거하고 계산한다'는 뜻입니다. na.rm의 기본값은 FALSE이므로 '결측치를 제거하지 않는' 것이 기본입니다. 따라서 na.rm=TRUE 혹은 TRUE를 T로 줄인 na.rm=T를 sum()과 mean() 함수 안에 추가하면 결측치를 제외한 관측치의 합과 평균을 계산할 수 있습니다.

```
# [코드 5-24]
na_data %>%
  summarise(n       = n(),
            total   = sum(var2, na.rm = T),
            average = mean(var2, na.rm = T))
  n  total  average
  7   135    22.5
```

결과를 보면 결측치 한 개를 제외한 합계는 135입니다. 그리고 135를 전체 관측치 개수인 7에서 결측치를 제외한 6으로 나누면 22.5입니다.

```
# [코드 5-25]
na_data %>%
  group_by(var1) %>%
  summarise(total = sum(var2, na.rm = T))
# A tibble: 4 x 2
    var1   total
    <chr>  <int>
  1  ""      55
  2  "A"     25
  3  "B"     20
  4  "C"     35
```

var1을 group_by()에 넣고 요약값을 계산했습니다. A, B, C와 함께 ""도 하나의 수준, 그룹으로 취급하는 것을 알 수 있습니다. 결측치는 이렇게 그대로 두거나 함수의 옵션을 사용해서 요약해도 되지만 ETC같이 결측임을 확인할 수 있는 적당한 값으로 대체하는 것이 낫습니다.

이번에는 요약 데이터와 결합 데이터에서 발생하는 결측치 문제를 살펴보겠습니다.

```
# [코드 5-26]
고객실적요약 = checkout %>%
  group_by(cust_id) %>%
  summarise(total = sum(amount))

고객실적요약
# A tibble: 8,713 x 2
   cust_id   total
   <chr>     <dbl>
 1 C10001   810400
 2 C10002   404800
 3 C10003   631700
 4 C10005   544650
 5 C10006   179900
 6 C10007   181300
 7 C10009     8400
 8 C10010   593660
 9 C10012   448380
10 C10013   363800
# ... with 8,703 more rows
```

결제 데이터에서 고객별로 결제 금액의 합계를 계산했습니다. 앞에서 살펴본 것처럼 이 요약 데이터에는 결제를 한 번도 하지 않은 고객은 아예 등장하지 않기 때문에 결측치가 없습니다. 모든 고객을 대상으로 하는 데이터를 만들기 위해서는 고객 데이터와 결합해야 합니다.

```
# [코드 5-27]
고객정보 = customer %>%
  select(cust_id, gender, age, 연령대)

고객실적요약전체 = merge(고객정보, 고객실적요약, by = "cust_id", all.x = T)
고객실적요약전체 %>%
  tibble()
```

```
# A tibble: 10,000 x 5
   cust_id gender   age 연령대  total
   <chr>    <int> <int> <fct>  <dbl>
 1 C10001       2    44 40_   810400
 2 C10002       1    44 40_   404800
 3 C10003       2    67 65_   631700
 4 C10004       1    64 60_       NA
 5 C10005       2    47 45_   544650
 6 C10006       1    29 25_   179900
 7 C10007       1    53 50_   181300
 8 C10008       1    28 25_       NA
 9 C10009       1    48 45_     8400
10 C10010       1    41 40_   593660
# ... with 9,990 more rows
```

먼저 customer 데이터에서 일부 변수만 선택해 고객정보로 저장했습니다. 그리고 고객정보 데이터를 앞의 실습에서 만들었던 고객실적요약 데이터와 merge()로 결합했습니다. 결합할 때 기준이 될 변수는 cust_id이고, 먼저 입력한 고객정보 데이터에는 모든 고객의 정보가 있으므로 3장에서 학습했던 all.x=T 옵션을 사용해 모든 관측치가 포함된 데이터를 만들었습니다.

출력된 관측치를 몇 개 살펴보니 변수 total에 값이 비어 있는 관측치를 확인할 수 있습니다. NA가 있는 total을 다시 한번 요약해서 평균을 구해볼까요?

```
# [코드 5-28]
고객실적요약전체 %>%
  summarise(average = mean(total, na.rm = T))
  average
456850.7
```

이 평균값의 의미는 '한 번이라도 결제를 한 적이 있는 고객은 평균적으로 이만큼 결제한다'는 것입니다. 절대 전체 고객의 평균 결제 금액과 헷갈리면 안 됩니다. 만약 전체 고객을 기준으로 평균 결제 금액을 계산하고 싶다면 모든 NA의 값을 0으로 바꾼 다음 계산해야 합니다.

결측치를 대체하기 위해 또다시 `mutate()`를 활용합니다. 대체라고 표현하지만 결측치를 적당한 값으로 바꾼 새로운 변수를 만들어 활용한다고 이해하면 됩니다. `mutate()` 안에서는 `if_else()` 함수와 `is.na()` 함수를 사용합니다. 먼저 `is.na()` 함수는 각각의 값이 결측치인지를 판단합니다.

```
# [코드 5-29]
is.na(na_data$var2)
FALSE FALSE FALSE FALSE  TRUE FALSE FALSE
```

`is.na()` 함수 안에 앞에서 나온 var2 변수를 넣고 실행하면 NA가 있던 5번째 관측치의 결과만 TRUE임을 확인할 수 있습니다. 다음과 같이 `is.na()`를 `filter()` 안에 넣으면 특정 변수가 결측치인 관측치만 추려내거나, TRUE와 FALSE를 뒤집는 !를 앞에 붙여서 결측치가 아닌 정상적으로 값을 가지고 있는 관측치만 선택할 수 있습니다.

```
# [코드 5-30]
subdata_na = 고객실적요약전체 %>%
  filter(is.na(total))

subdata_notna = 고객실적요약전체 %>%
  filter(!is.na(total))
```

다시 결측치 대체 문제로 돌아가봅시다. 우리가 해야 할 결측치 대체 과정은 다음 두 가지입니다.

- total 변수의 NA(결측치)를 0으로 변환
- total 변수의 NA가 아닌 값은 그대로 유지

이 작업은 `if_else()` 함수로 해결할 수 있습니다. `if_else()`의 첫 번째 입력값에 조건문을 넣고, 두 번째 입력값에는 조건과 일치하는 관측치일 때 갖는 값을, 세 번째 입력값에는 조건과 일치하지 않을 때 갖는 값을 입력합니다.

```
# [코드 5-31]
if_else(3 > 2, "참입니다", "거짓입니다")
"참입니다"
if_else(3 < 2, "참입니다", "거짓입니다")
"거짓입니다"
```

즉, if_else() 함수에서 가장 먼저 등장하는 조건문의 결과가 TRUE인지 FALSE인지에 따라 두 가지 중 하나의 값을 가집니다. 그럼 if_else()에 is.na()를 조건문으로 넣어 결측치를 채우겠습니다.

```
# [코드 5-32]
고객실적요약전체 %>%
  mutate(total2 = if_else(is.na(total), 0, total)) %>%
  tibble()
```

```
# A tibble: 10,000 x 6
   cust_id gender   age  연령대   total  total2
   <chr>    <int> <int>   <fct>   <dbl>   <dbl>
 1 C10001       2    44     40_   810400  810400
 2 C10002       1    44     40_   404800  404800
 3 C10003       2    67     65_   631700  631700
 4 C10004       1    64     60_       NA       0
 5 C10005       2    47     45_   544650  544650
 6 C10006       1    29     25_   179900  179900
 7 C10007       1    53     50_   181300  181300
 8 C10008       1    28     25_       NA       0
 9 C10009       1    48     45_     8400    8400
10 C10010       1    41     40_   593660  593660
# ... with 9,990 more rows
```

is.na(total)은 결제 금액의 값이 NA인지 아닌지 확인한 뒤 if_else()로 어떤 관측치의 total값이 NA면 0을, NA가 아니면 total값을 그대로 가지는 변수를 만듭니다. 그리고 mutate()로 이 새로운 변수를 total2로 저장합니다. 출력된 결과를 보면 total이 NA인 관측치만 0으로 바뀐 것을 확인할 수 있습니다. 이제 total2에는 결측치가 없으니 마음껏 요약에 활용할 수 있습니다.

```
# [코드 5-33]
고객실적요약전체 %>%
  mutate(total2 = if_else(is.na(total), 0, total)) %>%
  summarise(average = mean(total2))
```

```
average
 398054
```

결제 금액의 합계는 동일하지만 요약 과정에서 결제 금액이 0원인 고객 수가 늘어나 평균은 낮아졌습니다.

일반적으로 비즈니스에서 말하는 '객단가'는 '돈을 쓰는 사람들이 평균적으로 얼마를 쓰는가'를 의미하므로 결측치를 대체할 필요가 없습니다. 그러나 상황에 따라서 금액이나 건수를 0으로 대체한 평균이 필요할 수 있으니 의미를 정확하게 정의해야 합니다.

그래프를 그릴 때도 마찬가지입니다. total의 히스토그램과 NA를 제외한 total2의 히스토그램을 각각 그려보겠습니다.

```
# [코드 5-34]
고객실적요약전체 %>%
  ggplot(aes(total)) +
  geom_histogram(binwidth = 50000)
```

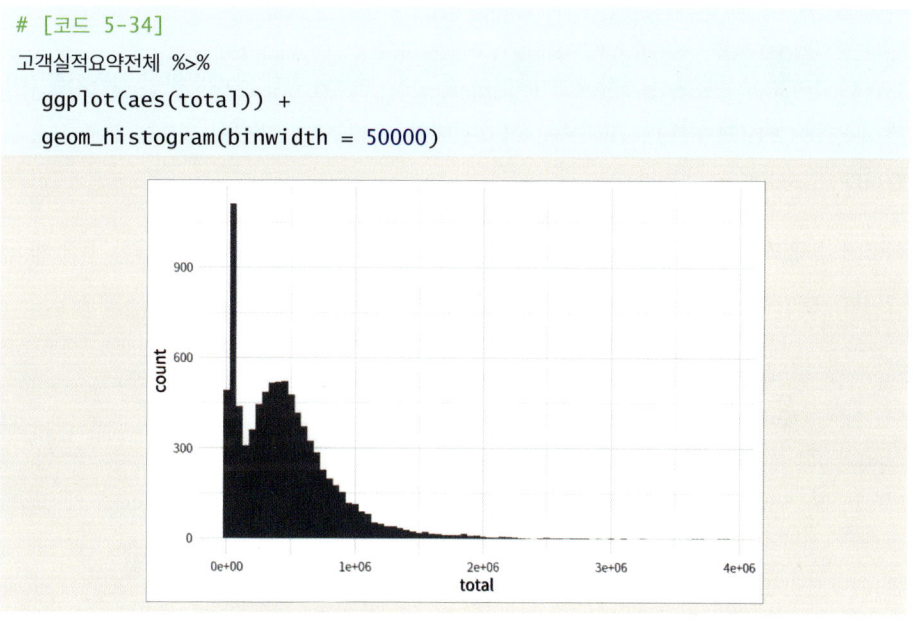

```
# [코드 5-35]
고객실적요약전체 %>%
  mutate(total2 = if_else(is.na(total), 0, total)) %>%
  ggplot(aes(total2)) +
  geom_histogram(binwidth = 50000)
```

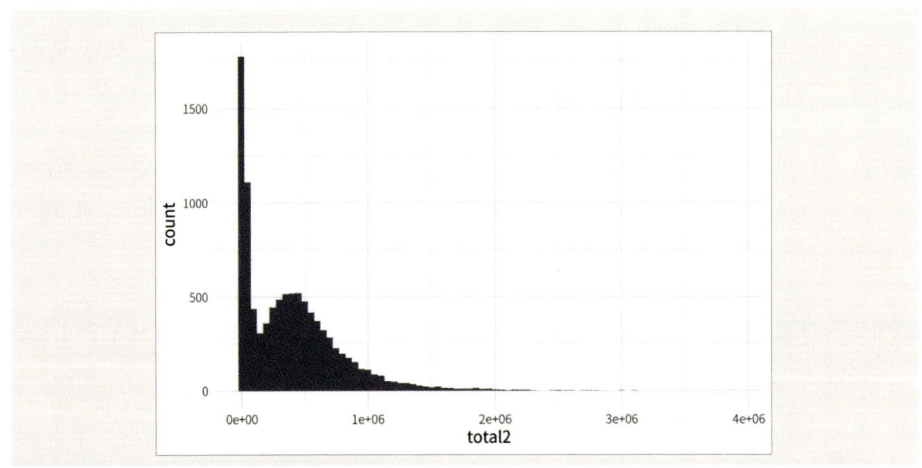

total의 히스토그램에서 가장 왼쪽에 있는 첫 번째 구간의 막대를 제외하면 결측치를 0으로 채운 total2의 히스토그램과 똑같이 생겼지만, 그래프가 나타내는 의미는 서로 같지 않습니다.

이렇게 결제 금액의 결측치를 0으로 대체함으로써 앞에서 발생한 문제를 해결할 수 있게 됐습니다. 이어서 무실적 고객을 포함한 실적 구간별 고객 수를 계산하겠습니다.

```
# [코드 5-36]
고객실적구간 = 고객실적요약전체 %>%
mutate(total2 = if_else(is.na(total), 0, total)) %>%
mutate(
  실적구간 = cut(total2,
          breaks = c(-1, 0, 100000, 500000, 1000000, 9999999),
          labels = c("1_무실적", "2_10만원이하", "3_50만원이하",
                     "4_100만원이하", "5_100만원이상"),
          right = T))
고객실적구간 %>%
  tibble()
# A tibble: 10,000 x 7
    cust_id  gender    age  연령대    total   total2   실적구간
    <chr>    <int>   <int>  <fct>    <dbl>    <dbl>    <fct>
1   C10001       2      44   40_    810400   810400   4_100만원이하
2   C10002       1      44   40_    404800   404800   3_50만원이하
3   C10003       2      67   65_    631700   631700   4_100만원이하
```

4	C10004	1	64	60_	NA	0	1_무실적
5	C10005	2	47	45_	544650	544650	4_100만원이하
6	C10006	1	29	25_	179900	179900	3_50만원이하
7	C10007	1	53	50_	181300	181300	3_50만원이하
8	C10008	1	28	25_	NA	0	1_무실적
9	C10009	1	48	45_	8400	8400	2_10만원이하
10	C10010	1	41	40_	593660	593660	4_100만원이하

```
# ... with 9,990 more rows
고객실적구간 %>%
  group_by(실적구간) %>%
  summarise(n = n()) %>%
  ggplot(aes(실적구간, n)) +
  geom_col()
```

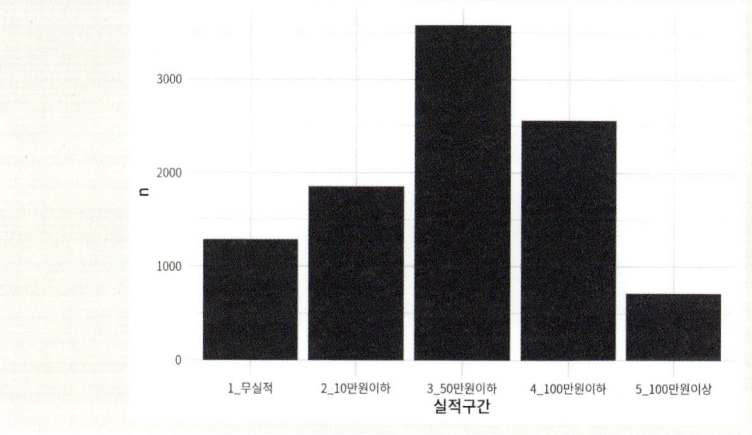

결제 이력이 없는 고객의 결제 금액을 0원으로 대체한 새로운 변수를 기준으로 구간을 나눕니다. 그리고 이에 따라 '무실적'인 고객을 포함한 실적 구간 데이터가 만들어집니다.

참고

if_else()를 활용하는 때가 또 있습니다. 가끔 오류나 알 수 없는 이유로 건수나 금액이 음수가 나오는 문제가 발생하곤 하는데요. 이렇게 생긴 음수를 모두 0으로 처리해야 하는 경우입니다. 즉, mutate(var=if_else(var<0, 0, var))와 같이 if_else()를 사용해서 음수로 나온 관측치를 모두 0으로 바꾸면 데이터를 문제없이 분석에 활용할 수 있습니다.

5.4 다양한 조건으로 그룹 변수를 만들어볼까요?

앞에서 언급했던 것처럼 회사에서는 그룹별 데이터 요약 작업을 자주 합니다. 관심 있는 숫자는 주로 금액이나 건수로 고정되어 있으므로 항상 평균 금액과 평균 건수를 계산하며, 이때 관심사나 이슈에 따라 지정하는 그룹만 달라질 뿐입니다. 우리가 배운 파이프라인을 예로 들면 `group_by()`에 어떤 변수를 넣을지가 고민인 것이죠.

`cut()` 함수를 사용하면 하나의 수치형 변수를 구간화해서 관측치들을 몇 개의 그룹으로 나눌 수 있습니다. 연령이 아니라 연령대, 금액이 아니라 금액대를 만들어서 활용할 수 있죠. 그리고 결측치 대체에서 등장했던 `if_else()`를 사용하면 특정한 조건을 만족하는지 아닌지를 나타내는 그룹 변수를 만들 수 있습니다. 예를 들어 어떤 상품의 주 사용자가 20~30대 여성이라면 `if_else()`로 다음과 같이 `target` 변수를 만들어 사용하면 됩니다.

```
# [코드 5-37]
customer %>%
  mutate(target = if_else(between(age, 20, 39.9) & gender == 2, "Y", "N")) %>%
  count(target)
# A tibble: 2 x 2
    target           n
    <chr>        <int>
1       N         8404
2       Y         1596
```

나이와 성별, 두 조건을 &로 연결하고 둘 다 TRUE이면 Y 아니면 N인 값을 갖는 `target`이라는 변수를 만들었습니다. 이렇게 그렇거나 그렇지 않음으로 결정되는 Y와 N, 0과 1, TRUE와 FALSE처럼 두 개 값을 가진 변수를 흔히 플래그(flag)라고 합니다. 실제 기업의 고객 데이터에서 **마케팅수신동의여부** 같은 변수가 그러합니다.

그런데 새로운 그룹 변수를 만들 때 `if_else()` 하나로 해결되지 않을 때도 있습니다. 주 사용자는 20~30대 여성이지만 30대 남성도 관심 있어 하는 상품이라면 고객을 Y와 N으로 나누는 `target` 변수보다는 주 사용자, 관심 사용자, 나머지라는 세 개의 값을 가지는 변수가 합리적입니다. 이를 지금까지 배운 함수로 해결하려면 `if_else()`를 두 번 중첩해서 쓰는 수밖에 없습니다.

```
# [코드 5-38]
customer %>%
  mutate(target = if_else(between(age, 20, 39.9) & gender == 2, "1_주사용자",
                     if_else(between(age, 30, 39.9) & gender == 1,
                          "2_관심사용자", "3_나머지"))) %>%
  count(target)
# A tibble: 3 x 2
      target       n
      <chr>     <int>
1    1_주사용자    1596
2    2_관심사용자   919
3    3_나머지     7485
```

복잡해 보이지만 자세히 살펴보면 첫 번째 `if_else()`의 세 번째 값으로 다시 `if_else()`가 들어간 형태입니다. 세 개 수준을 가진 그룹 변수를 만드는 과정을 정리하면 다음과 같습니다.

1. 첫 번째 `if_else()`에서 20~30대 여성은 1_주사용자, 나머지는 두 번째 `if_else()`로 이동
2. 두 번째 `if_else()`에서 30대 남성은 2_관심사용자, 나머지는 3_나머지로 분류

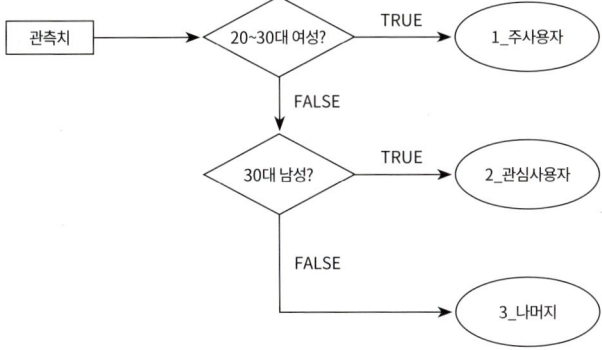

그림 5-1 `if_else()` 함수의 중첩

앞에서 한번 얘기했던 것처럼 그룹 이름에 1_, 2_, 3_과 같은 일련번호를 붙이지 않으면 가나다순인 관심사용자, 나머지, 주사용자 순으로 요약 결과가 정렬됩니다. 단지 구분을 위한 변수지만 대부분 먼저 나오는 그룹에 관심이 가장 많으므로 요약에서도 먼저 등장할 수 있도록 일련번호를 붙이는 것이 좋습니다.

그런데 만약 고객을 열 한 개 그룹으로 나누기 위해 열 개의 조건을 달아야 한다면 어떨까요? `if_else()`를 열 번이나 중첩하면 명령어가 복잡해지고 작업 내용도 단번에 이해하기 어렵습니다. 따라서 조건에 따라 관측치를 세 개 이상의 그룹으로 나눠야 할 때는 `case_when()` 함수를 활용합니다.

`case_when()`의 함수 이름은 SQL에서 지금과 같은 작업을 할 때 활용하는 CASE WHEN이라는 키워드에서 따왔습니다. `case_when()` 함수는 두 개 이상의 조건에 따라 세 개 이상의 수준을 가지는 새로운 변수를 만들 때 주로 사용하는데, 다른 함수와 사용법이 조금 달라서 유심히 봐야 합니다.

그럼 관측치를 다음과 같은 네 개의 그룹으로 나누는 새로운 변수 **고객군**을 만들어봅시다.

1. 20대와 30대 여자는 GRP1_20F30F
2. 1을 제외한 나머지에서 30대 남자는 GRP2_30M
3. 1과 2를 제외한 나머지에서 20대 남자와 40대는 GRP3_20M40
4. 위를 모두 제외한 나머지는 GRP4_ETC

명령어에 `case_when()`을 사용해서 고객군 파생 변수를 만듭니다.

```
# [코드 5-39]
customer %>%
  mutate(고객군 = case_when(
    between(age, 20, 39.9) & gender == 2 ~ "GRP1_20F30F",
    between(age, 30, 39.9) & gender == 1 ~ "GRP2_30M",
    between(age, 20, 49.9) ~ "GRP3_20M40",
    TRUE ~ "GRP4_ETC")) %>%
  count(고객군)
# A tibble: 4 x 2
       고객군           n
       <chr>        <int>
1   GRP1_20F30F     1596
2   GRP2_30M         919
3   GRP3_20M40      2864
4   GRP4_ETC        4621
```

case_when()에서는 물결표(~)가 중요한 역할을 합니다. 조건문을 적고 ~ 뒤에 조건에 해당하는 관측치가 가질 값, 즉 그룹 이름을 따옴표 안에 넣습니다. 그리고 콤마로 다음 조건문과 그룹 이름을 연결합니다. ~를 사용하는 문법이 기존 R 사용자에게도 낯설 수 있지만, if_else()를 중첩해서 만든 명령어에 비하면 상당히 깔끔하고 직관적인 편입니다.

세 번째 그룹의 조건문이 조금 어색해 보입니다. 세 번째 그룹은 20대 남자와 40대로 정의했는데, 이를 변수를 활용한 조건문으로 표현하면 다음과 같습니다.

```
(between(age, 20, 29.9) & gender == 1) | between(age, 40, 49.9)
```

그런데 [코드 5-39]의 파이프라인에는 20~40대를 의미하는 between(age, 20, 49.9)가 들어 있습니다. case_when()에서는 먼저 나오는 조건이 먼저 적용되기 때문에 첫 번째, 두 번째 조건문과 일치하는 20대 여자, 30대 여자, 30대 남자는 이미 GRP1 또는 GRP2이라는 값을 가집니다. 결국 세 번째 조건에서 20~40대를 모두 포함하도록 조건을 설정해도 남은 사람은 20대 남자, 40대 전체이므로 문제없습니다.

새로운 변수를 만들기 위해 설정한 마지막 4번의 기준은 '위를 모두 제외한 나머지는 GRP4_ETC'입니다. 이 기준을 명령어로 표현한 것이 TRUE~"GRP4_ETC"입니다. 원래 논리 연산을 통해 TRUE나 FALSE 값이 계산되지만 여기서는 논리 연산 대신 곧바로 TRUE를 넣었습니다. 조건에 상관없이 모두 TRUE이므로 '앞 조건에 해당하지 않는 나머지 모든 관측치'를 선택하겠다는 의미고, 남은 관측치는 무조건 GRP4_ETC라는 값을 가집니다.

관측치	→	조건1	→	조건2	→	조건3	→	조건4
20대 남						GRP3		GRP3
20대 여		GRP1		GRP1		GRP1		GRP1
30대 남				GRP2		GRP2		GRP2
30대 여		GRP1		GRP1		GRP1		GRP1
40대 남						GRP3		GRP3
40대 여						GRP3		GRP3
나머지								GRP4

그림 5-2 조건에 따른 관측치들의 값

데이터에는 NA 같은 결측치나 이상한 값이 있어서 조건으로 관측치를 나누다 보면 어느 조건에도 맞지 않는 관측치가 있을 수 있습니다. 그래서 항상 case_when()의 마지막 그룹에는 어떤 조건문이 아니라 TRUE를 사용해 누락되는 관측치가 없게 합니다.

보통 이렇게 고객을 조건에 따라 그룹으로 나눈 다음 매출이나 결제 데이터와 결합해서 요약합니다. 방금 만든 **고객군**별로 배달 업종을 이용하는 고객 수와 평균 결제 횟수, 1회 평균 결제 금액을 계산해봅시다.

일단 =을 사용해 `customer` 데이터에 새로운 그룹 변수 **고객군**을 추가합니다.

```
# [코드 5-40]
customer = customer %>%
  mutate(고객군 = case_when(
  between(age, 20, 39.9) & gender==2 ~ "GRP1_20F30F",
  between(age, 30, 39.9) & gender==1 ~ "GRP2_30M",
  between(age, 20, 49.9) ~ "GRP3_20M40",
  TRUE ~ "GRP4_ETC"))
```

그런 다음 결제 데이터와 고객 데이터를 `merge()` 함수로 결합하고, 결제 데이터에서 배달 업종 결제 건만 선택한 다음 고객 그룹별로 요약값을 계산하면 됩니다.

```
# [코드 5-41]
merged1 = merge(checkout, customer, by = "cust_id")
merged1 %>%
  filter(category == "배달업종") %>%
  group_by(고객군) %>%
  summarise(n_cust         = n_distinct(cust_id),
            mean_checkout = n() / n_distinct(cust_id),
            average       = mean(amount))
# A tibble: 4 x 4
      고객군   n_cust   mean_checkout   average
      <chr>    <int>           <dbl>     <dbl>
1 GRP1_20F30F    937            2.53    23117.
2    GRP2_30M    490            2.51    22896.
3  GRP3_20M40   1378            2.22    24028.
4    GRP4_ETC   2032            1.94    22706.
```

이렇게 작업하면 원하는 분석 결과를 만드는 데는 전혀 문제가 없습니다. 그러나 모든 결제 건에 대해 먼저 `merge()`로 고객 정보를 붙인 다음 배달 업종만 선택하는 것보다 배달 업종만 선택한 데이터에 고객 정보를 붙이는 게 훨씬 효율적입니다. 다음처럼 `merge()`에 들어갈 데이터를 `filter()`로 먼저 부분 선택하면 요약에 걸리는 시간이 20분의 1 정도로 줄어듭니다. 크기가 매우 큰 데이터라면 온종일 걸릴 작업이 한 시간 만에 끝나는 것이죠. 여유가 된다면 `system.time()` 함수를 사용해 시간을 직접 측정해보세요.

```
# [코드 5-42]
merged1 = merge(checkout %>% filter(category == "배달업종"), customer,
                by = "cust_id")
merged1 %>%
  filter(category == "배달업종") %>%
  group_by(고객군) %>%
  summarise(n_cust        = n_distinct(cust_id),
            mean_checkout = n() / n_distinct(cust_id),
            average       = mean(amount))
# A tibble: 4 x 4
    고객군        n_cust   mean_checkout   average
    <chr>        <int>         <dbl>        <dbl>
1   GRP1_20F30F    937          2.53        23117.
2   GRP2_30M       490          2.51        22896.
3   GRP3_20M40    1378          2.22        24028.
4   GRP4_ETC      2032          1.94        22706.
```

5.5 고객별로 결제 금액이 가장 큰 업종을 찾고 싶어요

지금까지 살펴본 내용들은 대부분 변수와 함수를 활용한 데이터 요약과 집계값 계산에 초점을 맞췄습니다. 그런데 가끔은 요약이 아니라 관측치에 관심을 두기도 합니다. "도대체 누구냐?"라는 질문에 답하는 것이죠. 예를 들어 결제 건 중 금액이 가장 큰 5건을 살펴보려면 다음처럼 `slice_max()` 함수를 사용합니다.

```
# [코드 5-43]
checkout %>%
  slice_max(amount, n = 5)
```

	datetime	cust_id	merc_id	category	amount
1	2020-06-06 19:32:57	C18195	M63214	백화점	2300000
2	2020-06-02 18:19:19	C18170	M00619	백화점	2037000
3	2020-05-27 19:15:13	C19568	M61698	백화점	1881000
4	2020-05-28 19:29:45	C14035	M34023	홈쇼핑	1880000
5	2020-06-05 17:49:42	C10778	M00619	백화점	1782000

slice_max()에는 먼저 어떤 변수를 기준으로 상위 관측치를 선택할지에 대한 기준 변수를 입력합니다. 우리는 금액순으로 상위 관측치를 선택할 것이기 때문에 amount를 넣었습니다. 다음은 몇 개의 관측치를 출력할지 n 옵션으로 지정합니다. n=5라고 입력했으므로 amount 변수를 기준으로 상위 5개의 관측치를 선택하겠다는 의미입니다. 그 결과 결제 데이터에서 금액이 가장 큰 5건의 관측치가 출력됐습니다.

slice_max() 함수에 n 말고 prop 옵션을 사용하면 개수가 아닌 비율로 상위 관측치를 선택할 수 있습니다. prop 옵션에는 비율을 소수로 입력하는데, 다음 코드에서는 0.0001로 지정했습니다. 그럼 약 20만 건의 관측치 중에서 결제 금액을 기준으로 상위 0.01% 안에 드는 19개의 관측치를 출력합니다.

```
# [코드 5-44]
checkout %>%
  slice_max(amount, prop = 0.0001)
```

	datetime	cust_id	merc_id	category	amount
1	2020-06-06 19:32:57	C18195	M63214	백화점	2300000
2	2020-06-02 18:19:19	C18170	M00619	백화점	2037000
3	2020-05-27 19:15:13	C19568	M61698	백화점	1881000
	⋮				
17	2020-06-04 19:10:26	C17661	M73846	홈쇼핑	1295000
18	2020-06-04 20:39:35	C18448	M77490	홈쇼핑	1265000
19	2020-06-07 19:24:54	C12849	M73846	홈쇼핑	1265000

원본 데이터뿐만 아니라 요약 데이터에서도 slice_max()를 사용할 수 있습니다. 고객을 기준으로 데이터를 요약한 다음 돈을 가장 많이 쓴 고객 3명을 찾아봅시다.

```
# [코드 5-45]
checkout %>%
  group_by(cust_id) %>%
  summarise(total = sum(amount)) %>%
  slice_max(total, n = 3)
# A tibble: 3 x 2
   cust_id   total
   <chr>     <dbl>
1  C10942  3900550
2  C16961  3837450
3  C12849  3713000
```

반대로 한 번이라도 결제를 한 고객 중 돈을 가장 적게 쓴 고객 3명을 찾고 싶으면 어떻게 할까요? `slice_max()` 대신 `slice_min()` 함수를 쓰면 됩니다.

```
# [코드 5-46]
checkout %>%
  group_by(cust_id) %>%
  summarise(total = sum(amount)) %>%
  slice_min(total, n = 3)
# A tibble: 3 x 2
   cust_id  total
   <chr>    <dbl>
1  C12155   1600
2  C11958   1800
3  C15105   1800
```

`dplyr` 패키지에는 `slice`라는 단어가 들어간 또 다른 함수가 있습니다. `slice()`, `slice_head()`, `slice_tail()`인데요. `slice_max()`와 `slice_min()`보다 조금 더 기초적인 함수입니다. 이 함수들은 모두 부분 관측치를 선택하는 함수입니다.

`slice()` 함수는 가장 기본 함수이며, 함수 안에 선택하고 싶은 관측치의 행 번호를 집어넣습니다. 다음 코드의 첫 번째 명령어를 보면 `slice(3:5)`로 3번째부터 5번째 관측치를 선택합니다. 두 번째, 세 번째 명령에는 `slice_head()` 함수가 등장합니다. 이 함수 역시 `n`이나 `prop` 옵션으로 데이터에서 가장 위에 있는 관측치를 일부 선택할 수 있습니다. 반대로

가장 나중 등장하는 관측치를 선택하고 싶을 때는 `slice_tail()` 함수를 사용합니다. 두 함수에서 개수를 지정하는 n 옵션을 지정하면 기본 함수인 `head()`나 `tail()`을 사용한 결과와 같습니다. `slice_sample()` 함수는 관측치 중 일부를 랜덤으로 확인할 수 있습니다.

```
checkout %>%
  slice(3:5)

checkout %>%
  slice_head(n = 3)

checkout %>%
  slice_head(prop = 0.0001)

checkout %>%
  slice_tail(n = 3)

checkout %>%
  slice_sample(n = 3)
```

`filter()` 함수는 조건을 입력해야 하는 것과 달리 `slice_max()`처럼 이름이 slice로 시작하는 함수는 관측치의 위치와 순서를 활용해서 일부 관측치를 선택합니다. n과 prop 옵션 덕분에 `head()` 같은 기본 함수를 쓰는 것보다 효율적이고요. 그리고 이 함수들은 `group_by()`와 함께 사용했을 때 진가를 발휘합니다.

5.5.1 고객별 최근 결제 건을 찾고 싶어요

고객별로 가장 최근의 결제 건을 확인하고 싶은데 쉽지 않습니다. checkout 데이터에는 고객마다 카드 결제 횟수나 결제 일시가 모두 다르게 저장돼있고, 전체 결제 건이 결제 시간에 따라 쌓여 있어서 고객별로 정렬하려면 귀찮고 시간도 오래 걸립니다. 그러나 이 작업은 파이프라인에서 `group_by()`와 `slice_max()` 두 함수를 활용하면 정렬과 연산을 한 번에 해결할 수 있습니다.

```
# [코드 5-47]
checkout %>% 
  group_by(cust_id) %>% 
  slice_max(datetime, n = 1)
# A tibble: 8,713 x 5
# Groups:   cust_id [8,713]
      datetime              cust_id   merc_id   category         amount
      <chr>                 <chr>     <chr>     <chr>            <dbl>
 1  2020-06-06 19:22:34     C10001    M83141    패스트푸드점       16000
 2  2020-06-05 19:08:40     C10002    M19469    대형마트          124400
 3  2020-06-06 11:48:28     C10003    M69553    대형마트           92300
 4  2020-06-07 22:27:37     C10005    M50270    전자상거래         36300
 5  2020-06-03 22:05:55     C10006    M43481    중식              22000
 6  2020-06-05 21:51:53     C10007    M91324    커피/음료전문점      3700
 7  2020-05-31 17:41:05     C10009    M28333    대중교통           8400
 8  2020-06-07 21:51:21     C10010    M09454    배달업종          32000
 9  2020-06-05 12:41:30     C10012    M60333    커피/음료전문점      6200
10  2020-06-06 15:26:30     C10013    M69553    대형마트           63700
# ... with 8,703 more rows
```

출력된 결과를 보면 고객별로 마지막 결제 건이 잘 정리되어 있습니다. 그런데 `slice_max()`에 입력된 `datetime` 변수는 우리 눈에 날짜, 시간 형식으로 보이지만 R은 chr, 즉 문자로 인식합니다. 곧 날짜와 시간에 관한 내용을 다루면서 알게 되겠지만 정렬에서는 날짜나 시간이 문자로 저장돼있어도 큰 문제가 없습니다. 날짜가 아닌 문자여도 05-31보다는 06-01이 나중이니까요. 그러나 날짜와 시간 형식이라면 요일을 추출하거나 시간의 차이를 계산하는 등 다양하게 활용할 수 있으니 날짜와 시간 형식에 관한 내용은 뒤에서 더 알아보기로 합시다.

5.5.2 업종별로 매출액이 가장 높은 가맹점을 찾고 싶어요

`group_by()`에 `summarise()`까지 더하면 더 복잡한 관측치 선택도 `slice_max()`로 해결할 수 있습니다. 그렇다면 업종별로 매출액이 가장 높은 가맹점을 찾아볼까요? 먼저 다음과 같이 데이터를 요약하고 agg라는 이름으로 저장하겠습니다.

```
# [코드 5-48]
agg = checkout %>%
  group_by(category, merc_id) %>%
  summarise(sales = sum(amount))
agg
# A tibble: 1,021 x 3
# Groups:   category [24]
   category   merc_id   sales
   <chr>      <chr>     <dbl>
 1 기타음식점  M00685    923900
 2 기타음식점  M02102   1524600
 3 기타음식점  M03861   1822100
 4 기타음식점  M13711   1911800
 5 기타음식점  M16478   1603800
 6 기타음식점  M16713   1947500
 7 기타음식점  M16979   1261500
 8 기타음식점  M18580   2128500
 9 기타음식점  M30996   2265200
10 기타음식점  M31496   1552500
# ... with 1,011 more rows
```

요약 데이터 `agg`에 업종과 가맹점 조합별 결제 금액의 합계를 `sales`로 저장했습니다. 출력된 결과를 보면 기타음식점이라는 업종에도 여러 가맹점이 있네요. 이 중에서 `sales`를 기준으로 상위 한 개 가맹점을 선택하면 됩니다. 이제 업종별로 매출액이 가장 높은 한 개 가맹점을 선택할 텐데, 여기서 굳이 `group_by()`를 또 사용할 필요는 없습니다.

[코드 5-48]의 출력 결과를 보면 상단에 `Groups: category [24]`라고 되어 있는데요. `checkout` 데이터를 요약할 때 `group_by()`에서 그룹 변수를 지정하지 않았는데도 `agg` 데이터에 `category` 변수가 그룹 변수로 지정됐습니다. 어떻게 된 걸까요?

`agg` 데이터를 만들 때 `group_by()` 안에 `category`와 `merc_id`를 넣고 `summarise()`로 요약했기 때문입니다. 이렇게 `group_by()`에 변수를 여러 개 입력한 뒤 요약하면, 입력한 그룹 변수 중에서 마지막 그룹 변수를 제외한 나머지 변수가 자동으로 그룹 변수로 지정됩니다. 즉, `category`와 `merc_id` 중에서 마지막에 입력한 `merc_id`를 제외하고 `category` 변수가 자동으로 그룹 변수로 지정된 것이죠. 그래서 파이프라인 뒤에 `slice_max()` 함수만 추가하면 업종별로 상위 한 개의 가맹점을 선택할 수 있습니다.

아래 코드에서는 총 24개의 업종을 생략하지 않고 모두 출력하기 위해 30개 관측치를 출력하는 print(n=30)을 파이프 연산자에 더했습니다.

```
# [코드 5-49]
agg %>%
  slice_max(sales, n = 1) %>%
  print(n = 30)
# A tibble: 24 x 3
# Groups:   category [24]
       category    merc_id      sales
        <chr>       <chr>       <dbl>
 1   기타음식점     M75511     2387600
 2   대중교통       M28333   129114200
 3   대형마트       M69553   342188000
 4   도시가스비     M85432    12659700
 5   배달업종       M09454   146551800
 6   백화점         M63214   112390700
 7   병의원         M68329     1006400
 8   슈퍼마켓       M44963    20985640
 9   아파트관리비   M65182    17448200
10   약국           M99083     1561800
11   양식           M72800     4582000
12   영화관/전시관  M24760     5989000
13   일식/생선회점  M85265     5343300
14   전자상거래     M44463   169671200
15   제과/아이스크림점 M26973   1771200
16   주유소/충전소  M91151    36177270
17   중식           M38416     3148000
18   커피/음료전문점 M72134     3679400
19   택시           M59298    16611300
20   패스트푸드점   M32136     3173800
21   편의점         M76882     2162700
22   학원업종/학습지 M68982     3500000
23   한식/일반음식점 M25326     4277700
24   홈쇼핑         M60644   103016900
```

만약 agg라는 요약 데이터를 만들 때 group_by() 안에 merc_id를 먼저 입력하면 어떻게 될까요? 아마 생각과는 다른 결과가 나올 겁니다. 가맹점별로 가장 매출이 많은 업종이 선택되는데, 가맹점마다 업종은 하나씩밖에 없으니 결국 모든 가맹점의 매출 데이터가 출력됩니다. 이처럼 그룹 변수가 불분명하거나 그룹 변수를 바꿀 때 그룹 변수 순서 지정에 자신이 없다면 다음처럼 slice_max() 앞에 group_by()를 한 번 더 사용해도 됩니다.

```r
# [코드 5-50]
checkout %>%
  group_by(merc_id, category) %>%
  summarise(sales = sum(amount)) %>%
  group_by(category) %>%
  slice_max(sales, n = 1)
```

```
# A tibble: 24 x 3
# Groups:   category [24]
   merc_id  category      sales
   <chr>    <chr>         <dbl>
 1 M75511   기타음식점     2387600
 2 M28333   대중교통     129114200
 3 M69553   대형마트     342188000
 4 M85432   도시가스비    12659700
 5 M09454   배달업종     146551800
 6 M63214   백화점       112390700
 7 M68329   병의원         1006400
 8 M44963   슈퍼마켓      20985640
 9 M65182   아파트관리비   17448200
10 M99083   약국           1561800
# ... with 14 more rows
```

조건에 맞는 관측치를 선택하는 filter() 함수와 달리 slice_max(), slice_head() 같은 함수는 저장된 순서를 기준으로 관측치를 선택한다는 점에 항상 유의해야 합니다. 따라서 데이터가 어떤 순서로 정렬되어 있는지, 기준 변수의 정렬이 오름차순인지 내림차순인지를 잘 확인해야 합니다.

5.6 업종별로 돈을 제일 많이 쓴 고객을 살펴봅시다

바로 전 실습에서는 결제 데이터에서 고객과 업종별로 결제 금액의 합계를 구하고 `slice_max()`를 사용해 고객별로 결제 금액이 가장 큰 업종을 찾았습니다. 이번에는 반대로 각 업종에서 결제 금액이 가장 큰, 즉 돈을 제일 많이 쓴 고객들을 한 명씩 찾아보겠습니다.

```
# [코드 5-51]
agg_top_cust = checkout %>%
  group_by(category, cust_id) %>%
  summarise(total = sum(amount)) %>%
  slice_max(total, n = 1)

agg_top_cust %>%
  print(n = 30)
# A tibble: 28 x 3
# Groups:   category [24]
```

	category	cust_id	total
	<chr>	<chr>	<dbl>
1	기타음식점	C10833	113200
2	대중교통	C18101	148500
3	대형마트	C13647	979800
4	도시가스비	C10332	69400
5	도시가스비	C12478	69400
6	도시가스비	C17655	69400
7	배달업종	C13372	337300
8	백화점	C18195	2300000
9	병의원	C11236	72000
10	슈퍼마켓	C13998	474300
11	아파트관리비	C19176	248800
12	약국	C10293	75700
13	양식	C18850	158600
14	영화관/전시관	C11355	100000
15	영화관/전시관	C14985	100000
16	영화관/전시관	C17138	100000
17	일식/생선회점	C14877	182000
18	전자상거래	C19366	1191800
19	제과/아이스크림점	C15480	57900

20	주유소/충전소	C11091	328930
21	중식	C11137	192500
22	커피/음료전문점	C16418	107700
23	택시	C16028	92100
24	패스트푸드점	C10936	92200
25	편의점	C19107	79300
26	학원업종/학습지	C18217	360000
27	한식/일반음식점	C19242	342300
28	홈쇼핑	C12849	3230500

slice_max()를 사용해 업종별로 가장 결제 금액이 큰 고객 ID와 결제 금액을 확인했습니다. 도시가스비나 영화관/전시관 업종을 보면 최고 결제 금액이 같은 고객이 여러 명이네요. 이처럼 slice_max()는 값이 같아서 순위가 같은 관측치를 모두 출력합니다.

그런데 이렇게 상위 관측치를 확인할 때는 단순히 목록을 만들기보다는 더 자세한 정보를 살펴보기 위해서입니다. 만약 이 고객들의 나이나 성별, 주소 같은 개인 신상 정보를 확인하고 싶으면 어떻게 해야 할까요?

5.7 결제 금액이 가장 큰 고객의 정보를 확인하고 싶어요

고객의 나이나 성별, 주소 등의 정보를 확인하려면 첫 번째로 merge()를 사용하는 방법이 있습니다. 요약된 데이터와 customer 데이터 모두 cust_id 변수를 가지고 있으니 두 데이터를 결합하면 요약 데이터 옆에 고객 정보가 자동으로 붙습니다.

```
# [코드 5-52]
merge(agg_top_cust, customer, by = "cust_id")
```

	cust_id	category	total	gender	age	...	연령대	고객군
1	C10293	약국	75700	2	30	...	30_	GRP1_20F30F
2	C10332	도시가스비	69400	2	44	...	40_	GRP3_20M40
3	C10833	기타음식점	113200	1	33	...	30_	GRP2_30M
4	C10936	패스트푸드점	92200	1	29	...	25_	GRP3_20M40
5	C11091	주유소/충전소	328930	2	48	...	45_	GRP3_20M40

(생략)

예상대로 요약 데이터 옆에 고객 정보가 붙었습니다. 이 방법도 나쁘지는 않지만 약간은 비효율적입니다. `merge()`로 데이터를 결합하려면 양쪽 데이터를 정렬하고 하나씩 짝을 맞춰야 하기 때문에 작업 과정에서 리소스와 시간이 많이 소요됩니다. 실습에서는 두 데이터 모두 크기가 크지 않아 작업이 금세 끝났지만, 데이터 크기가 크면 시간이 훨씬 오래 걸립니다. 관측치 수가 두 배면 데이터 결합에 걸리는 시간은 두 배 이상 걸리죠.

고객 정보를 확인하는 두 번째 방법으로 `filter()`를 사용하는 방법을 살펴보겠습니다. 요약 결과에는 고객의 `cust_id`가 있습니다. 이 중 우리가 관심 있는 `cust_id`를 `c()`로 묶어 목록을 만들고, `customer` 데이터의 관측치 일부를 선택하는 `filter()` 함수에 이 `cust_id` 목록을 입력합니다. 그럼 전체 고객 중에서 우리가 관심 있는 고객의 상세 정보를 확인할 수 있습니다.

```
# [코드 5-53]
customer %>%
    filter(cust_id %in% c("C18681", "C17645", "C13664"))
# A tibble: 3 x 6
    cust_id  gender   age     address           연령대   고객군
    <chr>    <int>   <int>    <chr>             <fct>    <chr>
1   C13664   2       33       데이터구 전처리로5길 58    30_      GRP1_20F30F
2   C17645   2       61       데이터구 알고리즘로1길 25   60_      GRP4_ETC
3   C18681   2       35       데이터구 설계로2길 51       35_      GRP1_20F30F
```

위 코드에서는 `cust_id`를 편의상 세 개만 묶었지만, 앞 실습에서 확인했던 `cust_id`를 모두 입력하면 고객 정보 역시 모두 출력할 수 있습니다. 그런데 이렇게 직접 값을 확인한 뒤 입력하는 일은 번거로울뿐더러 `c()`로 목록을 만들 때 오타나 착각으로 실수할 가능성이 큽니다. 우리가 만든 요약 데이터에는 관심 있는 고객 목록이 이미 `cust_id` 변수로 저장되어 있으므로 직접 키보드로 입력할 필요 없이 요약 데이터에서 `cust_id` 변수를 가져오겠습니다.

데이터에서 변수를 선택할 때는 `select()`를 사용합니다. 그런데 `select()`를 사용하면 선택한 변수로 구성된 또 다른 데이터가 결과로 출력됩니다. 우리는 데이터 형태의 고객 목록이 필요한 것이 아니라 `c()`로 묶어서 만든 문자열 형태의 목록이 필요합니다. 이럴 때는 R에서 변수를 선택하는 기본 방법인 `$`를 활용합니다. 3장에서 살펴본 것처럼 데이터 이름

`agg_top_cust`를 입력하고 `$`를 입력하면 변수 목록이 나옵니다. 그럼 방향키를 이용해 `cust_id`로 이동한 다음 [Tab] 키를 눌러서 선택합니다.

```
# [코드 5-54]
agg_top_cust$cust_id
"C10833" "C18101" "C13647" "C10332" "C12478" "C17655" "C13372"
"C18195" "C11236" "C13998" "C19176" "C10293" "C18850" "C11355"
"C14985" "C17138" "C14877" "C19366" "C15480" "C11091" "C11137"
"C16418" "C16028" "C10936" "C19107" "C18217" "C19242" "C12849"
```

직접 `cust_id` 목록을 확인하고 손으로 입력하지 않아도 변수를 선택해 목록을 만들어 활용하는 것입니다. 그럼 `filter()` 함수에서 `%in%` 뒤에 위 코드를 붙여넣고 실행하겠습니다.

```
# [코드 5-55]
customer %>%
    filter(cust_id %in% agg_top_cust$cust_id)
# A tibble: 28 x 6
   cust_id gender   age     address         연령대   고객군
   <chr>   <int>  <int>      <chr>           <fct>   <chr>
 1 C10293    2      30  데이터구 전처리로8길 41   30_    GRP1_20F30F
 2 C10332    2      44  데이터구 알고리즘로1길 68  40_    GRP3_20M40
 3 C10833    1      33  데이터구 전처리로4길 26   30_    GRP2_30M
 4 C10936    1      29  데이터구 알고리즘로1길 40  25_    GRP3_20M40
 5 C11091    2      48  데이터구 설계로6길 42     45_    GRP3_20M40
 6 C11137    2      78  데이터구 설계로7길 20     75_    GRP4_ETC
 7 C11236    1      48  데이터구 전처리로 26      45_    GRP3_20M40
 8 C11355    2      45  데이터구 알고리즘로1길 20  45_    GRP3_20M40
 9 C12478    1      46  데이터구 설계로 30        45_    GRP3_20M40
10 C12849    2      56  데이터구 분석로3길 29     55_    GRP4_ETC
# ... with 18 more rows
```

이런 식으로 부분 고객 데이터를 원하는 이름으로 저장한 뒤 앞서 만든 요약 데이터와 결합해서 활용할 수 있습니다. 데이터 분석에서는 이처럼 특정 데이터에서 관심 목록을 만들고, 다른 파이프라인에서 이 목록을 활용하는 방법이 자주 쓰입니다.

> **더 많은 분석을 위한 TIP**
>
> **R에서 변수의 활용은 SQL의 서브쿼리와 같다**
>
> SQL을 사용해봤다면 서브쿼리(subquery)라는 단어가 익숙할 겁니다. 데이터를 추출할 때 SQL 구문 안에 또 다른 SQL 구문을 넣는 경우가 있는데, 특히 WHERE절에서 조건을 설정해 부분 관측치를 선택할 때 많이 사용합니다. 이처럼 보통 SQL에서는 하나의 쿼리문으로 데이터를 조회해야 하기 때문에 서브쿼리를 활용합니다.

[코드 5-55]는 이와 같은 과정이지만, R은 SQL과 달리 중간 과정을 자유롭게 저장해서 활용할 수 있으므로 명령어를 한 번에 작성하지 않아도 된다는 것을 보여줍니다.

이러한 방법을 이용하면 데이터를 더욱 다양하게 활용할 수 있습니다. 예를 들어 주소를 기준으로 가맹점 ID 목록을 만들면 해당 지역에 있는 가맹점들의 결제 데이터만 따로 선택할 수 있습니다. 가맹점 정보를 저장하고 있는 `merchant` 데이터를 활용해봅시다.

```
# [코드 5-56]
merc_region = merchant %>%
  filter(grepl("분석로1길", address))

merc_region %>%
  slice_sample(n = 5)
  merc_id    name    category    address            latitude  longitude
1 M46897             배달업종    데이터구 분석로1길 14    37.55305  127.1352
2 M87255             병의원      데이터구 분석로1길 14    37.55333  127.1346
3 M34023   NN홈쇼핑  홈쇼핑      데이터구 분석로1길 14    37.55402  127.1338
4 M02679             병의원      데이터구 분석로1길 14    37.55420  127.1337
5 M80138             중식        데이터구 분석로1길 14    37.55315  127.1346
```

`filter()` 함수 안에 `grepl()` 함수를 넣어서 변수 `address`를 기준으로 분석로1길이 포함된 가맹점 정보만 선택해 `merc_region`으로 저장했습니다. `slice_sample()` 함수로 관측치 5개를 출력해보면 모두 분석로1길에 위치한 가맹점인 것을 확인할 수 있습니다. `slice_sample()` 함수는 관측치가 랜덤으로 선택되므로 목록은 코드를 실행할 때마다 다르게 출력됩니다.

그리고 앞에서 만든 분석로1길에 있는 가맹점 데이터가 저장된 `merc_region`에 `$`로 `merc_id` 변수를 선택한 뒤 `%in%`을 사용해서 `checkout` 데이터 중 해당 지역 가맹점의 결제 내역만 선택하겠습니다.

```
# [코드 5-57]
checkout_region = checkout %>%
  filter(merc_id %in% merc_region$merc_id)

checkout_region %>%
  slice_sample(n = 5)
```

	datetime	cust_id	merc_id	category	amount
1	2020-06-03 19:41:42	C16026	M17489	중식	11000
2	2020-05-29 21:01:23	C19612	M52850	한식/일반음식점	17000
3	2020-05-29 19:58:05	C14070	M66036	슈퍼마켓	12000
4	2020-05-25 17:41:06	C18825	M34023	홈쇼핑	27500
5	2020-06-01 13:15:20	C19484	M15988	커피/음료전문점	3300

같은 방법을 한 번 더 사용해 그 지역에서 결제한 고객들의 실제 거주 지역을 확인해볼까요? 서울에서 결제를 했어도 서울에 사는 사람은 아닐 수 있듯이, 어떤 고객이 결제한 가맹점의 위치와 고객의 거주지는 다를 수 있습니다. 그런데 여기서 작은 문제가 발생합니다.

```
# [코드 5-58]
checkout_region %>%
  summarise(n      = n(),
            n_cust = n_distinct(cust_id))
```

	n	n_cust
1	7546	2640

summarise() 함수에서 n(), n_distinct()로 결제 건수와 결제 고객 수를 확인해보면 결제 건수가 훨씬 더 많습니다. 한 고객이 결제를 한 번만 하는 게 아니라 여러 번 하기도 하니까 결제 데이터에 한 고객의 cust_id가 여러 번 등장하기 때문입니다. 지금 실습에서는 고객의 목록만 만들 것이므로 무시해도 상관없습니다. 그러나 중복값이 문제가 될 때는 unique() 함수를 사용해 중복값을 제거해야 합니다.

```
# [코드 5-59]
cust_region1 = checkout_region$cust_id
length(cust_region1)
7546
cust_region2 = unique(checkout_region$cust_id)
length(cust_region2)
```

```
  2640
customer_region = customer %>%
  filter(cust_id %in% cust_region2)

customer_region %>%
  slice_sample(n = 5)
# A tibble: 5 x 6
```

	cust_id	gender	age	address	연령대	고객군
	\<chr\>	\<int\>	\<int\>	\<chr\>	\<fct\>	\<chr\>
1	C14792	1	38	데이터구 설계로6길 42	35_	GRP2_30M
2	C13816	2	29	데이터구 통계로3길 19	25_	GRP1_20F30F
3	C19932	1	55	데이터구 알고리즘로7길 23	55_	GRP4_ETC
4	C13129	1	82	데이터구 설계로2길 16	80_	GRP4_ETC
5	C19137	1	38	데이터구 전처리로9길 37	35_	GRP2_30M

우선 $를 활용해 해당 지역에서 결제한 고객의 `cust_id` 목록을 만들었습니다. `cust_region1`에는 당연히 부분 결제 데이터의 행 개수인 7,546개만큼의 `cust_id`가 있는데요. 7,546은 앞에서 설명한 것처럼 중복된 `cust_id`가 모두 포함된 개수이므로 `unique()` 함수로 중복값을 제거한 뒤 `cust_region2`에 저장했습니다. `unique()` 함수가 중복된 값들을 제거해서 `cust_id`가 유일무이한 목록을 만든 것이죠. 이렇게 만들어진 목록으로 **분석로1길**에 있는 가맹점에서 결제한 고객들의 실제 거주 지역을 알 수 있습니다.

5.8 주소를 쪼개서 지역별로 분석해봅시다

많은 시장이 온라인으로 넘어가고 있지만 그래도 아직은 거래의 시작이나 끝이 오프라인인 비즈니스가 많습니다. 우리는 집에서 나와 지하철역이나 버스 정류장, 주차장을 거쳐 회사로 이동하고 또 어딘가에서 밥을 먹고 커피를 마십니다. 온라인에서 주문한 물건이나 음식도 결국 집으로 배달되죠. 그래서 회사들이 관리하는 데이터에는 대부분 주소가 포함되어 있습니다.

과거에는 온라인에서 회원 가입할 때 주소를 검색하는 것이 아니라 직접 쓰는 곳이 많아서 지명이나 띄어쓰기가 제각각이었습니다. 누구는 '서울', 누구는 '서울시', 또 다른 누구는 '서울특별시'로 입력하다 보니 회원 데이터를 요약하면 서울이 세 그룹으로 쪼개져 나오곤 했었죠. 그뿐만 아니라 오탈자나 띄어쓰기 문제도 있어서 읍/면/동을 정확히 확인하는 게 쉽지 않았습니다.

그런데 요즘은 주소를 입력할 때 무조건 [주소 찾기]를 눌러서 이미 입력된 주소를 선택하죠. 그럼 주소가 정해진 틀에 맞게 입력되므로 회사에서는 따로 정제할 필요 없이 주소 데이터를 쌓을 수 있습니다. 그리고 통신사나 카드사처럼 주소 데이터를 많이 활용하는 곳은 행정부가 관리하는 10자리 법정동 코드, 행정동 코드도 함께 저장하고 있어서 외부 데이터와 결합할 때 편리합니다.

이렇게 주소 데이터가 잘 정비돼있더라도 분석에서는 주소 일부를 직접 추출해야 할 때가 많습니다. 고객마다 주소는 모두 달라서 주소 전부를 그대로 분석에 사용하면 결국 고객별 요약이나 마찬가지기 때문에 전체가 아니라 시/군/구나 읍/면/동을 추출해서 그룹별 요약을 합니다. 이번에는 그 방법을 알아봅시다.

5.8.1 n번째 글자를 추출하고 싶어요

문자의 위치를 기준으로 일부분을 추출하는 `substr()` 함수를 살펴봅시다. 주소 변수를 가지고 있는 merchant 데이터로 실습해보겠습니다.

```
# [코드 5-60]
merchant %>%
  tibble()
# A tibble: 1,023 x 6
   merc_id  name  category   address          latitude longitude
   <chr>    <chr> <chr>      <chr>               <dbl>     <dbl>
 1 M64967   ""    기타음식점  데이터구 전처리로1길 7       37.5      127.
 2 M16979   ""    기타음식점  데이터구 분석로 59          37.5      127.
 3 M89897   ""    기타음식점  데이터구 통계로2길 77       37.5      127.
 4 M13711   ""    기타음식점  데이터구 분석로7길 14       37.5      127.
 5 M30996   ""    기타음식점  데이터구 알고리즘로3길 38    37.5      127.
 6 M33399   ""    기타음식점  데이터구 통계로2길 9        37.5      127.
 7 M72716   ""    기타음식점  데이터구 전처리로 24        37.5      127.
 8 M89510   ""    기타음식점  데이터구 전처리로3길 66     37.5      127.
 9 M99108   ""    기타음식점  데이터구 알고리즘로6길 58    37.5      127.
10 M70567   ""    기타음식점  데이터구 분석로5길 67       37.5      127.
# ... with 1,013 more rowsmerchant
```

데이터의 **address** 변수에 주소가 저장되어 있습니다. 그런데 실제 주소 체계와는 달리 서울시 같은 시/도 이름이 없네요. 대신 **강동구**처럼 시/군/구에 해당하는 이름이 가장 먼저 나옵니다. 일단 **address**에서 1~4번째 문자인 데이터구를 추출해봅시다.

```
# [코드 5-61]
merchant %>%
  mutate(시군구 = substr(address, 1, 4)) %>%
  select(1:4, 7) %>%
  tibble()
# A tibble: 1,023 x 5
   merc_id name  category       address              시군구
   <chr>   <chr> <chr>          <chr>                <chr>
 1 M64967  ""    기타음식점     데이터구 전처리로1길 7   데이터구
 2 M16979  ""    기타음식점     데이터구 분석로 59       데이터구
 3 M89897  ""    기타음식점     데이터구 통계로2길 77    데이터구
 4 M13711  ""    기타음식점     데이터구 분석로7길 14    데이터구
 5 M30996  ""    기타음식점     데이터구 알고리즘로3길 38 데이터구
 6 M33399  ""    기타음식점     데이터구 통계로2길 9     데이터구
 7 M72716  ""    기타음식점     데이터구 전처리로 24     데이터구
 8 M89510  ""    기타음식점     데이터구 전처리로3길 66  데이터구
 9 M99108  ""    기타음식점     데이터구 알고리즘로6길 58 데이터구
10 M70567  ""    기타음식점     데이터구 분석로5길 67    데이터구
# ... with 1,013 more rows
```

`substr()`은 문자열에서 특정 부분을 선택합니다. `substr()` 함수 안에 **address**라는 변수 이름 다음 1, 4가 보이는데요. 여기에 해당하는 옵션의 이름은 **start**와 **stop**입니다. 즉, 몇 번째부터 몇 번째까지의 문자를 추출할지 지정합니다. 이렇게 추출한 4개의 문자는 시군구라는 이름으로 저장했습니다. 그리고 출력 결과가 단순하도록 `select()` 함수로 변수를 선택하고 `tibble()` 함수에 붙였습니다.

출력된 관측치의 **address** 변숫값은 모두 다르지만 새로 만든 시군구 변수는 모두 값이 같습니다. 생략된 나머지 관측치도 값이 같을지 확인해봅시다. `select()`로 시군구 변수를 선택한 다음 앞 실습에서 배운 `unique()` 함수에 넣겠습니다.

```
# [코드 5-62]
merchant %>%
  mutate(시군구 = substr(address, 1, 4)) %>%
  select(시군구) %>%
  unique()
      시군구
1    데이터구
```

결과는 데이터구 하나밖에 안 나오네요. 제가 처음 데이터를 만들 때 시군구는 이렇게 하나만 두고 뒤에 나오는 도로명만 다양하게 구성했으니 맞게 나온 결과입니다. 이렇게 분석에서 select()로 변수를 선택하고 unique()로 중복값을 제거해서 목록으로 만드는 작업은 흔합니다. 그래서 R에는 이 두 함수를 모두 써야 하는 번거로움이 없도록 distinct()라는 함수가 만들어져 있습니다. distinct() 안에 중복값을 제거할 변수 이름을 넣으면 위 코드와 같은 결과가 나옵니다.

```
# [코드 5-63]
merchant %>%
  mutate(시군구 = substr(address, 1, 4)) %>%
  distinct(시군구)
      시군구
1    데이터구
```

이번에는 같은 방법으로 도로명을 추출하겠습니다. 도로명은 공백을 포함해서 6번째 문자부터 시작하고, 끝나는 문자는 적당히 10번째 문자까지 지정해봅니다.

```
# [코드 5-64]
merchant %>%
  mutate(도로명 = substr(address, 6, 10)) %>%
  distinct(도로명)
       도로명
1    전처리로1
2    분석로 5
3    통계로2길
4    분석로7길
5    알고리즘로
(생략)
```

모든 도로명은 로나 길로 끝나는데, 결과를 보면 그렇지 않은 관측치도 있습니다. 즉, 도로명은 글자 수가 정해져 있지 않아서 글자 수를 기준으로 정확히 추출하기 어렵습니다. substr()이 아닌 다른 함수를 생각해봐야겠네요.

5.8.2 공백을 기준으로 주소를 나누고 싶어요

일반적으로 주소는 공백을 기준으로 나눕니다. 예를 들어 다음처럼 기본 함수 strsplit()에 주소를 넣고, 어떤 값을 기준으로 문자를 나눌지 지정하는 split 옵션에 [Space bar]로 공백을 하나 입력하면 하나의 주소가 공백을 기준으로 깔끔하게 나눠집니다.

```
# [코드 5-65]
strsplit("서울시 강동구 우리집로 1234", split = " ")
[[1]]
[1] "서울시"    "강동구"    "우리집로" "1234"
```

그러나 이 방법으로 주소를 완벽히 나누려면 함수에 대해 더 많이 알아야 합니다. 나눠진 주소의 각 부분을 어떻게 떼서 어떤 이름으로 지정할지 직접 함수로 작성해야 하기 때문이죠. 우리는 dplyr 패키지의 사촌 격인 tidyr 패키지의 도움을 받겠습니다. dplyr 패키지의 함수를 데이터 요약에서 많이 활용한다면, tidyr 패키지의 함수는 결측치 대체 같은 다양한 데이터 처리 과정에서 주로 활용합니다.

install.packages()로 tidyr을 설치하고, library()로 설치한 패키지를 불러옵시다. 이 패키지에 있는 separate() 함수는 문자열을 공백이나 특수문자 혹은 특정한 패턴을 기준으로 나눠줍니다. 주소는 공백을 기준으로 나눈다고 했으므로 이 함수를 사용하여 손쉽게 나눌 수 있습니다.

```
# [코드 5-66]
install.packages("tidyr")
library(tidyr)

merchant %>%
  separate(address, into = c("시군구","도로명","건물번호"), sep = " ") %>%
  tibble()
```

```
# A tibble: 1,023 x 8
   merc_id name  category  시군구  도로명    건물번호 latitude longitude
   <chr>   <chr> <chr>     <chr>   <chr>     <chr>    <dbl>    <dbl>
 1 M64967  ""    기타음식점 데이터구 전처리로1길    7      37.5     127.
 2 M16979  ""    기타음식점 데이터구 분석로         59     37.5     127.
 3 M89897  ""    기타음식점 데이터구 통계로2길      77     37.5     127.
 4 M13711  ""    기타음식점 데이터구 분석로7길      14     37.5     127.
 5 M30996  ""    기타음식점 데이터구 알고리즘3길    38     37.5     127.
 6 M33399  ""    기타음식점 데이터구 통계로2길      9      37.5     127.
 7 M72716  ""    기타음식점 데이터구 전처리로       24     37.5     127.
 8 M89510  ""    기타음식점 데이터구 전처리로3길    66     37.5     127.
 9 M99108  ""    기타음식점 데이터구 알고리즘6길    58     37.5     127.
10 M70567  ""    기타음식점 데이터구 분석로5길      67     37.5     127.
# ... with 1,013 more rows
```

실행 결과를 보면 원래 있던 **address** 변수는 사라지고 주소가 **시군구**, **도로명**, **건물번호** 세 변수로 잘 나뉘었습니다. 코드를 살펴보면 **separate()** 함수에 먼저 쪼갤 변수 **address** 를 입력했는데요. **sep**라는 옵션은 어떤 값을 기준으로 문자열을 나눌지에 대한 옵션으로, 숫자나 문자가 아닌 나머지 모든 것이 기본값으로 지정되어 있습니다. 즉, 문자열에서 문자나 숫자가 아닌 무언가가 나올 때마다 문자열을 쪼갭니다. 주소에서는 공백을 기준으로 성분을 구분하기 위해 **sep=" "**를 입력했습니다.

into라는 옵션 뒤에는 낯익은 변수 이름들이 보입니다. **address**를 공백 기준으로 나눴을 때 순서대로 어떤 이름을 붙일지 새로운 변수 이름을 지정한 것입니다. 이렇게 **separate()**를 사용하면 글자 수에 상관없이 주소를 나눌 수 있습니다. 그런데 우리는 특정 지역을 그룹으로 분류하고 싶어서 주소를 나눴으니 건물 번호는 필요하지 않습니다. 물론 **select()**로 분석에 활용할 변수만 선택해도 되지만, **separate()**에서 **into** 옵션에 변수 이름을 두 개만 넣으면 나눠진 덩어리를 두 개만 활용하고 나머지는 자동으로 버립니다.

```
# [코드 5-67]
merchant %>%
  separate(address, into = c("시군구", "도로명"), sep = " ") %>%
  tibble()
# A tibble: 1,023 x 7
```

```
   merc_id  name  category    시군구    도로명      latitude  longitude
   <chr>    <chr> <chr>       <chr>    <chr>      <dbl>     <dbl>
 1 M64967   ""    기타음식점   데이터구  전처리로1길  37.5      127.
 2 M16979   ""    기타음식점   데이터구  분석로      37.5      127.
 3 M89897   ""    기타음식점   데이터구  통계로2길   37.5      127.
 4 M13711   ""    기타음식점   데이터구  분석로7길   37.5      127.
 5 M30996   ""    기타음식점   데이터구  알고리즘로3길 37.5     127.
 6 M33399   ""    기타음식점   데이터구  통계로2길   37.5      127.
 7 M72716   ""    기타음식점   데이터구  전처리로    37.5      127.
 8 M89510   ""    기타음식점   데이터구  전처리로3길  37.5      127.
 9 M99108   ""    기타음식점   데이터구  알고리즘로6길 37.5     127.
10 M70567   ""    기타음식점   데이터구  분석로5길   37.5      127.
# ... with 1,013 more rows
Warning message:
Expected 2 pieces. Additional pieces discarded in 1023 rows [1, 2, 3, 4, 5, 6, 7,
8, 9, 10, 11, 12, 13, 14, 15, 16, 17, 18, 19, 20, ...].
```

코드를 실행하면 결과 아래에 경고 메시지가 뜹니다. 주소를 나누는 덩어리가 두 개만 있는 줄 알았는데 뒤에 남는 부분이 있었다는 의미입니다. 우리가 의도한 것이니 무시하고 **시군구**와 **도로명** 두 변수만 확인하면 됩니다.

주소는 고객 데이터에도 있습니다. 역시 도로명을 추출하고 연령대를 만들면 도로명과 연령대 조합별 고객 수를 계산할 수 있습니다.

5.8.3 일부 문자만 추출하고 싶어요

`separate()`를 사용하면 주소뿐만 아니라 상품명 같은 이름도 나눌 수 있습니다. `merchant` 데이터의 `name`에는 가맹점의 이름인 상호가 저장되어 있는데요. 제가 데이터를 만들 때 상호를 일부 가맹점만 입력했기 때문에 상호가 비어있는 가맹점도 있습니다. 상호가 없어서 ""로 저장된 관측치를 제외한 `merchant` 데이터를 출력해보겠습니다.

```
# [코드 5-68]
merchant %>%
  filter(name != "")   %>%
  tibble()
```

```
# A tibble: 125 x 6
   merc_id  name     category  address              latitude  longitude
   <chr>    <chr>    <chr>     <chr>                <dbl>     <dbl>
 1 M59805   EM마트    대형마트   데이터구 알고리즘로 32    37.6      127.
 2 M69553   LL마트    대형마트   데이터구 알고리즘로6길 52  37.5      127.
 3 M19469   HP마트    대형마트   데이터구 설계로4길 6     37.6      127.
 4 M00619   LL백화점   백화점    데이터구 통계로2길 24    37.5      127.
 5 M63214   SG백화점   백화점    데이터구 설계로2길 3     37.5      127.
 6 M61698   HH백화점   백화점    데이터구 설계로9길 16    37.6      127.
 7 M44463   KK전자결제 전자상거래 데이터구 설계로2길 23    37.5      127.
 8 M50270   한국결제  전자상거래 데이터구 분석로2길 19    37.6      127.
 9 M02556   나나정보통신 전자상거래 데이터구 전처리로8길 73  37.5      127.
10 M71750   LL플러스  전자상거래 데이터구 설계로9길 24    37.6      127.
# ... with 115 more rows
```

보통 상품명이나 상호에는 제조사나 프랜차이즈 이름 같은 브랜드가 가장 먼저 나옵니다. 업종이 편의점으로 같더라도 브랜드에 따라 소비자 선호도에 차이가 있을 수 있죠. 그런데 이 카드사는 가맹점의 브랜드 정보를 따로 저장하지 않아서 분석이 쉽지 않아 보이네요. 일단 separate()로 name 변수의 가장 앞부분을 brand로 추출하겠습니다.

```
# [코드 5-69]
merchant %>%
  filter(name != "")  %>%
  separate(name, into = c("brand")) %>%
  tibble()
# A tibble: 125 x 6
   merc_id  brand category  address              latitude  longitude
   <chr>    <chr> <chr>     <chr>                <dbl>     <dbl>
 1 M59805   "EM"  대형마트   데이터구 알고리즘로 32    37.6      127.
 2 M69553   "LL"  대형마트   데이터구 알고리즘로6길 52  37.5      127.
 3 M19469   "HP"  대형마트   데이터구 설계로4길 6     37.6      127.
 4 M00619   "LL"  백화점    데이터구 통계로2길 24    37.5      127.
 5 M63214   "SG"  백화점    데이터구 설계로2길 3     37.5      127.
 6 M61698   "HH"  백화점    데이터구 설계로9길 16    37.6      127.
 7 M44463   "KK"  전자상거래 데이터구 설계로2길 23    37.5      127.
 8 M50270   ""    전자상거래 데이터구 분석로2길 19    37.6      127.
 9 M02556   ""    전자상거래 데이터구 전처리로8길 73  37.5      127.
```

```
10 M71750      "LL"   전자상거래    데이터구 설계로9길 24        37.6        127.
# ... with 115 more rows
```

추출된 brand 변수를 활용해서 고객별로 선호하는 편의점 브랜드를 확인해봅시다. 효율적인 분석을 위해 먼저 분석 주제에 맞는 부분 데이터를 선택하겠습니다. 아래 코드를 보면 checkout 데이터에서 filter()를 사용해 편의점 결제 건만 선택해서 checkout_cvs 으로 저장한 뒤, merchant 데이터에서 category 변수를 사용해 편의점 업종 가맹점만 선택한 다음 brand 변수를 만들어 checkout_cvs로 저장합니다. 그리고 우리가 필요한 가맹점의 브랜드 정보가 담긴 변수를 select()로 선택합니다.

```
# [코드 5-70]
checkout_cvs = checkout %>%
  filter(category == "편의점")

merchant_cvs = merchant %>%
  filter(category == "편의점") %>%
  separate(name, into = c("brand")) %>%
  select(merc_id, brand)
```

그런 다음 merge()를 활용해서 두 부분 데이터를 merc_id 변수를 기준으로 결합해 data_cvs로 저장합니다. data_cvs 데이터를 tibble()로 살펴보면 편의점 업종에 대한 결제에 관련된 변수들이 함께 저장된 것을 확인할 수 있습니다.

```
# [코드 5-71]
data_cvs = merge(checkout_cvs, merchant_cvs, by = "merc_id")
data_cvs %>%
  tibble()
# A tibble: 15,528 x 6
  merc_id   datetime            cust_id  category  amount  brand
  <chr>     <chr>               <chr>    <chr>     <dbl>   <chr>
1 M02421    2020-06-05 13:26:47 C14872   편의점    1200    SE
2 M02421    2020-06-05 19:50:59 C11866   편의점    6800    SE
3 M02421    2020-05-25 13:28:09 C12141   편의점    4000    SE
4 M02421    2020-05-26 07:26:12 C15162   편의점    2000    SE
5 M02421    2020-05-25 18:41:24 C16870   편의점    3800    SE
```

```
 6   M02421   2020-05-25 14:40:16   C10746   편의점   4700   SE
 7   M02421   2020-05-31 10:15:33   C16602   편의점   3800   SE
 8   M02421   2020-06-03 07:24:31   C15162   편의점   2200   SE
 9   M02421   2020-05-29 07:36:02   C15162   편의점   4500   SE
10   M02421   2020-05-27 13:53:42   C15156   편의점   5100   SE
# ... with 15,518 more rows
```

이제 각 고객이 편의점 브랜드마다 구매를 몇 번이나 했는지 횟수를 계산하겠습니다. 편의점 선호도를 판별하기 위해 얼마나 많은 금액을 썼는지보다 얼마나 자주 가는지를 척도로 삼았습니다.

```
# [코드 5-72]
data_cvs %>%
  group_by(cust_id, brand) %>%
  summarise(n = n())
# A tibble: 8,655 x 3
# Groups:   cust_id [5,233]
   cust_id   brand     n
   <chr>     <chr>   <int>
 1 C10003    EM        2
 2 C10006    GG        5
 3 C10007    CC        1
 4 C10010    CC        1
 5 C10010    EM        1
 6 C10012    GG        1
 7 C10012    SE        1
 8 C10013    EM        1
 9 C10014    EM        2
10 C10014    GG        1
# ... with 8,645 more rows
```

출력된 일부 관측치를 보니 패턴이 천차만별입니다. 데이터 수집 기간이 2주밖에 되지 않아서 한 곳에서 한 번만 결제한 사람, 한 곳에서 여러 번 결제한 사람, 여러 곳에서 여러 번 결제한 사람 등 유형이 다양해 선호도를 파악하기 어렵네요. 여기서는 slice_max()를 사용해 고객별로 결제를 가장 많이 한 브랜드만 확인하고, 나중에 나올 실습에서 고객별로 자주 이용하는 각 브랜드의 비중 등을 계산하는 방법을 살펴보도록 합시다.

```
# [코드 5-73]
data_cvs %>%
  group_by(cust_id, brand) %>%
  summarise(n_checkout = n()) %>%
  slice_max(n_checkout, n = 1)
# A tibble: 6,336 x 3
# Groups:   cust_id [5,233]
   cust_id  brand  n_checkout
   <chr>    <chr>       <int>
 1 C10003   EM              2
 2 C10006   GG              5
 3 C10007   CC              1
 4 C10010   CC              1
 5 C10010   EM              1
 6 C10012   GG              1
 7 C10012   SE              1
 8 C10013   EM              1
 9 C10014   EM              2
10 C10015   GG              1
# ... with 6,326 more rows
```

5.9 1, 2 대신 남, 여로 바꿔야 이해하기 편합니다

얼마나 많은 변수와 관측치를 어떻게 저장했는가에 따라 데이터를 담고 있는 CSV 파일의 용량이 달라지는데요. 똑같은 의미의 데이터를 더 작은 용량으로 저장하면 데이터 저장 비용이 낮아지므로 이득이죠.

예를 들어 고객의 성별은 남자, 여자 혹은 줄여서 남, 여지만 실제 데이터에는 1, 2로 표현합니다. `customer` 데이터에 있는 `gender` 변수도 그렇습니다. 한글은 2byte고 숫자는 1byte여서 남, 여 대신 1, 2로 저장하면 같은 정보라도 용량이 절반입니다. 그러나 데이터를 요약하거나 그래프를 그리면 남, 여가 아닌 1, 2로 나오기 때문에 의미를 바로 파악할 수 없어서 불편합니다.

그래도 성별은 어차피 값이 두 개밖에 없고 직관적이니 숫자로 대체해도 복잡하지 않아서 괜찮아 보이지만, 주소처럼 값이 다양한 변수도 실제 값이 아닌 수치화된 코드를 활용하는 경우가 많습니다. 시/도라는 변수에 실제 값인 서울 대신 11 같은 지역 코드를 사용하는 것이죠. 이렇게 코드화된 변수는 데이터를 이해하기 쉽도록 분석 시작 전에 실제 값으로 바꿔서 사용하는 게 좋습니다.

그럼 고객 데이터에서 성별별로 고객 수를 계산한 뒤 막대그래프를 그려보겠습니다.

```
# [코드 5-74]
customer %>%
  group_by(gender) %>%
  summarise(n = n())
# A tibble: 2 x 2
    gender       n
    <int>    <int>
1       1     4922
2       2     5078
```

요약 결과를 보면 gender 변수에서 1, 2라는 값을 두 개 확인할 수 있는데 우리는 경험적으로 1은 남자, 2는 여자라고 이해할 수 있습니다. 그런데 누군가는 1, 2의 의미를 모를 수도 있고, 숫자로 대체된 값이 아닌 실제 의미를 나타내는 값을 보고 싶을 수도 있습니다.

게다가 출력된 결과에서 변수 이름 아래에 있는 형식을 보면 `<int>`로 표시된 `integer`, 즉 정수입니다. 우리가 아직 변수의 형식에 대해 깊이 다루지는 않았지만, 변수가 적절한 형식으로 저장돼있어야 분석을 매끄럽게 진행할 수 있습니다. 앞 실습의 결과를 막대그래프로 그려봅시다.

```
# [코드 5-75]
customer %>%
  group_by(gender) %>%
  summarise(n = n()) %>%
  ggplot(aes(gender, n)) + geom_col()
```

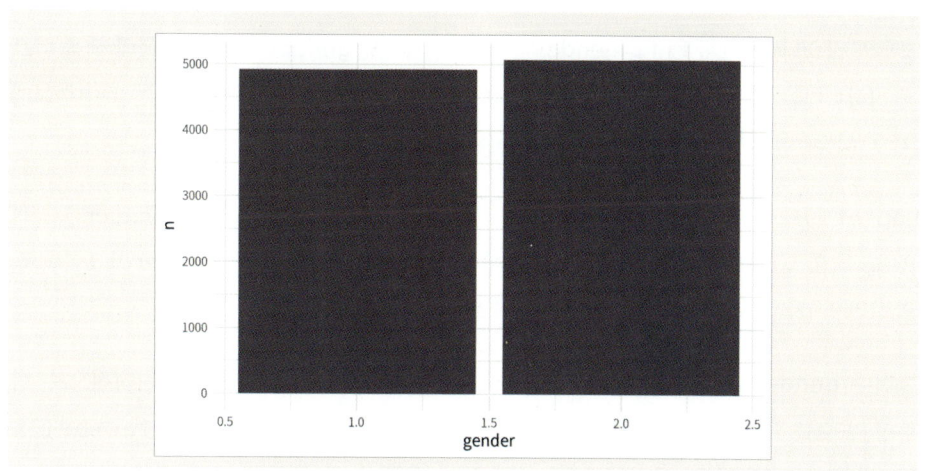

gender가 숫자라서 1과 2의 중간 수치를 나타내기 위해 0.5, 1.5, 2.5가 x축에 자동으로 구간값으로 표시됐습니다. 따라서 남자와 여자를 나타내는 x축의 의미가 불분명해집니다. 이번에는 gender를 기준으로 막대 색을 다르게 그려볼까요?

```
# [코드 5-76]
customer %>%
  group_by(gender) %>%
  summarise(n = n()) %>%
  ggplot(aes(gender, n, fill = gender)) + geom_col()
```

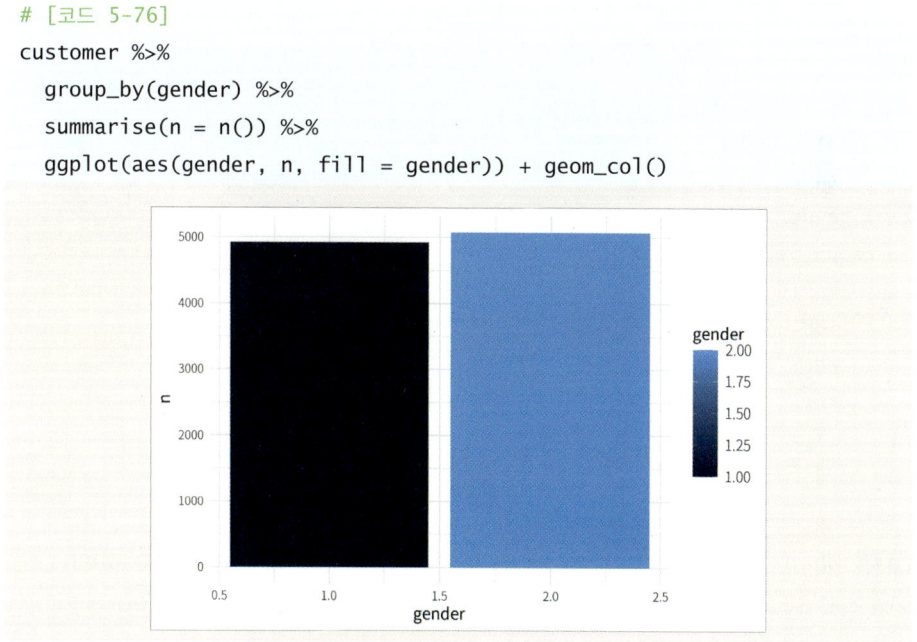

ggplot() 함수의 aes() 함수에 도형의 색을 채우는 fill 옵션을 추가했습니다. 막대 그래프의 막대가 직사각형인 것처럼 그래프에는 사각형이나 원 같은 2차원 도형이 포함되는

경우가 많습니다. 이때 `fill=gender` 옵션을 추가하면 `gender`에 따라 도형의 색을 다르게 칠하겠다는 의미입니다. 그려진 막대그래프를 보면 1과 2의 색이 다릅니다. 그런데 그래프 오른쪽에 있는 범례(legend)가 조금 이상합니다.

`ggplot()`에서 수치형 변수를 기준으로 색을 칠하면 색상 그레이디언트(gradient)가 적용되는데요. 흔히 그러데이션(gradation)이라고 하는 이 기법 때문에 `gender`가 1이면 짙은 파란색, 2는 하늘색, 1.5는 그 중간쯤의 색으로 표현됩니다.

그러나 `gender`는 수치형 변수가 아니라 범주형 변수입니다. R에서는 원칙적으로 범주형 변수를 `factor`라는 형식으로 처리해서 범주형 변수를 다룰 때는 `factor()`, `as.factor()`, `levels()` 같은 함수를 사용해야 합니다. 그런데 우리는 `dplyr`, `ggplot2` 패키지와 파이프라인을 활용해서 데이터를 요약하고 시각화하고 있습니다. 이 패키지들을 활용할 때는 그룹 변수를 `factor` 형식이 아닌 문자 형식으로 처리해도 전혀 문제없습니다. 따라서 복잡한 `factor` 형식 대신에 앞에서 그룹 변수를 만들 때 살펴봤던 `case_when()` 함수를 이용해 문자 형식으로 바꿔서 사용하는 게 낫습니다.

```
# [코드 5-77]
customer %>%
  mutate(gender = case_when(
    gender == 1 ~ "1_M",
    gender == 2 ~ "2_F")) %>%
  group_by(gender) %>%
  summarise(n = n())
# A tibble: 2 x 2
  gender     n
  <chr>  <int>
1 1_M     4922
2 2_F     5078
```

`case_when()`을 입력한 `mutate()`를 파이프라인에 추가했습니다. `case_when()`은 조건에 따라 다른 값을 지정하는데요. 여기서는 `gender`가 1이면 1_M, `gender`가 2면 2_F로 일대일 대응하도록 값을 지정했습니다. 변수 이름은 새 이름을 사용하지 않고 기존 이름인 `gender`를 그대로 지정했습니다. 그런 다음 [코드 5-74]와 동일하게 요약하면, 결과는 같지만 `gender`의 형식이 문자형인 `<chr>`로 바뀐 것을 확인할 수 있습니다.

```
# [코드 5-78]
customer %>%
  mutate(gender = case_when(
    gender == 1 ~ "1_M",
    gender == 2 ~ "2_F")) %>%
  group_by(gender) %>%
  summarise(n = n()) %>%
  ggplot(aes(gender, n, fill = gender)) + geom_col()
```

똑같은 명령어로 막대그래프를 그렸는데 x축에 수준값이 있어서 그룹이라는 의미가 분명해지고, 막대가 칠해진 색도 명확하게 구분됩니다. 이렇게 정수로 표현된 그룹 변수는 파이프라인의 시작에서 미리 문자형으로 바꾼 다음 분석하면 의미가 명확해지므로 활용도가 높아집니다.

분석 주제와는 별개로 드디어 색깔이 칠해진 그래프가 등장했으니 잠깐 짚고 넘어가겠습니다. 이 장에서는 데이터 요약과 관련된 다양한 주제를 다루고 있는데요. 사실 그룹 변수를 만들고 활용하는 내용이 대부분입니다. 그룹 변수는 한 개보다 두세 개를 사용해야 요약할 때 더 많은 정보를 담을 수 있지만, 요약 결과에는 그룹이나 숫자가 많을수록 그래프가 복잡해져서 의미를 파악하기가 어려워집니다. 이때 그래프에서 색깔이나 크기를 잘 활용하면 많은 정보를 효과적으로 전달할 수 있습니다.

그럼 다음 절에서 **ggplot2** 패키지로 색깔과 크기를 활용한 다양한 그래프를 그려보겠습니다.

5.10 그룹에 따라 결제 금액 분포가 어떻게 다를까요?

방금 살펴본 것처럼 그래프를 그릴 때 그룹별로 색을 다르게 표현하면 정보가 더 효과적으로 전달됩니다. 어떤 그래프든지 간에 그룹 변수마다 색깔을 다르게 표현하여 정보를 나타낼 수 있죠.

하나의 수치형 변수의 분포를 확인할 때 사용했던 히스토그램과 상자그림을 여기서 또 그려 보겠습니다. 아래 코드를 보면, 먼저 결제 데이터에서 고객별로 결제 금액의 총합을 계산합니다. 그리고 `select()`로 고객 데이터에서 변수를 세 개 선택하고, `cust_id` 변수를 기준으로 계산해놓은 고객별 결제 금액의 합과 결합합니다.

```
# [코드 5-79]
checkout_cust = checkout %>%
  group_by(cust_id) %>%
  summarise(total = sum(amount))

cust_checkout = merge(checkout_cust, customer %>% select(1:3), by = "cust_id")
cust_checkout %>%
  tibble()
# A tibble: 8,713 x 4
   cust_id  total gender   age
   <chr>    <dbl>  <int> <int>
 1 C10001  810400      2    44
 2 C10002  404800      1    44
 3 C10003  631700      2    67
 4 C10005  544650      2    47
 5 C10006  179900      1    29
 6 C10007  181300      1    53
 7 C10009    8400      1    48
 8 C10010  593660      1    41
 9 C10012  448380      1    76
10 C10013  363800      2    70
# ... with 8,703 more rows
```

그런 다음 cut() 함수로 10살 단위의 연령대 변수 연령대_10을 만들고, gender 변수의 수준 이름을 바꿉니다.

```
# [코드 5-80]
cust_checkout = cust_checkout %>%
  mutate(연령대_10 = cut(age,
                     breaks = seq(20, 90, 10),
                     labels = paste0(seq(20, 80, 10), "대"),
                     right  = F, include.lowest = T),
         gender = case_when(
           gender == 1 ~ "1_남",
           gender == 2 ~ "2_여"))

cust_checkout %>%
  tibble()
# A tibble: 8,713 x 5
   cust_id   total gender   age 연령대_10
   <chr>     <dbl> <chr>  <int> <fct>
 1 C10001   810400 2_여      44 40대
 2 C10002   404800 1_남      44 40대
 3 C10003   631700 2_여      67 60대
 4 C10005   544650 2_여      47 40대
 5 C10006   179900 1_남      29 20대
 6 C10007   181300 1_남      53 50대
 7 C10009     8400 1_남      48 40대
 8 C10010   593660 1_남      41 40대
 9 C10012   448380 1_남      76 70대
10 C10013   363800 2_여      70 70대
# ... with 8,703 more rows
```

전체 고객의 결제 금액 히스토그램이나 상자그림은 geom_histogram()과 geom_boxplot()으로 간단히 그릴 수 있습니다. 관심 있는 변수 total이 히스토그램에서는 x축에, 상자그림에서는 y축에 들어간다는 차이를 잘 알아둡시다.

```
# [코드 5-81]
cust_checkout %>%
  ggplot(aes(x = total)) + geom_histogram()
```

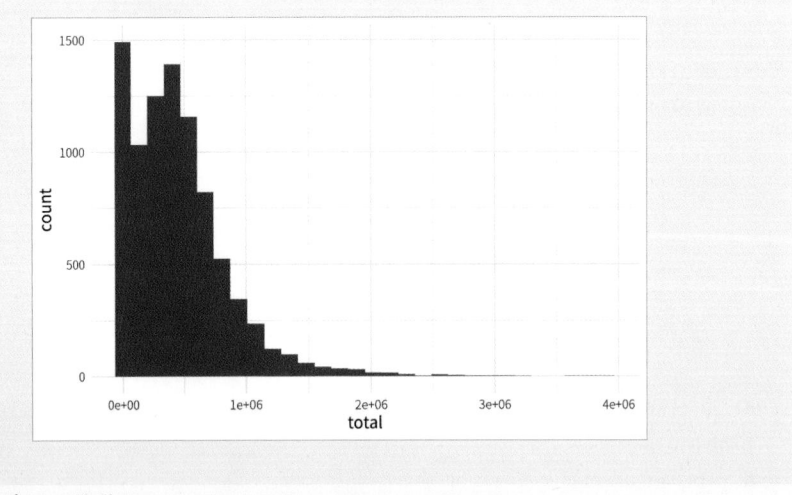

```
cust_checkout %>%
  ggplot(aes(y = total)) + geom_boxplot()
```

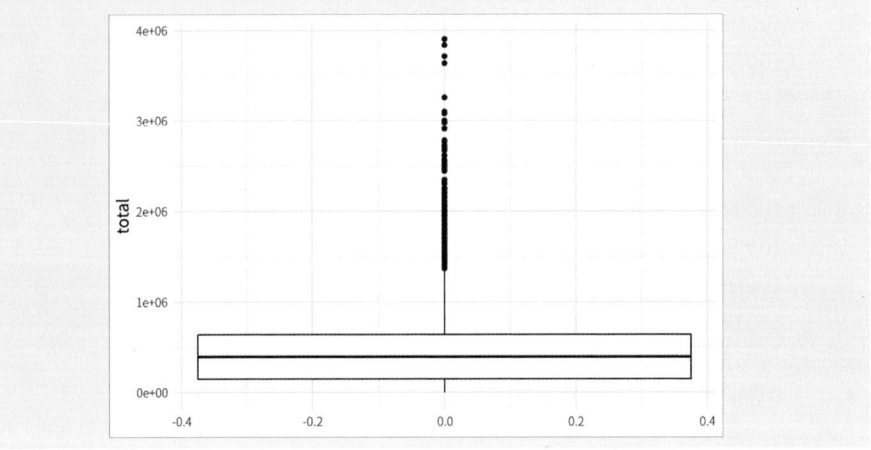

만약 성별에 따라 결제 금액의 분포가 다른지 확인하고 싶으면 남녀의 히스토그램을 겹쳐 그리거나 상자그림을 나란히 그리면 됩니다. 먼저 히스토그램을 겹쳐서 그리는 방법을 살펴보겠습니다. 히스토그램은 막대그래프처럼 구간마다 막대로 표현되므로 막대그래프와 마찬가지로 도형에 색을 칠하는 `fill` 옵션을 사용합니다.

```
# [코드 5-82]
cust_checkout %>%
ggplot(aes(x = total, fill = gender)) + geom_histogram()
```

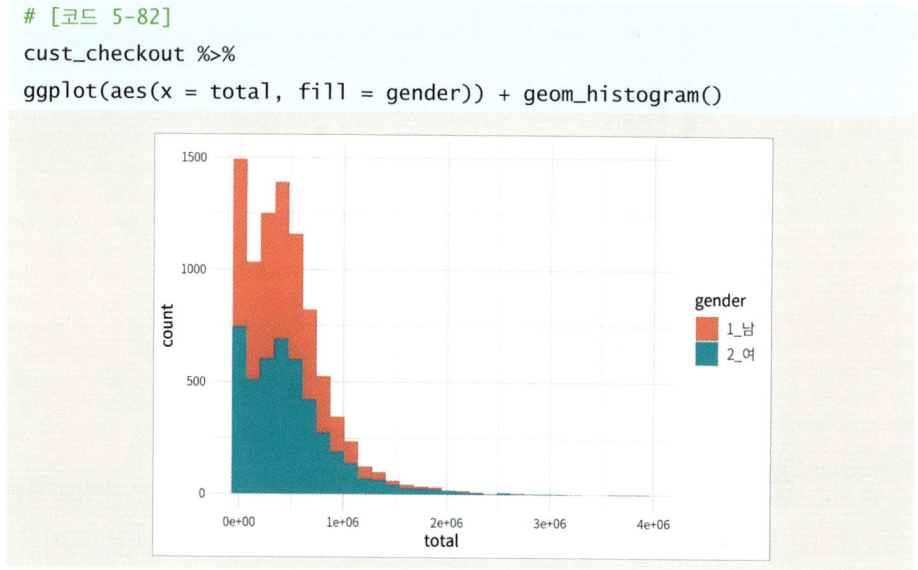

성별에 따라 색을 다르게 칠한 것은 좋은데 우리가 원하는 그래프는 아닙니다. 왜냐면 바로 전에 그린 히스토그램과 같은 막대를 성별에 따라 색깔만 다르게 구분해서 각 성별의 수치를 비교하기 어렵기 때문입니다.

성별에 따른 분포를 보기 쉽게 비교하려면 히스토그램을 '겹쳐' 그려야 합니다. 그래프를 겹쳐 그리려면 geom_histogram() 함수의 position 옵션에 "identity"라는 값을 넣어주면 되는데, 이렇게 색을 겹치면 나중에 칠해지는 색만 보입니다. 그래서 alpha 옵션에 0.5를 입력해 투명도를 50%로 지정합니다. 그리고 남자는 파란색, 여자는 빨간색으로 표시하기 위해 그룹 색을 바꾸는 함수도 추가합니다. 다양한 색상 조합이나 기업마다 정해 놓은 CI(corporate identity) 색을 활용하는 방법은 부록 A.5를 참고하세요.

```
# [코드 5-83]
cust_checkout %>%
  ggplot(aes(x = total, fill = gender)) +
  geom_histogram(position = "identity", alpha = 0.5) +
  scale_fill_brewer(palette = "Set1", direction = -1)
```

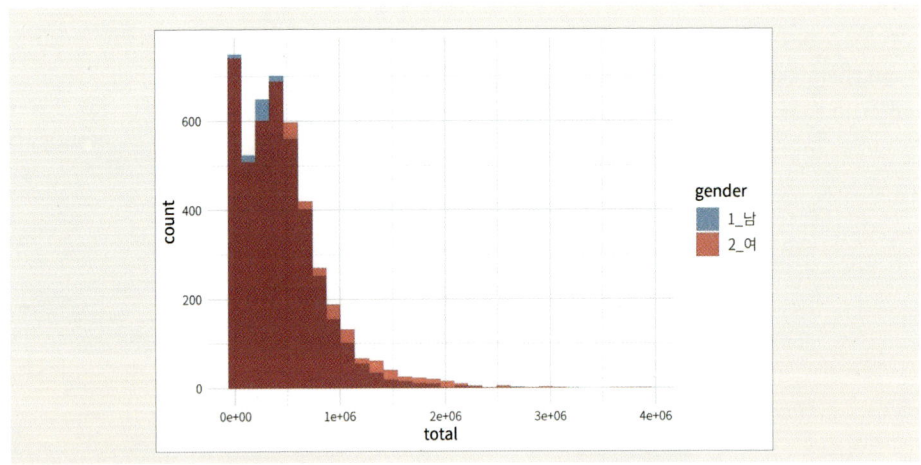

두 히스토그램이 겹쳐진 곳은 색이 합쳐져 짙습니다. 대부분 구간에서 겹쳐진 부분 위로 빨간색이 더 많이 보이는데, 전체 고객 중 여자가 더 많으므로 여자가 더 많게 표시된 것입니다.

기본적인 히스토그램은 관측치 개수가 더 많은 그룹이 항상 돋보이기 때문에 그룹을 비교할 때는 생각보다 비효율적입니다. 또한, 다음 코드에 나오는 연령대처럼 그룹이 세 개 이상이면 히스토그램을 겹쳐 그려도 의미를 파악하기 어렵습니다.

```
# [코드 5-84]
cust_checkout %>%
  ggplot(aes(x = total, fill = 연령대_10)) +
  geom_histogram(position = "identity", alpha = 0.2)
```

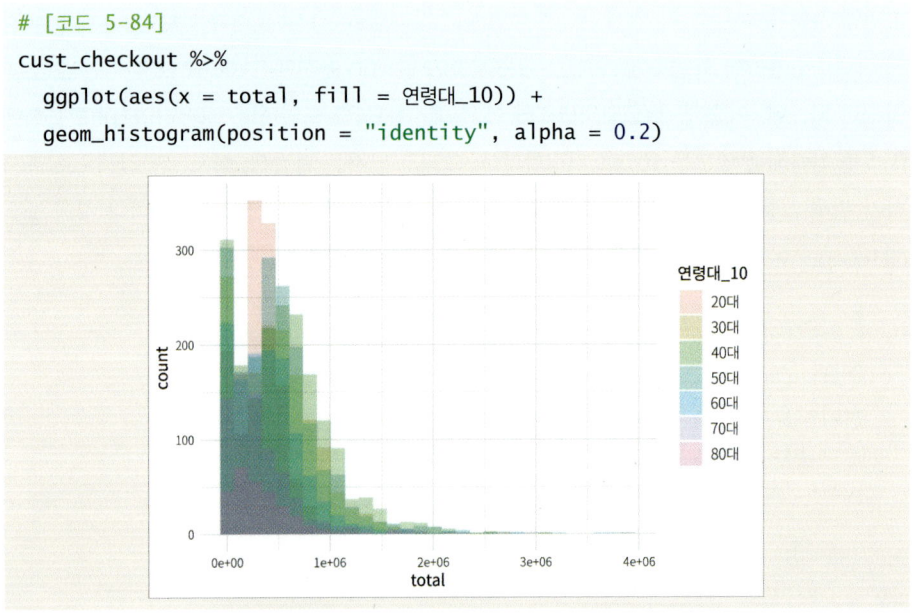

그래서 일반적으로 그룹을 비교할 때는 상자그림을 활용합니다. 상자그림은 관심 있는 수치형 변수를 y축에 놓고, x축에는 비교하고 싶은 그룹 변수를 한 개 지정해서 그립니다.

```
# [코드 5-85]
cust_checkout %>%
  ggplot(aes(y = total, x = gender)) +
  geom_boxplot()
```

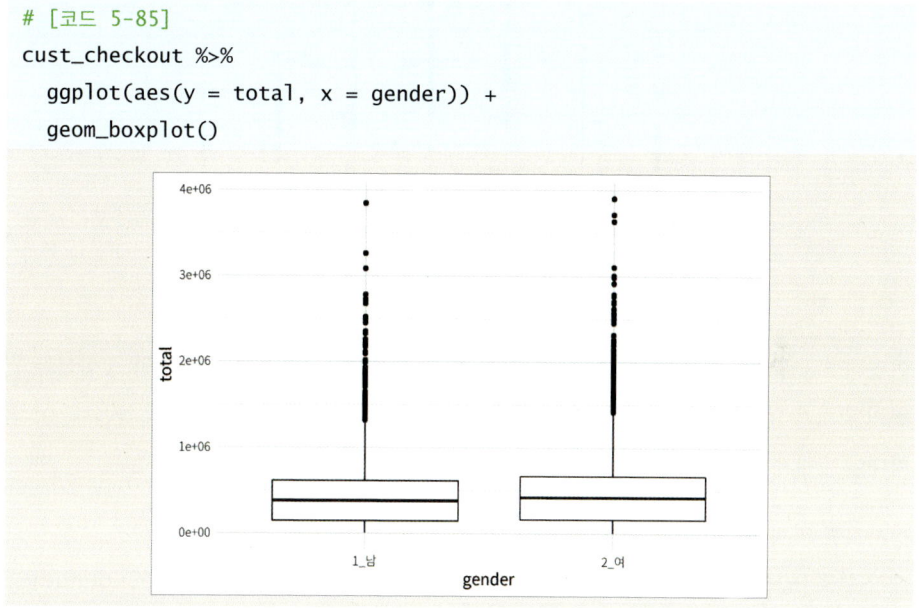

x축에 그룹 변수를 추가하면 그룹별 상자의 위치나 상자의 아랫변, 윗변, 그리고 중앙값을 의미하는 중심선의 위치, 상자의 길이 등을 전반적으로 비교할 수 있습니다. 여기서는 오른쪽의 여자 그룹에서 상자그림의 중심선과 윗변이 남자 그룹의 상자그림보다 살짝 위에 있긴 하지만 성별에 따른 큰 차이를 확인하기는 어렵네요.

상자그림은 비율로 계산한 사분위수를 표현한 것이므로 그룹별 관측치 수와 무관하게 비교할 수 있습니다. 게다가 그룹별로 상자그림이 옆으로 쭉 나열되므로 그룹이 몇 개든 간에 얼마든지 비교할 수 있습니다.

```
# [코드 5-86]
cust_checkout %>%
  ggplot(aes(y = total, x = 연령대_10)) +
  geom_boxplot()
```

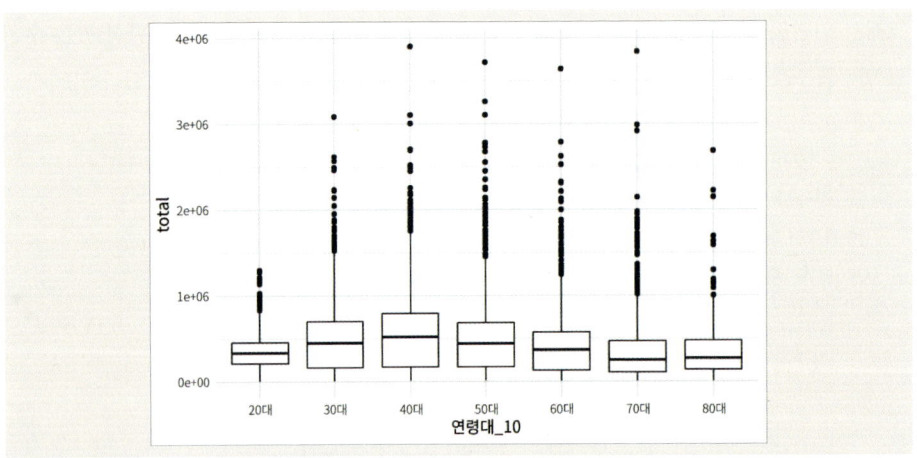

연령대별로 상자그림을 모두 그려봤습니다. 상자 아랫변의 위치는 비슷하지만 중심선과 윗변의 위치가 다릅니다. 다른 연령대에 비해 30~40대 상자의 중심선과 윗변이 높은데, 이 연령대에서 결제 금액이 많다는 것을 의미합니다.

상자그림 역시 면적이 있는 사각형이어서 `fill` 옵션을 활용해 연령대별로 상자 색을 다르게 칠할 수 있습니다. 그리고 다음과 같이 `fill`에 남녀를 구분했던 그룹 변수인 `gender`를 넣으면 x축의 그룹을 다시 `gender` 그룹으로 구분한 상자그림이 그려집니다.

```
# [코드 5-87]
cust_checkout %>%
  ggplot(aes(y = total, x = 연령대_10, fill = gender)) +
  geom_boxplot()
```

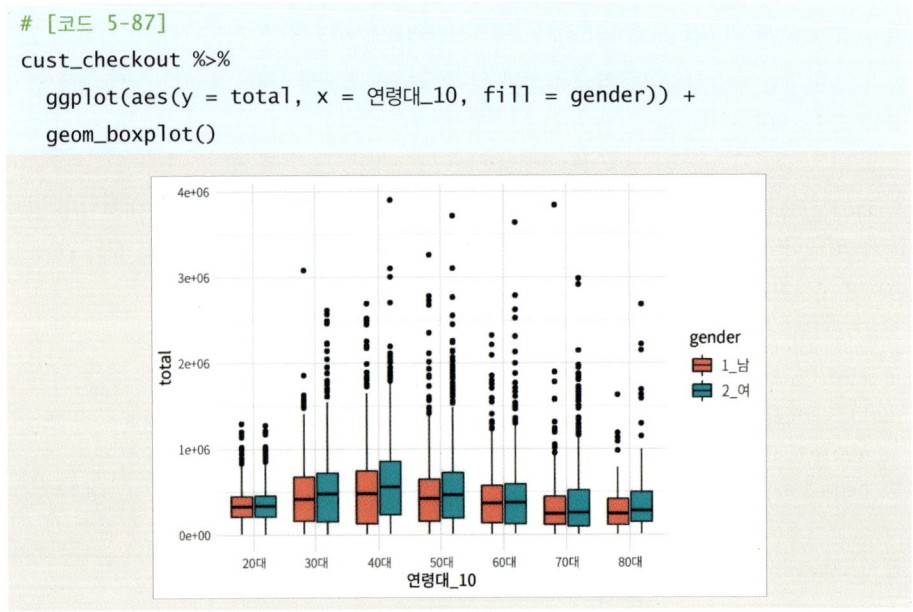

그래프가 점점 복잡해지지만, 연령대별 비교와 동시에 각 연령대 안에서 성별 비교까지 할 수 있는 그래프가 만들어집니다. 연령대별 남녀의 결제 금액 분포는 비슷하거나 남성의 결제 금액이 조금 더 많아 보입니다. 그러나 연령대에 따른 차이에 비하면 성별에 따른 차이는 크지 않습니다.

분석을 담당하는 직원에게 성별과 연령대별로 고객의 결제 금액 차이를 확인해보라고 하면 대부분 아래처럼 그룹별 평균을 계산하고 마칠 겁니다.

```
# [코드 5-88]
cust_checkout %>%
  group_by(연령대_10, gender) %>%
  summarise(total = mean(total))
# A tibble: 14 x 3
# Groups:   연령대_10 [7]
   연령대_10  gender    total
   <fct>     <chr>     <dbl>
 1 20대       1_남     331951.
 2 20대       2_여     338032.
 3 30대       1_남     461133.
 4 30대       2_여     508319.
 5 40대       1_남     514192.
 6 40대       2_여     606111.
 7 50대       1_남     460015.
 8 50대       2_여     532252.
 9 60대       1_남     399998.
10 60대       2_여     429677.
11 70대       1_남     320545.
12 70대       2_여     391559.
13 80대       1_남     307038.
14 80대       2_여     384485.
```

물론 요약값을 계산하는 것도 중요합니다. 그러나 이 14개의 관측치와 위에서 그린 그래프 중 어느 쪽에서 더 많은 인사이트를 찾아내고 또 어느 쪽을 더 직관적으로 이해할 수 있을까요? 그래프입니다. 똑같은 정보라면 우리는 그래프를 훨씬 쉽게 인식할 수 있습니다. 그럼 방금 계산한 14개의 관측치는 어떻게 그래프로 표현할 수 있을지 계속해서 살펴봅시다.

5.11 두 개 그룹을 활용한 요약을 그래프로 표현해봅시다

데이터 요약에서 그룹 변수가 한 개면 보통 막대그래프로 시각화합니다. 앞 실습에서 만든 **cust_checkout** 데이터를 막대그래프로 그려보겠습니다.

```
# [코드 5-89]
cust_checkout %>%
  group_by(연령대_10) %>%
  summarise(med_total = median(total)) %>%
  ggplot(aes(연령대_10, med_total)) +
  geom_col()
```

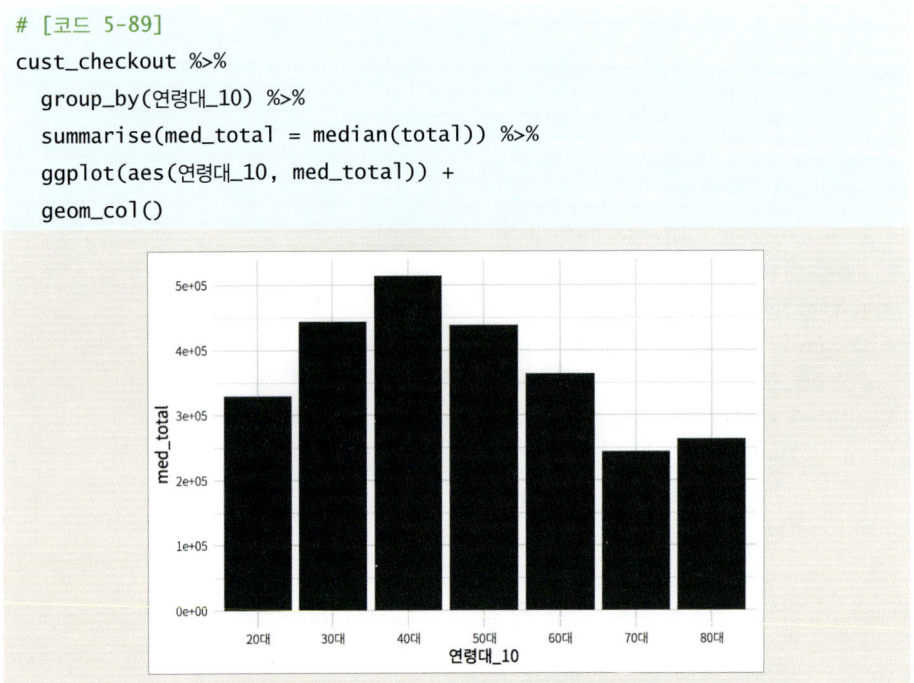

먼저 **median()** 함수로 연령대별 결제 금액 합계의 중앙값을 계산했습니다. 그리고 x축에는 연령대를, y축에는 계산한 중앙값을 넣어 막대그래프를 그렸습니다. 만약 **group_by()**에 그룹 변수 **gender**를 하나 더 추가하면 어떻게 될까요?

```
# [코드 5-90]
cust_checkout %>%
  group_by(연령대_10, gender) %>%
  summarise(med_total = median(total)) %>%
  tibble()
# A tibble: 14 x 3
   연령대_10   gender    med_total
     <fct>     <chr>       <dbl>
```

1	20대	1_남	327600
2	20대	2_여	334600
3	30대	1_남	413750
4	30대	2_여	471900
5	40대	1_남	474450
(생략)			

결과를 보면 그룹 변수 두 개와 요약값 한 개가 출력됐습니다. 기본 막대그래프를 그릴 때는 x축에 그룹 변수 하나와 y축에 수치형 집계값을 넣는데, 그럼 우리는 넣어야 할 그룹 변수가 하나 남습니다. 그래서 남는 그룹 변수 하나를 막대그래프의 색을 칠하는 `fill` 옵션의 두 번째 그룹 변수로 넣습니다.

```
# [코드 5-91]
cust_checkout %>%
  group_by(연령대_10, gender) %>%
  summarise(med_total = median(total)) %>%
  ggplot(aes(연령대_10, med_total, fill = gender)) +
  geom_col(position = "dodge") +
  scale_fill_brewer(palette = "Set1", direction = -1)
```

`geom_col()` 안에 `position` 옵션을 사용한 부분을 자세히 보겠습니다. 이 옵션의 기본값은 `"stack"`이며, 막대를 쌓아 올린 막대그래프를 그립니다. 기본값 대신 입력값을 `"dodge"`로 바꾸면 `fill`에 입력한 두 번째 그룹 변수를 그래프에서 나란히 보여줍니다.

ggplot()에서 x축에 들어가는 그룹 변수와 색을 지정하는 그룹 변수를 서로 바꿔보겠습니다.

```
# [코드 5-92]
cust_checkout %>%
  group_by(연령대_10, gender) %>%
  summarise(med_total = median(total)) %>%
  ggplot(aes(gender, med_total, fill = 연령대_10)) +
  geom_col(position = "dodge")
```

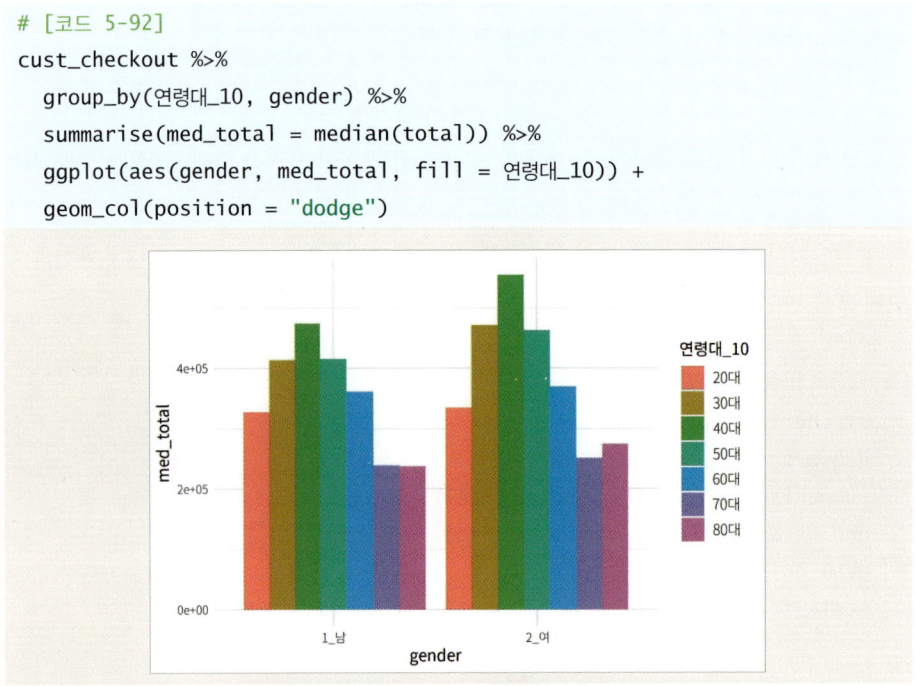

그래프가 완전히 다르게 나왔습니다. 즉, 목적에 따라 x축에 들어갈 그룹 변수와 색칠할 기준이 되는 그룹 변수로 어떤 변수를 활용할지를 잘 생각해야 합니다.

이렇게 두 개 이상의 그룹 변수를 사용해 요약하고 시각화할 때 group_by()에서 사용한 그룹 변수를 모두 ggplot()의 aes()에서 한 번씩은 사용하는 게 일반적입니다. 그렇지 않으면 사용되지 않은 변수로 인해 그래프가 겹쳐지거나 왜곡되는 문제가 발생할 수 있습니다.

```
# [코드 5-93]
cust_checkout %>%
  group_by(연령대_10, gender) %>%
  summarise(med_total = median(total)) %>%
  ggplot(aes(gender, med_total)) +
  geom_col()
```

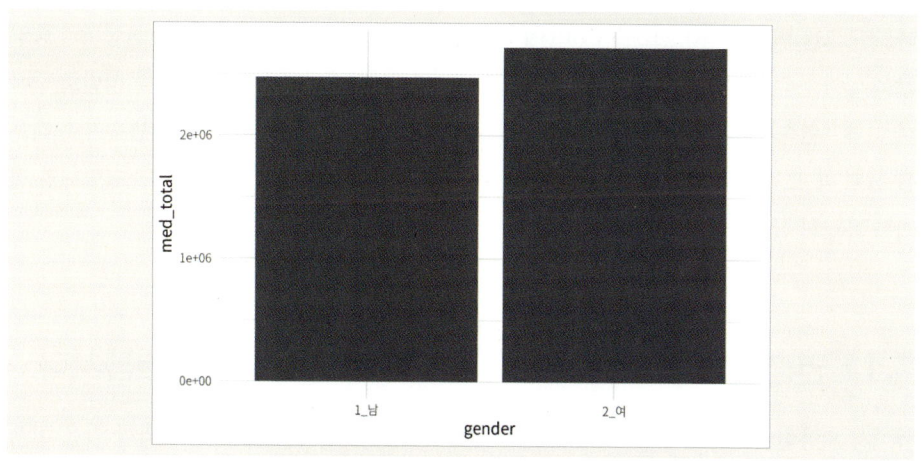

앞에서는 요약값을 계산할 때 group_by()에 그룹 변수가 연령대_10과 gender, 두 개가 있었는데 위 코드에서 그래프를 그릴 때는 aes()에서 변수를 gender만 사용한 결과입니다. 언뜻 보면 그래프가 남자와 여자로 나뉘어 제대로 그려진 것처럼 보이지만 문제가 있습니다. 이 그래프에서 막대의 높이는 무엇을 의미할까요?

```
# [코드 5-94]
cust_checkout %>%
  group_by(연령대_10, gender) %>%
  summarise(med_total = median(total)) %>%
  ggplot(aes(gender, med_total, fill = 연령대_10)) +
  geom_col()
```

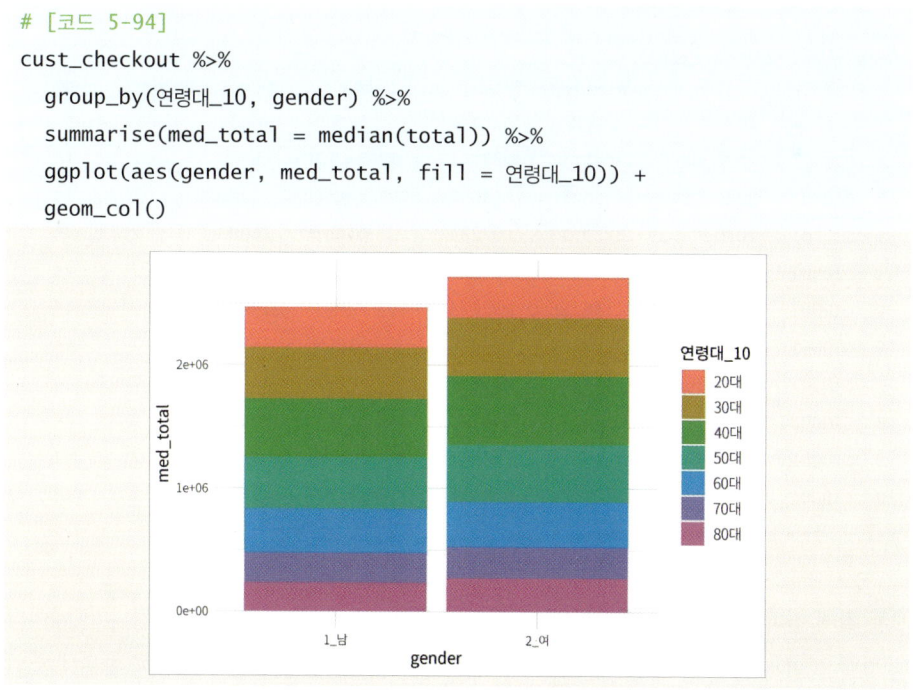

빠뜨린 그룹 변수 연령대_10을 fill에 넣어보면 앞서 그린 막대그래프가 각 연령대의 중앙값을 쌓아 올려 만든 그래프임을 알 수 있습니다. 즉, 연령대별 중앙값의 합계를 성별로 구분한 그래프였습니다. 의미가 없는 그래프죠. 이런 식으로 요약값에 있는 그룹 변수가 그래프를 그릴 때 모두 사용되지 않으면 의미 없는 그래프가 만들어질 수 있으니 꼭 스크립트와 결과를 유심히 살펴봐야 합니다.

5.12 연령대별 선호 업종을 찾고 히트맵으로 표현해봅시다

앞에서 활용한 checkout_cust 데이터는 checkout 데이터를 한 번 요약한 다음 고객 정보를 결합한 데이터였습니다. 이번에는 checkout 데이터에 고객 정보를 먼저 결합한 다음 요약을 해서 연령대별로 어떤 업종에서 소비 비중이 높은지 살펴보겠습니다.

```
# [코드 5-95]
checkout2 = merge(checkout, customer %>% select(1:3), by = "cust_id")
checkout2 %>%
  tibble()
# A tibble: 199,664 x 7
   cust_id  datetime              merc_id  category     amount  gender   age
   <chr>    <chr>                 <chr>    <chr>         <dbl>   <int> <int>
 1 C10001   2020-06-02 13:48:57   M83141   패스트푸드점    6500       2    44
 2 C10001   2020-05-29 13:50:30   M54036   커피/음료전문점  2200       2    44
 3 C10001   2020-05-29 18:29:18   M07284   슈퍼마켓       76000       2    44
 4 C10001   2020-05-29 13:43:39   M23964   일식/생선회점    8000       2    44
 5 C10001   2020-05-30 22:46:56   M57174   커피/음료전문점 14800       2    44
 6 C10001   2020-06-04 17:48:44   M07284   슈퍼마켓       36300       2    44
 7 C10001   2020-06-06 12:44:08   M09461   택시          15800       2    44
 8 C10001   2020-05-25 16:18:44   M30845   슈퍼마켓       70000       2    44
 9 C10001   2020-05-30 14:43:17   M62915   병의원         4700       2    44
10 C10001   2020-06-01 13:05:22   M54036   커피/음료전문점  3800       2    44
# ... with 199,654 more rows
```

모든 결제 건마다 고객 정보를 결합했으므로 결제 건수만큼의 관측치가 출력됩니다. 데이터는 요약을 먼저 한 다음 결합하는 것이 좋지만 여기서는 연령대와 업종을 함께 활용하기 위해 어쩔 수 없이 결합을 먼저 했습니다.

```
# [코드 5-96]
checkout2 = checkout2 %>%
  mutate(연령대_10 = cut(age,
                        breaks = seq(20, 90, 10),
                        labels = paste0(seq(20, 80, 10), "대"),
                        right = F, include.lowest = T))

checkout2 %>%
  group_by(연령대_10, category) %>%
  summarise(total = sum(amount))
# A tibble: 159 x 3
# Groups:   연령대_10 [7]
   연령대_10  category    total
   <fct>     <chr>       <dbl>
 1 20대      기타음식점  12530600
 2 20대      대중교통    26322100
 3 20대      대형마트    12835800
 4 20대      도시가스비   3193400
 5 20대      배달업종    54047900
 6 20대      백화점      19722700
 7 20대      병의원       3288800
 8 20대      슈퍼마켓     9156550
 9 20대      아파트관리비 10025800
10 20대      약국         3109100
# ... with 149 more rows
```

연령대와 업종별로 데이터를 요약하니 연령대와 성별로 요약했던 결과와 달리 조합된 경우의 수가 훨씬 많습니다. 앞에서 실습했던 것과 마찬가지로 x축에 **연령대_10**을 입력하고 `fill` 옵션에 **category**를 넣어서 연령대별로 업종이 나란히 나오는 막대그래프를 그려봅시다.

```
# [코드 5-97]
checkout2 %>%
  group_by(연령대_10, category) %>%
  summarise(total = sum(amount)) %>%
  ggplot(aes(연령대_10, total, fill = category)) +
  geom_col(position = "dodge")
```

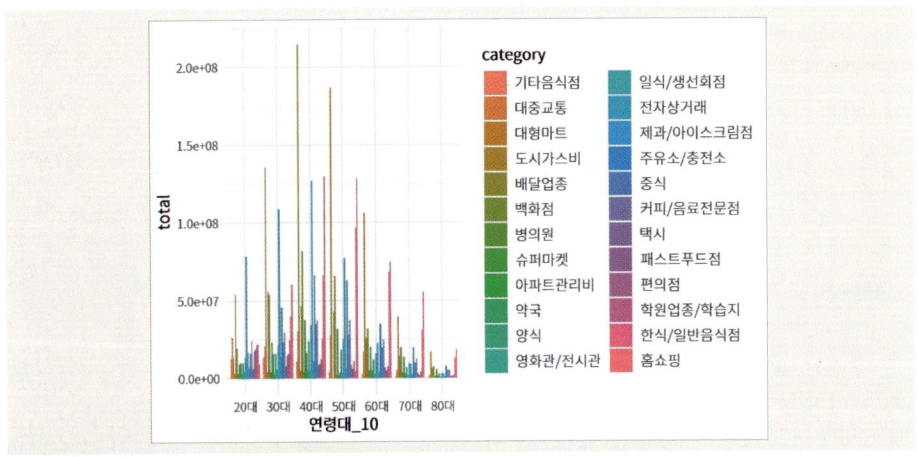

각 연령대에서 가장 높게 솟은 막대가 해당 연령대에서 이용 비중이 가장 높은 업종입니다. 그러나 막대가 너무 많고 연령대별로 절대적인 결제 금액의 차이가 커서 연령대별 선호 업종을 한눈에 비교하기는 어렵습니다.

학점이나 합격 여부를 두고 경쟁하는 시험에서는 단지 높은 점수를 받는 것보다 남들보다 높은 점수를 받는 것이 중요합니다. 절대 평가로 생각하면 90점은 높은 점수처럼 보이지만 등수는 1등일 수도, 꼴등일 수도 있죠. 데이터 분석도 마찬가지입니다. 절대적인 숫자 그대로를 계산하고 비교하는 것도 중요하지만 항상 상대적으로 크고 작은 것을 다루는 분석이 더 중요합니다.

우리의 목표는 연령대별로 선호 업종이 어떻게 다른지 확인하는 것입니다. 따라서 절대적인 숫자가 아니라 연령대별로 상대적인 수치를 비교해야 하고, 그러려면 각 연령대에서 업종별로 차지하는 비중을 먼저 계산해야 합니다.

R에서 요약된 데이터는 다시 요약해도 전혀 문제가 없습니다. 20대의 결제 금액에서 특정 업종의 비중을 계산하려면 먼저 20대의 업종별 결제 금액의 총합을 계산해야 합니다. [코드 5-96]에서 출력된 요약 결과 중 `Groups: 연령대_10 [7]`을 보면 `group_by()`에 먼저 입력된 변수 **연령대_10**이 그룹 변수로 남은 것을 확인할 수 있습니다. 이때 바로 `summarise()`를 한 번 더 써도 되지만 헷갈리지 않도록 다시 한번 `group_by()`에 연령대_10을 넣고 연령대별 결제 금액의 합계를 구하는 게 낫습니다.

```
# [코드 5-98]
checkout2 %>%
  group_by(연령대_10, category) %>%
  summarise(total = sum(amount)) %>%
  group_by(연령대_10) %>%
  summarise(grp_total = sum(total))
# A tibble: 7 x 2
   연령대_10  grp_total
    <fct>      <dbl>
1   20대     419740790
2   30대     756633290
3   40대    1043366300
4   50대     880619950
5   60대     510532530
6   70대     265357250
7   80대     104289830
```

20대의 전체 결제 금액은 약 4억 2천만 원이네요. 그렇다면 업종별 결제 금액을 4억 2천만으로 나누면 20대의 업종별 결제 금액 비중이 계산됩니다. 그런데 모든 연령대의 전체 결제 금액을 하나씩 복사해서 계산하려면 번거롭습니다. 앞 파이프라인에서 마지막 summarise()를 mutate()로 바꿔봅시다.

```
# [코드 5-99]
checkout2 %>%
  group_by(연령대_10, category) %>%
  summarise(total = sum(amount)) %>%
  group_by(연령대_10) %>%
  mutate(grp_total = sum(total))
# A tibble: 159 x 4
# Groups:   연령대_10 [7]
   연령대_10  category   total     grp_total
    <fct>      <chr>     <dbl>       <dbl>
1   20대     기타음식점  12530600   419740790
2   20대     대중교통    26322100   419740790
3   20대     대형마트    12835800   419740790
4   20대     도시가스비   3193400   419740790
```

5	20대	배달업종	54047900	419740790
6	20대	백화점	19722700	419740790
7	20대	병의원	3288800	419740790
8	20대	슈퍼마켓	9156550	419740790
9	20대	아파트관리비	10025800	419740790
10	20대	약국	3109100	419740790

... with 149 more rows

신기하게도 연령대별 업종 결제 금액 옆에 전체 업종 결제 금액의 합계가 붙었습니다. `filter()` 함수로 확인해보면 연령대_10이 30대인 관측치에는 30대의 결제 금액 합계가 붙어있습니다. 나머지 연령대도 마찬가지고요. 어떻게 이런 결과가 나왔을까요?

`mutate()`는 파이프라인에서 변수를 추가하는 역할을 합니다. 만약 `mutate(newvar=1)`을 입력하면 모든 관측치에 1이라는 값을 가지는 새로운 변수 `newvar`가 추가됩니다. 따라서 `group_by()` 없이 `mutate(grp_total=sum(total))`만으로 파이프라인을 만들면 모든 관측치에 변수 `total`의 전체 합계값을 가지는 변수 `grp_total`이 추가됩니다.

그런데 앞 코드의 파이프라인을 보면 `mutate()` 바로 앞에 `group_by()` 함수가 있습니다. `group_by()`로 그룹 변수를 지정하면 그룹별로 집계값을 계산하고, `mutate()`에서 그룹별로 값이 다른 변수가 만들어집니다. `mutate()` 안에 합계를 구하는 `sum()`이 있으므로 `group_by()`의 영향을 받아 연령대별 결제 금액의 합을 계산해서 `grp_total` 변수를 만드는데, 같은 연령대끼리는 당연히 같은 값을 갖습니다.

이제 `total`을 `grp_total`로 나누면 우리가 알고 싶은 각 연령대의 결제 금액 기준 업종별 비중을 계산할 수 있습니다. 새로운 `mutate()`에서 두 변수의 나눗셈으로 비율을 계산해 `prop_category`라는 이름으로 저장하겠습니다.

```
# [코드 5-100]
checkout2 %>%
  group_by(연령대_10, category) %>%
  summarise(total = sum(amount)) %>%
  group_by(연령대_10) %>%
  mutate(grp_total = sum(total)) %>%
  mutate(prop_category = total / grp_total)
```

```
# A tibble: 159 x 5
# Groups:   연령대_10 [7]
   연령대_10  category       total   grp_total   prop_category
   <fct>     <chr>          <dbl>      <dbl>         <dbl>
 1 20대      기타음식점   12530600   419740790       0.0299
 2 20대      대중교통     26322100   419740790       0.0627
 3 20대      대형마트     12835800   419740790       0.0306
 4 20대      도시가스비    3193400   419740790       0.00761
 5 20대      배달업종     54047900   419740790       0.129
 6 20대      백화점       19722700   419740790       0.0470
 7 20대      병의원        3288800   419740790       0.00784
 8 20대      슈퍼마켓      9156550   419740790       0.0218
 9 20대      아파트관리비 10025800   419740790       0.0239
10 20대      약국          3109100   419740790       0.00741
# ... with 149 more rows
```

파이프라인의 마지막에 mutate()를 연속으로 두 번 사용했습니다. 만약 두 변수를 한꺼번에 하나의 mutate()에 넣어도 아무런 문제 없이 같은 결과가 나옵니다.

```
# [코드 5-101]
checkout2 %>%
  group_by(연령대_10, category) %>%
  summarise(total = sum(amount)) %>%
  group_by(연령대_10) %>%
  mutate(grp_total    = sum(total),
         prop_category = total / grp_total)
```

그런데 생각해보면 grp_total이라는 변수는 단지 비율을 계산하는 데 필요할 뿐 직접 활용할 일은 없습니다. 따라서 이 변수를 만들지 않고 total을 바로 sum(total)로 나눠도 됩니다. 여기서는 작업 과정을 설명하기 위해 grp_total을 만들었지만, 실제 분석에서는 쓸데없는 변수를 저장하지 않는 게 좋습니다. 아래 코드에서 grp_total 없이 바로 비율을 계산하고, 요약 결과를 category_prop_by_grp라는 이름으로 저장하겠습니다.

```
# [코드 5-102]
category_prop_by_grp = checkout2 %>%
  group_by(연령대_10, category) %>%
  summarise(total = sum(amount)) %>%
  group_by(연령대_10) %>%
  mutate(prop_category = total / sum(total))
```

이렇게 group_by()와 mutate()를 이용하는 방법은 실제 데이터 분석에서 자주 쓰입니다. sum() 대신 max()를 사용하면 각 연령대에서 결제 금액이 최대인 업종을 1로 봤을 때 나머지 업종의 결제 규모가 어느 정도 되는지 상대적인 값을 계산할 수 있죠. mean()을 사용하면 평균 대비 어느 정도 수준인지 계산할 수 있고요.

```
# [코드 5-103]
checkout2 %>%
  group_by(연령대_10, category) %>%
  summarise(total = sum(amount)) %>%
  group_by(연령대_10) %>%
  mutate(rel_category = total / max(total))
```
```
# A tibble: 159 x 4
# Groups:   연령대_10 [7]
   연령대_10  category    total  rel_category
   <fct>     <chr>       <dbl>         <dbl>
 1 20대      기타음식점   12530600       0.159
 2 20대      대중교통     26322100       0.335
 3 20대      대형마트     12835800       0.163
 4 20대      도시가스비    3193400       0.0406
 5 20대      배달업종     54047900       0.687
 6 20대      백화점       19722700       0.251
 7 20대      병의원        3288800       0.0418
 8 20대      슈퍼마켓      9156550       0.116
 9 20대      아파트관리비  10025800       0.128
10 20대      약국          3109100       0.0395
# ... with 149 more rows
```

우리는 비율을 이용해 상대적인 수치를 계산하는 데 성공했지만 여기서 끝이 아니라 좀 더 직관적으로 비교할 수 있도록 연령대별로 그래프를 그리겠습니다. geom_col()의 옵션을 기본값으로 둬서 쌓아 올린 막대그래프를 그리는데, 절대적인 결제 금액 자체가 아니라 연령대별로 각 업종의 비중을 계산해놓은 `prop_category` 변수를 활용합니다.

```
# [코드 5-104]
category_prop_by_grp %>%
  ggplot(aes(연령대_10, prop_category, fill = category)) +
  geom_col()
```

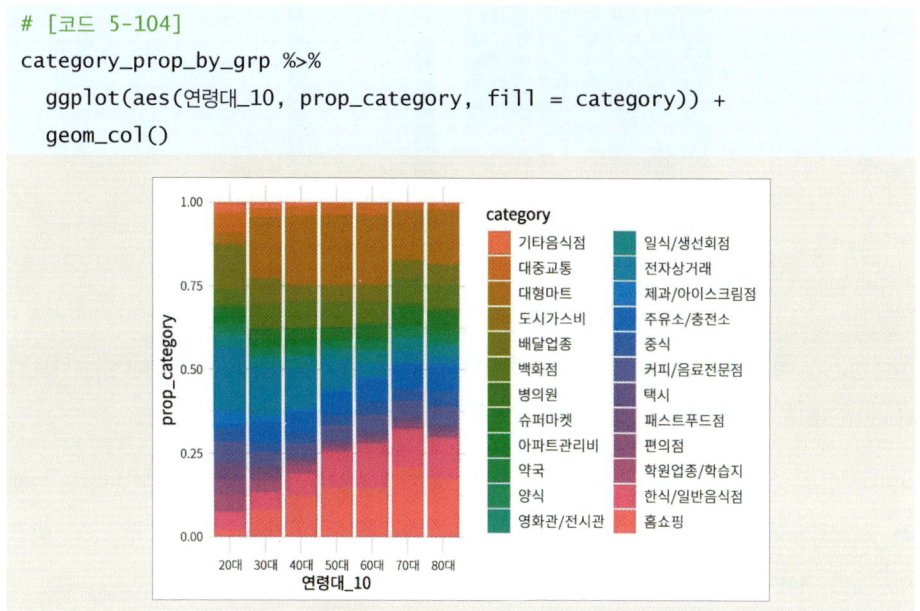

[코드 5-97]에서 연령대별로 업종을 쭉 나열했던 그래프보다는 확실히 보기 편해진 것 같습니다. 업종을 스펙트럼으로 나타내니 연령대별로 차이점이 한눈에 보이네요. 그런데 연령대별로 자주 이용하는 업종이 다르다는 건 보이지만 연령대마다 어떤 업종의 비중이 높은지는 확인하기 쉽지 않아 아쉽습니다. 게다가 이 그래프는 굳이 `prop_category`처럼 상대적인 값을 계산하지 않아도 `geom_col()`의 `position="fill"` 옵션을 사용하면 더 간단히 그릴 수 있습니다.

```
# [코드 5-105]
checkout2 %>%
  group_by(연령대_10, category) %>%
  summarise(total = sum(amount)) %>%
  ggplot(aes(연령대_10, total, fill = category)) +
  geom_col(position = "fill")
```

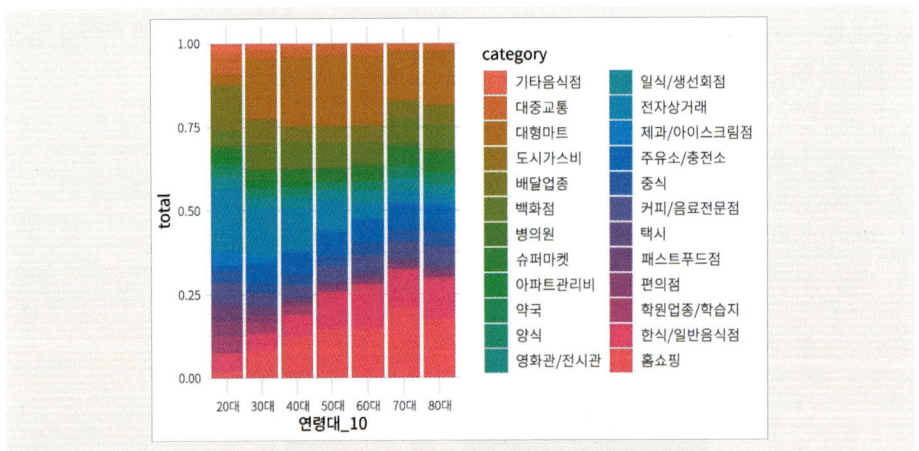

쓸데없는 노력을 했다고 생각하기엔 이릅니다. 우리가 계산한 `prop_category`는 히트맵(heatmap)을 그리는 데 아주 의미 있게 활용할 수 있습니다.

지금까지 우리가 그린 그래프에서 색깔은 서로 다른 그룹을 구분하는 역할을 했습니다. 그래서 빨간색과 파란색 등 서로 구분이 잘되는 색을 활용했죠. 이번에는 색깔의 명도, 즉 밝고 어두움을 이용해서 그래프를 그려보겠습니다.

히트맵은 x축과 y축 모두에 그룹 변수를 넣어서 격자를 만들고, 각 격자의 색을 요약값이나 수치형 변수에 따라 다르게 표현하는 시각화 방법입니다. `geom_tile()`이라는 함수는 이름처럼 색깔이 있는 타일을 붙여 히트맵을 그립니다. 일단 연령대와 업종별로 묶어서 계산한 결제 금액의 합계를 히트맵으로 그려봅시다.

`aes()`에서 x축과 y축에 순서대로 연령대_10과 `category` 두 그룹 변수를 넣고, 색을 결정하는 `fill` 옵션에 그룹 변수가 아니라 결제 금액의 합을 계산한 변수인 `total`을 넣습니다. 막대그래프를 그릴 때는 y축에 집계값을 넣고, `fill`에는 그룹 변수를 넣었던 것과 차이가 있습니다. 그리고 `geom_tile()` 함수를 추가한 뒤 색을 바꾸는 `scale_fill_distiller()` 함수도 추가합니다.

```
# [코드 5-106]
category_prop_by_grp %>%
  ggplot(aes(연령대_10, category, fill = total)) +
  geom_tile() +
  scale_fill_distiller(palette = "Blues", direction = 1)
```

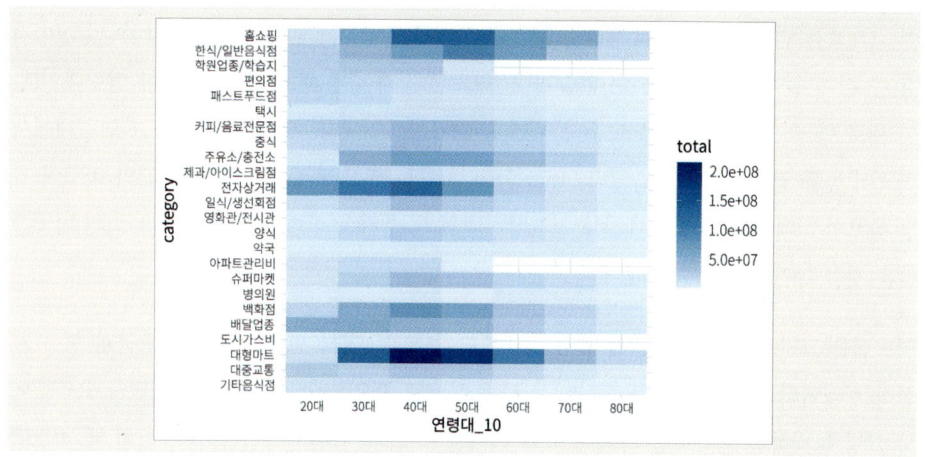

그래프 오른쪽에 범례가 있는데요. 색이 진할수록 결제 금액이 큰 것을 의미합니다. 어떤가요? 타일 색만으로도 어떤 연령대가 어떤 업종에서 결제 금액이 큰지 금방 알 수 있죠? 또 특정 업종에서 어떤 연령대가 돈을 많이 쓰는지도 확인할 수 있습니다.

이번에는 연령대별로 각 업종이 차지하는 비중을 똑같이 히트맵으로 나타내보겠습니다. 앞 코드에서 `aes()` 안의 `fill` 옵션에 입력했던 결제 금액 합계 `total`을 연령대별 업종의 비중을 저장한 변수인 `prop_category`로 바꾸면 됩니다.

```
# [코드 5-107]
category_prop_by_grp %>%
  ggplot(aes(연령대_10, category, fill = prop_category)) +
  geom_tile() +
  scale_fill_distiller(palette = "Blues", direction = 1)
```

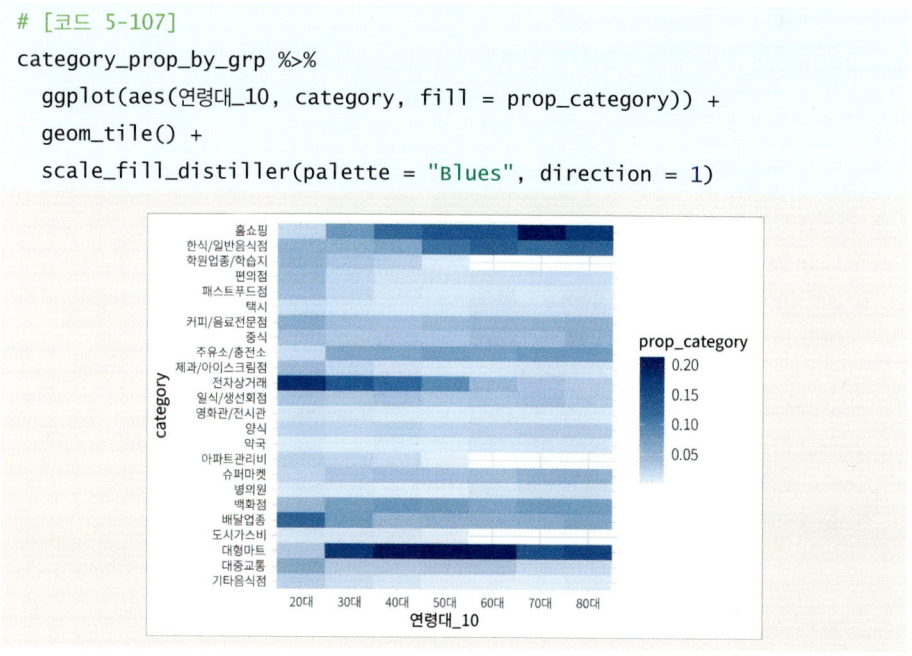

이 그래프는 연령대별 업종의 비중을 표현한 그래프기 때문에 범례에서 확인할 수 있듯이 가장 큰 값이 절대로 1을 넘을 수 없습니다. 히트맵 격자에서 세로로 한 줄은 한 연령대인데, 이 세로 한 줄에 있는 값들을 모두 합하면 1, 즉 100%입니다. 색이 짙을수록 그 연령대에서 비중이 높은 업종이라고 했습니다. 예를 들어 20대는 전체 업종 중 전자상거래의 비중이 가장 높으면서 다른 연령대 중에서도 전자상거래의 색이 가장 짙습니다. 대신 주유소의 비중은 낮은 것을 확인할 수 있습니다.

히트맵을 그리는 간단한 코드를 함께 살펴봤습니다. 두 그룹 변수를 활용해 평균과 합을 계산하는 데이터 요약은 대부분 회사에서 자주 하므로 중요합니다. 그런데 데이터를 요약했어도 그냥 출력하면 숫자로만 가득해서 그 의미를 바로 파악하기 어렵습니다. 이럴 때 히트맵이 큰 도움이 됩니다.

히트맵 그리기를 연습하려면 먼저 평소에 계산하던 평균이나 합계를 그대로 활용해서 히트맵을 그려보고, 바로 위에서 살펴본 것처럼 그룹 변수 두 개 중 하나를 기준으로 잡아 상대적인 비율을 계산해서 히트맵을 그려보세요. 그다음에는 `filter()` 함수를 파이프라인 중간에 넣어 전체가 아닌 일부 관측치만 활용한 히트맵을 그려보면 좋습니다.

다음은 남자 고객만 선택해서 연령대와 업종별 카드 결제 건수와 1회 평균 결제 금액을 나타낸 히트맵입니다. 조금 어렵지만 `aes()`에 `label` 옵션을 추가해서 결제 건수를 의미하는 변수 n을 입력하고, 그래프에 `geom_text()`를 추가해서 히트맵 위에 결제 건수도 함께 표시했습니다.

```
# [코드 5-108]
checkout2 %>%
  filter(gender == "1") %>%
  group_by(연령대_10, category) %>%
  summarise(MEAN = mean(amount),
            n    = n()) %>%
  ggplot(aes(연령대_10, category, fill = MEAN, label = n)) +
  geom_tile() +
  scale_fill_distiller(palette = "Blues", direction = 1) +
  geom_text()
```

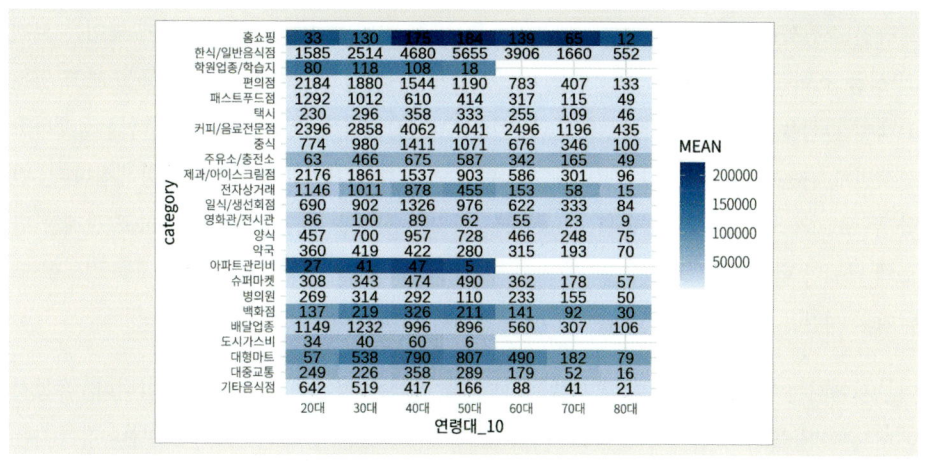

5.13 일별 매출 추이를 그리고 요일별로 분석합시다

데이터에서 날짜와 시간은 빼놓을 수 없습니다. 예를 들어 `checkout` 데이터에는 `datetime` 변수에 결제 일시가 저장되어 있습니다. 고객 데이터에는 가입 일시, 거래나 계약 데이터에는 구매 일시나 계약 일시처럼 모든 데이터에는 언제 일이 벌어졌는지를 꼭 남깁니다. 앱 같은 서비스를 이용한 기록을 남긴 로그 데이터도 마찬가지고요.

이렇게 기록된 날짜와 시간을 활용하는 분석이 많은데요. 날짜와 시간 데이터의 활용 범위는 다음과 같이 크게 네 가지로 나눌 수 있습니다.

1. 관측치가 특정 기간 내 포함되었는지를 파악
2. 관측치를 시간순으로 정렬하여 상관관계를 파악
3. 주, 월, 년 등 특정 기간 내 평균이나 누적 요약값을 계산
4. 시간대, 요일, 월, 연도 등 시기별 데이터를 비교

분석할 때는 관심 있는 상품, 카테고리, 고객처럼 관심 대상을 설정하고 그에 맞는 데이터를 가져옵니다. 그리고 관심 대상의 모든 데이터가 아니라 관심 기간과 시간도 함께 설정해서 그 기간 내에 발생한 데이터를 사용하죠. 지난 3개월, 2021년, 당월과 전년 동월, 출퇴근 시간처럼 기간이나 시간이 정해지면 그 기간에 포함되는 관측치만 선택합니다. 이때 날짜와 시간 변수를 포함한 명령어를 사용합니다.

온라인 쇼핑몰을 운영하는 이커머스사에는 온갖 로그 데이터가 쌓입니다. 앱에 쌓이는 고객의 상품 조회 로그 데이터를 활용하면 상품 간 상관관계를 파악해서 특정 상품을 보고 있는 고객이 관심을 가질 만한 다른 상품을 추천할 수 있습니다. 이렇게 로그 데이터를 정제하고 고객별로 나눈 다음, 날짜와 시간 변수를 활용해서 정렬하면 상관관계가 명확해집니다. 만약 두 로그의 시간 간격이 24시간 이상 차이 난다면 상관관계가 없다고 판단하고 관계를 다르게 나눠야 할 수도 있고요. 이렇게 관측치를 시간순으로 정렬하거나 상관관계를 정의할 때 날짜와 시간을 활용합니다.

카드사에서는 몇 명의 고객이 결제했는지, 결제 금액은 얼마인지 매일 계산합니다. 유통사에서는 어떤 물건이 얼마나 팔렸고, 어떤 고객이 주문했는지 확인하죠. 카드사나 유통사는 매일 이러한 계산을 누적해서 월별 실적을 달성하고 관리하기 위한 전략을 세우는데, '이달'이라는 특정 기간에 시간의 흐름에 따라 현황을 파악하기 위해 더 작은 단위인 '일'을 활용합니다.

앱이나 웹 채널을 운영하는 담당자는 어떤 요일, 어떤 시간대에 접속이 몰리는지 파악해서 서버에 과부하가 걸리지 않도록 트래픽을 관리합니다. 이처럼 우리가 앞서 살펴본 연령대나 업종에 관련된 실습들도 시간 요소에 따른 차이를 비교하면 또 다른 정보와 인사이트를 얻을 수 있습니다.

이렇게 다양하게 활용되는 날짜와 시간을 R에서 자유롭게 다룰 수 있습니다. R에는 `POSIXt`라는 날짜/시간 형식과 `Date`라는 날짜 형식이 있습니다. 시간만 따로 다루는 형식은 없지만, 날짜나 시간의 각 요소를 얼마든지 따로 빼내서 활용할 수 있습니다. 날짜에서 요일을 계산한다거나, 시와 분초로 이루어진 시간에서 시만 따로 저장하는 등 원하는 대로 형태를 바꿀 수 있죠.

참고

만약 R을 능숙하게 다루는 사람에게 날짜나 시간에 관련된 질문을 하면 보통 `lubridate` 패키지를 사용한다고 할 겁니다. 이 패키지는 날짜와 시간의 형식을 다루는 관련 함수가 많아서 유용합니다. 그러나 저는 실제 분석에서 이 패키지를 한 번도 활용한 적이 없습니다. 일반적인 분석이라면 R의 기본 함수인 `strptime()`, `as.Date()`, 그리고 `format()` 정도만 사용해도 충분합니다.

5.13.1 날짜와 시간을 표현해봅시다

자, 그럼 카드사의 일별 매출 추이를 그래프로 그려서 요일별로 분석하기 전에 `checkout` 데이터를 다시 한번 살펴보겠습니다. `tibble()` 함수로 `checkout` 데이터의 변수 형식을 확인해봅시다.

```
# [코드 5-109]
checkout %>%
  tibble()
# A tibble: 199,664 x 5
    datetime            cust_id  merc_id  category  amount
    <chr>               <chr>    <chr>    <chr>     <dbl>
 1  2020-05-25 00:00:33 C11476   M73846   홈쇼핑    59900
 2  2020-05-25 00:01:11 C14205   M44463   전자상거래 15300
 3  2020-05-25 00:01:56 C15095   M50270   전자상거래 20100
 4  2020-05-25 00:05:30 C15963   M50270   전자상거래 105500
 5  2020-05-25 00:12:14 C18252   M44463   전자상거래 38100
 6  2020-05-25 00:15:27 C17780   M44463   전자상거래 25800
 7  2020-05-25 00:20:22 C14616   M02556   전자상거래 42800
 8  2020-05-25 00:21:05 C16475   M44463   전자상거래 86300
 9  2020-05-25 00:22:15 C17745   M44463   전자상거래 20600
10  2020-05-25 00:23:14 C15149   M02556   전자상거래 24000
# ... with 199,654 more rows
```

첫 번째 변수 `datetime`이 바로 날짜와 시간을 저장한 변수입니다. 서식을 따로 지정하지 않았다면 보통 데이터에서 날짜와 시간은 표준 서식으로 저장됩니다. 날짜는 연, 월, 일을 하이픈(-)으로 연결하고 시간은 시, 분, 초를 콜론(:)으로 연결합니다. 그런데 R은 데이터를 불러올 때 숫자가 아닌 모든 변수를 문자로 저장합니다. 그래서 출력 결과에서 `datetime` 아래를 보면 문자형 변수를 의미하는 `<chr>`로 표시되어 있습니다.

우리는 `datetime`을 보고 날짜/시간 변수라고 생각하지만 R은 문자로 인식합니다. 그러므로 R에게 '`datetime`은 문자가 아니라 날짜/시간 변수야'라고 알려줘야 하는데, 이럴 때는 `strptime()` 함수를 사용해 문자형으로 인식한 `datetime` 변수를 날짜/시간 형식으로 바꾸면 됩니다. 먼저 다음 코드를 살펴봅시다.

```
# [코드 5-110]
dt1 = "2030-01-01 11:22:33"
strptime(dt1, format = "%Y-%m-%d %H:%M:%S")
"2030-01-01 11:22:33 KST"
```

dt1이라는 이름으로 날짜/시간 형식의 값을 문자 형식으로 저장했습니다.

그런 다음 `strptime()` 함수에 이 `dt1`을 넣고 `format`을 지정했더니 KST, 즉 한국 표준시라는 시간대가 붙은 날짜/시간 변수로 바뀌었습니다. 이렇게 문자를 날짜/시간 형식으로 바꾸려면 형식이 어떻게 구성되어 있는지를 알려줘야 합니다. 이러한 작업을 변환 지정(conversion specification)이라고 하며, 날짜/시간과 관련된 요소를 패턴으로 정의하고 표현하는 것을 말합니다. R에서 날짜/시간에 관련된 패턴은 %로 시작합니다. 다음은 날짜와 시간 관련 요소를 표현하는 대표적인 패턴들입니다.

- %Y 네 자릿수 연도(year)
- %y 두 자릿수 연도(year)
- %m 월(month)
- %d 일(day)
- %F %Y-%m-%d와 동일
- %H 시(hour)
- %M 분(minute)
- %S 초(second)
- %T %H:%M:%S와 동일

이러한 패턴을 조합해 날짜와 시간을 표현하며, 날짜/시간 변수에서 특정 요소를 골라낼 때도 패턴을 활용합니다. 날짜/시간 변수에서 특정 요소를 추출할 때 추가로 사용할 수 있는 패턴은 다음과 같습니다.

- %W 1월 1일부터 계산한 주차(월요일부터 시작)
- %a 축약된 요일 이름(예: 월)

- %A   전체 요일 이름(예: 월요일)
- %u   1부터 7까지 숫자로 표시한 요일(1은 월요일)

이 외에도 ?strptime과 같이 strptime()의 도움말을 실행하면 다양한 날짜/시간 패턴들을 확인할 수 있습니다.

그럼 다시 [코드 5-110]으로 돌아가서, dt1에 네 자릿수 연도와 두 자릿수 월, 두 자릿수 일을 -로 연결해서 입력했습니다. 이 연월일을 패턴으로 표현하면 %Y-%m-%d입니다. 그리고 공백을 한 칸 두고 시분초가 :으로 연결되어 있는데, 역시 패턴으로 표현하면 %H:%M:%S입니다. 그럼 공백을 포함한 dt1의 전체 패턴은 %Y-%m-%d %H:%M:%S입니다. 이렇게 strptime()의 format 옵션에 우리 눈에 보이는 날짜와 시간을 패턴으로 입력하면 R은 그 정보를 바탕으로 해당 변수를 표준 날짜/시간 형식으로 변환합니다.

앞서 패턴을 살펴본 것처럼 %Y-%m-%d는 %F로, %H:%M:%S는 %T로 줄여서 표현할 수 있으므로 패턴을 간단하게 정의하면 다음과 같습니다.

```
# [코드 5-111]
strptime(dt1, format = "%F %T")
"2030-01-01 11:22:33 KST"
```

그러나 모든 날짜/시간 변수가 똑같이 생긴 것은 아닙니다. 다음 코드에서 dt2는 차례로 월, 일, 연도를 /로 구분해서 나타내고 시간은 초가 없이 시, 분만 있습니다. 당황하지 말고 눈에 보이는 대로 하나씩 표현하면 됩니다.

```
# [코드 5-112]
dt2 = "12/31/2030 01:22"
strptime(dt2, format = "%m/%d/%Y %H:%M")
"2030-12-31 01:22:00 KST"
```

날짜 요소를 -이 아닌 /로 연결했으니 패턴에도 똑같이 /를 사용합니다. 그리고 시, 분만 있으므로 패턴에도 시와 분만 :으로 연결하면 표준 날짜/시간 형식으로 결과가 출력됩니다. 표준 날짜/시간 형식에는 연월일, 시분초가 모두 있어야 해서 빈 요소가 있으면 월일은 01로, 시분초는 00으로 기본값이 채워집니다.

일반적인 로그 데이터는 공백이나 특수문자 없이 날짜와 시간이 연달아 나올 때가 많습니다. 이때는 다음과 같이 공백이나 특수문자 없이 패턴을 나열하면 됩니다.

```
# [코드 5-113]
dt3 = "300101112233"
strptime(dt3, format = "%y%m%d%H%M%S")
"2030-01-01 11:22:33 KST"
```

checkout 데이터의 변수 datetime은 dt1처럼 표준 서식을 따르기 때문에 쉽게 날짜/시간 형식으로 바꿀 수 있습니다.

```
# [코드 5-114]
checkout %>%
  mutate(datetime = strptime(datetime, "%Y-%m-%d %H:%M:%S")) %>%
  tibble()
# A tibble: 199,664 x 5
     datetime            cust_id   merc_id   category   amount
     <dttm>              <chr>     <chr>     <chr>      <dbl>
 1   2020-05-25 00:00:33 C11476    M73846    홈쇼핑      59900
 2   2020-05-25 00:01:11 C14205    M44463    전자상거래   15300
 3   2020-05-25 00:01:56 C15095    M50270    전자상거래   20100
 4   2020-05-25 00:05:30 C15963    M50270    전자상거래  105500
 5   2020-05-25 00:12:14 C18252    M44463    전자상거래   38100
 6   2020-05-25 00:15:27 C17780    M44463    전자상거래   25800
 7   2020-05-25 00:20:22 C14616    M02556    전자상거래   42800
 8   2020-05-25 00:21:05 C16475    M44463    전자상거래   86300
 9   2020-05-25 00:22:15 C17745    M44463    전자상거래   20600
10   2020-05-25 00:23:14 C15149    M02556    전자상거래   24000
# ... with 199,654 more rows
```

출력된 결과에서 datetime 변수 아래에 있는 <dttm>은 Date-Time을 의미합니다. R은 기본적으로 POSIXt, POSIXct, POSIXlt 같은 날짜/시간 형식 변수를 활용하는데, 형식은 신경 쓰지 말고 문자형이 변환된 것만 확인하면 됩니다. 이렇게 변수를 날짜 형식으로 바꿨으니 그럼 끝난 걸까요?

아닙니다. 문자형 변수를 날짜/시간 형식에 맞게 변환한 건 보기 좋게 하기 위해서가 아니라 날짜와 시간을 활용하기 위해서입니다. 그러려면 변수에서 요소를 추출해야 하는데, as.Date() 함수와 format() 함수를 사용합니다. as.Date()는 strptime()과 마찬가지로 문자로 표현된 날짜를 Date라는 날짜 형식으로 변환할 때 사용합니다.

```
# [코드 5-115]
as.Date("12/31/2030", format = "%m/%d/%Y")
"2030-12-31"
```

strptime과 마찬가지로 입력한 날짜 형식을 눈에 보이는 대로 format 옵션에 패턴으로 정의하면 표준 날짜 형식으로 변환됩니다. 이렇게 문자를 날짜로 바꾸는 as.Date() 함수를 이용하면 문자가 아니라 날짜/시간 형식에서 날짜만 추출하는 것을 너무나 쉽게 할 수 있습니다.

```
# [코드 5-116]
checkout = checkout %>%
  mutate(datetime = strptime(datetime, "%Y-%m-%d %H:%M:%S"),
         date     = as.Date(datetime))

checkout %>%
  tibble()
# A tibble: 199,664 x 6
      datetime            cust_id merc_id category amount  date
      <dttm>              <chr>   <chr>   <chr>    <dbl>   <date>
 1 2020-05-25 00:00:33    C11476  M73846  홈쇼핑    59900  2020-05-25
 2 2020-05-25 00:01:11    C14205  M44463  전자상거래 15300  2020-05-25
 3 2020-05-25 00:01:56    C15095  M50270  전자상거래 20100  2020-05-25
 4 2020-05-25 00:05:30    C15963  M50270  전자상거래 105500 2020-05-25
 5 2020-05-25 00:12:14    C18252  M44463  전자상거래 38100  2020-05-25
 6 2020-05-25 00:15:27    C17780  M44463  전자상거래 25800  2020-05-25
 7 2020-05-25 00:20:22    C14616  M02556  전자상거래 42800  2020-05-25
 8 2020-05-25 00:21:05    C16475  M44463  전자상거래 86300  2020-05-25
 9 2020-05-25 00:22:15    C17745  M44463  전자상거래 20600  2020-05-25
10 2020-05-25 00:23:14    C15149  M02556  전자상거래 24000  2020-05-25
# ... with 199,654 more rows
```

datetime 변수의 형식을 바꿔 as.Date() 함수에 넣고, 여기서 날짜만 추출해 date 변수를 만들었습니다. 날짜/시간 변수는 앞으로 자주 사용하게 되므로 형식을 매번 바꾸기 번거로워 날짜 형식으로 바꾼 변수를 checkout 데이터에 그대로 업데이트했습니다. 이제 날짜가 나왔으니 일별 매출액을 계산할 수 있습니다.

```
# [코드 5-117]
checkout %>%
  group_by(date) %>%
  summarise(total = sum(amount))
# A tibble: 14 x 2
       date         total
       <date>       <dbl>
 1  2020-05-25  217217190
 2  2020-05-26  214810810
 3  2020-05-27  257905150
 4  2020-05-28  216967050
 5  2020-05-29  314680550
 6  2020-05-30  408489670
 7  2020-05-31  435839070
 8  2020-06-01  245706290
 9  2020-06-02  217077020
10  2020-06-03  248342780
11  2020-06-04  215088400
12  2020-06-05  262101080
13  2020-06-06  418432050
14  2020-06-07  307882830
```

업데이트된 날짜 변수를 활용해서 일별 카드 결제 금액의 합을 계산했습니다. 이를 그래프로 그려봅시다. 보통 일별 요약 결과는 선 그래프로 나타냅니다.

```
# [코드 5-118]
checkout %>%
  group_by(date) %>%
  summarise(total = sum(amount)) %>%
  ggplot(aes(date, total)) +
  geom_line()
```

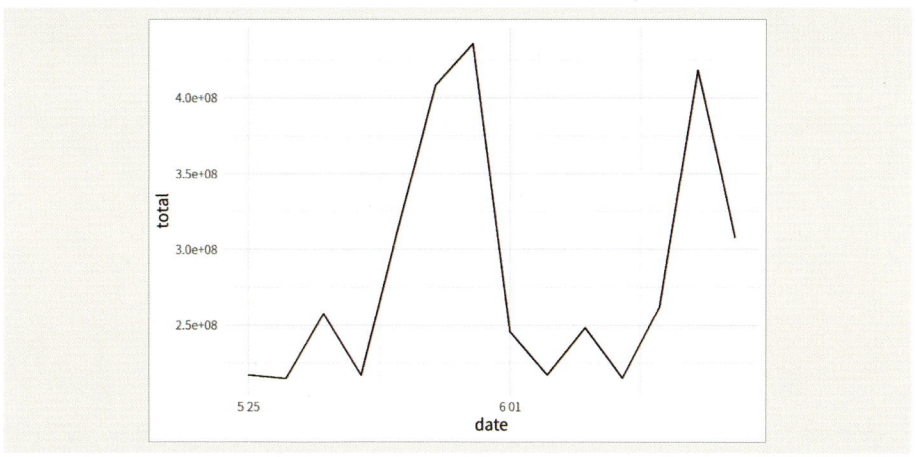

우리가 실습한 데이터는 저장된 기간이 며칠 되지 않아 크게 의미 있다고 하기가 어렵습니다. 따라서 방금 요약한 일별 매출액의 그래프에서 인사이트를 발견하기도 어렵죠. 그러나 나중에 여러분의 의미 있는 데이터로 분석할 때를 대비해서 x축에 표시되는 날짜 표현을 바꾸는 방법을 알아보겠습니다.

x축의 척도(scale)를 바꾸는 함수는 여러 개가 있는데, x축에 날짜가 있을 때는 `scale_x_date()` 함수를 사용합니다. 다음 코드를 보면 앞에서 그래프를 그린 명령어에 `scale_x_date()` 함수를 추가하고, `date_labels` 옵션에서 날짜를 패턴으로 정의합니다. 그리고 `date_breaks` 옵션에서 날짜 주기를 지정합니다.

```
# [코드 5-119]
checkout %>%
  group_by(date) %>%
  summarise(total = sum(amount)) %>%
  ggplot(aes(date, total)) +
  geom_line() +
  scale_x_date(date_labels = "%m-%d", date_breaks = "1 day")
```

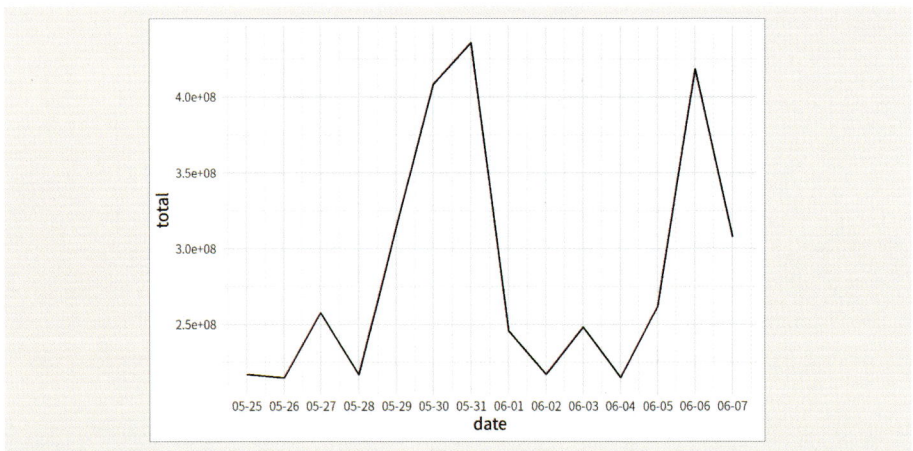

일별 매출액이 아니라 일별 누적(cumulative) 매출액을 계산해 그래프로 표현하고 싶다면 누적합을 구하는 `cumsum()` 함수를 사용합니다. `cumsum()`으로 일별 매출액 합계 `total`의 누적합을 계산하고 `cum_total`로 저장한 다음, 선 그래프를 그려봅시다.

```
# [코드 5-120]
checkout %>%
  group_by(date) %>%
  summarise(total = sum(amount)) %>%
  mutate(cum_total = cumsum(total)) %>%
  ggplot(aes(date, cum_total)) +
  geom_line() +
  scale_x_date(date_labels = "%m-%d", date_breaks = "1 day")
```

그룹별 매출액 추이를 확인하고 싶다면 요약값을 계산할 때 group_by()에 날짜와 함께 그룹 변수를 추가합니다. 그리고 ggplot()의 aes() 함수에 선 색을 설정하는 color 옵션에 그룹 변수를 넣어서 그룹별로 선 색을 다르게 나타냅니다.

```
# [코드 5-121]
checkout %>%
  group_by(date, category) %>%
  summarise(total = sum(amount)) %>%
  group_by(category) %>%
  mutate(cum_total = cumsum(total)) %>%
  ggplot(aes(date, cum_total, color = category)) +
  geom_line() +
  scale_x_date(date_labels = "%m-%d", date_breaks = "1 week")
```

날짜를 의미하는 date 변수만 있던 파이프라인의 첫 번째 group_by() 함수에 업종 변수인 category 변수를 추가하고 일별, 업종별 결제 금액의 합을 계산했습니다. 그다음 누적합을 계산해야 하는데, 이번에는 날짜별 누적합을 계산하는 것이 아니라 업종별로 날짜에 따른 누적합을 계산해야 합니다. 따라서 누적합을 계산하기 전에 업종 변수를 그룹으로 지정했습니다. 파이프라인의 첫 번째 group_by() 함수에 날짜보다 업종을 먼저 입력했으므로 순서상 문제가 없지만, 명확하게 하려고 새로 group_by()를 추가해서 category를 입력했습니다.

이렇게 일별 분석에도 날짜 변수가 활용됩니다. 날짜/시간 변수 혹은 날짜 변수에서 다시 월이나 요일, 시간을 추출해 부분 요소만 분석에 활용하기도 하는데, 이때는 `format()` 함수를 사용합니다. `format()`은 여러 형식으로 이루어진 변수의 출력 형태를 바꾸는 함수입니다. 그중에서도 날짜/시간 변수에서 날짜/시간 요소를 추출할 때 주로 쓰이며, 사용법은 `as.Date()` 함수와 비슷합니다.

```
# [코드 5-122]
checkout %>%
  mutate(month = format(datetime, format = "%m"),
         hour  = format(datetime, format = "%H"),
         dow1  = format(date, format = "%a"),
         dow2  = format(date, format = "%u"),
         dow   = format(date, format = "%u_%a")) %>%
  select(datetime, month, hour, dow1, dow2, dow) %>%
  sample_n(5) %>%
  tibble()
# A tibble: 5 x 6
  datetime            month hour  dow1  dow2  dow
  <dttm>              <chr> <chr> <chr> <chr> <chr>
1 2020-05-28 12:27:26 05    12    목    4     4_목
2 2020-06-01 08:05:47 06    08    월    1     1_월
3 2020-06-04 08:46:37 06    08    목    4     4_목
4 2020-05-31 14:46:16 05    14    일    7     7_일
5 2020-06-04 20:26:49 06    20    목    4     4_목
```

`mutate()` 함수 안에서 `format()`을 여러 번 사용해 여러 요소를 추출했습니다. 이때 `format(datetime, format="%m")`처럼 `format()` 함수 안에 다시 `format` 옵션이 나옵니다. `format()` 함수에 먼저 날짜/시간 혹은 날짜 변수 이름을 넣고, `format` 옵션에서 출력할 형식을 지정합니다. 출력이라는 표현을 썼지만 결국 기존 변수에서 날짜/시간 요소를 추출하는 작업입니다. 그리고 이 요소들을 `month`, `hour`, `dow1`, `dow2`, `dow`라는 이름의 변수로 저장했습니다.

format 옵션에 입력한 값을 자세히 살펴보겠습니다. "%m"은 월만 추출하고 "%H"는 시간만 추출합니다. "%a"는 요일 이름, "%u"는 월, 화, 수, 목, 금, 토, 일을 1부터 7까지 숫자로 표현한다는 의미입니다. 그리고 "%a"와 "%u"를 _로 연결해 요일 변수 dow(day of week)도 만들었습니다. 이렇게 형식에 맞는 날짜/시간 변수를 만들면 필요한 요소만 추출해 다양하게 활용할 수 있습니다.

앞에서 만든 요일과 시간 변수를 사용해 요일마다 시간별 결제 고객 수와 결제 금액 합계를 계산하겠습니다.

```
# [코드 5-123]
agg_dow_hour = checkout %>%
  mutate(hour = format(datetime, format = "%H"),
         dow  = format(date, format = "%u_%a")) %>%
  group_by(dow, hour) %>%
  summarise(n_cust = n_distinct(cust_id),
            total  = sum(amount))

agg_dow_hour
# A tibble: 153 x 4
# Groups:   dow [7]
      dow    hour    n_cust     total
      <chr>  <chr>   <int>      <dbl>
 1    1_월   00      51         2765600
 2    1_월   01      12          747500
 3    1_월   05      27         1289630
 4    1_월   06      140        5469840
 5    1_월   07      1030      14721950
 6    1_월   08      1456      21183910
 7    1_월   09      849       20037570
 8    1_월   10      393       10917500
 9    1_월   11      209        7786550
10    1_월   12      3060      47960420
# ... with 143 more rows
```

이 결과를 히트맵으로 시각화해봅시다.

```
# [코드 5-124]
agg_dow_hour %>%
  ggplot(aes(dow, hour, fill = total, label = n_cust)) +
  geom_tile() +
  scale_fill_distiller(palette = "YlGnBu", direction = 1) +
  geom_text()
```

마지막으로 아파트관리비, 도시가스비, 대중교통을 제외한 업종별로 요일별 매출액의 비중을 계산해서 히트맵으로 표현해봅시다.

```
# [코드 5-125]
agg_dow_category = checkout %>%
  filter(!(category %in% c("아파트관리비", "도시가스비", "대중교통"))) %>%
  mutate(hour = format(datetime, format = "%H"),
         dow  = format(date, format = "%u_%a")) %>%
  group_by(category, dow) %>%
  summarise(n_cust = n_distinct(cust_id),
            total  = sum(amount)) %>%
  mutate(prop = total / sum(total))

agg_dow_category %>%
  ggplot(aes(dow, category, fill = prop)) +
  geom_tile() +
  scale_fill_distiller(palette = "YlGnBu", direction = 1)
```

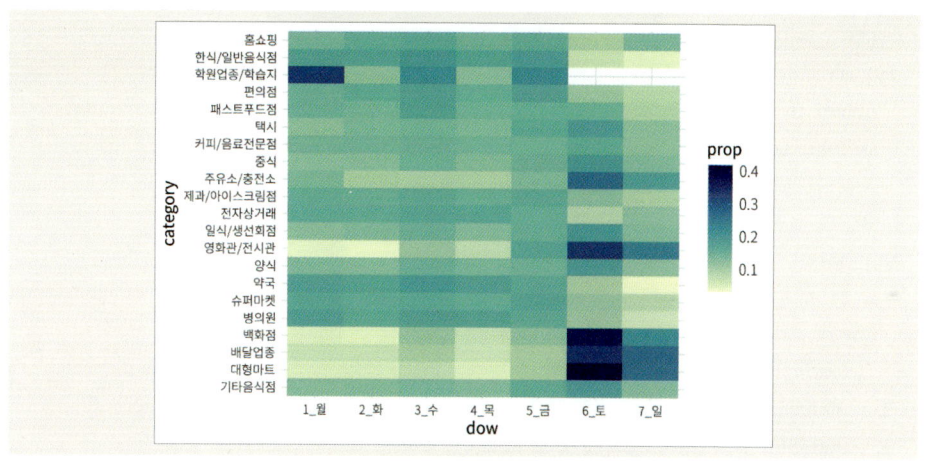

5.14 가맹점의 매출 건수와 매출 금액의 관계를 살펴봅시다

상관 계수(correlation coefficient)를 아시나요? 상관 계수는 -1부터 1 사이의 숫자로 두 수치형 변수의 관계를 표현하는 것을 말하는데, 비즈니스 데이터에서는 상관 계수를 구하는 것이 무의미할 때가 많습니다. 그 가장 큰 이유는 상관 계수로 쉽게 확인할 수 있을 만큼 두 변수의 관계가 단순하지 않기 때문입니다. 또 비즈니스 데이터를 이용해 만든 보고서에 사용된 상관 계수는 의미를 제대로 해석하기도 어렵습니다.

 상관 계수에 관련된 실습이 실습 자료 스크립트에 있으니 관심이 있다면 한번 따라 해보세요!

그래서 이 책에서는 상관 계수를 따로 구하지 않고, 대신 산점도(scatter plot)를 그려볼 것입니다. 산점도는 매우 쉽습니다. 두 수치형 변수 중 하나를 x축, 나머지 하나를 y축 좌표로 삼아 점을 찍으면 산점도가 됩니다. 만약 관측치가 100개 있다면 점이 100개 찍히고, 1억 개가 있다면 점이 1억 개 찍힙니다.

checkout 데이터에서 가맹점별로 결제 건수와 결제 금액의 합을 계산하고, ggplot2 패키지의 `geom_point()` 함수로 산점도를 그리겠습니다.

```
# [코드 5-126]
agg_merc = checkout %>%
  group_by(merc_id) %>%
  summarise(n     = n(),
            total = sum(amount))

agg_merc
# A tibble: 1,021 x 3
   merc_id     n    total
   <chr>   <int>    <dbl>
 1 M00065    198  2671900
 2 M00489    198  1767000
 3 M00522     75   317000
 4 M00556     73   687200
 5 M00597    146   612100
 6 M00619    928 97038500
 7 M00685     75   923900
 8 M00855    136   519800
 9 M01039    224  1149000
10 M01169     92  1086900
# ... with 1,011 more rows
agg_merc %>%
  ggplot(aes(n, total)) +
  geom_point(alpha = 0.3)
```

약 1천 개의 가맹점을 모두 점으로 표현한 그래프가 만들어졌습니다. x축은 결제 건수, y축은 결제 금액의 합계를 의미합니다. `geom_point()` 함수에서 `alpha` 옵션을 사용해 투명도를 30%로 지정했는데도 대부분의 관측치가 왼쪽 아래에 몰려있어 각각을 구분하기 어렵습니다. 이런 경우는 크게 두 가지 방법으로 분석합니다. 절대다수가 차지하는 몰려있는 관측치를 살펴보거나, 몰려있지 않고 동떨어진 특이한 관측치를 살펴봅니다.

매출 건수를 나타내는 x축을 기준으로 매출 건수가 1천 건 이상인 지점부터 관측치들이 특이해 보입니다. `filter()`를 사용하여 매출 건수가 1천 건 이상인 가맹점의 목록을 확인해 봅시다.

```
# [코드 5-127]
agg_merc_1000 = agg_merc %>%
  filter(n >= 1000)

agg_merc_1000
# A tibble: 13 x 3
   merc_id       n     total
   <chr>     <int>     <dbl>
 1 M02323     1007  13081700
 2 M02556     1472  90440000
 3 M09454     6382 146551800
 4 M09461     1008  13257300
 5 M19469     1823 204358700
 6 M28333     2562 129114200
 7 M44463     2902 169671200
 8 M50270     2095 123289700
 9 M56647     3213  76075000
10 M59298     1315  16611300
11 M59805     1483 166487800
12 M63214     1190 112390700
13 M69553     3132 342188000
```

지금까지는 요약할 데이터를 `ggplot()` 함수에 입력하고, `ggplot()`에 입력한 데이터만을 이용해 그래프를 그렸었습니다. `ggplot()` 함수와 `geom_text()` 함수를 함께 사용하면 그래프 위에 글씨를 나타낼 수 있는데, `geom_text()` 함수 안에 `ggplot()`에 사용된 데이터 외에 또 다른 데이터를 사용해 그래프에 라벨을 붙이겠습니다.

```
# [코드 5-128]
agg_merc %>%
  ggplot(aes(n, total)) +
  geom_point(alpha = 0.3) +
  geom_text(data = agg_merc_1000, aes(label = merc_id), vjust = 1)
```

data 옵션을 이용해 매출 건수가 1천 건 이상인 관측치만 선택한 **agg_merc_1000** 데이터를 **geom_text**()에 넣었습니다. 그리고 그래프의 축과 크기 등 형태를 결정하는 **aes**()가 등장했는데요. 그래프에 라벨을 추가할 때도 x축, y축 좌표를 사용합니다. 그런데 **ggplot**() 안의 **aes**()에서 이미 x축, y축의 변수를 n, total로 지정했고, **agg_merc_1000** 데이터의 축도 같은 변수를 사용하므로 여기서는 축으로 사용할 변수를 또 입력하지 않아도 됩니다.

대신 **geom_text**()에서 좌표에 표시할 변수 이름을 **label** 옵션으로 지정했습니다. 변수로 **merc_id**를 사용했으므로 가맹점ID가 그래프에 표시됩니다. **vjust=1** 옵션은 라벨이 좌표에 찍힌 점과 겹치지 않도록 한 칸 아래에 표시하며, 반대로 -를 사용해서 **vjust=-2**로 입력하면 라벨이 점보다 두 칸 위에 표시됩니다.

그럼, 산점도에서 특이한 관측치가 눈에 띄도록 색을 칠해볼까요? 요약 데이터에 변수를 하나 만들어 매출 건수가 1천 건 이상인 **agg_merc_1000** 데이터를 색으로 구분해보겠습니다.

```
# [코드 5-129]
agg_merc %>%
```

```
  mutate(col_var = if_else(n >= 1000, "target", "normal")) %>%
  ggplot(aes(n, total)) +
  geom_point(alpha = 0.5, size = 2, aes(color = col_var)) +
  geom_text(data = agg_merc_1000, aes(label = merc_id), hjust = 1.2)
```

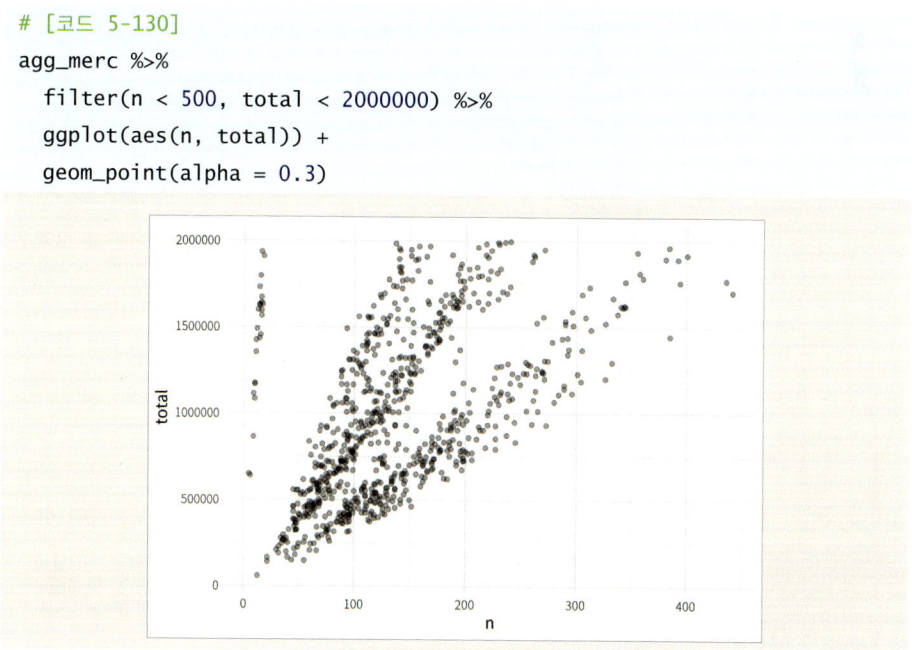

이번에는 특이한 관측치를 제외한 매출 건수가 5백 건 이하인 일반적인 관측치만 선택해서 살펴보겠습니다.

```
# [코드 5-130]
agg_merc %>%
  filter(n < 500, total < 2000000) %>%
  ggplot(aes(n, total)) +
  geom_point(alpha = 0.3)
```

당연하겠지만 전반적으로 결제 건수가 많을수록 결제 금액도 높아지는 관계를 보입니다. 이렇게 산점도는 x축과 y축에 있는 두 변수의 관계를 살펴보기 위해 그립니다. 여기서 끝내기 아쉬우니 업종별로 색을 다르게 칠한 산점도를 하나 더 그리겠습니다.

어차피 한 가맹점의 업종은 절대 바뀌지 않습니다. 즉, 한 가맹점은 한 가지 category값만 가집니다. 따라서 group_by()에 category 변수를 추가해 요약하면 데이터에 업종까지 표시되고, aes()에 color=category를 추가하면 업종에 따라 색이 다르게 표시됩니다.

```
# [코드 5-131]
checkout %>%
  group_by(merc_id, category) %>%
  summarise(n     = n(),
            total = sum(amount)) %>%
  filter(n < 500, total < 2000000) %>%
  ggplot(aes(n, total, color = category)) +
  geom_point(alpha = 0.5)
```

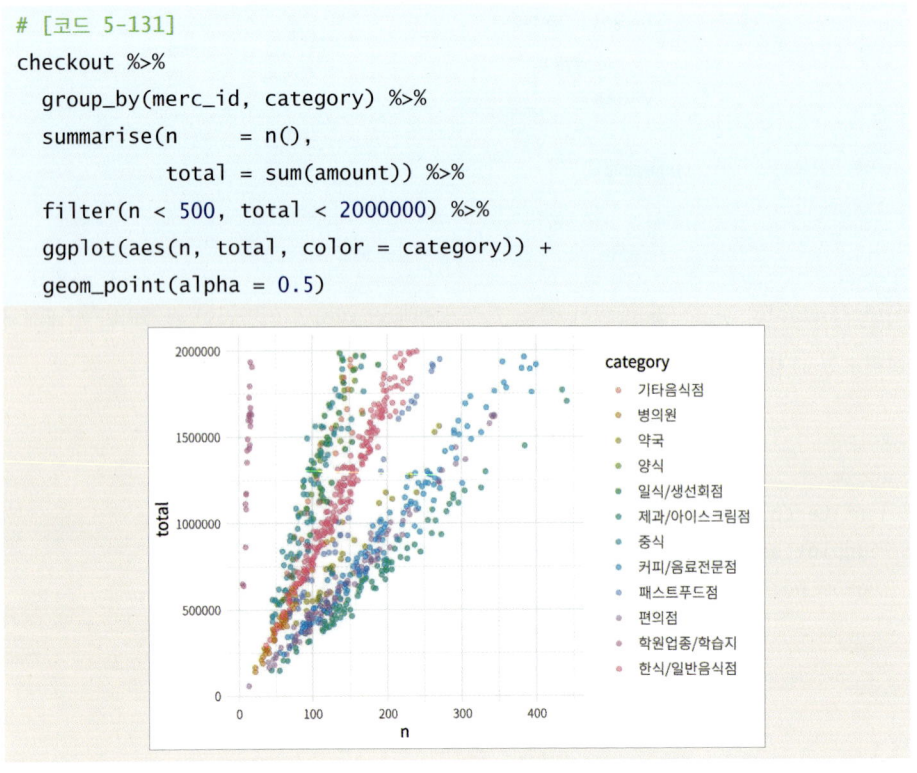

업종별로 색을 다르게 칠해보니 그래프의 의미가 더 명확하게 보입니다. 아무래도 일반 음식점과 편의점에서 한 번에 결제하는 금액은 확실히 차이가 있죠.

이렇게 어떤 그룹 변수에 따라 산점도에서 점들이 뭉쳐 있는 등의 특정한 패턴을 나타낸다면 그 그룹 변수는 인사이트를 발견하는 데 있어서 중요한 역할을 하는 변수입니다. 반대로 어떤 패턴이 눈에 띄지 않는다면 그 그룹 변수는 그다지 중요하다고 할 수 없겠네요.

5.15 관측치를 나눠서 그래프를 그리면 뭔가 보입니다

이 책은 데이터 요약과 시각화를 목표로 하므로 우리는 지금 요약과 시각화에 초점을 맞춰서 공부하고 있습니다. 그런데 실제로는 규모가 큰 데이터를 분석할 때 요약과 시각화가 최종 목적이 아닌 경우가 많습니다. 또 실무에서는 매번 익숙한 데이터를 분석하는 게 아니라 어떨 때는 생소해서 의미 파악도 잘 안 되고, 뭘 해야 할지 감도 안 잡히는 데이터를 분석해야 하기도 합니다.

이렇게 데이터 자체를 이해해야 할 때 **탐색적 데이터 분석**(Exploratory Data Analysis, **EDA**)이 필요합니다. 탐색적 데이터 분석이라고 하면 굉장한 방법 같아 보이지만 그렇지 않습니다. 우리가 앞에서 해온 것처럼 다양한 방법으로 데이터를 요약하고 다양한 종류의 그래프를 그리는 것을 포함해 많은 시간을 들여서 이것저것 해보는 것일 뿐입니다. 그런데 특히 그래프를 더 자주 그립니다.

분석 목표가 명확할 때는 정확한 숫자가 필요합니다. '매출 분석'을 할 때는 정확한 매출액을 계산해서 정확한 높이를 가진 그래프를 그려야 하죠. 그러나 분석 시작 단계에서 데이터 자체를 잘 이해하려면 정확한 숫자로 이루어진 그래프보다는 인사이트를 얻을 수 있는 그래프가 더 큰 도움이 됩니다. 그래서 다양한 그래프를 그리는데, 조건을 설정해 관측치를 그룹별로 나눈 뒤 그룹별로 같은 그래프를 그려서 비교하기도 합니다.

우리가 관측치를 그룹별로 나눠 같은 그래프를 그리는 게 처음은 아닙니다. 이미 상자그림을 나란히 그려 수치형 변수의 분포를 비교했었습니다. 상자그림뿐만 아니라 히스토그램이나 히트맵, 산점도 역시 나란히 그려 비교할 수 있습니다. 이미 x축, y축이 결정된 그래프를 어떻게 나란하게 그릴 수 있고, 왜 나란히 그리는지 설명으로는 의미가 잘 와닿지 않을 것 같으니 실습으로 함께 알아봅시다.

```
# [코드 5-132]
cust_checkout = merge(checkout, customer %>% select(1:3), by = "cust_id")
cust_checkout = cust_checkout %>%
  mutate(연령대_10 = cut(age,
                      breaks = seq(20, 90, 10),
                      labels = paste0(seq(20, 80, 10), "대"),
                      right  = F, include.lowest = T),
```

```
            성별       = case_when(
        gender == 1 ~ "1_남",
        gender == 2 ~ "2_여"),
      datetime = strptime(datetime, "%Y-%m-%d %H:%M:%S"),
      결제시간    = format(datetime, format = "%H"),
      요일       = format(datetime, format = "%u_%a"))
```

먼저, 다시 한번 결제 데이터와 고객 데이터를 결합하여 **연령대** 변수를 만들었습니다. 그리고 성별의 그룹 이름을 한글로 지정해서 **성별**이라는 새로운 변수를 만들고, 날짜/시간 변수를 변환해서 **결제시간**과 **요일** 변수도 만들었습니다.

```
# [코드 5-133]
cust_checkout %>%
  filter(category == "커피/음료전문점") %>%
  ggplot(aes(amount, fill = 성별)) +
  geom_histogram(position = "identity", alpha = 0.5)
```

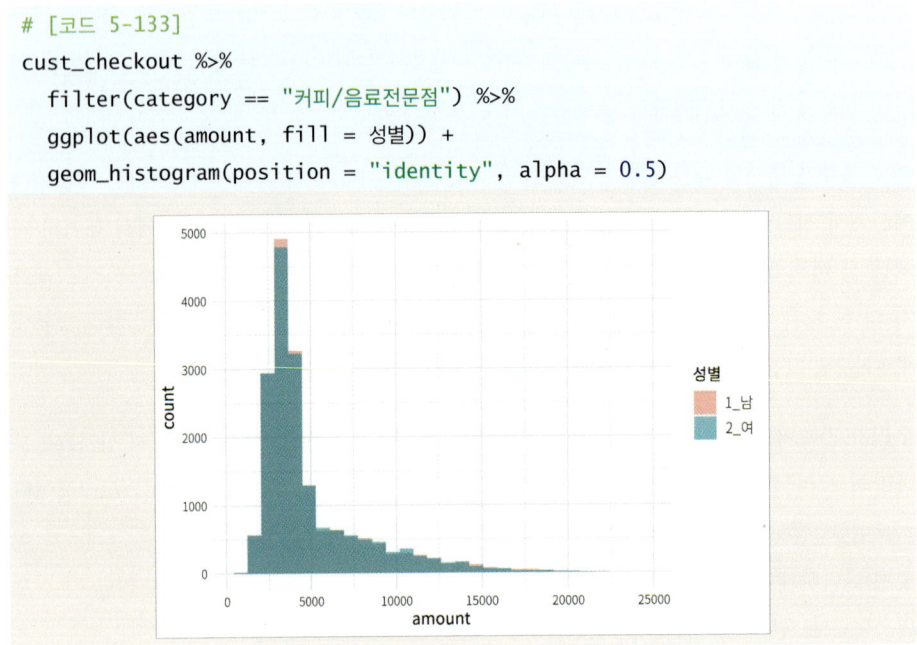

그리고 **커피/음료전문점**을 한 번 이용할 때 얼마나 결제하는지 카드 결제 금액을 살펴보기 위해 히스토그램을 성별에 따라 색을 다르게 표시하고 겹쳐 그렸습니다.

카페에서는 보통 커피를 한두 잔만 사는 경우가 많을 테니 1건당 카드 결제 금액은 크지 않고, 성별에 따른 카드 결제 금액 차이도 고객 수 차이를 고려하면 크지 않아 보입니다. 그럼 평일과 주말로 나눠보면 카페에서의 1건당 결제 금액은 차이가 있을까요? 요일에 따라서 남녀의 결제 금액에 차이가 있는지 알아보기 위해 방금 그린 히스토그램을 월요일과 토요일로 구분해서 각각 그려봅시다. 파이프라인에 추가된 두 개의 `filter()` 앞에 주석 표시인 #을 활용해 월요일과 토요일의 그래프를 번갈아 그리겠습니다.

```
# [코드 5-134]
cust_checkout %>%
    filter(category == "커피/음료전문점") %>%
    filter(요일 == "1_월") %>%
    #filter(요일 == "6_토") %>%
    ggplot(aes(amount, fill = 성별)) +
    geom_histogram(position = "identity", alpha = 0.5)
```

```
cust_checkout %>%
    filter(category == "커피/음료전문점") %>%
    #filter(요일 == "1_월") %>%
    filter(요일 == "6_토") %>%
    ggplot(aes(amount, fill = 성별)) +
    geom_histogram(position = "identity", alpha = 0.5)
```

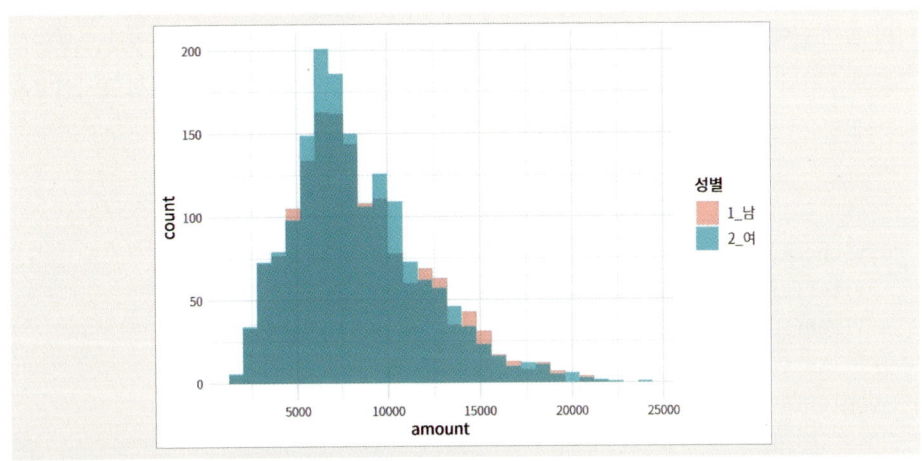

첫 번째 그래프는 월요일, 두 번째 그래프는 토요일의 히스토그램입니다. 월요일은 남녀 구분 없이 5천 원 미만의 소액 결제가 많고, 토요일은 상대적으로 고액 결제의 비중이 높습니다. 흔히 말하는 고객 한 명당 결제 금액, 즉 객단가가 높습니다. 그럼 이 지역의 카페들은 주말에 더 열심히 일해야 할까요? 결론부터 말하자면 아닙니다.

두 그래프의 x축을 먼저 살펴보겠습니다. 언뜻 보면 같아 보이지만 격자를 잘 따져보면 x축의 최댓값이 다릅니다. 그리고 두 그래프에서 결제 건수인 y축을 살펴보면 월요일의 결제 건수가 압도적으로 많습니다. 제가 직접 설계한 이 지역은 평일에는 직장인들로 붐비지만 주말에는 사람이 없습니다. 주말에 장사가 더 잘될 것 같지만 그래프를 각각 그려보니 오히려 주말에는 문을 열지 않는 게 나을 수도 있겠네요.

이처럼 데이터 분석에서 더 많은 정보와 복잡한 관계를 확인하기 위해서는 더 많은 변수를 활용해야 합니다. 여기서 처음엔 '카페 1회 방문 시 결제 금액'이 궁금해서 **성별**이라는 하나의 그룹 변수로 데이터를 나눠 살펴봤습니다. 그다음에는 **성별**과 **요일**이라는 두 개의 그룹 변수를 사용해 그래프를 그렸고요. 당연히 **성별**만 이용한 것보다 **요일**을 함께 활용했을 때 더 많은 정보를 확인할 수 있었습니다.

그런데 그룹 변수를 많이 활용해서 그룹별로 그래프를 나눠 그리면 더 많은 정보를 확인할 수 있지만, 그래프에서 축의 척도(scale)가 자동으로 설정되기 때문에 앞의 두 그래프처럼 생각하지 못한 정보 왜곡이 생길 수 있습니다. 그래서 `filter()`로 그래프를 나눠 그리는 것은 위험합니다.

이러한 왜곡을 방지하기 위해 ggplot2 패키지의 facet_wrap() 함수나 facet_grid() 함수를 활용하는 것이 좋습니다. 이 함수들은 같은 데이터에서 그룹별로 나눠 그래프를 그릴 때 각 그래프의 척도를 통일시켜 주기 때문에 그래프를 비교하기가 편합니다.

facet_wrap()을 이용해 그래프를 그릴 때는 함수 안에 그래프를 나눠 그릴 그룹 변수를 넣고 ggplot() 함수에 더하면 됩니다. 단, 그룹 변수를 바로 집어넣지 말고 반드시 vars()라는 보조함수 안에 넣어야 합니다. 이렇게 facet_wrap() 함수를 더하면 같은 척도로 나열된 그룹별 그래프가 하나로 그려집니다.

그럼 커피/음료전문점의 결제 금액 히스토그램을 요일별로 나눠서 그려봅시다.

```
# [코드 5-135]
cust_checkout %>%
  filter(category == "커피/음료전문점") %>%
  ggplot(aes(amount, fill = 성별)) +
  geom_histogram(position = "identity", alpha = 0.5) +
  facet_wrap(vars(요일))
```

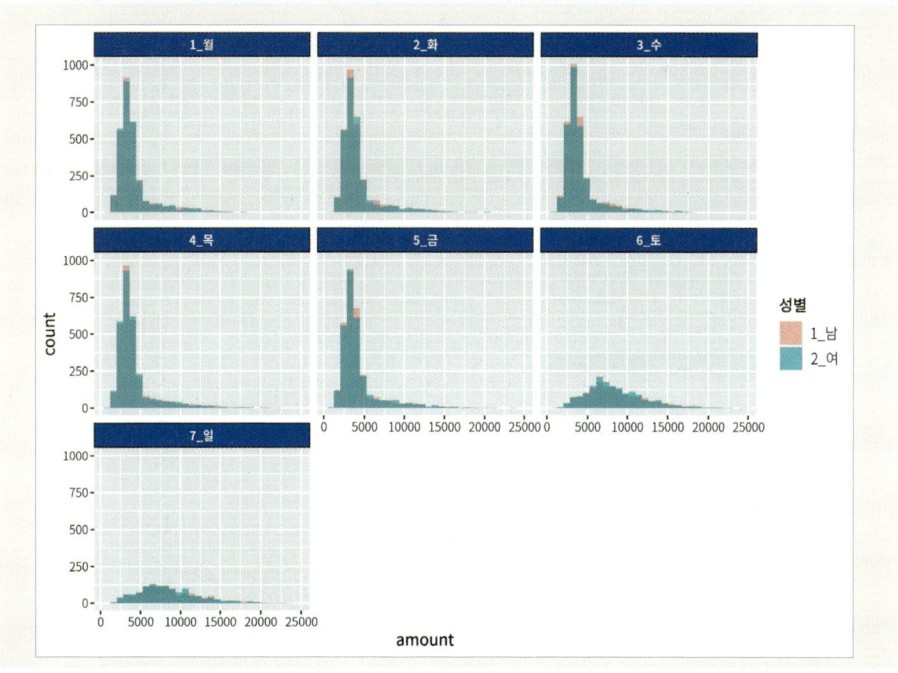

위에서처럼 우리가 일일이 요일별로 그래프를 따로 그리지 않아도 facet_wrap()에 입력한 그룹 변수인 요일에 따라 ggplot()이 알아서 관측치를 나누고, 동일한 척도의 히스토그램을 하나의 그래프로 그렸습니다. 7개나 되는 요일마다 그래프를 하나씩 따로 그릴 필요가 없어서 편하고, x축이나 y축의 척도가 모두 같아서 요일별로 비교하기도 편합니다. 그래프를 보면 평일에는 결제 건수에 큰 차이가 없지만, 주말에는 확실히 평일보다 결제 건이 적은 것을 확인할 수 있습니다.

facet_wrap()은 히스토그램 외에 다른 모든 그래프에도 적용됩니다.

```
# [코드 5-136]
cust_checkout %>%
  filter(category == "대형마트") %>%
  ggplot(aes(y = amount, x = 요일)) +
  geom_boxplot() +
  facet_wrap(vars(연령대_10))
```

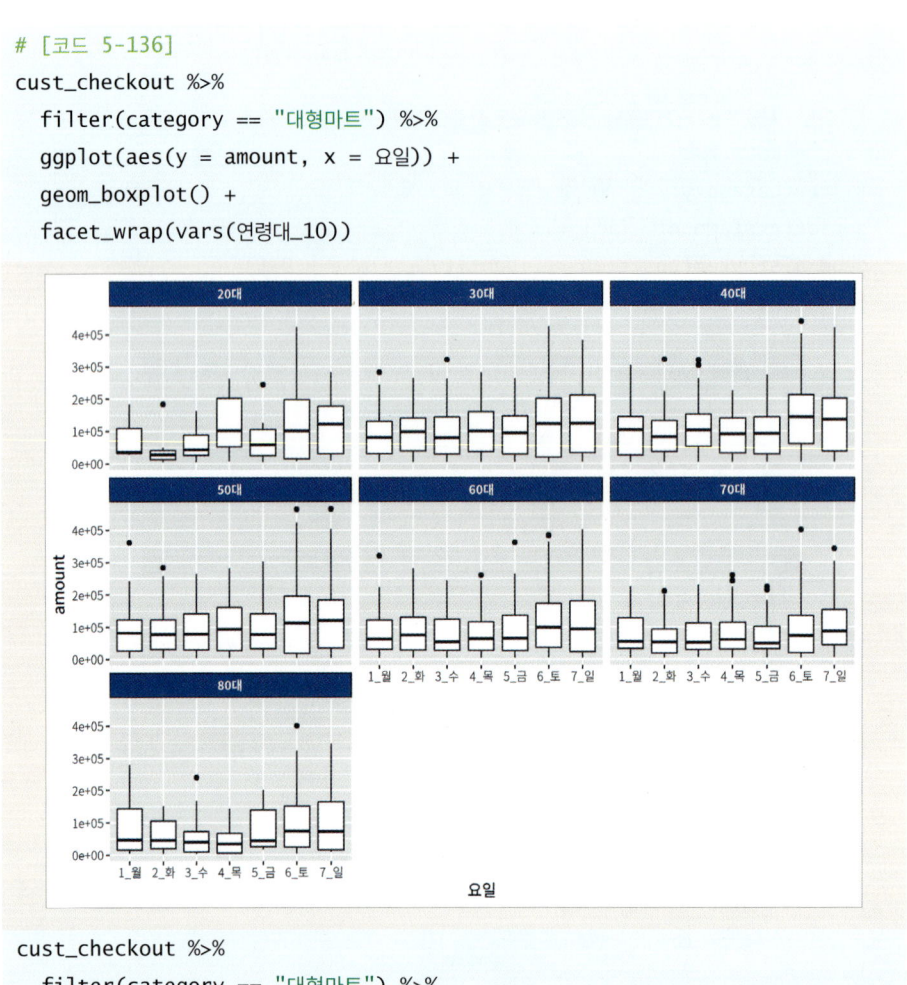

```
cust_checkout %>%
  filter(category == "대형마트") %>%
  ggplot(aes(y = amount, x = 연령대_10)) +
```

```
geom_boxplot() +
facet_wrap(vars(요일))
```

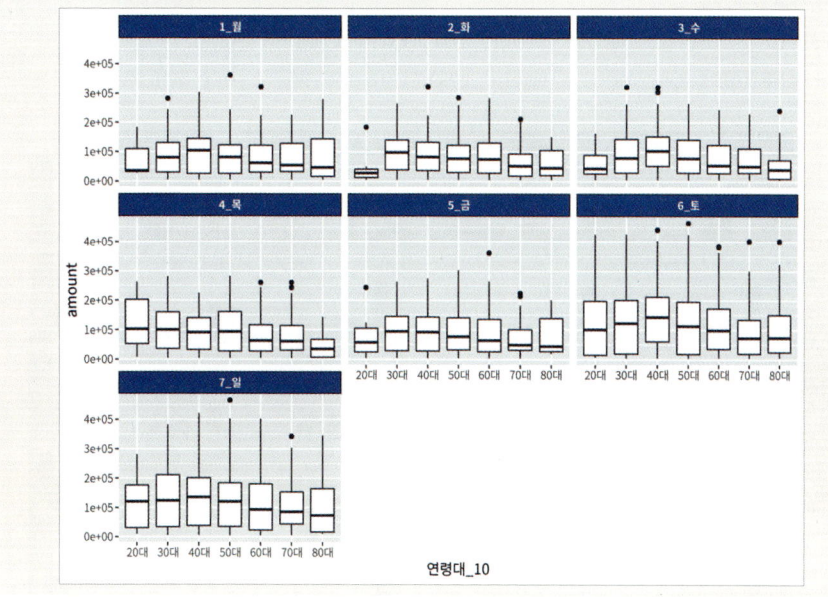

여기서는 `facet_wrap()`을 사용해 대형마트 업종에서 연령대별 카드 결제 금액을 상자그림으로 그린 다음, 다시 요일별로 나눴습니다. 반대로 요일별 카드 결제 금액을 상자그림으로 그린 다음, 연령대별로 나눠 그릴 수도 있죠. 어떤 방법을 사용하든 그룹 변수에 따라 나뉘어 그려진 그래프들의 패턴은 모두 다릅니다. 연령대로만 나누거나 요일로만 나눈 것보다 더 많은 정보가 그래프에 담겨 있기 때문입니다. 이렇게 `facet_wrap()`을 활용해 그린 그래프는 꽤 복잡해서 여러분이 가진 데이터에 대한 사전 지식을 최대한 동원해서 해석해야 합니다.

`facet_grid()`는 `facet_wrap()`과 비슷하지만 보통 두 개의 변수만 사용합니다. 이번에는 데이터를 먼저 요약한 다음 그래프를 그리겠습니다. **연령대**와 **성별**별로 각 업종에서의 결제 금액 비중을 계산한 뒤 막대그래프로 그려봅시다.

```
# [코드 5-137]
cust_checkout %>%
  group_by(연령대_10, 성별, category) %>%
  summarise(total = sum(amount)) %>%
```

```
  mutate(p = total / sum(total)) %>%
  ggplot(aes(category, p)) +
    geom_col() +
    facet_grid(rows = vars(연령대_10), cols = vars(성별)) +
    theme(axis.text.x = element_text(angle = 90, vjust = 0.2))
```

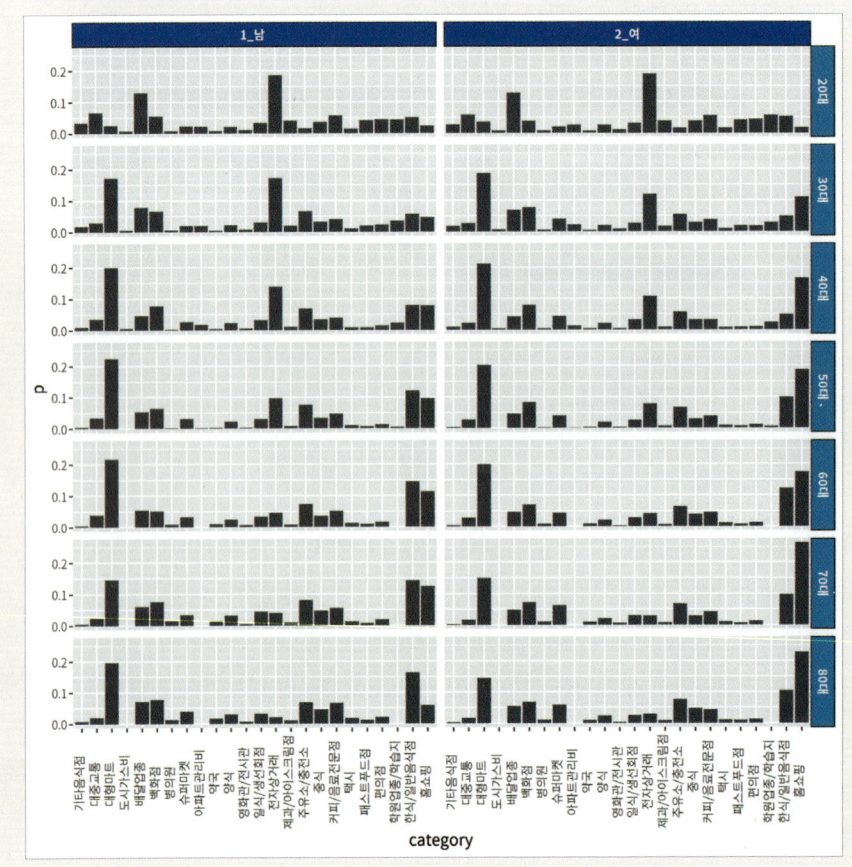

출력 결과를 보면 알 수 있듯이 `facet_grid()`는 행과 열로 그래프를 나누기 때문에 두 변수를 각각 행과 열로 구분해서 넣습니다. `rows=vars(연령대_10)`처럼 rows 옵션의 `vars()` 안에는 그래프에서 가로, 즉 행의 기준이 되는 변수를 넣습니다. 그리고 그래프에서 세로, 즉 열의 기준이 되는 변수는 `cols=vars(성별)`과 같이 cols 옵션의 `vars()` 안에 넣습니다.

명령어를 실행하면 **연령대**를 행으로, **성별**을 열로 구분해 업종별 비중을 막대그래프로 그린 그래프가 그려집니다. 출력된 막대그래프들을 서로 비교해보면 같은 연령대라도 성별에 따라 혹은 같은 성별이라도 연령대에 따라 업종에 따른 결제 건수의 비중이 다른 것을 알 수 있습니다.

별거 아닌 듯 보이지만 이 정도의 정보를 숫자로 확인할 수 있게 나타내는 것은 일반인이 아닌 분석가라 해도 매우 어려운 일입니다. 아마 분석가가 이 정도 수준의 그래프를 직접 나눠 그리려면 많은 노력이 필요할 겁니다. 그러나 우리는 ggplot2 패키지의 facet_wrap()이나 facet_grid() 함수만 하나 덧붙이면 편리하게 수준 높은 분할 그래프를 그릴 수 있다는 것을 알게 됐습니다.

데이터를 요약해서 분할 그래프를 그릴 때 주의할 점이 있습니다. 이미 한번 언급한 적이 있는데요. group_by()에 나온 함수는 aes() 안에서 x, y, color, fill과 같은 옵션에 들어가거나 facet_wrap() 또는 facet_grid() 안에 꼭 들어가야 한다는 점입니다. group_by()에 그룹 변수를 세 개 사용했는데 그래프를 그릴 때는 그룹 변수를 두 개만 사용하면 역시나 예상치 못하게 그래프가 왜곡될 수 있습니다. 그래서 분할 그래프를 그릴 때는 요약에서 미리 모든 변수를 사용하지 말고, 분할에 활용할 변수는 제외하고 요약해서 그래프를 그린 다음 facet 함수에 들어갈 변수를 group_by()에 추가하는 것이 좋습니다.

예를 들어 요일과 시간대별 카드 결제 건수를 히트맵으로 나타내고, 연령대로 나눠서 그려봅시다. 그럼 일단 연령대는 제외하고 요일과 시간대별 카드 결제 건수 요약값을 계산해서 히트맵을 그리는 겁니다.

```
# [코드 5-138]
cust_checkout %>%
  group_by(요일, 결제시간) %>%
  summarise(n = n()) %>%
  ggplot(aes(요일, 결제시간, fill = n)) +
  geom_tile() +
  scale_fill_distiller(palette = "YlGnBu", direction = 1)
```

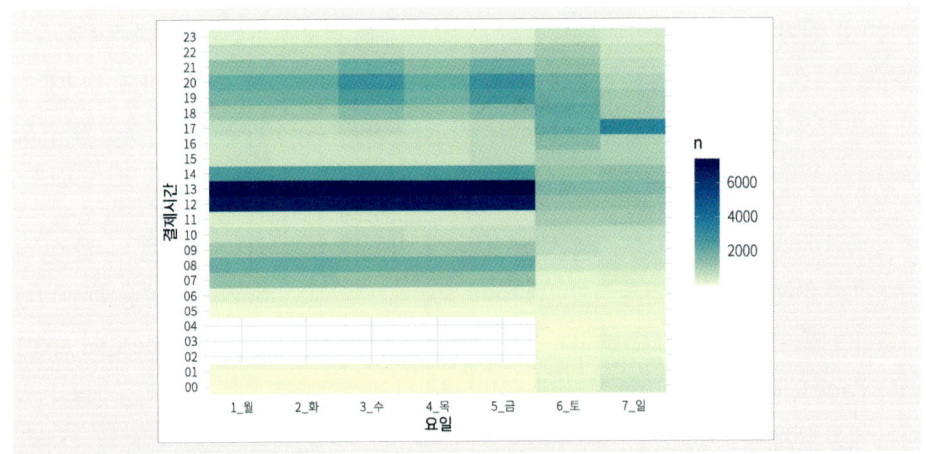

그래프를 보면 **요일**과 **결제시간**별 결제 건수의 특징이 보입니다. 평일 아침과 점심, 저녁 식사 시간대에 결제 건수가 많습니다. 다음으로 이 히트맵을 연령대별로 나눠 그려봅시다. 히트맵을 연령대별로 나누기 위해 group_by()에 연령대_10 변수를 추가하고, ggplot()에도 연령대_10 변수가 포함된 facet_wrap()을 추가합니다. 그럼 우리가 원하는 그래프가 문제없이 그려집니다.

```
# [코드 5-139]
cust_checkout %>% 
  group_by(요일, 결제시간, 연령대_10) %>% 
  summarise(n = n()) %>% 
  ggplot(aes(요일, 결제시간, fill = n)) +
  geom_tile() +
  scale_fill_distiller(palette = "YlGnBu", direction = 1) +
  facet_wrap(vars(연령대_10))
```

그래프의 종류는 다양합니다. 그리고 모든 그래프는 색이나 크기, 모양을 다르게 그림으로써 더 많은 변수와 정보를 담을 수 있습니다. 그러나 정보가 많다고 해서 무조건 좋은 건 아닙니다. 탐색적 데이터 분석을 할 때는 자신이 이해할 수 있는 정도의 그래프를 그려야 하고, 보고서에 사용할 그래프는 의사결정권자가 이해할 수 있도록 핵심 내용만 담아야 합니다. 예를 들어 `facet_grid()`로 데이터를 나눠 그린 그래프에서 발견한 인사이트가 있다면, 보고서에 전체 그래프를 통째로 넣는 것이 아니라 `filter()`로 필요한 그래프만 추려내서 넣는 것이 좋습니다.

그래프의 종류는 다양하지만 그래프를 그리는 기본적인 함수의 구성은 비슷합니다. 그래프에 대해 좀 더 알고 싶다면 부록 A.5에서 그래프의 요소를 수정하는 함수들을 소개하고 있으니 참고하기 바랍니다.

5.16 밥 먹고 두 시간 안에 어떤 업종에서 결제를 많이 할까요?

일반적으로 변수 간 관계를 확인하려고 데이터를 분석하는 경우가 많습니다. 업종과 결제 금액의 관계를 살펴보려면 category와 amount 두 변수를 직접 활용해 데이터를 분석하거나 두 변수를 중심으로 요약값을 계산해서 분석에 활용합니다. 그런데 가끔 어떤 변수 자체에서 값들을 비교할 때가 있습니다.

5.16.1 고객 실적을 구분해봅시다

예를 들어 카드사에서 매달 고객별로 월별 카드 결제 금액을 계산한다고 가정하겠습니다. 그럼 카드사에서는 이달에 결제한 적이 있는 고객을 기준으로 전월 결제 금액을 활용해서 다음과 같은 실적 평가 항목을 만들 수 있습니다.

- **결제 금액 증가** 지난달 결제 금액보다 이달 결제 금액 증가
- **결제 금액 감소** 지난달 결제 금액보다 이달 결제 금액 감소
- **유실적 전환** 지난달에는 결제 이력이 없지만 이달에는 결제 이력 있음
- **무실적 전환** 지난달에는 결제 이력이 있지만 이달에는 결제 이력 없음
- **계속 무실적** 지난달과 이달 모두 결제 이력 없음

실적 평가 항목 중 이번 달을 기준으로 각 고객이 무실적인지, 고객의 카드 결제 금액이 증가하거나 감소했는지 세 가지 경우를 나누는 변수를 만들어보겠습니다. 변수를 만드는 개념을 머릿속으로 이해하기는 쉬우나 직접 데이터를 이용해 R이나 엑셀에서 실행하려면 잘 되지 않을 수 있습니다. 앞서 설명했듯 우리는 변수 간의 관계를 살펴보기 위해 데이터를 분석하고 있으므로 변수를 중심으로 함수들을 활용한다고 생각하면 됩니다.

우리가 사용하는 실습 데이터는 카드사에서 2020년 5, 6월에 걸친 2주간의 고객들의 카드 결제 내역을 저장한 데이터입니다. 이 데이터에서 실적을 구분하려면 5, 6월의 카드 결제 금액을 비교해야 하죠. 따라서 월별 카드 결제 금액을 나타내는 새로운 변수를 만들 겁니다. 먼저 월별 카드 결제 금액을 합산한 total 변수를 만들어서 5, 6월 두 달간의 카드 결제 금액을 나타내는 checkout_cust_month 데이터를 만들겠습니다.

```
# [코드 5-140]
checkout_cust_month = checkout %>%
  mutate(datetime = strptime(datetime, "%Y-%m-%d %H:%M:%S"),
         month    = format(datetime, format = "%m")) %>%
  group_by(cust_id, month) %>%
  summarise(total = sum(amount))

checkout_cust_month
# A tibble: 16,312 x 3
# Groups:   cust_id [8,713]
   cust_id month  total
   <chr>   <chr>  <dbl>
 1 C10001  05    429600
 2 C10001  06    380800
 3 C10002  05    280400
 4 C10002  06    124400
 5 C10003  05    131500
 6 C10003  06    500200
 7 C10005  05    299350
 8 C10005  06    245300
 9 C10006  05    115100
10 C10006  06     64800
# ... with 16,302 more rows
```

고객마다 월별 결제 금액의 합계가 출력되었습니다. 고객 변수인 `cust_id`를 기준으로 month 변수에는 5월에 카드 결제 내역이 있다면 05로, 6월에 카드 결제 내역이 있다면 06으로 값이 표시됩니다. 두 달 모두 결제한 고객도 있고 한 달만 결제를 한 고객도 보이는데, 이 데이터에 없는 고객은 두 달 모두 결제를 하지 않은 무실적 고객입니다.

이제 `total` 변수를 활용해서 지난달 결제 금액 변수를 만들려고 합니다. 위의 요약 결과는 두 달 치므로 고객별로 관측치가 두 줄밖에 없지만 1년 치라면 관측치가 12줄일 겁니다. 이 관측치들을 한 줄씩 아래로 밀어내면 지난달의 결제 금액 변수가 됩니다.

고객 ID	기준 월	금액			고객 ID	기준 월	금액	전월
C10001	01	2,300			C10001	01	2,300	NA
C10001	02	3,100	2,300		C10001	02	3,100	2,300
C10001	03	1,900	3,100		C10001	03	1,900	3,100
⋮	⋮	⋮	1,900		⋮	⋮	⋮	⋮
C10001	12	5,800	⋮		C10001	12	5,800	7,400

그림 5-3 전월 결제 금액 변수 만들기

`lag()` 함수를 사용하면 관측치들을 한 줄씩 아래로 밀어서 새로 붙이는 작업을 할 수 있습니다. 전월 결제 금액 변수를 새로 만들기 위해 `mutate()` 안에 변수 `total`을 입력한 `lag()` 함수를 넣고, 새 변수의 이름은 `total_m1`으로 정하겠습니다.

참고

`lag()` 함수와 반대로 `lead()` 함수를 이용하면 값을 당겨서 새로운 변수를 만들 수 있습니다. 두 함수 모두 한 줄뿐만 아니라 n 옵션에 지정한 숫자만큼 값을 밀거나 당깁니다.

```
# [코드 5-141]
checkout_cust_month %>%
  mutate(total_m1 = lag(total)) %>%
  filter(cust_id %in% c("C10040", "C10041", "C10042"))
# A tibble: 4 x 4
# Groups:   cust_id [3]
  cust_id month   total total_m1
  <chr>   <chr>   <dbl>    <dbl>
1 C10040  05      17800       NA
2 C10041  06     135000       NA
3 C10042  05     185850       NA
4 C10042  06     508400   185850
```

출력된 결과에서 5, 6월 모두 결제 이력이 있는 `cust_id`가 C10042인 고객의 관측치를 살펴봅시다. C10042 고객의 6월 관측치에서 `total_m1`값이 이 고객의 5월 관측치에서 `total`값과 같습니다. 6월에 508,400원을 결제했는데 전월에는 185,850원을 결제한 것이죠. 즉, `lag()`로 만든 `total_m1` 변수 덕분에 굳이 5월 관측치를 보지 않아도 6월 관측치에서 지난달의 결제 금액을 확인할 수 있습니다.

cust_id가 C10041인 관측치는 6월 관측치가 있지만 total_m1 변수의 값은 NA입니다. 이 고객은 5월에 결제를 한 적이 없기 때문에 5월 관측치가 없고, lag()로 밀어낼 값이 없으니 결측치가 들어온 것입니다. cust_id가 C10040인 관측치는 5월 관측치만 보입니다. 실습 데이터에는 4월의 결제 건이 없으므로 5월 관측치의 total_m1값은 모두 NA입니다.

이렇게 고객별로 관측치가 몇 개 있는지, total_m1값이 NA인지 아닌지를 파악하고 total과 total_m1값을 비교하면 고객별로 이번 달 결제 금액이 지난달에 비해 증가했는지 혹은 감소했는지 판단할 수 있습니다.

filter() 함수를 이용해 month 변수를 기준으로 6월의 관측치만 선택한 뒤 새로운 변수 grp를 만들어보겠습니다. total값과 total_m1값을 비교했을 때 5월의 카드 결제 금액이 없어 total_m1값이 NA이거나 total값이 total_m1값보다 크면, 즉 6월의 카드 결제 금액이 5월보다 크면 grp는 실적증가라는 값을 가지고, total값이 total_m1값보다 작으면, 즉 6월의 카드 결제 금액이 5월보다 작으면 grp는 실적감소라는 값을 가집니다.

```
# [코드 5-142]
cust_checkout_grp = checkout_cust_month %>%
  mutate(total_m1 = lag(total)) %>%
  filter(month == "06") %>%
  mutate(grp = if_else(total > total_m1 | is.na(total_m1),
                       "실적증가", "실적감소"))

cust_checkout_grp
# A tibble: 7,982 x 5
# Groups:    cust_id [7,982]
   cust_id  month    total  total_m1    grp
   <chr>    <chr>    <dbl>     <dbl>    <chr>
 1 C10001     06    380800    429600   실적감소
 2 C10002     06    124400    280400   실적감소
 3 C10003     06    500200    131500   실적증가
 4 C10005     06    245300    299350   실적감소
 5 C10006     06     64800    115100   실적감소
 6 C10007     06     79700    101600   실적감소
 7 C10010     06    241900    351760   실적감소
 8 C10012     06    110500    337880   실적감소
```

```
 9  C10013      06      117700     246100     실적감소
10  C10014      06      285300     267000     실적증가
# ... with 7,972 more rows
```

6월에 결제 이력이 없는 고객도 포함한 데이터를 만들려면 전체 고객 데이터와 이 결과 데이터를 결합하고, NA로 비어 있는 새 그룹 변수의 값을 무실적으로 바꾸면 됩니다. 아래는 여기에 파이프라인으로 이어서 실적 그룹별 고객 수까지 계산한 코드입니다.

```
# [코드 5-143]
merge(customer %>% select(cust_id), cust_checkout_grp,
      by = "cust_id", all.x = T) %>%
  mutate(grp = if_else(is.na(grp), "무실적", grp)) %>%
  group_by(grp) %>%
  summarise(n = n())
# A tibble: 3 x 2
    grp         n
    <chr>    <int>
1   무실적    2018
2   실적감소  4196
3   실적증가  3786
```

참고

실습 데이터에는 결제 월이 두 개밖에 없지만, 실제 데이터에는 더 많은 결제 월이 있습니다. 그리고 주문이나 결제 내역에 따라 다양한 경우의 수도 존재할 수 있죠. 예를 들어 1월과 3월에는 결제 이력이 있는데 중간에 낀 2월에는 결제 이력이 없을 수도 있습니다. 그래서 실무에서는 단순하게 `lag()` 함수를 바로 사용하면 안 됩니다. 이때는 `tidyr` 패키지의 `complete()` 함수를 사용해서 빠진 관측치를 채워 일단 모든 조합을 만든 다음, 모든 관측치에 동일하게 함수를 적용해야 합니다. 자세한 내용은 부록 A.3을 참고하기 바랍니다.

[코드 5-140]에서 결제 데이터를 요약할 때 `group_by()` 함수에 `cust_id`와 `month` 변수를 입력했기 때문에 앞의 실습 결과들을 보면 고객 ID와 월 순으로 데이터가 정렬되어 있습니다. 그리고 `group_by()`에 입력한 두 개의 변수 중 첫 번째 변수인 `cust_id`가 자동으로 그룹 변수로 남아 있어서 이번 절의 실습 결과들을 보면 `Groups: cust_id`가 함께 출력됐었죠. 그래서 `lag()`를 써서 값을 하나씩 밀어낼 때 고객별로 6월 관측치 다음에 전월인 5월 관측치의 값이 잘 들어온 것입니다.

그러나 요약하지 않은 원본 데이터는 정렬되지 않았거나 그룹 변수가 지정되어 있지 않을 수 있습니다. 그래서 따로 그룹 변수를 지정하지 않으면 첫 번째 고객의 마지막 값이 다음 고객의 첫 값으로 밀리므로 조심해야 합니다. 아래 코드로 확인해봅시다.

```
# [코드 5-144]
checkout_cust_month %>%
  ungroup() %>%
  slice_head(n = 10) %>%
  slice_sample(n = 10)
# A tibble: 10 x 3
   cust_id month  total
   <chr>   <chr>  <dbl>
 1 C10003  05    131500
 2 C10005  05    299350
 3 C10001  06    380800
 4 C10005  06    245300
 5 C10006  06     64800
 6 C10001  05    429600
 7 C10003  06    500200
 8 C10002  05    280400
 9 C10006  05    115100
10 C10002  06    124400

checkout_cust_month %>%
  ungroup() %>%
  slice_head(n = 10) %>%
  slice_sample(n = 10) %>%
  mutate(total_m1 = lag(total))
# A tibble: 10 x 4
  cust_id month  total total_m1
  <chr>   <chr>  <dbl>    <dbl>
1 C10001  06    380800       NA
2 C10006  05    115100   380800
3 C10002  06    124400   115100
4 C10003  06    500200   124400
5 C10005  05    299350   500200
6 C10006  06     64800   299350
7 C10002  05    280400    64800
```

8	C10003	05	131500	280400
9	C10005	06	245300	131500
10	C10001	05	429600	245300

ungroup() 함수로 데이터에서 지정된 그룹을 해제하고 slice_head()로 관측치를 10개만 선택한 다음 slice_sample()로 순서를 섞었습니다. 그룹이 지정돼있지 않고 순서가 뒤죽박죽인 이 데이터에서 lag()로 만든 total_m1 변수는 고객이나 결제 월을 고려하지 않고 오로지 바로 앞의 관측치를 가져올 뿐입니다. 따라서 lag()나 lead()를 사용할 때는 꼭 arrange()와 group_by()로 정렬을 먼저 해야 합니다.

5.16.2 식후 두 시간 안에 어떤 가게를 많이 이용할까요?

데이터에서 관측치 간 상관관계를 알아내고 싶을 때가 있습니다. 온라인 쇼핑 앱에서 A라는 상품을 보고 있는 사람들이 다음으로 어떤 상품을 보는지 또는 특정 지하철역에서 내린 사람들이 어느 건물로 이동하는지 등등이 궁금할 수 있죠. 이런 궁금증은 우리가 가진 카드사 데이터로 해결할 수 있습니다. A 가맹점에서 결제한 사람들이 두 시간 안에 어디서 또 결제를 하는지, 반대로 A 가맹점에서 결제한 사람들이 두 시간 전까지는 어디서 결제를 했는지 살펴볼 수 있습니다. 가맹점 단위는 너무 많아서 복잡하므로 업종 단위로 간단히 분석해보겠습니다.

먼저 고객별 모든 결제 내역 데이터를 시간순으로 정렬하고, lag() 함수를 이용해 직전 결제 업종 category값을 cate_prev라는 변수로 만들어 다음 관측치에 추가합니다. 마찬가지로 시간 변수 datetime을 이용해 직전 결제 시간과의 차이를 계산한 뒤 dt_diff 변수로 만들어 lag() 함수로 다음 관측치에 추가합니다. dt_diff는 바로 전 결제 시점에서부터 몇 초나 지났는지를 확인할 수 있습니다. 이렇게 관측치를 정렬하고 변수를 만들어 한 줄씩 추가하는 작업은 연산량이 많아서 실행 시간이 꽤 오래 걸릴 수 있습니다. 아래 코드를 실행한 후에는 결과가 출력될 때까지 잠시 기다려주세요.

```
# [코드 5-145]
checkout_prev = checkout %>%
  mutate(datetime = strptime(datetime, "%Y-%m-%d %H:%M:%S")) %>%
  arrange(cust_id, datetime) %>%
```

```
  group_by(cust_id) %>%
  mutate(cate_prev = lag(category),
         dt_diff   = datetime - lag(datetime))

checkout_prev %>%
  select(datetime, cust_id, category, cate_prev, dt_diff)
# A tibble: 199,664 x 5
# Groups:   cust_id [8,713]
     datetime            cust_id  category       cate_prev      dt_diff
     <dttm>              <chr>    <chr>          <chr>          <drtn>
 1 2020-05-25 13:11:37   C10001   중식            NA             NA secs
 2 2020-05-25 16:18:44   C10001   슈퍼마켓         중식           11227 secs
 3 2020-05-27 13:33:20   C10001   일식/생선회점    슈퍼마켓        162876 secs
 4 2020-05-27 13:45:49   C10001   커피/음료전문점   일식/생선회점     749 secs
 5 2020-05-27 16:01:12   C10001   대형마트         커피/음료전문점  8123 secs
 6 2020-05-28 11:49:28   C10001   병의원          대형마트        71296 secs
 7 2020-05-28 11:59:45   C10001   약국            병의원           617 secs
 8 2020-05-28 19:57:33   C10001   배달업종        약국           28668 secs
 9 2020-05-29 13:43:39   C10001   일식/생선회점   배달업종        63966 secs
10 2020-05-29 13:50:30   C10001   커피/음료전문점  일식/생선회점    411 secs
# ... with 199,654 more rows
```

그런데 다음 코드처럼 `group_by()`에서 지정한 `cust_id` 그룹 변수를 해제하면 C10002 고객의 첫 번째 `cate_prev`값이 바로 앞 고객의 `category`값으로 채워진 것을 볼 수 있습니다. '어떤 고객의 직전 카드 결제 업종'이라는 변수의 의미대로라면 모든 고객의 첫 번째 `cate_prev`값은 NA여야 하므로 반드시 이 부분을 꼼꼼하게 살펴야 합니다.

```
# [코드 5-146]
checkout %>%
  mutate(datetime = strptime(datetime, "%Y-%m-%d %H:%M:%S")) %>%
  arrange(cust_id, datetime) %>%
  ungroup() %>%
  mutate(cate_prev = lag(category),
         dt_diff   = datetime - lag(datetime)) %>%
  select(datetime, cust_id, category, cate_prev, dt_diff) %>%
  slice(27:30)
```

	datetime	cust_id	category	cate_prev	dt_diff
1	2020-06-06 13:09:38	C10001	커피/음료전문점	중식	1306 secs
2	2020-06-06 19:22:34	C10001	패스트푸드점	커피/음료전문점	22376 secs
3	2020-05-31 21:29:04	C10002	대형마트	패스트푸드점	-510810 secs
4	2020-06-05 19:08:40	C10002	대형마트	대형마트	423576 secs

우리는 특정 업종에서 이미 결제한 사람이 두 시간 안에 다른 어떤 업종에서 결제를 또 하는지가 궁금합니다. 앞에서 결제 시차를 `dt_diff`로 계산해놨으므로 `filter()`에서 조건을 설정해 `dt_diff`가 두 시간을 초로 환산한 값인 7200보다 작은지 확인하면 됩니다. 이를 확인한 뒤로는 더 이상 시간 변수가 필요하지 않습니다. 이후부터는 업종 변수 `category`와 이전 결제 업종 변수 `cate_prev`만 분석에 활용할 것입니다.

그리고 여기서는 이전 결제 건이 없는 고객의 첫 번째 결제 건은 분석에 필요하지 않습니다. 따라서 `cate_prev`가 NA가 아닌 관측치만 선택합니다.

```
# [코드 5-147]
checkout_prev %>%
  filter(dt_diff <= 7200, !is.na(cate_prev)) %>%
  select(category, cate_prev)
# A tibble: 59,297 x 3
# Groups:   cust_id [6,678]
   cust_id   category         cate_prev
   <chr>     <chr>            <chr>
 1 C10001    커피/음료전문점   일식/생선회점
 2 C10001    약국             병의원
 3 C10001    커피/음료전문점   일식/생선회점
 4 C10001    커피/음료전문점   중식
 5 C10001    커피/음료전문점   슈퍼마켓
 6 C10001    커피/음료전문점   패스트푸드점
 7 C10001    대형마트         택시
 8 C10001    택시             대형마트
 9 C10001    중식             택시
10 C10001    커피/음료전문점   중식
# ... with 59,287 more rows
```

결제 당시 가맹점의 업종과 그 전 결제 업종 간의 관계를 파악하려면 두 업종을 그룹 변수로 활용해 개수를 세면 됩니다. 아래 코드를 실행하면 **기타음식점**에서 결제한 후, 두 시간 내에 대형마트에서 이루어진 결제가 9건 있다는 것을 알 수 있습니다.

```
# [코드 5-148]
checkout_prev %>%
    filter(dt_diff <= 7200, !is.na(cate_prev)) %>%
    group_by(cate_prev, category) %>%
    summarise(n = n())
# A tibble: 482 x 3
# Groups:   cate_prev [24]
   cate_prev  category         n
   <chr>      <chr>        <int>
 1 기타음식점  대중교통         4
 2 기타음식점  대형마트         9
 3 기타음식점  도시가스비       2
 4 기타음식점  배달업종         1
 5 기타음식점  백화점           5
 6 기타음식점  병의원           4
 7 기타음식점  슈퍼마켓        11
 8 기타음식점  아파트관리비     1
 9 기타음식점  약국             5
10 기타음식점  영화관/전시관    2
# ... with 472 more rows
```

이 분석을 조금 더 잘 활용하려면 이전 카드 결제 업종을 기준으로 비율을 함께 계산하는 것이 편합니다. 요약 결과는 쓰기 편하게 **agg**라는 이름으로 저장하겠습니다. 그리고 분석 결과에서 업종을 하나만 선택해 결과를 함께 살펴봅시다.

```
# [코드 5-149]
agg = checkout_prev %>%
    filter(dt_diff <= 7200, !is.na(cate_prev)) %>%
    group_by(cate_prev, category) %>%
    summarise(n = n()) %>%
    mutate(p = n / sum(n))
```

```
agg %>%
    filter(cate_prev == "기타음식점")
# A tibble: 18 x 4
# Groups:   cate_prev [1]
   cate_prev  category         n       p
   <chr>      <chr>        <int>   <dbl>
 1 기타음식점  대중교통         4  0.00192
 2 기타음식점  대형마트         9  0.00433
 3 기타음식점  도시가스비       2  0.000962
 4 기타음식점  배달업종         1  0.000481
 5 기타음식점  백화점           5  0.00241
 6 기타음식점  병의원           4  0.00192
 7 기타음식점  슈퍼마켓        11  0.00529
 8 기타음식점  아파트관리비     1  0.000481
 9 기타음식점  약국             5  0.00241
10 기타음식점  영화관/전시관    2  0.000962
11 기타음식점  전자상거래      22  0.0106
12 기타음식점  제과/아이스크림점 359 0.173
13 기타음식점  주유소/충전소   10  0.00481
14 기타음식점  커피/음료전문점 1202 0.578
15 기타음식점  택시            20  0.00962
16 기타음식점  편의점          412  0.198
17 기타음식점  학원업종/학습지   6  0.00289
18 기타음식점  홈쇼핑           4  0.00192
```

이 결과를 보면 기타음식점에서 카드를 결제한 다음 두 시간 안에 각각 다른 업종에서 카드 결제가 몇 건이나 이뤄졌는지 쉽게 확인할 수 있습니다. 그중에서도 커피/음료전문점의 결제 건이 57.8%로, 기타음식점에서 결제한 고객의 절반 이상이 두 시간 안에 커피나 음료를 마시러 간다는 것을 파악할 수 있습니다.

이런 방식으로 모든 업종에 대해서 같은 분석을 할 수 있지만, 모든 숫자를 일일이 확인하기에는 정보가 너무 많습니다. 막대그래프와 히트맵으로 정보가 한눈에 들어오는 그래프를 그려봅시다.

```
# [코드 5-150]
agg %>%
  ggplot(aes(cate_prev, n, fill = category)) +
  geom_col(position = "fill") +
  theme(axis.text.x = element_text(angle = 90, vjust = 0.1, hjust = 1))
```

```
agg %>%
  ggplot(aes(cate_prev, category, fill = p)) +
  geom_tile() +
  scale_fill_distiller(palette = "YlGnBu", direction = 1) +
  theme(axis.text.x = element_text(angle = 90, vjust = 0.1, hjust = 1))
```

05 _ 다양한 데이터 요약과 시각화

대형마트나 백화점에서는 결제를 여러 번 할 수 있다 보니 대형마트 간 또는 백화점 간 비중이 높고, 기타음식점뿐만 아니라 각종 음식점에서 결제한 후 커피/음료전문점에서 결제를 하는 비중도 높습니다. 병원에서 진료를 받은 후에는 당연히 처방전을 들고 약국에 갈 테니 병원 다음은 약국의 비중이 큽니다.

처음에는 조금 복잡하게 느껴질 수도 있지만 lag()와 lead()를 활용하면 변수를 중심으로 하는 분석 과정에서 앞뒤 관측치와의 관계를 살펴볼 수 있어 유용합니다. 또한, 요약 중심의 단순 집계가 아니라 조회, 방문, 결제, 구매 등 고객의 행동 자체를 분석할 수 있어서 신선하고 활용 가치가 큰 분석 방법입니다.

06장

분석 결과 공유하기

6.1 CSV 파일로 데이터 내보내기

지금까지 우리는 분석 도구 R을 사용해 데이터를 요약하고 시각화하는 방법을 살펴봤습니다. RStudio에서 데이터를 요약하고 그래프를 그리는 스크립트를 만들어 저장해두면 필요할 때마다 꺼내서 데이터만 바꿔 같은 분석 방법을 사용해 결과물을 얻을 수 있습니다.

그렇다면 분석 결과를 공유하려면 어떻게 해야 할까요? 분석이 완료되면 사람들을 내 자리로 불러 모아 같은 모니터 화면을 보며 공유할 수 있겠죠. 그런데 일반 사원이라면 R로 분석을 마치고 '팀장님, 제 자리로 오셔서 좀 보세요.'라고 말하기는 쉽지 않을 겁니다. 그러니 내가 분석한 결과를 다른 사람들이 각자 자리에서 확인할 수 있도록 형태를 바꿔서 전달해야 합니다.

회사에서 이미 R을 사용하는 사람에게 분석 내용과 결과를 공유하고 싶다면 분석에 사용된 데이터와 스크립트가 있는 작업 폴더를 압축해서 전달하면 됩니다. 공유할 스크립트에 주석으로 설명을 깔끔하게 달아 놓으면 다른 사람이 이해하기 더 좋겠죠. 그럼 파일을 전달받은 사람은 압축을 풀고 프로젝트 파일을 열어서 스크립트를 살펴보거나 결과를 확인할 겁니다.

그런데 R을 모르는 사람에게 파일을 이렇게 공유하면 파일을 열 수조차 없습니다. 따라서 R에 있는 요약된 데이터 객체는 CSV 파일로 내보내고, 그래프는 PNG나 JPG 파일로 내보내서 공유해줘야 합니다. CSV 파일로 내보낸 요약 데이터는 다른 사람과 바로 공유할 수 있고,

공유받은 사람이 필요하면 엑셀로 열어 추가 작업도 할 수 있습니다. 그래프를 포함한 분석 결과는 워드나 파워포인트 같은 문서 작성 프로그램에서 보고서를 만들 때 유용하게 쓰이고요. 그리고 R에서 바로 서식이나 시트를 지정한 엑셀 파일을 만들거나 워드 또는 파워포인트 파일을 만들 수도 있습니다. 그러나 이 책에서는 기본적인 방법만 함께 살펴보겠습니다.

우리는 앞에서 `read.csv()`를 사용해 CSV 파일을 R로 불러왔었습니다. read의 반대말은 write입니다. `write.csv()` 함수를 사용하면 R에 있는 데이터를 컴퓨터 어딘가에 CSV 파일로 내보낼 수 있습니다. 그리고 Windows의 파일 탐색기나 macOS의 Finder를 켤 필요 없이 R에서 `dir.create()` 함수로 폴더를 만들 수도 있습니다. 불러온 데이터와 저장할 데이터는 따로 구분하는 것이 좋습니다. 먼저 `result`라는 디렉터리를 만들어볼까요?

```
# [코드 6-1]
dir.create("result")
```

다음으로 특정 업종 가맹점 목록을 만들고, 그 가맹점들의 카드 결제 데이터를 선택해 고객 데이터와 결합하겠습니다. 그리고 연령대 변수를 만든 후 가맹점별로 이용 고객의 연령대와 성별마다 이용 고객 수, 카드 결제 금액의 합을 계산합니다.

```
# [코드 6-2]
merc_region = merchant %>%
  filter(grepl("분석로1길", address),
         category %in% c("제과/아이스크림점", "커피/음료전문점", "편의점"))

checkout_region = checkout %>%
  filter(merc_id %in% merc_region$merc_id)

c_region_cust = merge(checkout_region, customer, by = "cust_id")

agg_region_cust = c_region_cust %>%
  mutate(age_grp = cut(age,
                       breaks = seq(20, 90, 10),
                       labels = paste0(seq(20, 80, 10), "대"),
                       right  = F, include.lowest = T),
         gender = case_when(
           gender == 1 ~ "1_남",
```

```
              gender == 2 ~ "2_여")) %>%
    group_by(merc_id, age_grp, gender) %>%
    summarise(n       = n(),
              n_cust  = n_distinct(cust_id),
              total   = sum(amount))

agg_region_cust
# A tibble: 68 x 6
# Groups:   merc_id, age_grp [35]
    merc_id  age_grp  gender      n  n_cust    total
    <chr>    <fct>    <chr>   <int>   <int>    <dbl>
 1  M15988   20대     1_남       13       5    55600
 2  M15988   20대     2_여        5       3    32500
 3  M15988   30대     1_남       33      18   168700
 4  M15988   30대     2_여       28      18   150800
 5  M15988   40대     1_남       31       9   200100
 6  M15988   40대     2_여       27      14   132700
 7  M15988   50대     1_남       40      19   195900
 8  M15988   50대     2_여       25      11   109200
 9  M15988   60대     1_남        3       2    10900
10  M15988   60대     2_여       22       9   123000
# ... with 58 more rows
```

이 분석 결과는 `agg_region_cust`라는 이름으로 R에 저장됐습니다. R에서는 이 요약 데이터를 얼마든지 활용할 수 있지만 이대로는 R이 아닌 다른 프로그램에서 작업할 수 없고, R을 모르는 사람에게 공유할 수도 없습니다. 그래서 다음과 같이 `write.csv()` 함수를 사용해 R 바깥으로 `agg_region_cust` 데이터를 CSV 파일로 내보냅니다.

```
# [코드 6-3]
write.csv(agg_region_cust, file = "result/output.csv", row.names = F)
```

`write.csv()` 함수 안에 내보낼 데이터나 객체의 이름을 입력합니다. `file` 옵션에서는 데이터를 저장할 경로와 파일 이름을 정하며, /로 디렉터리를 구분합니다. `row.names` 옵션의 기본값은 T, 즉 TRUE인데요. 자동으로 1번부터 순번이 매겨지는 관측치의 행 번호를 CSV 파일의 첫 번째 열에 포함한다는 의미입니다. 보통 행 번호는 사용하지 않으므로 `row.names=F`로 입력하여 행 번호를 저장하지 않도록 설정했습니다.

`write.csv()`는 CSV 파일을 만드는 역할만 해서 콘솔창에 실행 결과가 따로 출력되지 않습니다. 대신 Windows 파일 탐색기나 macOS의 Finder에서 CSV 파일을 저장한 경로인 result 폴더로 이동하면 우리가 만든 `output.csv` 파일이 생긴 것을 확인할 수 있습니다. 이 파일을 엑셀로 열어보면 다음과 같습니다.

	A	B	C	D	E	F
1	merc_id	age_grp	gender	n	n_cust	total
2	M15988	20대	1_남	13	5	55600
3	M15988	20대	2_여	5	3	32500
4	M15988	30대	1_남	33	18	168700
5	M15988	30대	2_여	28	18	150800
6	M15988	40대	1_남	31	9	200100
7	M15988	40대	2_여	27	14	132700
8	M15988	50대	1_남	40	19	195900
9	M15988	50대	2_여	25	11	109200
10	M15988	60대	1_남	3	2	10900
11	M15988	60대	2_여	22	9	123000
12	M15988	70대	1_남	14	5	58800
13	M15988	70대	2_여	10	3	50600
14	M15988	80대	2_여	3	2	11400
15	M54036	20대	1_남	61	22	291200
16	M54036	20대	2_여	60	18	350800
17	M54036	30대	1_남	44	21	276400
18	M54036	30대	2_여	44	20	237600
19	M54036	40대	1_남	51	26	265400
20	M54036	40대	2_여	57	25	270500

그림 6-1 엑셀에서 output.csv 파일 확인

> **더 많은 분석을 위한 TIP 엑셀과 R 비교**
>
> 우리가 실습에 사용한 데이터는 모두 CSV 파일이므로 지금껏 우리가 학습한 분석은 엑셀에서도 할 수 있습니다. 그러나 엑셀을 이용하면 여러 과정에서 많은 시간이 걸리고, 필터 기능은 유용하지만 쓰임새가 한정적입니다. 예를 들어 엑셀에서는 특정 도로명을 포함한 주소만 선택하기 어렵습니다. 반면 R에서는 `grepl()` 함수 하나로 쉽게 해결할 수 있죠.
>
> 그리고 엑셀에서도 `VLOOKUP()` 함수로 두 데이터를 결합할 수 있지만 여러 변수를 결합하려면 작업을 여러 번 해야 합니다. 값을 바꾸고 요약 결과를 만들 때도 엑셀보다는 R이 훨씬 빠르고 효율적으로 데이터를 처리합니다. 또 엑셀은 불러올 수 있는 관측치가 2^{20}개, 약 105만 개로 한정돼있지만 R은 메모리가 허용하는 한 불러올 수 있는 관측치의 개수에 제한이 없습니다.

6.2 이미지 파일로 그래프 내보내기

다음으로 **ggplot2**로 그린 그래프를 내보내겠습니다. R에서 그린 그래프는 보고서에 많이 사용되는데, 보통 그래프를 옮길 때는 굳이 파일로 저장하지 않고 복사나 캡처를 활용합니다. RStudio의 오른쪽 아래 영역에서 [Plots] 탭을 누르면 실습하면서 그린 그래프들을 확인할 수 있습니다.

5장에서 마지막에 실습했던 그래프를 다시 살펴보겠습니다. 이 그래프를 보고서에 활용하려면 [Exports]를 클릭합니다.

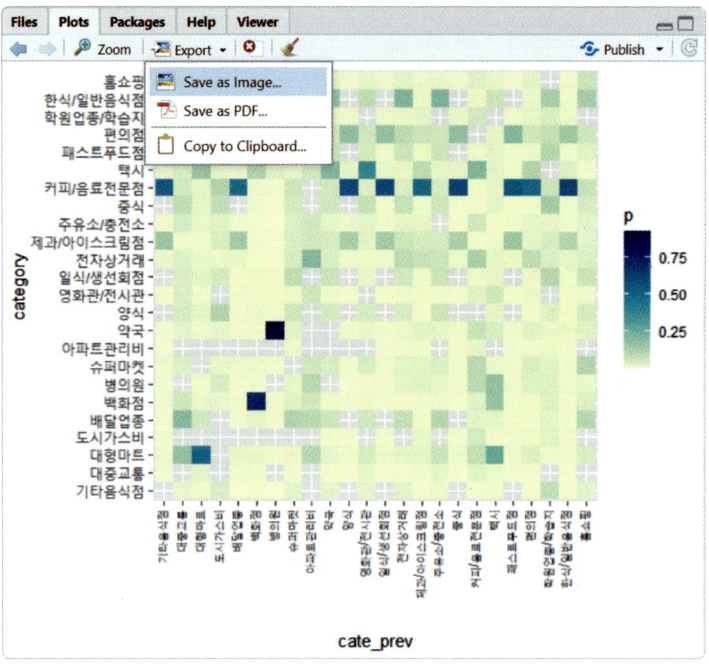

그림 6-2 그래프 내보내기

[Exports]에는 그래프를 이미지 파일로 저장하는 [Save as Image...], PDF 파일로 저장하는 [Save as PDF...], 클립보드에 복사하는 [Copy to Clipboard...] 세 가지 메뉴가 있습니다. 이 중에서 클립보드 복사를 가장 많이 사용하므로 [Copy to Clipboard...] 메뉴를 먼저 클릭해봅시다.

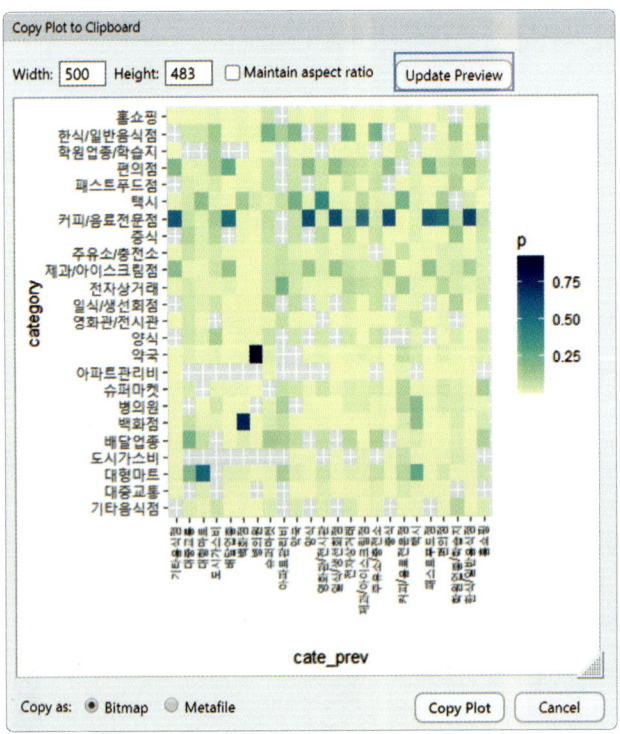

그림 6-3 그래프 크기 지정하기

[Copy to Clipboard]를 클릭하면 새 창이 뜨고, 그래프의 가로(width)와 세로(height) 크기를 픽셀(pixel) 단위로 지정할 수 있습니다. 크기를 지정한 다음에는 [Update Preview]를 클릭해 그래프가 지정한 크기로 바뀐 것을 확인할 수 있으며, 아래쪽에 있는 [Copy Plot]을 클릭하면 그래프가 클립보드에 복사됩니다. 그리고 워드나 파워포인트 같은 프로그램에서 Windows 사용자는 [Ctrl]+[V], macOS 사용자는 [Command]+[V]를 이용해 붙여넣기 하면 그래프가 복사됩니다.

[Export]에서 [Save as Image...]를 클릭해 이미지 파일로도 저장해보겠습니다.

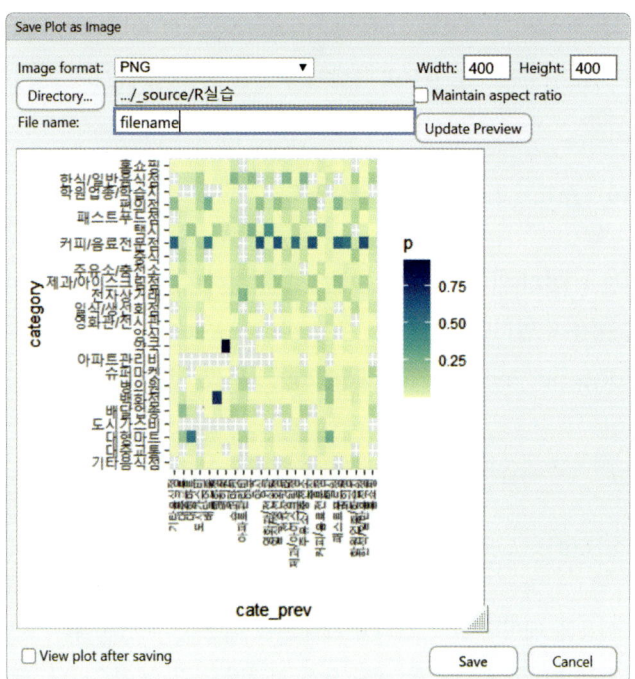

그림 6-4 그래프 이미지로 저장하기

역시 그래프의 크기를 지정하고 확인할 수 있습니다. 이미지 파일의 형식을 선택하고, [Directory] 버튼을 누르면 이미지를 저장할 경로를 지정할 수 있습니다. 그리고 [File name]에서 파일을 저장할 이름을 입력하고 아래쪽에 있는 [Save] 버튼을 누르면 그래프가 이미지로 저장됩니다.

그런데 그래프를 수십 개 활용해야 하는 사람에게 이 방법은 불편합니다. 이렇게 일일이 마우스로 메뉴를 직접 클릭하기보다는 그래프를 저장하는 함수를 입력하는 것이 낫습니다. `write.csv()` 함수가 데이터를 저장하는 것처럼 `ggsave()`라는 함수는 그래프를 저장합니다. `ggsave()` 함수 안에 그래프를 저장할 경로와 이름만 입력하면 가장 최근에 그린 그래프가 이미지 파일로 저장됩니다.

```
# [코드 6-4]
ggsave("result/plot_1.png")
```

만약 R에서 p라는 이름으로 저장한 그래프를 PNG 형식으로 저장하려면 ggsave() 함수에 경로와 파일 이름을 넣은 다음 plot 옵션에 저장한 그래프 이름 p를 입력하면 됩니다.

```
# [코드 6-5]
ggsave("result/plot_2.png", plot = p)
```

그래프의 크기는 width와 height 옵션으로 지정하며, 기본값인 인치(inch) 단위를 units 옵션을 이용해 밀리미터(mm) 단위로 바꿀 수 있습니다. 참고로 인치당 픽셀 수를 나타내는 dpi(dots per inch)의 기본값은 300이므로 만약 3인치라면 900개의 픽셀을 의미합니다.

```
# [코드 6-6]
ggsave("result/plot_3.png", width = 100, height = 100, units = "mm")
```

이렇게 함수를 이용해 데이터 요약 결과와 그래프를 내보낼 수 있습니다. 지금은 아직 R 명령어가 익숙하지 않아 작업 하나 하는 데도 오랜 시간이 걸릴 수 있습니다. 엑셀에 익숙한 사람이 엑셀을 사용해 한 시간이면 할 수 있는 작업을 R에서 하려면 온종일 R 스크립트와 씨름해야 할 수도 있죠. 그러나 하루 정도만 고생하면 R 스크립트에 금세 익숙해질 겁니다.

직장인의 업무는 계속해서 반복됩니다. 오늘 한 번 분석했다고 끝나는 게 아니라 계속 바뀌는 데이터를 가지고 똑같은 분석을 반복해야 합니다. 만약 엑셀을 사용한다면 데이터가 바뀔 때마다 마우스로 클릭하고, 드래그하고, 키보드를 두드리며 손이 부지런히 움직여야 하지만 R 스크립트를 이용하면 데이터만 바꿔서 전체 실행을 해버리면 끝납니다.

길게 보면 업무 시간이 훨씬 줄어듭니다. 마우스를 클릭할 시간에 바깥 공기를 쐬거나 좀 더 멋진 일을 할 수도 있겠네요. 물론 굳이 모든 것을 R로 할 필요는 없습니다. 엑셀이 너무 익숙하고 편하다면 엑셀에서 할 수 없거나 불편한 작업만 R에서 처리하고 다시 엑셀에서 분석을 이어가도 괜찮습니다.

명령어를 좀 더 공부하면 더 많은 작업을 할 수 있습니다. 분석이 끝나면 노래가 나오게 하거나 이메일로 분석 결과를 전송할 수도 있죠. 서식을 지정한 엑셀 파일을 만들거나 대시보드를 만들어 분석 결과를 전 직원에게 웹사이트를 통해 공유할 수도 있습니다. 분석 결과를 데이터베이스의 테이블에 저장할 수도 있고요. 이제 막 R을 시작한 우리에게는 먼 이야기처럼 들리겠지만 이게 바로 로봇 프로세스 자동화입니다. 반복되는 단순 노동을 기계한테 맡겨서 우리 모두 한결 편해지는 것 말입니다.

맺음말

짧고도 길게 느껴졌을 내용이 모두 끝났습니다. 책의 페이지는 아직 더 남았지만 여기까지가 이 책에서 다루기로 한 'R을 활용한 데이터 요약과 시각화'의 전부입니다. 우리는 R과 RStudio를 설치해서 지금까지 `dplyr`과 `ggplot2` 패키지를 활용해 데이터 요약과 시각화 방법을 살펴봤습니다. 유용한 기본 함수들, 그리고 `dplyr`과 `ggplot2` 패키지에 포함된 훌륭한 함수와 연산자를 조합해서 분석 결과를 만들어냈습니다. 책에 나온 모든 함수를 외울 필요는 없습니다. 파이프 연산자의 개념과 주요 함수들의 기능만 잘 기억해도 충분합니다. 필요하면 그때마다 책이나 실습 자료를 참고하면 되니까요.

분석의 난이도를 떠나서 R이라는 새로운 도구를 배우는 일이 쉽지 않았을 겁니다. R도 프로그래밍 언어 중 하나이므로 새로운 외국어를 하나 배운 것과 비슷하죠. 더욱이 책으로만 데이터 분석을 배우는 것은 엄청난 도전입니다. 이해할 수 없거나 막히는 부분이 있어도 당장 누군가에게 물어볼 수 없으니까요. 그래서 이 책을 따라 실습을 모두 마치고 맺음말을 읽고 계신 여러분은 이미 훌륭한 분석가가 될 자질을 갖춘 분들입니다.

머릿속에서 생각하는 대로 R 명령어를 막힘없이 입력해서 스크립트를 만들 수 있는 사람은 많지 않습니다. 대부분은 온·오프라인의 다양한 경로를 통해 다른 사람들에게 끊임없이 질문도 하고 시행착오를 겪으면서 결과를 만들어갑니다. 데이터 분석 강의를 많이 하는 저로서는 수강생들의 질문에 답을 하기 위해 더 많이 찾아보고 익혔기 때문에 비교적 막힘없이 스크립트를 작성하는 편입니다. 그런 저도 구글 없이는 막막할 때가 많습니다. R을 처음 배우는 여러분이 R을 실행하면서 왜 오류가 나는지 이해할 수 없고, 해결 방법을 모르는 건 당연합니다.

그러니 조급할 필요 없습니다. 원래 엑셀로 요약 작업을 하던 분이라면 작업 내용을 명령어로 입력하기 전에 먼저 말로 풀어보거나 종이에 펜으로 적어서 정리해보세요. 그러면 원본 데이터부터 시작해서 최종 요약 결과물까지 일련의 과정과 단계를 잘 파악할 수 있습니다. 그런 다음에 그 과정과 단계들을 `dplyr`과 `ggplot2`의 함수로 바꾸려고 노력하면 됩니다. 잘되면 더 많은 것을 익히고, 잘되지 않으면 질문하면 됩니다.

책의 본문은 여기서 끝이지만 이대로 끝내기는 아쉬워 심화 내용을 부록에 덧붙였습니다. 부록에 있는 내용은 지금까지 잘 따라왔어도 조금 어려울 수 있습니다. 그러나 데이터 분석에 관해 조금 더 알고 싶거나, 데이터 분석을 더 잘하고 싶다면 부담 없이 훑어보면 좋습니다. 데이터 분석가가 되기 위해 앞으로 더 공부해야 할 내용이나 구글에 키워드를 검색하는 요령 등을 소개할 테니 힘내서 부록까지 함께 끝내보도록 합시다.

그리고 제 홈페이지에 여러분이 더 공부할 수 있는 내용을 계속 업데이트하고 있습니다. 책의 내용이나 실제 여러분의 데이터를 활용한 분석에서 막히는 부분이 있다면 질문할 수 있는 공간도 마련되어 있으니 제 홈페이지를 적극 활용하기 바랍니다. 그리고 부록의 마지막에는 이 책을 쓸 때 참고한 사이트와 다양한 내용을 찾아볼 수 있는 곳, 그리고 함께 보면 좋은 책도 소개합니다.

이 책의 내용이 벅차고 힘들었다면 여기에서 잠시 작별 인사를 전하며, 남아있는 부록을 위해 나중에 다시 꼭 책을 펼쳐보길 바랍니다. 데이터 분석에 관심을 갖고 데이터 분석가로 첫발을 디딘 여러분을 응원합니다.

감사합니다.

APPENDIX

부록

A.1 데이터베이스와 SQL에 관한 간단한 설명

데이터 분석을 위해서는 데이터가 꼭 필요합니다. 데이터는 다양한 방법으로 수집하고 저장할 수 있는데요. 복잡하고 크기가 큰 비즈니스 데이터를 잘 관리하기 위해 데이터베이스(database)를 활용합니다. 마치 우리가 엑셀의 XLSX 파일 하나에 여러 데이터를 시트로 구분해서 저장하는 것처럼 데이터베이스에서는 데이터를 테이블(table)이라고 하는 형식으로 저장하며, 주제별로 나눠서 저장한 데이터를 스키마(schema)라고 합니다. 그리고 필요에 따라 테이블을 요약해 마트(mart)를 만들기도 합니다.

예를 들어 카드사의 데이터베이스를 생각해보겠습니다. 어떤 카드사에 고객이 한 명 늘어나면, 카드사 데이터베이스의 고객 주제 아래에 있는 **고객신상** 테이블에 한 줄이 추가됩니다. 그리고 그 고객이 카드 결제를 할 때마다 카드사 데이터베이스의 매출 주제 아래에 있는 **매출원장** 테이블에 그 정보가 한 줄씩 기록되죠. 각 고객의 지난달 결제 실적은 다양한 분석에 활용되는 데이터이므로 고객별로 결제 금액의 합을 계산해 **월마감** 마트 안에 **고객월실적**이라는 테이블에 저장해 둡니다.

다양한 경로를 통해 수집되는 비즈니스 데이터는 크기가 크고 구조도 복잡할 뿐만 아니라 다각적으로 활용되기 때문에 체계화된 관리 시스템이 필요합니다. 그래서 데이터베이스를 잘 관리하기 위한 데이터베이스 관리 시스템(DataBase Management System, DBMS)을 활용하는 것이 일반적입니다. 흔히 말하는 오라클(Oracle)이니 SAP니 하는 회사들이 이런 DBMS를 제공하는 회사들입니다.

DBMS만 구축한다고 모든 것이 해결되는 건 아닙니다. DBMS는 도구일 뿐 결국 관리자가 필요한데요. 관리자가 데이터베이스의 영역을 관리하기 위한 언어가 바로 SQL입니다.

SQL(Structured Query Language)은 이름 뜻대로 구조화된 질의 언어로, 유연하지 않고 딱딱하게 고정된 명령어로 데이터를 관리합니다. 이 SQL을 통해 데이터베이스에서 스키마와 테이블을 만들고(create), 데이터를 조회하고(read), 수정하거나(update), 삭제(delete)합니다. 이렇게 SQL에는 크게 네 가지의 권한이 있으며, 앞 글자를 따서 CRUD라고 부릅니다.

사용자는 SQL 클라이언트에 아이디와 비밀번호를 입력해서 데이터베이스에 접속하고, 흔히 쿼리(query)라고 표현하는 SQL 구문(statement)을 실행해 권한에 맞는 작업을 수행합니다. 그런데 만약 모든 사용자에게 모든 권한을 주면 난리가 납니다. 쓸데없는 테이블이 너무 많이 생기기도 하겠지만, 가장 큰 문제는 사용자 한 명이 SQL 구문 하나를 잘못 실행하면 테이블 하나가 통째로 순식간에 사라질 수도 있기 때문입니다.

그래서 데이터 분석가를 포함한 일반 사용자에게는 읽기(read) 권한만 줍니다. 덕분에 일반 사용자는 SQL 배우기가 편하죠. 굳이 모든 SQL 문법을 알 필요 없이 읽기 권한에 관련된 내용만 익히면 됩니다. 그럼 데이터베이스에서 테이블에 있는 데이터를 불러오기 위한 SQL 구문을 간단히 살펴보겠습니다.

```
# [코드 A-1]
SELECT cust_id, date, category, amount
FROM dap.checkout
WHERE date BETWEEN '2021-01-01' AND '2021-12-31';
```

아주 기본적인 구문입니다. **SELECT**, **FROM**, **WHERE**와 같이 사전에 역할이 정의된 명령어를 키워드(keyword)라고 부릅니다. 각각의 키워드 다음에는 데이터에 관련된 내용이 나옵니다. 먼저 두 번째 줄의 FROM절에는 `dap.checkout`이 있습니다. `dap`은 스키마, 즉 주제 이름이고 `checkout`은 테이블 이름입니다. 데이터베이스에 저장된 수많은 테이블 중에서 우리가 관심 있는 테이블을 지정한 것입니다.

첫 번째 줄의 SELECT절에는 FROM절에서 선택한 테이블에 있는 변수 중에서 필요한 변수의 이름을 나열합니다. `checkout` 테이블에 변수가 몇 개 있는지는 모르겠지만 여기서는 `cust_id`, `date`, `category`, `amount`, 이렇게 네 개의 변수를 선택했습니다.

마지막으로 세 번째 줄의 WHERE절에서는 조건문을 입력해 필요한 관측치를 선택합니다. 하나의 테이블에는 테이블이 만들어진 이후부터 관측치가 계속해서 쌓입니다. 그러나 분석할 때는 쌓인 데이터 전부가 아니라 일부만 필요할 때가 많죠. 그래서 관측치 일부를 선택하기 위해 조건문을 잘 설정하는 것이 중요합니다. 위의 코드처럼 BETWEEN이라는 SQL 연산자를 사용해서 특정 기간의 관측치를 선택하는 것이 대표적인 조건문의 형태입니다.

이 구문을 실행하면 관심 있는 테이블에서 필요한 변수와 관측치만 추려낸 부분 데이터를 얻을 수 있습니다. 이렇게 추출한 데이터를 CSV 파일 등으로 저장하면 R이나 엑셀로 불러올 수 있습니다. R의 RJDBC, ROracle 같은 패키지를 활용하면 SQL 클라이언트 없이 R에서 SQL 구문을 실행해서 데이터를 바로 불러오는 것도 가능합니다.

그런데 만약 건수나 평균 같은 단순 요약만 할 거라면 데이터를 굳이 R로 불러오지 말고 그냥 SQL에서 작업하는 게 훨씬 효율적입니다.

```
# [코드 A-2]
SELECT mean(amount) AS MEAN, count(amount) AS N
FROM dap.checkout
WHERE date between '2021-01-01' AND '2021-12-31'
GROUP BY cust_id
ORDER BY MEAN;
```

먼저 나온 SQL 구문보다 조금 복잡해 보입니다. 먼저 SELECT절을 보면 변수를 선택하는 것이 아니라 집계 함수 mean()과 count()를 활용해서 요약값을 계산했고, FROM절과 WHERE절은 앞의 코드와 같습니다.

그다음으로 GROUP BY절에 cust_id를 입력했습니다. SELECT절에서 집계값을 계산할 때 GROUP BY절에서 지정한 그룹변수 cust_id별로 관측치를 나눠서 계산하라는 의미입니다. 마지막으로 ORDER BY 다음에 MEAN을 입력함으로써 SELECT절에서 계산한 평균값을 기준으로 결과를 오름차순 정렬합니다.

이렇게 간단하게 살펴본 내용이 아주 대표적인 SQL 구문입니다. 이외에도 더 많은 키워드와 연산자를 활용하면 더 효율적으로 필요한 데이터를 조회할 수 있습니다.

SQL 구문은 우리가 배운 `dplyr` 패키지의 파이프라인과 많이 닮았습니다. 차이점이 있다면 R에서는 역할이 정해진 함수를 파이프 연산자로 나열하고, SQL 구문은 역할뿐만 아니라 위치도 정해진 키워드를 사용한다는 점입니다.

SQL은 R보다 제공하는 기능이 단순하고 활용 방법도 제한적이지만 SQL은 분석 언어가 아니므로 어쩔 수 없습니다. SQL로도 데이터를 조회하거나 요약값을 계산할 수 있지만, 그래프를 그리거나 알고리즘을 활용하지는 못합니다. 그래서 일반적인 비즈니스 분석에서는 SQL로 직접 요약값을 계산하기보다는 분석 목적에 따라 정의된 부분 데이터를 추출하는 것으로 SQL의 역할이 끝납니다. SQL로 추출한 데이터를 R 같은 분석 도구로 가져와서 실제 분석을 수행하고요. 이렇게 SQL은 데이터베이스와 분석 도구를 잇는 역할을 합니다.

A.2 RStudio의 프로젝트 기능 활용

RStudio는 R을 활용한 데이터 분석을 위해 수많은 기능을 제공합니다. RStudio의 실용적인 기능 중 하나가 바로 프로젝트(project)입니다. 일반 회사에서는 분석을 엑셀로 하는 경우가 대부분이고, 엑셀 파일에 데이터와 분석 결과를 시트마다 정리해놓습니다. 다른 컴퓨터에서 작업을 이어 하거나 분석 내용을 다른 사람과 공유하고 싶으면 이 엑셀 파일 하나를 공유하면 되죠. 그런데 R은 다릅니다.

R을 데이터 분석에 활용할 때는 데이터의 양이 훨씬 더 많고, 분석 내용도 더 복잡할 겁니다. 그리고 R로 작성한 스크립트는 하나일 수도 있지만 각각의 분석 주제나 단계에 따라 따로 작성하는 경우가 많습니다. 그래서 R로 수행한 분석을 공유할 때는 파일 하나만 전달하면 되는 것이 아니라 여러 파일이 들어있는 폴더 하나를 전달해야 합니다. 문제는 여기서 끝나지 않습니다.

Windows를 기준으로 생각해보겠습니다. 현재 폴더가 있는 위치가 똑같이 바탕화면이더라도 내 바탕화면의 경로는 `C:\Users\U001\Desktop`이고, 폴더를 공유받은 사람의 바탕화면 경로는 `C:\Users\U009\Desktop`으로 다릅니다. 내가 작성한 R 스크립트에는 데이터를 불러오고 저장하는 과정에서 지정한 수많은 경로가 있기 때문에 다른 컴퓨터에서 실행하면 오류가 나죠. 경로가 다르기 때문입니다. 그런데 RStudio의 프로젝트 기능을 활용하면 이 문제는 걱정하지 않아도 됩니다. 그럼 RStudio에서 프로젝트 기능을 함께 실습해봅시다.

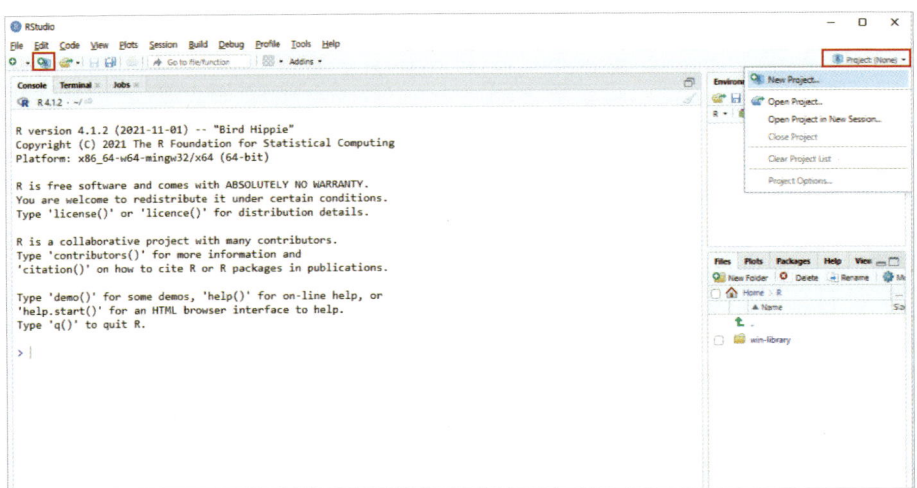

그림 A-1 RStudio의 프로젝트 아이콘

RStudio를 실행한 화면에서 왼쪽 위나 오른쪽 위를 보면 'R'이 적힌 하늘색 큐브 아이콘이 있을 겁니다. 이 아이콘은 RStudio의 프로젝트를 의미하는데요. 왼쪽 위 아이콘을 클릭하거나 오른쪽 위 아이콘을 클릭한 다음 첫 번째 [New project…] 메뉴를 클릭하면 아래처럼 팝업창이 뜹니다.

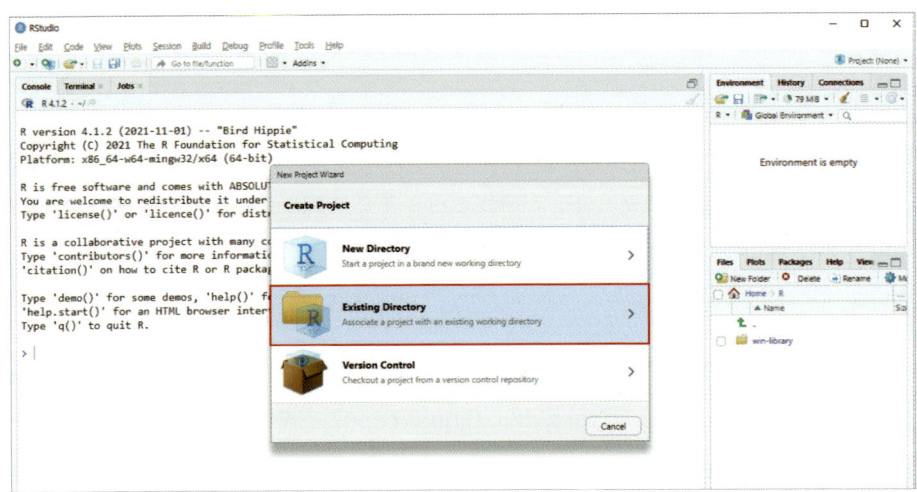

그림 A-2 프로젝트 만들기

프로젝트 기능은 패키지나 대시보드를 만들 수 있고, 깃허브(GitHub)에서 이력 관리를 할 때도 활용할 수 있습니다. 지금은 우선 기본 기능만 알아보겠습니다. 먼저 바탕화면에 'MyProject'라는 이름으로 폴더 하나를 만들겠습니다. 그런 다음 RStudio로 돌아와서 위 그림에 표시된 [Existing Directory]를 클릭합니다. 그다음 아래 그림처럼 [Browse…]을 눌러 방금 만든 MyProject 폴더를 찾아서 클릭한 뒤 [Open]을 누릅니다. 그리고 [Create Project] 버튼을 누르면 프로젝트가 만들어집니다.

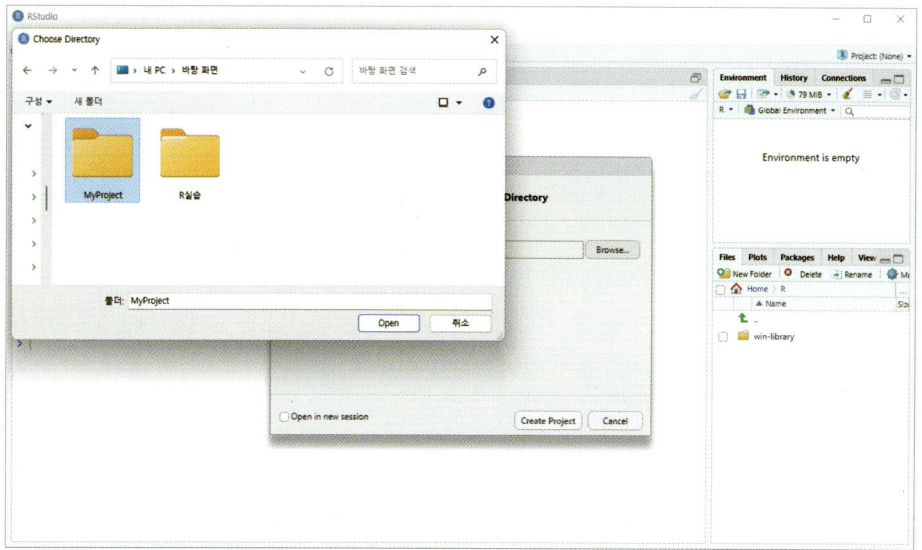

그림 A-3 프로젝트 폴더 지정하기

아무것도 바뀐 게 없어 보이지만 자세히 봐볼까요? RStudio의 오른쪽 위 프로젝트 아이콘 다음에 폴더 이름이 MyProject로 바뀌었습니다. 그리고 오른쪽 아래 [Files] 탭을 보면 경로가 우리가 지정한 폴더로 바뀐 것을 확인할 수 있습니다. 참고로 [Files] 탭은 앞에서도 말했듯이 Windows의 탐색기, macOS의 Finder와 같습니다. 여기서 특정 폴더의 목록을 확인하고 새 폴더를 만들거나 파일을 이동, 복사, 삭제할 수 있습니다.

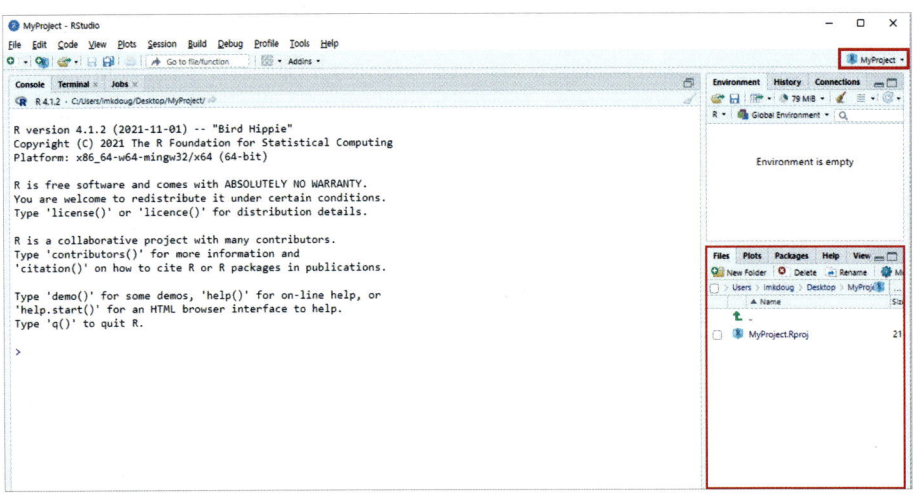

그림 A-4 프로젝트 생성

R에는 작업 폴더(working directory)라는 개념이 있습니다. getwd() 함수로 현재 작업 폴더를 확인하고 setwd() 함수로 특정 폴더를 작업 폴더로 지정할 수 있는데, 프로젝트를 생성하면 따로 작업 폴더를 지정하지 않아도 자동으로 프로젝트 폴더가 작업 폴더로 지정됩니다.

```
# [코드 A-3]
getwd()
"C:/Users/dap/Desktop/MyProject"
```

다시 바탕화면에 있는 MyProject 폴더로 가봅시다. 이 폴더에 이미 만들어놓은 실습 데이터 sample1.csv 파일을 복사해서 넣어봅시다. 그리고 이 CSV 파일을 read.csv() 함수를 사용해 R로 불러오겠습니다. read.csv() 함수로 데이터를 불러올 때는 원래 다음과 같이 경로의 처음부터 끝까지를 모두 나열한 절대 경로를 입력해야 합니다.

```
# [코드 A-4]
read.csv("C:/Users/dap/Desktop/MyProject/sample1.csv")
   name  addr age gender
1    IM Seoul  34      M
2  PARK Seoul  35      F
3   KIM  Jeju  25      F
```

그러나 우리는 RStudio에 프로젝트를 생성해서 자동으로 프로젝트 폴더가 작업 폴더로 지정돼있기 때문에 아래처럼 프로젝트 폴더까지의 경로는 생략한 상대 경로로 파일을 불러올 수 있습니다.

```
# [코드 A-5]
read.csv("sample1.csv")
    name   addr   age   gender
1     IM  Seoul    34        M
2   PARK  Seoul    35        F
3    KIM   Jeju    25        F
```

실제 분석에서 R을 활용할 때는 이렇게 폴더를 하나 만들어 프로젝트 폴더로 지정하는 것부터 시작하는 게 좋습니다. 필요한 파일과 데이터를 모두 프로젝트 폴더에 넣고, R 스크립트도 이 폴더에 저장합니다. 그리고 분석을 공유할 때 프로젝트 폴더를 통째로 압축해서 전달하면 누가 어떤 환경에서 실행하든 경로를 변경할 필요 없이 동일한 분석을 수행할 수 있습니다.

A.3 tidyr 패키지를 활용한 전처리

`dplyr` 패키지를 데이터 요약에 주로 활용한다면, `tidyr` 패키지는 데이터 전처리 과정에서 많이 활용합니다. 이 패키지에는 불러온 데이터를 보기 좋게 깔끔하게 만들어주는 함수들이 있습니다. 그중 대표적인 몇 가지를 살펴봅시다.

`dplyr` 패키지와 `tidyr` 패키지를 불러오겠습니다. 만약 패키지가 설치되어 있지 않다면 설치를 먼저 합니다.

```
# [코드 A-6]
# install.packages("tidyr")
library(tidyr)
library(dplyr)
```

그리고 여기서도 앞에서 사용한 `checkout` 데이터를 `read.csv()`로 불러와 사용하겠습니다.

```
# [코드 A-7]
checkout = read.csv("data/checkout.csv", fileEncoding = "UTF-8")
checkout %>%
  tibble()
```

```
# A tibble: 199,664 x 5
            datetime cust_id merc_id category amount
               <chr>   <chr>   <chr>    <chr>  <dbl>
 1 2020-05-25 00:00:33  C11476  M73846     홈쇼핑  59900
 2 2020-05-25 00:01:11  C14205  M44463   전자상거래  15300
 3 2020-05-25 00:01:56  C15095  M50270   전자상거래  20100
 4 2020-05-25 00:05:30  C15963  M50270   전자상거래 105500
 5 2020-05-25 00:12:14  C18252  M44463   전자상거래  38100
 6 2020-05-25 00:15:27  C17780  M44463   전자상거래  25800
 7 2020-05-25 00:20:22  C14616  M02556   전자상거래  42800
 8 2020-05-25 00:21:05  C16475  M44463   전자상거래  86300
 9 2020-05-25 00:22:15  C17745  M44463   전자상거래  20600
10 2020-05-25 00:23:14  C15149  M02556   전자상거래  24000
# ... with 199,654 more rows
```

A.3.1 complete()를 활용한 조합 생성

흔히 데이터가 정확하다고 하는 표현은 맞는 말이지만, 문제는 데이터가 아니라 사람이 데이터를 오해하기 때문에 발생합니다. 아래의 업종별 요약 결과를 살펴봅시다.

```
# [코드 A-8]
checkout %>%
  group_by(category) %>%
  filter(category %in% c("대형마트", "백화점")) %>%
  summarise(n_cust = n_distinct(cust_id),
            total  = sum(amount) / n_cust)
```

```
# A tibble: 2 x 3
  category n_cust  total
     <chr>  <int>  <dbl>
1   대형마트   3265 218387.
2    백화점   1098 255061.
```

대형마트와 백화점을 이용한 고객 수와 평균 결제 금액을 계산했습니다. 이 결과를 '2주 동안 고객들이 대형마트에서는 약 22만 원, 백화점에서는 약 26만 원을 평균적으로 사용했습니다'라고 해석할 수 있는데, 이는 오해의 소지가 있습니다. 저 금액은 '해당 업종을 이용한 고객들의 평균 결제 금액'이라고 해야 정확합니다. 아마 업종과 관계없이 카드를 이용한 고객이나 아예 카드 이용 여부에 상관없이 전체 회원을 기준으로 평균을 계산했다면 평균 결제 금액은 훨씬 줄어들었을 겁니다. 상식적으로 평균을 계산했다고 하면 이력이 있는 관측치만 가지고 계산한 것으로 이해하는 게 당연하지만, 조건을 분명히 언급하지 않으면 오해가 있을 수 있으므로 항상 유의해야 합니다.

그럼 이제 가능한 모든 조합을 만들어주는 `complete()` 함수를 살펴보겠습니다. 우선 간단히 고객과 업종별로 결제 금액의 합을 계산합니다.

```
# [코드 A-9]
checkout %>%
  group_by(cust_id, category) %>%
  summarise(total = sum(amount))
# A tibble: 76,079 x 3
# Groups:   cust_id [8,713]
   cust_id  category       total
   <chr>    <chr>          <dbl>
 1 C10001   대형마트       304900
 2 C10001   배달업종        19500
 3 C10001   병의원          10800
 4 C10001   슈퍼마켓       289000
 5 C10001   약국             3900
 6 C10001   일식/생선회점    38000
 7 C10001   중식            46000
 8 C10001   커피/음료전문점  44500
 9 C10001   택시            31300
10 C10001   패스트푸드점    22500
# ... with 76,069 more rows
```

`tibble` 형식으로 출력된 정보를 보면 이 요약 데이터에는 총 76,079개의 관측치가 있습니다. 그리고 아래와 같이 `n_distinct()`로 확인해보면 이 데이터에는 총 8,713명의

고객이 있고, 업종은 24개입니다. 그럼 고객과 업종을 조합한 모든 경우의 수는 둘을 곱한 209,112가지입니다.

```
# [코드 A-10]
checkout %>%
summarise(n_cust = n_distinct(cust_id),
          n_cate = n_distinct(category))
  n_cust   n_cate
1   8713      24
8713*24
209112
```

이 중에서 모든 사람이 모든 업종을 골고루 이용하지는 않으니까 당연히 빠진 조합이 있을 수밖에 없습니다. 가능한 조합의 수가 약 21만 개니까 [코드 A-9]에서 계산한 요약 결과는 절반이 넘는 조합이 빠져 있는 셈이네요. 누락된 조합은 일반적으로 무시해도 되지만 모두 찾아서 값을 채워야 할 때도 있습니다. 이럴 때 complete()를 사용합니다.

complete() 함수는 이름 그대로 모든 조합을 완전하게 맞추기 위해 사용하며, 파이프라인에서 complete()에 조합을 만들 그룹 변수를 나열해주기만 하면 됩니다. 다만 이 함수는 group_by()와 함께 쓰이면 생각지 못한 결과를 만들어낼 수 있어서 반드시 그룹을 지정하지 않거나 ungroup() 함수로 지정된 그룹을 해제한 다음 사용해야 합니다. 예를 들어 아래의 파이프라인에서 ungroup()을 주석 처리하고 실행하면 꽤 긴 시간 동안 cust_id 별로 cust_id와 category의 조합을 생성하지만, 명령어의 의미대로 빠진 조합을 채우지는 못합니다.

```
# [코드 A-11]
checkout %>%
  group_by(cust_id, category) %>%
  summarise(total = sum(amount)) %>%
  ungroup() %>%
  complete(cust_id, category)
# A tibble: 209,112 x 3
    cust_id   category     total
    <chr>     <chr>        <dbl>
1   C10001    기타음식점     NA
```

	cust_id	category	total
2	C10001	대중교통	NA
3	C10001	대형마트	304900
4	C10001	도시가스비	NA
5	C10001	배달업종	19500
6	C10001	백화점	NA
7	C10001	병의원	10800
8	C10001	슈퍼마켓	289000
9	C10001	아파트관리비	NA
10	C10001	약국	3900

`# ... with 209,102 more rows`

결과를 살펴보니 모든 조합을 가진 요약 데이터가 출력됐습니다. 새로운 조합으로 만들어진 관측치는 결측치, 즉 NA로 채워집니다. NA로 채워진 결측치를 대체하는 값은 함수를 파이프라인에 붙여서 입력할 수도 있지만, `complete()` 안에서 `fill` 옵션으로 바로 지정할 수 있습니다. 다음 코드를 보면 함수의 옵션에 입력된 내용이 조금 복잡해 보이는데, 이어지는 내용에서 상세하게 설명하겠습니다.

```
# [코드 A-12]
checkout %>%
  group_by(cust_id, category) %>%
  summarise(total = sum(amount)) %>%
  ungroup() %>%
  complete(cust_id, category, fill = list(total = 0))
```

```
# A tibble: 209,112 x 3
```

	cust_id	category	total
	<chr>	<chr>	<dbl>
1	C10001	기타음식점	0
2	C10001	대중교통	0
3	C10001	대형마트	304900
4	C10001	도시가스비	0
5	C10001	배달업종	19500
6	C10001	백화점	0
7	C10001	병의원	10800
8	C10001	슈퍼마켓	289000
9	C10001	아파트관리비	0
10	C10001	약국	3900

`# ... with 209,102 more rows`

이렇게 모든 조합을 생성해서 비어있는 결제 금액을 0으로 바꾼 다음 업종별 평균을 다시 계산하면 당연히 [코드 A-8]에서 결제 이력이 있는 데이터만 가지고 계산한 평균과는 다른 결과가 나옵니다. 이처럼 상황에 따라 어떤 관측치를 사용할지 잘 판단해야 합니다.

A.3.2 replace_na()와 fill()을 활용한 결측치 대체

`replace_na()` 함수는 결측치를 채웁니다. 우리는 앞서 4장에서 `is.na()`와 `if_else()`를 활용해 결측치를 채웠었는데, 결측치를 채워야 할 변수가 많다면 `replace_na()` 함수가 훨씬 직관적이고 유용합니다.

일반적인 데이터에는 여러 변수에서 결측치가 자주 등장합니다. 간단한 실습 데이터를 하나 불러와서 살펴봅시다.

```
# [코드 A-13]
data_na = read.csv("data/practice/na_data.csv")

data_na
```

	id	referral	amount
1	101	<NA>	100
2	102	web	NA
3	103	app	200
4	104	<NA>	300

관측치가 네 개뿐인 데이터입니다. 유입 경로를 의미하는 `referral` 변수에 <NA>로 표시된 두 개의 결측치가 있고, 금액을 의미하는 `amount`에도 NA로 표시된 한 개의 결측치가 있습니다. 먼저 `is.na()`와 `if_else()`를 `mutate()`에 넣어 결측치를 다른 값으로 대체해보겠습니다. 명령어 중 0L은 소수점이 없는 정수 0을 의미합니다.

```
# [코드 A-14]
data_na %>%
  mutate(referral = if_else(is.na(referral), "unknown", referral),
         amount   = if_else(is.na(amount), 0L, amount))
```

	id	referral	amount
1	101	unknown	100

	2	102	web	0
	3	103	app	200
	4	104	unknown	300

어떤 함수를 쓰든 원하는 결과가 나왔으니 문제는 없지만, `ifelse()`와 `is.na()`는 결측치를 채워야 할 변수가 많아지면 그만큼 반복 입력해야 해서 코드가 길어진다는 단점이 있습니다. 이번에는 `replace_na()` 함수를 사용해보겠습니다.

```
# [코드 A-15]
data_na %>%
  replace_na(list(referral = "unknown",
                  amount   = 0))
```

	id	referral	amount
1	101	unknown	100
2	102	web	0
3	103	app	200
4	104	unknown	300

`replace_na()` 안에는 무조건 `list()`가 등장합니다. `list()`에 결측치 대체가 필요한 변수와 각각의 대체값을 한 번에 묶어서 표시합니다. 조금 어색해 보일 수 있지만 처리해야 할 변수가 많아져도 `list()` 안에서 변수 이름과 대체할 값만 =으로 묶어서 추가하면 되므로 훨씬 효율적입니다.

결측치를 채울 때 특정한 값이 아니라 위나 아래에 있는 관측치의 값을 그대로 가져와서 넣을 때도 있습니다. `fill()` 함수는 위나 아래 중 가장 가까이 있는 결측치가 아닌 값으로 모든 결측치를 채울 수 있습니다. 새로운 실습 데이터를 불러와서 살펴봅시다.

```
# [코드 A-16]
data_na2 = read.csv("data/practice/na_data2.csv")

data_na2
```

	id	quarter	amount
1	101	Q1	100
2	101	Q2	NA
3	101	Q3	200

4	101	Q4	300
5	102	Q2	NA
6	102	Q3	190
7	102	Q4	NA
8	103	Q1	50
9	103	Q2	NA
10	103	Q4	NA

이 데이터는 세 개의 관측치에 대해서 분기별로 실적을 정리한 데이터입니다. NA가 '실적이 없다'는 의미라면 값을 모두 0으로 바꾸면 되지만, NA가 '확인할 수 없다'는 의미라면 0으로 대체할 수 없습니다. 이럴 때는 NA를 해당 관측치의 이전이나 다음 분기 실적으로 대체하는 것이 나으므로 fill() 함수를 사용합니다.

```
# [코드 A-17]
data_na2 %>%
  fill(amount)
```

	id	quarter	amount
1	101	Q1	100
2	101	Q2	100
3	101	Q3	200
4	101	Q4	300
5	102	Q2	300
6	102	Q3	190
7	102	Q4	190
8	103	Q1	50
9	103	Q2	50
10	103	Q4	50

파이프라인에 fill() 함수를 연결하고, 결측치가 있는 변수를 함수에 넣습니다. 그럼 fill()은 기본적으로 결측치 위에 있는 값 중 가장 가까이 있는 결측치가 아닌 값을 찾아 결측치 대신 채웁니다. 그런데 위의 결과를 보면 id가 102인 관측치의 첫 번째 결측치를 id가 101인 관측치의 마지막 값으로 채웠습니다. 이처럼 결측치를 전혀 상관없는 값으로 채우는 것을 방지하기 위해서 fill()은 보통 group_by()와 함께 씁니다. 그러면 그룹 변수에 해당하는 값 중에서 결측치가 아닌 최신의 값으로 결측치를 채우죠.

fill() 함수는 .direction 옵션을 활용해서 위의 값을 참조할지 아래의 값을 참조할지를 정하는데, 옵션의 기본값은 down이라서 위에서부터 아래로 결측치를 채웁니다. 옵션값을 up으로 지정하면 아래서부터 위로, downup은 일단 아래로 채운 다음 다시 위로, updown은 위로 채운 다음 다시 아래로 결측치를 채웁니다.

```
# [코드 A-18]
data_na2 %>%
  group_by(id) %>%
  fill(amount, .direction = "up")
# A tibble: 10 x 3
# Groups:   id [3]
      id quarter amount
   <int> <chr>    <int>
 1   101 Q1         100
 2   101 Q2         200
 3   101 Q3         200
 4   101 Q4         300
 5   102 Q2         190
 6   102 Q3         190
 7   102 Q4          NA
 8   103 Q1          50
 9   103 Q2          NA
10   103 Q4          NA

data_na2 %>%
  group_by(id) %>%
  fill(amount, .direction = "updown")
# A tibble: 10 x 3
# Groups:   id [3]
      id quarter amount
   <int> <chr>    <int>
 1   101 Q1         100
 2   101 Q2         200
 3   101 Q3         200
 4   101 Q4         300
 5   102 Q2         190
 6   102 Q3         190
```

7	102	Q4	190
8	103	Q1	50
9	103	Q2	50
10	103	Q4	50

데이터 정렬과 .direction 옵션에 따라 결측치를 대체한 결과가 크게 차이 날 수 있으므로 원하는 결과를 잘 생각한 뒤 옵션을 지정해야 합니다.

A.3.3 spread()와 gather()를 활용한 형태 변환

카드 결제 데이터를 이용해 업종과 요일별 결제 금액의 합을 계산해봅시다.

```
# [코드 A-19]
result = checkout %>%
  mutate(dow = format(strptime(datetime, format = "%F %T"),
                      format = "%u_%a")) %>%
  group_by(dow, category) %>%
  summarise(total = sum(amount))

result
# A tibble: 148 x 3
# Groups:   dow [7]
   dow   category    total
   <chr> <chr>       <dbl>
 1 1_월  기타음식점   5741000
 2 1_월  대형마트    34842900
 3 1_월  도시가스비  12659700
 4 1_월  배달업종    15565300
 5 1_월  백화점      13394400
 6 1_월  병의원       3932300
 7 1_월  슈퍼마켓    22828000
 8 1_월  약국         4101900
 9 1_월  양식        11661000
10 1_월  영화관/전시관  941000
# ... with 138 more rows
```

R을 활용한 아주 흔한 데이터 요약의 결과입니다. R에서는 데이터 요약 결과 역시 관측치와 변수로 구성된 데이터 형식을 유지합니다. 그래서 결과가 주로 아래로 길게 늘어져서 출력되는데, 엑셀을 주로 쓰는 사람에게는 이 형태가 마음에 들지 않을 수 있습니다. 엑셀에서 데이터를 요약할 때는 주로 피벗 테이블 기능을 활용하죠. 피벗 테이블의 행과 열에 그룹 변수를 마우스로 끌어넣고, 격자나 표 형태로 데이터 요약 결과를 출력합니다. `dplyr`의 `group_by()`와 `summarise()`를 활용한 요약의 결과는 피벗 테이블을 기준으로 봤을 때 행에다가 그룹 변수를 계속 넣는 것과 같습니다.

그런데 필요에 따라서는 열에다가 그룹 변수를 넣은 형태의 요약 결과를 만들어야 할 때도 있습니다. 예를 들어 업종별/월별 매출 데이터를 표 형태로 표현해야 할 수 있죠. 무엇보다도 지금까지 엑셀을 이용해 표 형태의 데이터를 만들어서 공유했다면, R에서도 같은 형태로 데이터를 요약해서 공유하는 게 맞습니다.

이럴 때 `spread()` 함수를 씁니다. 이름 그대로 `spread()`는 요약된 데이터의 결과를 옆으로 펼쳐줍니다. `spread()`에 순서대로 열로 지정할 그룹 변수와 만들어진 격자를 채울 변수를 지정합니다. 아래 코드를 보면 `category`를 열에 들어갈 그룹 변수로 지정하고, `dow`와 `category`로 구성된 표를 두 번째에 입력한 `total`이라는 변숫값으로 채우도록 지정했습니다. 표현이 어렵지만 결국 요약 결과를 표 형태로 나타낸다는 말입니다.

```
# [코드 A-20]
result_wide = result %>%
  spread(category, total)

result_wide %>%
  tibble()
# A tibble: 7 x 25
    dow   기타음식점  대중교통  대형마트  도시가스비  배달업종  백화점    병의원
    <chr> <dbl>      <dbl>     <dbl>     <dbl>       <dbl>     <dbl>     <dbl>
1   1_월  5741000    NA        34842900  12659700    15565300  13394400  3932300
2   2_화  5814100    NA        35248800  NA          15545000  12286750  3572900
3   3_수  6257200    NA        49887100  NA          23090000  30729500  3860700
4   4_목  5834000    NA        32446500  NA          15425500  17618800  3825700
5   5_금  7153900    NA        68944900  NA          23456800  32222300  3582200
6   6_토  8497400    NA        297658500 NA          84996600  110562000 2404200
7   7_일  5781600    129114200 194005800 NA          67720100  63243250  1375500
```

```
# ... with 17 more variables: 슈퍼마켓 <dbl>, 아파트관리비 <dbl>, 약국 <dbl>,
#   양식 <dbl>, 영화관/전시관 <dbl>, 일식/생선회점 <dbl>, 전자상거래 <dbl>,
#   제과/아이스크림점 <dbl>, 주유소/충전소 <dbl>, 중식 <dbl>,
#   커피/음료전문점 <dbl>, 택시 <dbl>, 패스트푸드점 <dbl>, 편의점 <dbl>,
#   학원업종/학습지 <dbl>, 한식/일반음식점 <dbl>, 홈쇼핑 <dbl>
```

출력된 결과에서 첫 번째 열을 보면 **기타음식점**의 요일별 매출이 저장된 것을 확인할 수 있습니다. 이런 구성으로 각 업종의 요일별 매출이 옆으로 펼쳐집니다. 결과 아래쪽에는 콘솔창의 공간이 부족해서 출력되지 못하고 생략된 변수의 목록을 보여줍니다.

`spread()`를 적용하면 빠진 조합들도 생성됩니다. **대중교통**이나 **도시가스** 업종을 보면 특정 요일에만 매출이 있습니다. 이 업종들은 매일 결제되는 게 아니라 한 달에 한 번 일괄 결제되기 때문입니다. 그런데 표 형태로 요약을 하면 빠진 조합도 표에 나타내야 할 수밖에 없어서 이 부분이 모두 **NA**로 표시됩니다. 이럴 때 **NA**는 그냥 그대로 두거나 `replace_na()` 같은 함수로 적당한 값으로 대체합니다. 만약 모든 **NA**를 0으로 채우고 싶다면, 굳이 함수를 더 쓸 필요 없이 `spread()`의 `fill` 옵션으로 아래처럼 손쉽게 처리할 수 있습니다.

```
# [코드 A-21]
result_wide = result %>%
  spread(category, total, fill = 0)

result_wide %>%
  tibble()
# A tibble: 7 x 25
  dow   기타음식점  대중교통  대형마트  도시가스비  배달업종   백화점     병의원
  <chr>    <dbl>     <dbl>    <dbl>      <dbl>     <dbl>     <dbl>      <dbl>
1 1_월   5741000        0   34842900   12659700  15565300  13394400   3932300
2 2_화   5814100        0   35248800          0  15545000  12286750   3572900
3 3_수   6257200        0   49887100          0  23090000  30729500   3860700
4 4_목   5834000        0   32446500          0  15425500  17618800   3825700
5 5_금   7153900        0   68944900          0  23456800  32222300   3582200
6 6_토   8497400        0  297658500          0  84996600 110562000   2404200
7 7_일   5781600   129114200 194005800         0  67720100  63243250   1375500
# ... with 17 more variables: 슈퍼마켓 <dbl>, 아파트관리비 <dbl>, 약국 <dbl>,
#   양식 <dbl>, 영화관/전시관 <dbl>, 일식/생선회점 <dbl>, 전자상거래 <dbl>,
```

```
#    제과/아이스크림점 <dbl>, 주유소/충전소 <dbl>, 중식 <dbl>,
#    커피/음료전문점 <dbl>, 택시 <dbl>, 패스트푸드점 <dbl>, 편의점 <dbl>,
#    학원업종/학습지 <dbl>, 한식/일반음식점 <dbl>, 홈쇼핑 <dbl>
```

반대로 가끔은 표 형태의 데이터를 R에서 많이 쓰는 관측치 변수 형태로 바꿔야 할 때도 있습니다. 다른 부서나 다른 회사에서 공유받은 데이터는 엑셀로 요약된 표 형태일 때가 많은데, 표 형태의 데이터는 그대로 활용하기가 어렵습니다. 따라서 R에서 `group_by()`와 `summarise()`로 요약한 데이터처럼 결과를 아래로 길게 늘인 형태로 바꾸는 작업이 필요하며, 이를 간단히 해결해 주는 것이 `gather()` 함수입니다.

앞에서 만든 요약 데이터 `result_wide`의 출력 결과를 `gather()` 함수를 사용해 다시 아래로 길게 늘인 형태로 바꿔보겠습니다.

```
# [코드 A-22]
result_wide %>%
  gather("업종", "이용금액", 2:25)
# A tibble: 168 x 3
# Groups:   dow [7]
     dow        업종        이용금액
     <chr>      <chr>       <dbl>
 1   1_월       기타음식점   5741000
 2   2_화       기타음식점   5814100
 3   3_수       기타음식점   6257200
 4   4_목       기타음식점   5834000
 5   5_금       기타음식점   7153900
 6   6_토       기타음식점   8497400
 7   7_일       기타음식점   5781600
 8   1_월       대중교통     0
 9   2_화       대중교통     0
10   3_수       대중교통     0
# ... with 158 more rows
```

실행한 명령어를 보면 작업 내용에 비해 생각보다 간단합니다. `gather()` 안에는 업종, 이용금액, 그리고 2:25로 표현한 변수 인덱스가 들어있습니다. 명령어의 의미를 말로 풀면 'result_wide 데이터의 2번째부터 25번째까지 변수를 모아 길게 늘인 형태로 바꾸고, 형태가 바뀐 데이터에서 그룹 변수의 이름은 **업종**으로, 값이 들어갈 변수의 이름은 **이용금액**으로 지정하겠다'입니다. 즉, `gather()` 함수에 먼저 입력한 두 개의 변수는 형태가 바뀐 데이터에서의 새 변수 이름이고, 세 번째 입력한 수열은 모으기 작업을 할 대상 변수의 범위를 의미합니다. 세 번째로 입력한 변수의 범위를 지정할 때는 지금처럼 변수 인덱스를 활용할 때가 많고, 필요에 따라 `c("기타음식점", "대중교통", "대형마트")`와 같이 `c()` 함수로 대상 변수의 이름을 묶어서 표현하기도 합니다.

이외에도 `tidyr` 패키지에 있는 다양한 함수를 활용하면 손이 많이 가는 귀찮고 실수하기 쉬운 복잡한 전처리 작업들을 쉽게 해결할 수 있습니다. 좀 더 많은 함수를 알고 싶은 분들은 구글에서 `tidyr` 패키지를 검색해보세요.

A.4 파이프 연산자의 추가적인 활용

파이프 연산자 `%>%`는 데이터 요약 파이프라인에서 데이터를 다음 함수로 전달하는 중요한 역할을 합니다. `magrittr` 패키지에 포함된 함수지만 `dplyr` 패키지를 불러오면 자동으로 함께 불러와 사용할 수 있습니다. 아래는 파이프라인을 활용한 간단한 실습입니다.

```
# [코드 A-23]
checkout = read.csv("data/checkout.csv", fileEncoding = "UTF-8")

checkout %>%
  group_by(category) %>%
  summarise(n = n(), total = sum(amount)) %>%
  slice_max(total, n = 3)
# A tibble: 3 x 3
  category         n       total
  <chr>        <int>       <dbl>
1 대형마트      6438   713034500
2   홈쇼핑      2532   476155800
3 전자상거래    7213   425913200
```

4장에서 설명한 것처럼 %>%가 없었다면 쓸데없이 중간 결과물을 객체로 저장해야 해서 스크립트가 훨씬 복잡해졌을 겁니다. 파이프 연산자 뒤에는 아무 함수나 나올 수 있지만, 무작정 파이프라인을 만들면 오류가 생길 때가 있으니 %>%의 정확한 활용법에 대해서 살펴봅시다.

R의 함수를 사용하려면 함수 안에 입력해야 할 필수적인 값과 부가적인 값이 있습니다. 예를 들어 dplyr의 `if_else()`와 비슷하게 생긴 R 기본 함수 `ifelse()`는 아래처럼 순서대로 조건식, 조건이 참일 때의 값, 조건이 거짓일 때의 값, 이렇게 세 개의 값을 필수로 입력해야 합니다.

```
# [코드 A-24]
ifelse(10 > 1, "참", "거짓")
"참"
```

그리고 지금까지 %>%를 활용한 파이프라인은 무조건 데이터로 시작했는데, 꼭 그럴 필요는 없습니다.

```
# [코드 A-25]
(10 > 1) %>%
  ifelse("참", "거짓")
"참"
```

TRUE나 FALSE의 결괏값을 가지는 조건문을 %>%를 활용해서 `ifelse()`로 보냈습니다. 그럼 자연스럽게 이 조건문은 `ifelse()`의 첫 번째 입력값으로 들어갑니다. 사실 앞에서는 따로 설명 없이 넘어갔지만 정확하게 표현하면 %>%는 기본적으로 앞의 결과물을 %>% 뒤에 나오는 함수의 첫 번째 입력값으로 넣습니다. 이는 사용자의 편의를 위해 제공되는 기능입니다.

그리고 %>%의 사용법을 엄밀히 따지면 마침표(.)가 중요한 역할을 합니다.

```
# [코드 A-26]
(10 > 1) %>%
  ifelse(., "참", "거짓")
"참"
```

.은 연산자 앞의 결과를 연산자 뒤의 명령어의 어느 부분에 집어넣을지를 지정합니다. 만약 연산자 뒤의 명령어에서 .이 등장하지 않으면 기본적으로 앞의 결과는 다음 함수의 첫 번째 입력값으로 들어갑니다. 이 책에서 다룬 tidyverse의 dplyr, tidyr, ggplot2 패키지의 함수들은 모두 데이터가 첫 번째 입력값으로 들어가도록 만들어져 있습니다. 그래서 우리가 굳이 .을 입력하지 않고 얼마든지 파이프라인을 길게 만들어도 오류가 없었던 것이죠.

그런데 다음 함수에서 첫 번째 입력값이 아니라 그다음 입력값에 데이터를 집어넣거나, 데이터 전체가 아니라 그중 한 변수만 선택해서 넣는 등 다양한 상황이 생길 수 있습니다. 이럴 때 .을 활용합니다. 예를 들면 아래처럼 ifelse() 함수에서 참일 때의 값을 입력하는 자리에는 .을 입력하고 %>% 앞에 값을 지정하는 겁니다.

```
# [코드 A-27]
"새로운 참값" %>%
  ifelse((10 > 1), ., "거짓")
"새로운 참값"
```

게다가 .은 아래 코드처럼 하나의 명령어에서 여러 번 찍어도 됩니다.

```
# [코드 A-28]
checkout %>%
  group_by(category) %>%
  summarise(n_whole    = nrow(.),
            n          = n(),
            total_whole = sum(.$amount),
            total      = sum(amount)) %>%
  slice_max(total, n = 3)
# A tibble: 3 x 5
   category n_whole     n total_whole     total
   <chr>      <int> <int>       <dbl>     <dbl>
 1 대형마트   199664  6438  3980539940 713034500
 2 홈쇼핑     199664  2532  3980539940 476155800
 3 전자상거래 199664  7213  3980539940 425913200
```

파이프라인에서 group_by()가 나오면 그 순간 데이터는 그룹별로 나뉘고, 이후 요약값을 계산할 때 나눠진 그룹별로 요약값이 계산됩니다. 그러나 중간에 전체 건수나 전체 합계 등 다시 전체 데이터를 이용해 어떤 값을 계산하려면 group_by()를 없애야 하는데요. 위의 코드처럼 .을 활용하면 group_by()로 그룹을 나눴더라도 전체 데이터에 대한 요약값을 계산할 수 있습니다.

앞에서 group_by(category)로 그룹을 지정했지만 nrow(.)의 .에는 checkout 데이터 전체가 들어오기 때문에 nrow(checkout)과 같은 의미로 실행되어 전체 관측치 수가 계산됩니다. 마찬가지로 sum(.$amount)는 sum(checkout$amount)와 같아서 역시 group_by()와는 상관없이 checkout 데이터에서 $로 선택된 amount의 합계, 즉 전체 결제 금액의 합이 계산됩니다.

이런 .의 특성을 활용해 아래처럼 각 그룹의 전체에서 차지하는 비중을 손쉽게 계산할 수 있습니다.

```
# [코드 A-29]
checkout %>%
  group_by(category) %>%
  summarise(prop_n = n() / nrow(.),
            prop_total = sum(amount) / sum(.$amount)) %>%
  slice_max(prop_total, n = 3)
# A tibble: 3 x 3
   category  prop_n   prop_total
   <chr>     <dbl>    <dbl>
 1 대형마트   0.0322   0.179
 2 홈쇼핑     0.0127   0.120
 3 전자상거래 0.0361   0.107
```

merge()로 데이터를 결합할 때도 .을 이용해 전체 데이터를 입력하는 방법이 쓰입니다.

```
# [코드 A-30]
# customer = read.csv("data/customer.csv", fileEncoding="UTF-8")
checkout %>%
  group_by(cust_id) %>%
  summarise(total = sum(amount)) %>%
  merge(., customer, by = "cust_id", all.x = T) %>%
  summarise(n = n())
```

```
        n
1    8713
checkout %>%
  group_by(cust_id) %>%
  summarise(total = sum(amount)) %>%
  merge(customer, ., by = "cust_id", all.x = T) %>%
  summarise(n = n())
        n
1   10000
```

위 두 코드에서는 `.`을 이용해 `merge()`로 두 개의 데이터를 결합했습니다. `all.x=T`라는 옵션이 있을 때 `.`의 위치에 따라 두 데이터 중 어떤 데이터가 먼저 나올지가 결정되고, 그에 따라 결과가 다르게 나오는 것을 확인할 수 있습니다.

`merge()`의 첫 번째 입력값에 `.`을 넣으면 `all.x=T` 옵션에서 `x`에 해당하는 데이터가 들어가서 파이프라인에서 요약된 데이터에 `customer` 데이터를 붙이는 명령어가 되고, `merge()`의 두 번째 입력값에 `.`을 넣으면 `customer` 데이터에 요약된 데이터를 붙이는 명령어가 되므로 두 코드의 관측치 수가 서로 다르게 출력됩니다.

참고로 `tidyverse`의 함수들은 똑똑해서 데이터가 들어갈 부분에는 `.`을 찍지 않아도 알아서 `%>%` 앞에 있는 데이터를 입력값으로 생각합니다. 파이프 연산자에 관한 이러한 내용을 이해하면 제약 없이 좀 더 자유롭게 파이프라인을 구성할 수 있습니다.

A.5 ggplot2 패키지의 주요 그래프 속성 변경 함수

`ggplot2` 패키지는 다양한 그래프를 그릴 수 있고, 그래프의 세부적인 부분까지 마음대로 수정할 수 있어서 많이 활용되는 패키지입니다. 그래프는 `ggplot()` 함수 안 `aes()` 함수에서 변수를 활용해 틀을 잡고, `geom`으로 시작하는 그래프 함수를 `+`로 더해서 그립니다. 아무런 옵션을 손대지 않은 기본 그래프도 충분히 만족스럽지만, 제목을 달거나 색깔을 바꾸는 등 세부적으로 그래프를 수정하고 싶을 때도 있습니다. `ggplot2`는 우리가 원하는 대부분의 수정 기능을 제공합니다. 이 책에서 모든 기능을 실습해볼 수는 없지만, 대표적인 몇 가지 상황들과 함께 살펴보겠습니다.

A.5.1 qplot()을 활용한 단순한 그래프 작성

R이 처음 등장했을 때 R의 장점으로 가장 많이 꼽힌 점은 바로 시각화, 그래프 작성이었습니다. 요즘에는 워낙 좋은 시각화 패키지가 많아서 기본 함수가 많이 쓰이지 않지만, 그래도 기본 그래프 함수는 명령어가 간결하다는 장점이 있습니다.

```
# [코드 A-31]
checkout = read.csv("data/checkout.csv", fileEncoding = "UTF-8")
hist(checkout$amount)
```

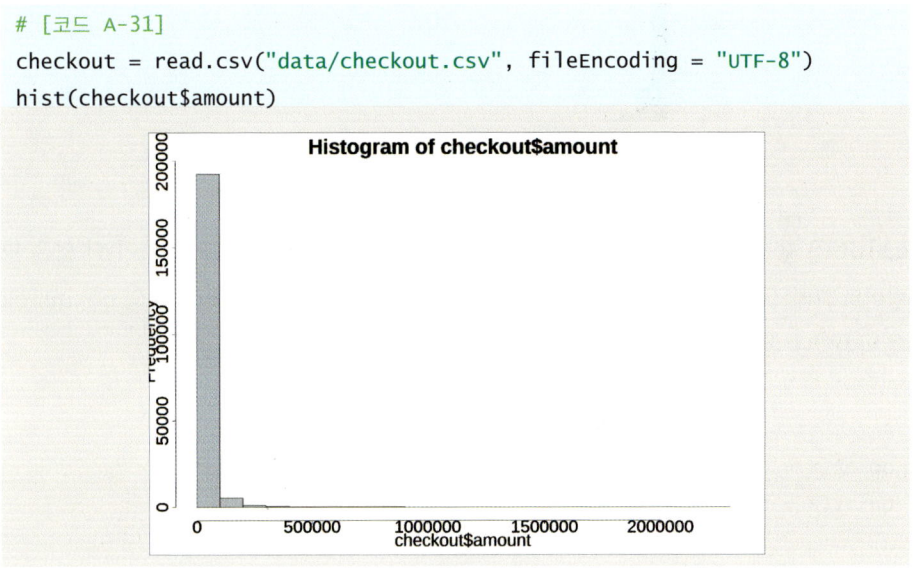

데이터 이름에 $를 붙여 amount 변수를 선택하고, hist() 함수에 넣으면 히스토그램이 만들어집니다. 만약 ggplot2 패키지를 활용해서 똑같은 히스토그램을 그리려면 아래처럼 명령어를 상대적으로 길게 작성해야 합니다.

```
# [코드 A-32]
library(ggplot2)
library(dplyr)

checkout %>%
  ggplot(aes(x = amount)) + geom_histogram()
```

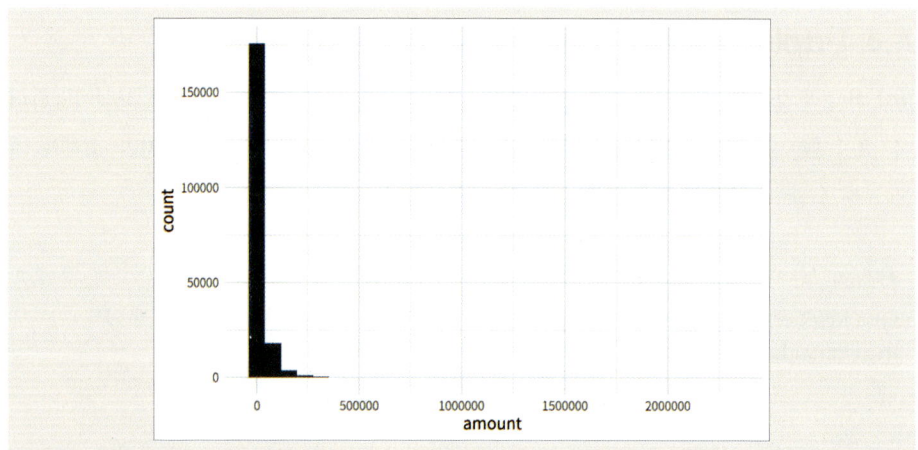

qplot() 함수를 사용하면 ggplot()과 똑같은 그래프를 aes()나 + 없이 더 짧은 명령어로 그래프를 그릴 수 있습니다. 한결 간단하게 그래프를 그려주는 qplot의 q는 quick의 약자입니다.

```
# [코드 A-33]
qplot(x = checkout$amount, geom = "histogram")
qplot(x = amount, data = checkout, geom = "histogram")
```

위 코드의 첫 번째 명령어처럼 $를 이용해 데이터에 있는 변수를 선택해도 되고, 두 번째 명령어처럼 data 옵션을 활용해도 됩니다. 그리고 +로 geom 함수를 더하는 것이 아니라 qplot() 함수 안에서 geom 옵션으로 그래프의 종류를 지정합니다.

당연히 qplot()도 파이프라인에 붙일 수 있습니다.

```
# [코드 A-34]
checkout %>%
  mutate(date = as.Date(datetime, format = "%F %T")) %>%
  group_by(date) %>%
  summarise(total = sum(amount)) %>%
  qplot(x = date, y = total, data = ., geom = "line")
```

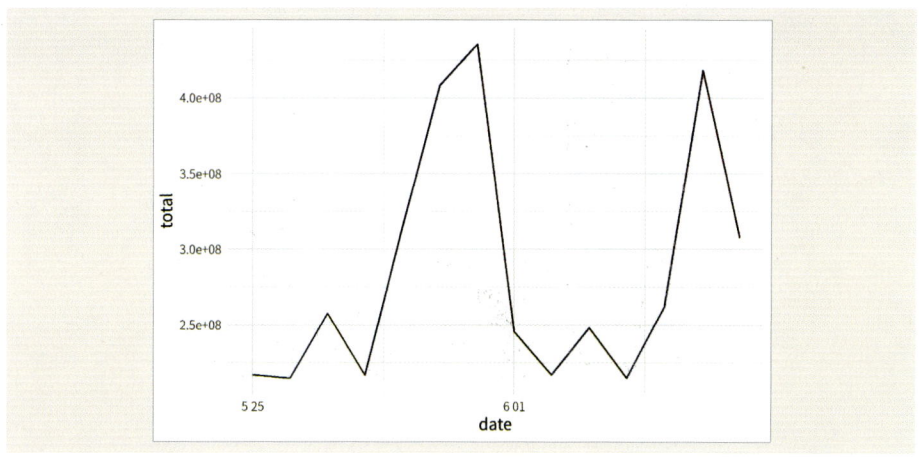

다만 이 경우에는 qplot()의 첫 번째 입력값이 아니라 data 옵션값에 데이터가 들어가도록 앞서 %>%의 사용법에서 다룬 .을 활용합니다.

A.5.2 reorder()를 활용한 범주형 축의 수준 순서 변경

분석을 하다 보면 반복되는 분석 패턴이 생기는데, 대표적인 분석 패턴 중 하나가 그룹별 평균이나 합계를 구하고 막대그래프로 표현하는 것입니다. 아래 실습을 살펴봅시다.

```
# [코드 A-35]
checkout %>%
  filter(category %in% c("백화점", "대형마트", "슈퍼마켓", "전자상거래")) %>%
  group_by(category) %>%
  summarise(total = sum(amount)) %>%
  ggplot(aes(category, total)) +
  geom_col()
```

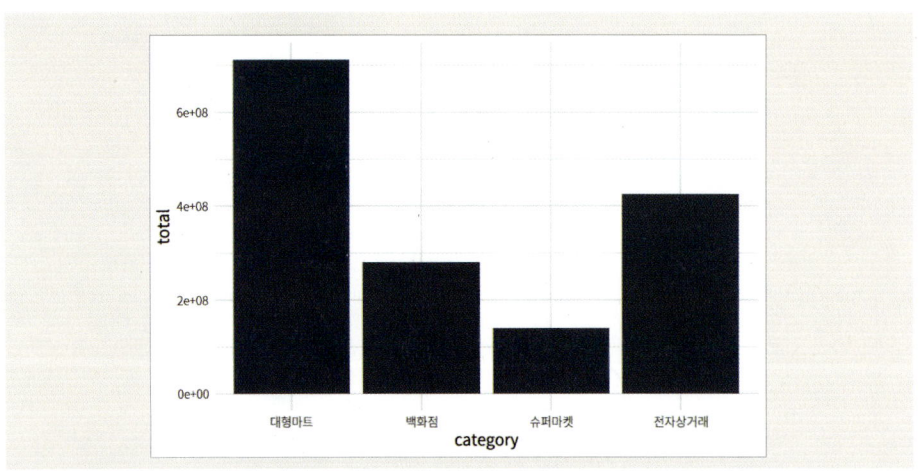

4개 업종의 결제 금액의 합을 계산하고 막대그래프를 그렸습니다. 이렇게 그래프의 한 축에 범주형 변수 혹은 그룹 변수가 들어오면 위 그래프처럼 수준 이름을 기준으로 오름차순 또는 가나다순으로 정렬됩니다. 그런데 분석에서는 일반적으로 이름보다는 값의 내림차순, 즉 큰 값을 가진 수준이 먼저 나오도록 정렬하는 경우가 많습니다.

따라서 다음 코드에서 수준을 재정렬하는 reorder() 함수를 사용하여 막대그래프를 다시 그린 뒤 p라는 이름으로 저장하겠습니다. 이 p는 뒤에 나오는 코드에서도 계속 활용합니다.

```
# [코드 A-36]
p = checkout %>%
  filter(category %in% c("백화점", "대형마트", "슈퍼마켓", "전자상거래")) %>%
  group_by(category) %>%
  summarise(total = sum(amount)) %>%
  ggplot(aes(reorder(category, -total), total)) +
  geom_col()

p
```

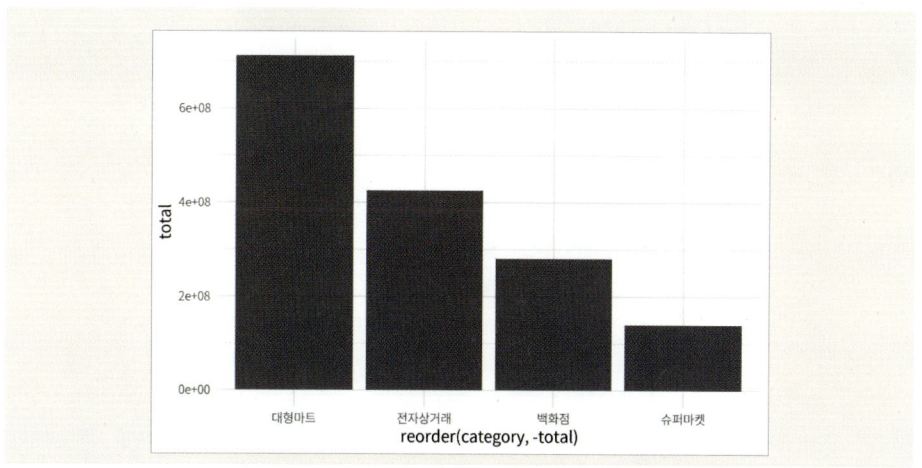

정렬을 할 때는 기준 변수가 필요한데, 여기서는 y축에 들어간 total이 그 역할을 합니다. 그래서 먼저 코드에서 aes()의 첫 번째 값이었던 category를 reorder(category, -total)로 바꿨더니 가나다순의 업종이 아니라 total값을 기준으로 내림차순 정렬된 업종이 그래프에 그려졌습니다. total 앞에 -가 붙지 않으면 수준이 기본값인 오름차순으로 정렬됩니다.

A.5.3 축 바꾸기

ggplot2의 기본적인 막대그래프는 값에 따라 아래에서 위로 세로로 막대를 그려 표현합니다. 막대를 세로가 아닌 가로로 표현하고 싶을 때는 어떻게 할까요? 가로 막대로 된 막대그래프를 그리는 함수가 따로 있는 것이 아니고, 기본 막대그래프에 coord_flip() 함수를 더해주기만 하면 x, y축이 서로 뒤바뀝니다.

```
# [코드 A-37]
p + coord_flip()
```

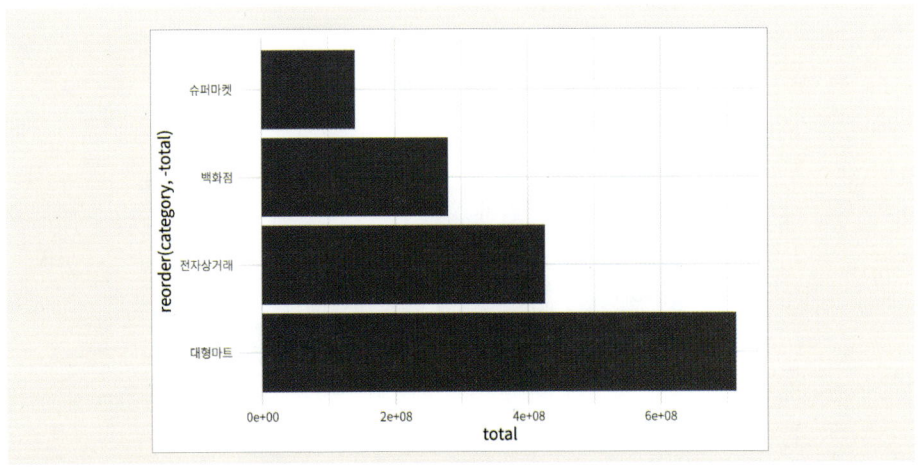

이렇게 축을 바꾼 다음에 척도나 레이블 작업을 하면 x축, y축이 헷갈릴 수 있으므로 coord_flip()은 모든 세부 설정을 끝내고 적용하는 것이 좋습니다.

A.5.4 수치형 축의 척도, 이름, 범위 지정하기

이번에는 수치형 축에 대해서 살펴보겠습니다. [코드 A-36]에서 p로 저장해둔 그래프의 y축을 보면 2e+08같이 낯선 숫자 표기가 보입니다. 이 표기 방법은 과학적 표기법(scientific notation)이라고 하는 숫자를 표현하는 방법의 하나입니다. e+는 10^과 같아서 e+08은 10의 8제곱, 1억을 의미합니다. 2e+08은 여기에 2를 곱한 2억이죠. 컴퓨터에서는 숫자가 클 때 표현하는 효율적인 방법이지만, 우리에게 단번에 와닿지는 않아서 일반적인 숫자로 바꾸는 것이 좋습니다. 숫자 표기를 바꾸려면 어떤 함수를 쓰는지 살펴봅시다.

데이터의 변수들은 그래프의 축, 색깔, 크기, 모양 등에서 다양하게 활용할 수 있습니다. 각각의 분석 상황에 따라 어떤 변수를 어디에 활용할지 정하면 어떤 그래프를 그릴지 정의할 수 있죠. 여기서는 변수 total이 y축에 있으니까 scale_y_로 시작하고, 수치형 변수이므로 continuous가 붙은 scale_y_continuous() 함수를 사용합니다.

이처럼 ggplot2 패키지에는 scale_로 시작하는 함수가 많이 있는데, 워낙 사용법이 다양하기 때문에 자주 쓰는 대표적인 몇 가지만 살펴보겠습니다.

```
# [코드 A-38]
p + scale_y_continuous(labels = scales::comma)
```

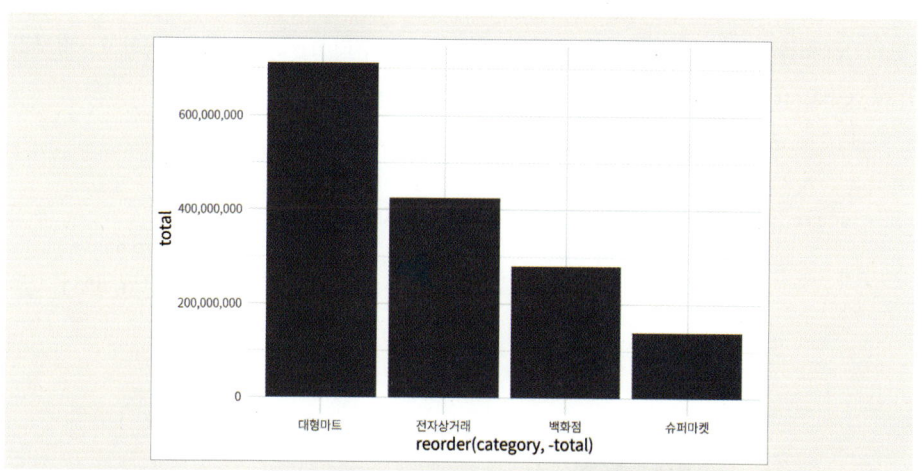

labels 옵션에 scales::comma를 넣었더니 y축의 레이블이 세 자리마다 콤마를 찍은 숫자로 바뀌었습니다. 명령어에 있는 콜론 두 개는 scales 패키지의 comma()라는 함수를 쓰겠다는 의미의 약속된 표현입니다.

그리고 scale_y_continuous() 함수로 축의 범위도 바꿀 수 있습니다.

```
# [코드 A-39]
p + scale_y_continuous(limits   = c(0, 1000000000),
                       n.breaks = 10,
                       labels   = scales::comma)
```

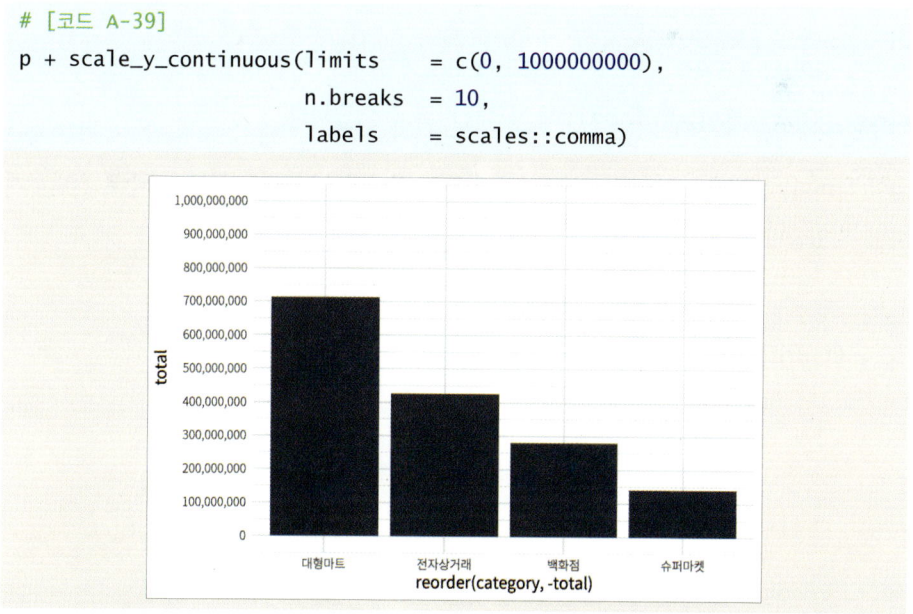

APPENDIX _ 부록 | 293

[코드 A-38]에 두 가지 옵션을 추가해서 범위를 0부터 10억까지로 지정하고, 경곗값 (breaks)을 10개로 지정하여 척도를 더 촘촘하게 만들었습니다.

```
# [코드 A-40]
p + scale_y_continuous(limits = c(0, 1000000000),
                       breaks = c(0, 10^8, 2*10^8, 5*10^8, 10^9),
                       labels = c("0억", "1억", "2억", "5억", "10억"))
```

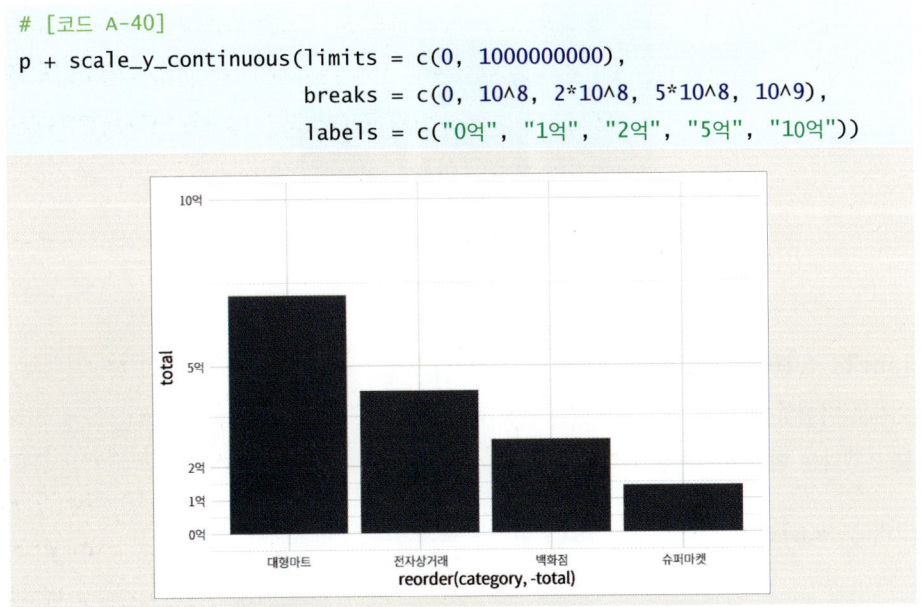

그리고 위의 그래프처럼 구간의 간격을 `breaks` 옵션에 지정한 경곗값으로 바꿀 수 있고, 지정한 경곗값의 레이블도 `labels`에 지정해 바꿀 수 있습니다.

만약 나머지는 그대로 두고 y축의 범위만 바꾸고 싶다면 `ylim()`이라는 함수로 간단하게 바꿀 수 있습니다.

```
# [코드 A-41]
p + ylim(0, 10^9)
```

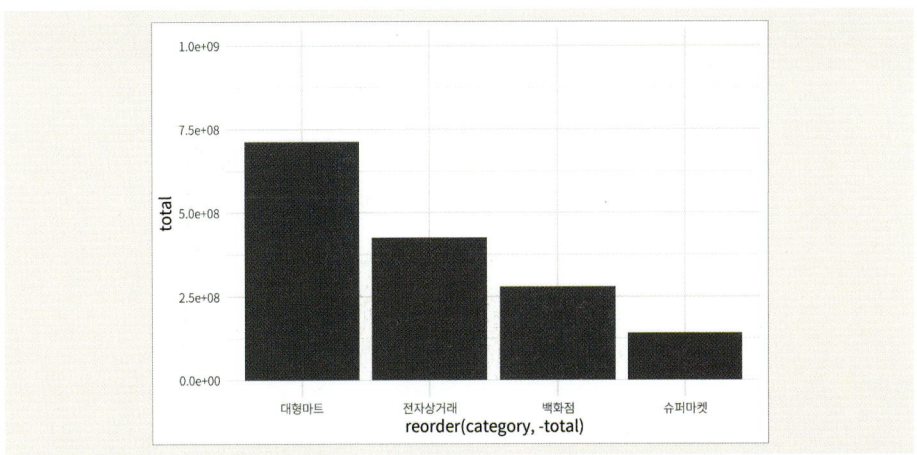

지금까지는 그래프에서 y축에 있는 수치형 변수에 대해 여러 작업을 했습니다. x축에 있는 수치형 변수에 대한 작업을 하고 싶으면 함수 이름에서 y만 x로 바꾸면 됩니다.

앞의 [코드 A-34]에서 날짜별로 요약한 값을 선 그래프로 시각화했었습니다. 이 그래프의 x축을 보면 날짜가 5 25, 6 01로 간단히 표기되어 있는데요. 아래 코드처럼 scale_x_date() 함수의 date_breaks와 date_labels 옵션을 활용해서 날짜 간격과 표기 방법을 바꿀 수 있습니다.

```
# [코드 A-42]
p2 = checkout %>%
  mutate(date = as.Date(datetime, format = "%F %T")) %>%
  group_by(date) %>%
  summarise(total = sum(amount)) %>%
  qplot(x = date, y = total, data = ., geom = "line")
p2 + scale_x_date(date_breaks = "3 days",
                  date_labels = "%m/%d")
```

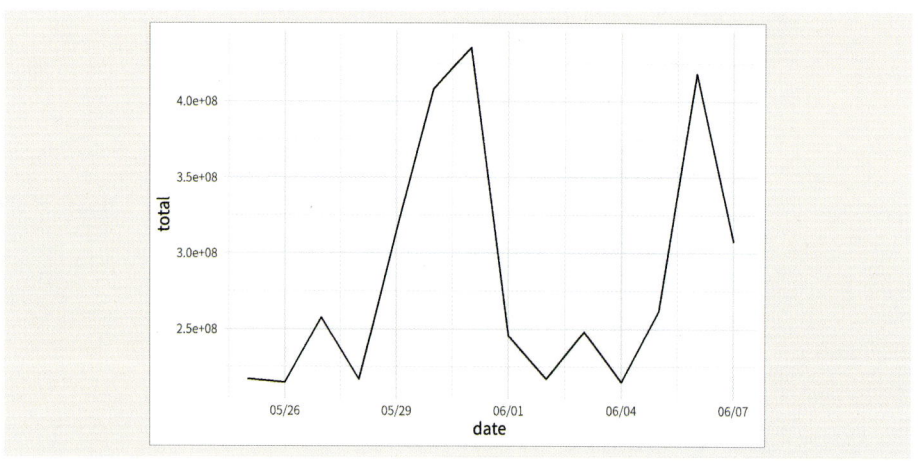

A.5.5 색상 조합 바꾸기

앞에서 살펴본 함수 말고도 scale_로 시작하는 함수에는 scale_fill_, scale_color_, scale_size_ 등의 함수들이 있습니다. 앞서 살펴본 scale_ 함수는 주로 축과 관련된 작업을 할 때 사용하는데요. 그래프를 그릴 때 구성 요소의 색상, 테두리 색, 크기 등이 변수에 따라 달라지도록 aes()에서 지정했다면 그 정도나 조합을 바꾸는 것도 가능합니다. 먼저 결제 데이터에서 요일과 업종별로 결제 건수를 계산하고 히트맵을 그리겠습니다.

```
# [코드 A-43]
agg = checkout %>%
  mutate(dow = format(strptime(datetime, format = "%F %T"), "%u")) %>%
  group_by(dow, category) %>%
  summarise(n = n())

p3 = agg %>%
  ggplot(aes(dow, category, fill = n)) + geom_tile()

p3
```

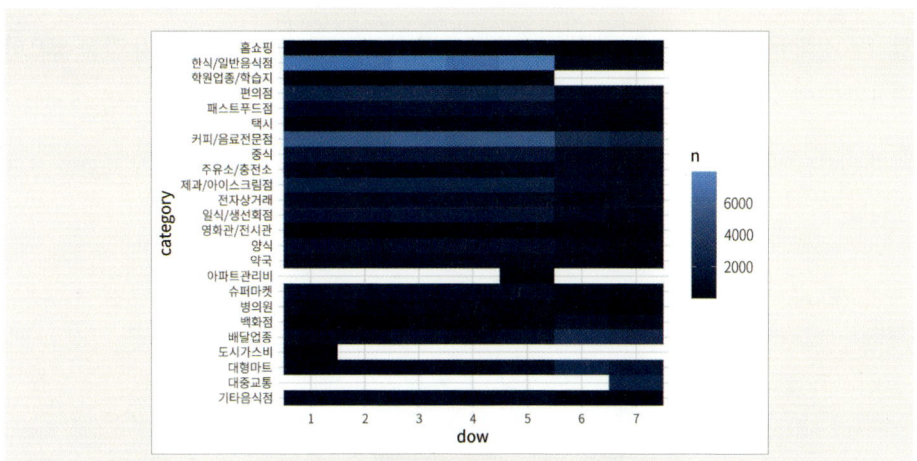

데이터 요약 과정에서 n이라는 결제 건수를 의미하는 변수를 만들었고, 이 n을 aes() 함수의 fill 옵션에 입력했습니다. 따라서 격자가 n의 크기에 따라 다른 농도로 칠해집니다. 이때 scale_fill_로 시작하는 함수를 써서 색상 조합을 바꿀 수 있습니다.

```
# [코드 A-44]
p3 + scale_fill_gradient(low = "white",
                         high = rgb(240, 40, 0, maxColorValue = 255))
```

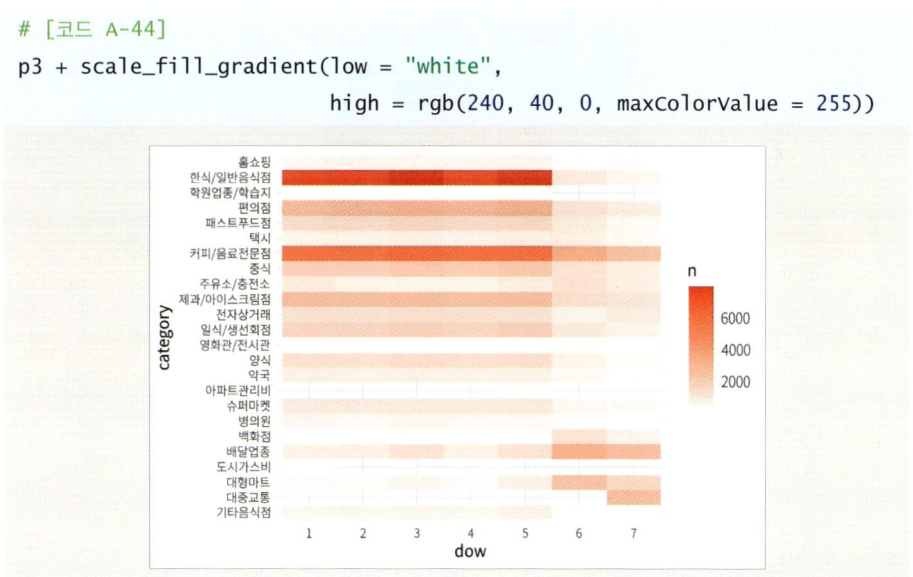

scale_fill_gradient() 함수에 색상의 최솟값과 최댓값을 지정해서 히트맵을 그렸습니다. 최댓값의 색은 rgb() 함수로 입력했습니다. 보통 영상에서 빨강, 초록, 파랑의 조합인 rgb 색상 조합을 쓰는데, 회사마다 이 세 가지 색을 0부터 255까지 어떻게 조합해야 할지를 정해두는 CI(Corporate Identity)가 있습니다. **rgb()** 에 이 세 가지 값을 넣으면 회사의 CI에 맞는 그래프가 그려지는 것입니다.

딱히 원하는 색상 조합이 없거나 선택하기 어렵다면 아래와 같이 이미 만들어진 조합을 쓰면 됩니다.

```
# [코드 A-45]
RColorBrewer::display.brewer.all()
```

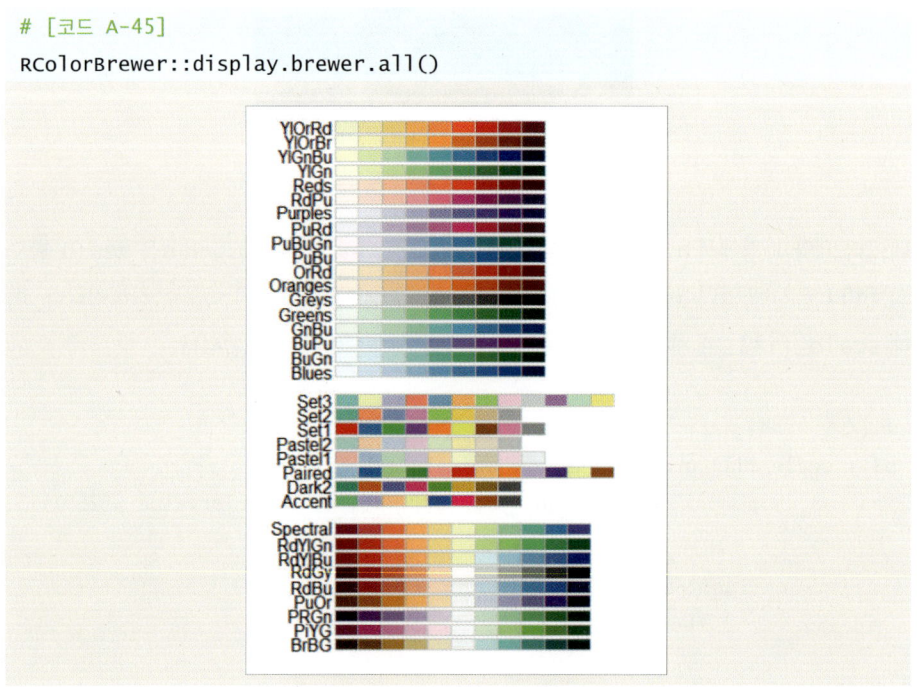

출력 결과를 보면 가로로 한 줄씩 색상 조합을 확인할 수 있습니다. 맨 왼쪽에 색상 조합의 이름이 있습니다. 이 이름을 다음과 같이 `scale_fill_distiller()` 함수의 `palette` 옵션에 지정해주면 해당 색상 조합으로 그래프가 그려집니다.

```
# [코드 A-46]
p3 + scale_fill_distiller(palette = "Blues", direction = 1)
```

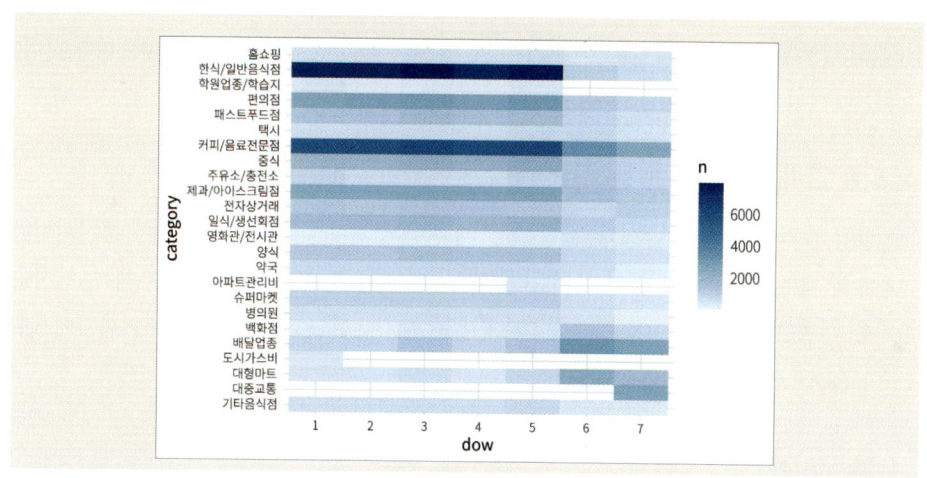

위에서 확인한 색상 조합 중 **"Blues"**를 선택해서 기존 그래프 p에 `scale_fill_distriller()` 함수를 더했습니다.

```
# [코드 A-47]
agg %>%
  filter(category %in% c("대형마트", "백화점", "병의원")) %>%
  ggplot(aes(dow, n, fill = category)) +
  geom_col(position = "dodge") +
  scale_fill_brewer(palette = "Set1")
```

앞과 같은 요약 데이터에서 부분을 선택해 막대그래프를 그렸습니다. 이번에는 `fill`에 범주형 변수를 지정했습니다. 이 경우에는 색상 조합을 바꾸는 함수를 `scale_fill_`

brewer()로 써야 하는데, 똑같이 palette 옵션에 원하는 조합의 이름을 넣으면 됩니다.

A.5.6 그래프에 제목 달기

그래프를 그리면 기본적으로 그래프를 그릴 때 활용된 변수들이 축이나 범례에 표시되지만 그래프의 제목은 자동으로 붙지 않습니다. labs() 함수를 사용하면 제목, 부제목, 캡션을 추가할 수 있으며, aes() 함수에서 fill 옵션을 사용했던 것처럼 labs() 함수에서도 fill 옵션으로 범례의 제목을 바꿀 수 있습니다.

```
# [코드 A-48]
p4 = p3 + labs(title    = "요일/업종별 결제건수 요약",
               subtitle = "전체 결제 건수 : 199,664(건)",
               caption  = "기간 : 05/25 ~ 06/07",
               fill     = "건수")
p4
```

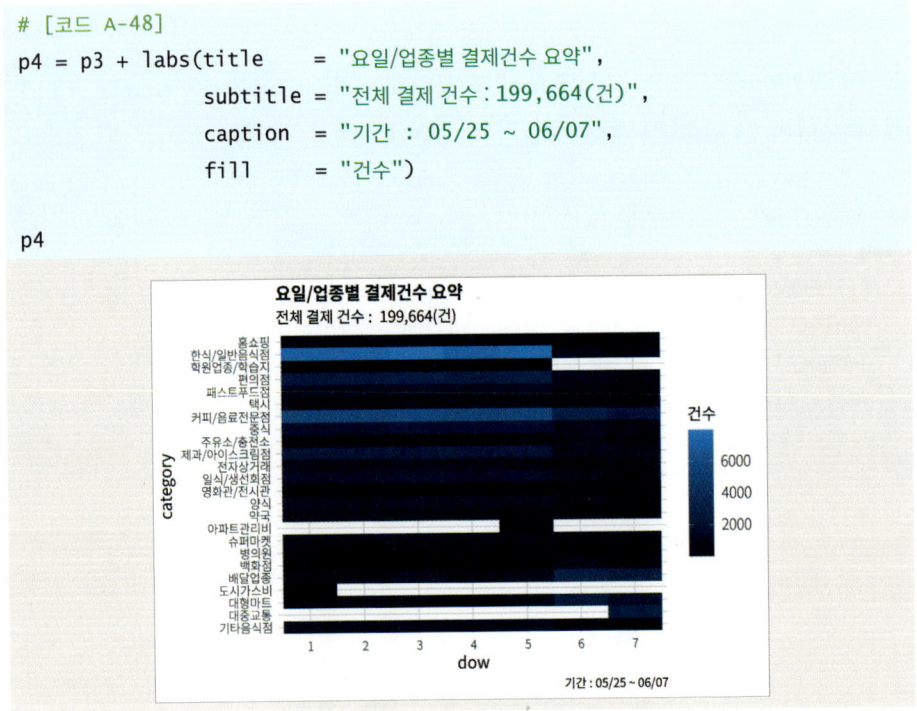

위 코드에서 labs()에 지정한 title, subtitle, caption은 순서대로 제목, 부제목, 캡션을 그래프에 추가하는 옵션입니다. 여기서는 세 가지를 모두 입력했지만 나중에는 당연히 필요한 것만 입력하면 됩니다. 만약 부제목이나 캡션 없이 제목만 추가하고 싶다면 ggtitle() 함수를 사용해도 됩니다.

```
# [코드 A-49]
p3 + ggtitle("시각화 결과")
```

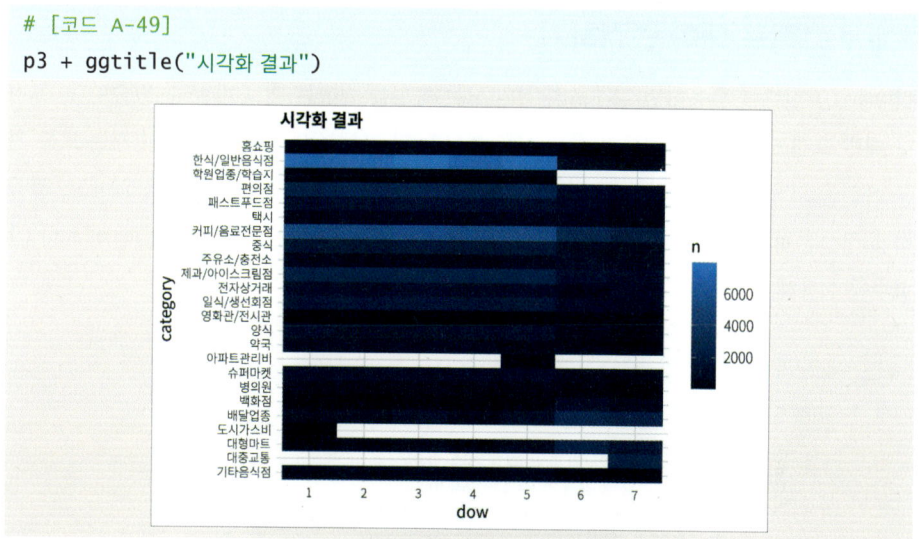

x축과 y축에는 aes()에 사용된 변수 이름이 들어가 있습니다. 축 이름은 각각 xlab()과 ylab()으로 바꿀 수 있습니다.

```
# [코드 A-50]
p5 = p4 + xlab("요일") + ylab("업종")

p5
```

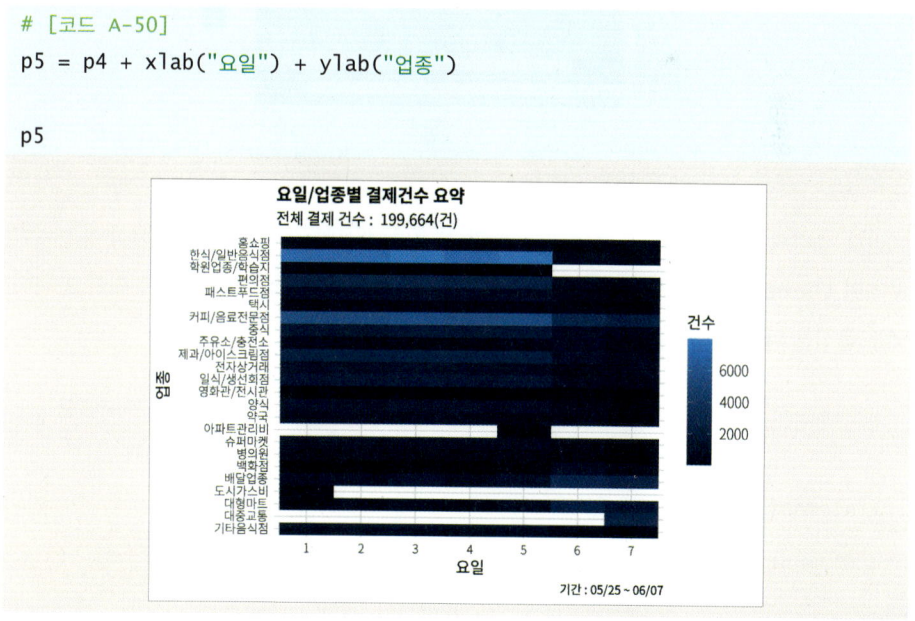

A.5.7 그래프 테마 변경하기

theme() 함수를 활용하면 그래프의 거의 모든 속성을 원하는 대로 바꿀 수 있습니다. 그러나 매번 그래프의 모든 속성을 바꾸는 일은 손이 많이 가는 작업입니다. 그래서 저는 보통 기본 옵션을 그대로 활용하되 theme_minimal() 함수를 더해서 배경색 등을 없애고, 깔끔하게 구성된 minimal 테마를 적용합니다. 책 본문의 모든 그래프는 theme_minimal() 함수를 이용해 그린 그래프입니다.

```
# [코드 A-51]
p5 + theme_minimal()
```

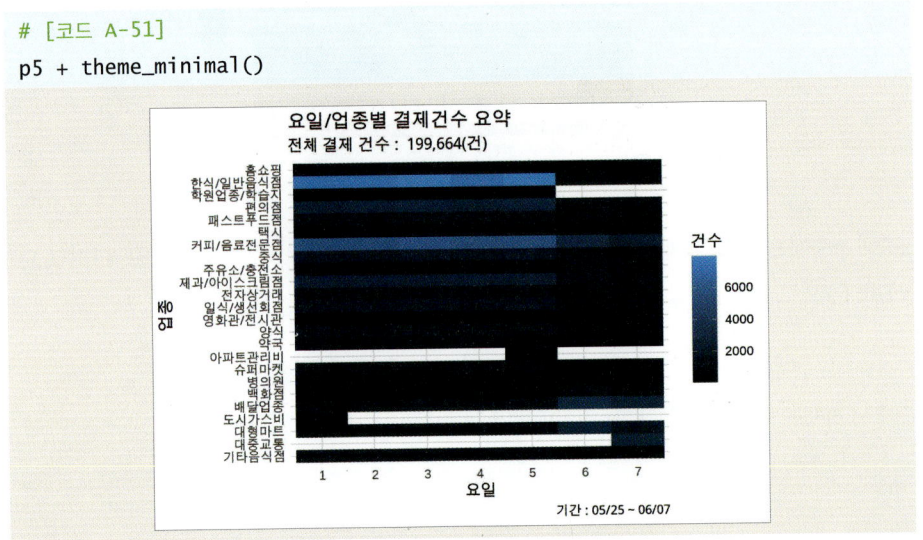

그러나 그래프 제목, 축, 범례 등에 있는 글자 크기나 범례의 구성, 그래프의 색상 등을 수정하려면 theme() 함수만으로는 부족해서 세부 옵션을 다루는 함수들도 같이 써야 합니다. 세부 옵션을 다루는 대표적인 함수는 다음과 같습니다.

- element_text()	color(색상), size(크기), angle(기울임), face(보통, 굵게, 기울임) 등 글자 속성변경
- element_line()	linetype(모양), color(색상), size(크기) 등 선 속성 변경
- element_blank()	해당 속성 제거

예를 들어 글자 크기를 20으로 바꾸고 각도를 45도 회전하고 싶으면 element_text(size=20, angle=45)로 표현합니다. 그래프에 적용할 때는 아래와 같이

theme() 함수를 더하고, 그 안에 작성합니다.

```
# [코드 A-52]
p5 + theme(title = element_text(size = 20),
           text  = element_text(size = 12),
           line  = element_line(size = 2))
```

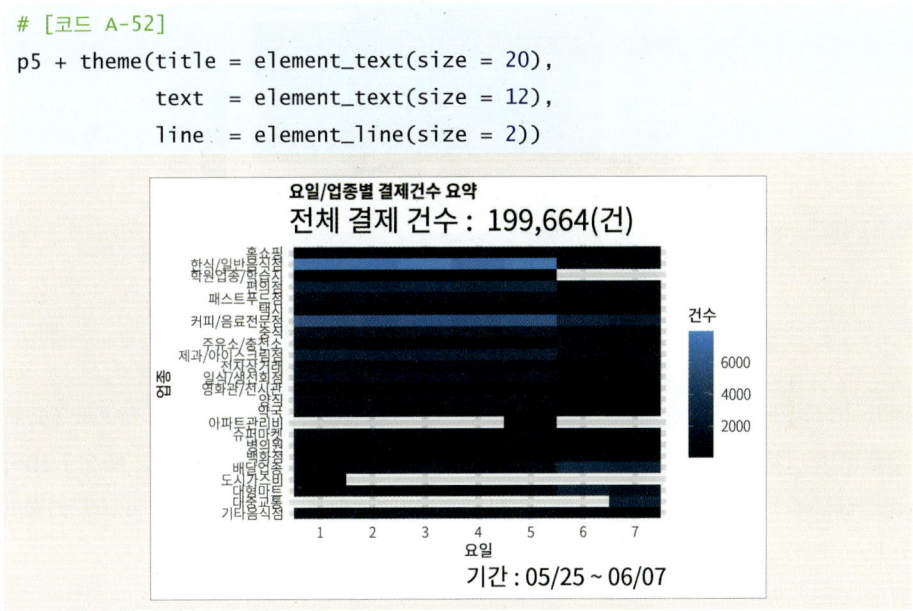

이처럼 테마와 관련된 명령어는 조금 길지만 의미가 직관적이어서 이해하기 쉽습니다. 위 코드를 보면 그래프의 제목(title) 크기를 20으로, 글자(text) 크기를 12로, 모든 직선(line)은 두께를 2로 지정했습니다.

그런데 모든 제목이나 모든 글자가 아니라 x축, y축처럼 특정 부분만 바꾸고 싶을 수도 있죠. 이럴 때는 .으로 단계를 구분해서 사용합니다. 예를 들어 legend.title은 범례의 제목만을 의미하고, axis.text는 x축과 y축에 있는 글자만, axis.text.x는 x축에 있는 글자만을 의미합니다.

```
# [코드 A-53]
p5 + theme(title         = element_text(size = 20, face = "bold"),
           plot.subtitle = element_text(size = 12, face = "italic"),
           axis.title    = element_text(size = 14),
           legend.title  = element_blank(),
           axis.text.y   = element_text(size = 12, angle = 30))
```

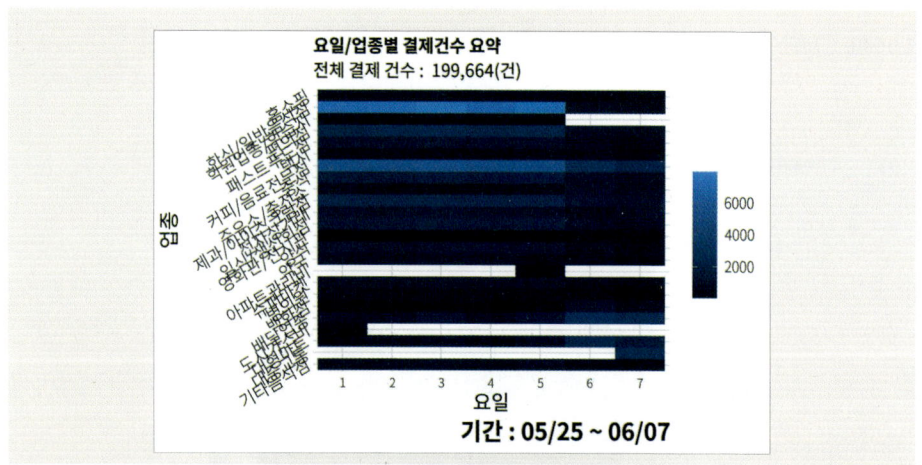

여기서 그래프 자체는 중요하지 않으니 그래프의 스타일만 살펴보겠습니다. `theme()` 함수를 보면 먼저 모든 제목의 크기를 20으로 굵게 표시했습니다. 그림 부제목도 크기가 20이 되기 때문에 부제목을 의미하는 `plot.subtitle`로 크기는 12로 줄이고, 글자를 기울이 도록 지정했습니다.

x축과 y축의 제목(`axis.title`)은 글자 크기를 14로 지정하고, 범례의 제목(`legend.title`)은 `element_blank()`를 사용해서 제거했습니다. 마지막으로 y축에 있는 글자 (`axis.text.y`)는 크기 12에 30도 기울어지게 표현했습니다. 이런 식으로 .을 이용하면 그래프의 각 구성 요소들을 구분해서 세세한 부분까지 마음대로 수정할 수 있습니다.

이 한 권으로 모든 옵션을 하나씩 설명하는 것은 어려우므로 아주 기본적인 함수만 살펴봤습니다. R에서 `?theme()`으로 도움말을 열어 어떤 옵션들이 있는지 더 살펴보기 바랍니다. 참고로 글자 크기는 지정한 크기로 고정되지만, 선의 굵기나 도형의 크기는 그래프의 크기에 따라 변하므로 실제로 출력하거나 활용할 그래프의 크기를 염두에 두고 조정해야 합니다.

A.5.8 그래프 폰트 설정하기

지금까지 살펴본 옵션들을 활용하면 그래프의 세부적인 요소들을 꽤 높은 수준으로 수정하는 것이 가능합니다. 그런데 해결하지 못한 마지막 하나가 남았습니다. 글꼴, 바로 폰트입니다.

그래프의 폰트를 바꾸는 일은 생각보다 쉽지 않습니다. 일단 컴퓨터에 폰트가 잘 설치되어 있어야 하고, 특히 외부에 공유하기 위한 그래프라면 저작권 문제도 생각해야 합니다. 폰트를 바꿀 준비가 됐다면 showtext 패키지를 활용하는 방법을 알아보겠습니다.

먼저 그래프에 사용할 폰트를 골라야 하는데, 가장 무난한 방법은 구글에서 제공하는 폰트를 사용하는 방법입니다. 폰트의 종류는 fonts.google.com에서 확인할 수 있습니다.

필요한 패키지는 jsonlite, curl, showtext 패키지입니다. 패키지를 설치하고 불러온 다음, 위의 사이트에서 사용하고 싶은 폰트를 고르면 됩니다. 구글에는 네이버에서 제공하는 무료 폰트인 나눔 고딕 폰트가 공유되어 있는데, 우리는 이 폰트를 사용하겠습니다. font_add_google() 함수에 나눔 고딕 폰트를 nanumgothic이라는 이름으로 추가하겠습니다.

```
# [코드 A-54]
install.packages(c("jsonlite", "curl"))

library(showtext)
font_add_google("Nanum Gothic", "nanumgothic")
```

만약 내가 가진 폰트를 활용하고 싶다면 .ttc나 .ttf의 폰트 파일을 작업 폴더로 복사한 다음 font_add() 함수로 등록합니다.

```
# [코드 A-55]
font_add("myfont", "data/practice/batang.ttc")
sysfonts::font_families()
 "sans"      "serif"      "mono"      "wqy-microhei" "nanumgothic" "myfont"
```

batang.ttc 파일을 myfont라는 이름으로 등록했습니다. 그다음 sysfonts 패키지의 font_families() 함수를 실행해보면 폰트가 정상적으로 등록된 것을 확인할 수 있습니다.

그럼 이제 그래프에 적용해보겠습니다. 다음과 같이 showtext_auto() 함수를 실행한 다음, 글자를 설정하는 element_text 함수에서 family 옵션으로 폰트를 지정합니다.

```
# [코드 A-56]
showtext_auto()

p6 = p5 + theme(
  title         = element_text(size = 20, face = "bold", family = "nanumgothic"),
  plot.subtitle = element_text(size = 12, face = "italic", family = "myfont"))

p6
ggsave("output_plot.png", p6)
```

element_text()의 family 옵션에 폰트를 지정한 것처럼 그래프와 관련된 다른 함수에서도 family 옵션이 있다면 모두 폰트를 적용할 수 있습니다. 그리고 가끔 분석 환경이나 RStudio의 버전에 따라 프로그램상에서 오류와 함께 폰트가 바뀌지 않을 때가 있는데, 이럴 때는 ggsave()로 그래프를 저장해보면 폰트가 적용된 것을 확인할 수 있습니다.

A.6 간단한 정규 표현식

엑셀이나 워드에서 생각보다 자주 쓰는 기능이 찾기와 찾아 바꾸기입니다. R에서는 dplyr의 filter()를 사용해 조건과 일치하는 일부 관측치를 선택해 분석에 활용하는데요. 특정 텍스트를 조건으로 설정하는 경우가 많습니다.

```
# [코드 A-57]
checkout = read.csv("data/checkout.csv", fileEncoding = "UTF-8")

checkout %>% filter(category == "백화점")
checkout %>% filter(category %in% c("백화점", "대형마트"))
checkout %>% filter(category %in% c("한식", "일식"))
<0 행>  <또는 row.names의 길이가 0입니다>
```

예를 들어 checkout 데이터에서 category 변수와 == 혹은 %in% 같은 연산자를 활용하면 해당 업종의 관측치만 선택할 수 있습니다. 그런데 이 방법은 정확한 이름과 값을 알고 있어야 한다는 단점이 있습니다. 업종에서 한식 혹은 일식이라는 단어가 들어간 관측치를 선택하고 싶은데 정확히 일치하는 관측치가 없으면 마지막 명령어처럼 비교 연산을 해봐도 아무런 관측치가 선택되지 않는 것이죠.

비슷하게 엑셀에서도 주소에 강동구라는 단어가 들어간 관측치를 뽑아내려면 필터 기능을 사용하는 과정이 생각보다 복잡합니다. 그런데 R에서 정규 표현식(regular expression)을 활용하면 관측치를 손쉽게 선택할 수 있습니다.

정규 표현식은 R뿐만 아니라 수많은 컴퓨터 언어에서 특정 부분을 선택할 때 사용하는 방법입니다. R의 여러 함수에서 정규 표현식을 이용할 수 있는데 grep(), grepl(), gsub() 이 세 함수를 가장 많이 활용합니다.

A.6.1 grep()과 grepl()을 활용한 문자열에서 패턴 찾기

먼저 grep()과 grepl()을 간단하게 살펴보겠습니다.

```
# [코드 A-58]
text = c("통계", "데이터", "데이터분석", "R과 통계")

text
"통계"        "데이터"        "데이터분석"  "R과 통계"
```

text라는 이름으로 단어 네 개를 묶어서 저장했습니다. %in%로 text가 통계와 데이터를 포함하는지 확인해보겠습니다.

```
# [코드 A-59]
text %in% c("통계", "데이터")
TRUE   TRUE  FALSE  FALSE
```

첫 번째와 두 번째는 해당 단어와 정확히 일치해서 TRUE라는 결과가 나오지만, 세 번째와 네 번째는 **통계**나 **데이터**를 포함하고 있어도 정확히 일치하지는 않기 때문에 FALSE가 나옵니다. 이렇게 일치 여부를 확인할 때는 ==과 %in%를 쓰고, 단어나 패턴의 포함 여부를 확인할 때는 grepl()을 사용합니다.

```
# [코드 A-60]
grepl("통계", text)
TRUE  FALSE  FALSE   TRUE
```

grepl()에는 먼저 관심 있는 단어나 패턴을 따옴표로 감싸 입력합니다. 그리고 뒤에 해당 패턴의 포함 여부를 확인할 변수 text를 입력합니다. 출력 결과를 보면 첫 번째와 네 번째에 **통계**라는 단어가 포함되어 있다는 것을 알 수 있습니다.

text가 **통계**나 **데이터**라는 단어를 포함하는지 확인하려면 어떻게 할까요? OR의 의미인 | 로 관심 있는 단어와 패턴을 나열하면 됩니다. 네 단어 모두 통계나 데이터를 포함하고 있으므로 결과는 모두 TRUE입니다.

```
# [코드 A-61]
grepl("통계|데이터", text)
TRUE TRUE TRUE TRUE
```

grepl()의 함수 이름에서 l은 `logical`을 뜻합니다. text에 저장된 네 개의 값 각각에 대해 패턴 일치 여부를 확인하고, 결과를 TRUE 혹은 FALSE로 역시 네 개의 값을 출력합니다. 그럼 l이 빠진 그냥 grep() 함수는 어떤 함수일까요?

```
# [코드 A-62]
grep("통계", text)
1 4
```

grep()은 입력한 패턴을 포함하는 관측치의 인덱스를 알려줍니다. 결과를 보면 1과 4, 두 개의 숫자가 출력됐습니다. 첫 번째와 네 번째 값이 패턴을 포함한다, 즉 **통계**라는 단어를 포함한다는 의미입니다.

```
# [코드 A-63]
grep("통계", text, value = T)
"통계"      "R과 통계"
grep("통계", text, value = T, invert = T)
"데이터"    "데이터분석"
```

grep() 함수에는 대표적인 두 가지 옵션이 있습니다. value와 invert입니다. value=T는 인덱스가 아니라 실제 패턴을 포함하는 값을 확인할 수 있고, invert=T는 반대로 패턴을 포함하지 않는 나머지 값을 확인할 때 사용합니다.

데이터를 분석할 때는 단지 텍스트 몇 개가 아니라 텍스트 변수를 가지고 있는 데이터를 다룹니다. 우리가 줄곧 사용해왔듯이 주소를 포함한 고객 데이터, 업종을 포함한 카드 결제 데이터처럼 말이죠. 그래서 단순히 `grep()` 함수만으로 패턴과 일치하는 값을 확인하기보다는 `grepl()`을 `filter()`에 넣어서 조건과 일치하는 관측치를 부분 선택하는 방식이 많이 쓰입니다.

```
# [코드 A-64]
checkout %>%
  filter(grepl("한식|일식", category)) %>%
  count(category)
     category        n
1  일식/생선회점   10024
2  한식/일반음식점 39420
```

이처럼 `grepl()`을 이용하면 업종의 정확한 이름을 몰라도 특정 단어를 포함한 업종만 선택해서 요약할 수 있습니다. 마찬가지로 주소에 강동구가 포함된 고객이 몇 명인지, 상품명에 삼성이나 LG가 들어간 제품 목록을 따로 만드는 것도 명령어 한 줄로 가능합니다.

이어지는 내용에서 훨씬 더 복잡한 찾기가 가능한 정규 표현식을 활용해 패턴을 정의하는 방법을 알아보겠습니다.

A.6.2 정규표현식의 활용

그럼 이제 정규 표현식의 기초 문법에 관해서 이야기해보겠습니다. 앞에서 말했듯이 정규 표현식은 R에서만 쓰는 것이 아니기 때문에 정규 표현식의 문법과 R의 문법을 혼동해서는 안 됩니다. 정규 표현식은 정규 표현식 대로 이해해야 합니다.

먼저 R에서 인덱스에 활용되는 [ ]는 정규 표현식에서 한 칸을 의미합니다. 예를 들어 [abc]는 세 알파벳이 이어진 abc가 아니라 a 혹은 b 혹은 c처럼 알파벳 하나를 의미합니다. { }는 반복 횟수를 의미하며, 이 두 괄호와 나열을 의미하는 -를 조합해서 다음과 같은 패턴을 정의합니다.

- [a-z] 영어 알파벳 소문자 1개
- [a-zA-Z] 대소문자와 관계없이 영어 알파벳 1개
- [가-힣] 한글 1개
- [a-zA-Z가-힣0-9] 영어, 한글, 숫자 중 1개
- [a-zA-Z가-힣0-9]{3} 영어, 한글, 숫자로 구성된 문자 3개
- [a-zA-Z가-힣0-9]{3,6} 영어, 한글, 숫자로 구성된 문자 3~6개
- [a-zA-Z가-힣0-9]{3,} 3글자 이상 영어, 한글, 숫자

패턴으로 한글도 사용할 수 있으며, 가-싛처럼 한글을 ㄱ부터 ㅅ까지만 정의할 수도 있습니다.

```
# [코드 A-65]
text
"통계"        "데이터"      "데이터분석"  "R과 통계"
grepl("[가-싛]{2}", text)
FALSE FALSE   TRUE FALSE
```

[가-싛]{2}는 ㄱ부터 ㅅ까지로 시작하는 한글 두 자를 의미합니다. text값 중에는 분석만이 패턴과 일치하기 때문에 세 번째 값만 TRUE로 출력됐습니다.

특이하게 [] 안에 단어로 사전 정의해놓은 명령어도 있습니다.

- [[:alpha:]] 알파벳(모든 언어)
- [[:blank:]] 스페이스 혹은 탭
- [[:digit:]] 숫자 [0-9]와 동일
- [[:alnum:]] 알파벳과 숫자
- [[:punct:]] 키보드에 있는 특수문자

그리고 [] 안에서 맨 앞에 ^를 붙이면 '아닌 것'을 의미합니다.

```
# [코드 A-66]
grepl("[[:blank:]]", text)
FALSE FALSE FALSE  TRUE
grepl("[^가-힣 ]", text)
FALSE FALSE FALSE  TRUE
```

첫 번째 코드는 text에서 공백을 포함한 문자열을 찾습니다. 두 번째 코드는 대괄호 안에 가-힣과 공백 하나를 두고 맨 앞에 ^를 붙였습니다. ^가 없었으면 한글이나 공백을 포함한 문자열을 찾았겠지만, ^로 시작하기 때문에 한글이나 공백 외의 문자를 포함한 문자열을 찾습니다. 그래서 알파벳 R을 포함한 R과 통계만 결과가 TRUE로 나옵니다.

```
# [코드 A-67]
text2 = c("가나다123ABC", "XYZ.9", "54321", "A/Z", "10 가")

text2
"가나다123ABC" "XYZ.9"       "54321"       "A/Z"         "10 가"
```

한글, 영어, 숫자, 특수문자가 섞인 문자열 다섯 개를 저장한 text2로 몇 가지 예시를 더 살펴보겠습니다.

```
# [코드 A-68]
grep("[가-힣]", text2, value = T)
"가나다123ABC" "10 가"
grep("[^가-힣]", text2, value = T)
"가나다123ABC" "XYZ.9"       "54321"       "A/Z"         "10 가"
grep("[가-힣]", text2, value = T, invert = T)
"XYZ.9" "54321" "A/Z"
```

첫 번째는 text2에서 한글을 포함한 문자열을 찾습니다. 두 번째는 text2에서 한글을 포함한 것과는 상관없이 한글이 아닌 다른 문자를 포함한 문자열을 찾기 때문에 다섯 개가 모두 출력됐습니다. 만약 한글이 하나도 포함되지 않은 텍스트를 찾고 싶으면 세 번째처럼 invert=T 옵션을 추가하면 됩니다.

마찬가지로 grepl()을 사용해서 한글이 포함된 문자열을 찾는 건 쉽습니다. 그러나 grepl() 함수에는 invert 옵션이 없는데요. 한글을 포함하지 않은 문자열을 확인하려면 어떻게 할까요?

```
# [코드 A-69]
grepl("[가-힣]", text2)
TRUE FALSE FALSE FALSE  TRUE
!grepl("[가-힣]", text2)
FALSE  TRUE  TRUE  TRUE FALSE
```

함수 앞에 !를 붙여서 한글이 포함된 문자열을 찾았던 TRUE 혹은 FALSE 결과를 반대로 출력하면 됩니다.

```
# [코드 A-70]
grep("^[가-힣]", text2, value = T)
"가나다123ABC"
grep("[가-힣]$", text2, value = T)
"10 가"
```

지금까지는 [] 안에 ^가 들어간 것을 살펴봤는데, 패턴의 시작인 [] 밖에 ^를 입력하면 완전히 의미가 달라집니다. ^가 [] 앞에 붙으면 '~로 시작하는'이라는 의미여서, ^[가-힣]은 '한글로 시작하는'을 의미하는 패턴입니다. 반대로 패턴의 마지막에 $를 붙이면 '~로 끝나는'의 의미를 가집니다.

마지막으로 실습 데이터를 이용해서 간단히 실습해보고 다음 함수로 넘어가겠습니다.

```
# [코드 A-71]
checkout %>%
  filter(grepl("[[:punct:]]", category)) %>%
  count(category)
       category          n
1    영화관/전시관       860
2    일식/생선회점      10024
3   제과/아이스크림점    14716
4    주유소/충전소      4746
```

5	커피/음료전문점	34963
6	학원업종/학습지	680
7	한식/일반음식점	39420

이번에는 grepl()과 [[:punct:]]를 이용해 이름에 특수문자가 포함된 업종을 선택했습니다.

```
# [코드 A-72]
customer %>%
  filter(grepl("^[4-9]", age)) %>%
  summarise(min(age))
    min(age)
1       40
```

고객 데이터에서 나이를 나타내는 **age** 변수는 수치형 변수지만 정규 표현식에 활용할 수 있습니다. 위 코드는 나이가 4부터 9까지의 숫자로 시작하는 고객, 즉 40대 이상만 선택했습니다. 그리고 그중에서 최솟값을 요약했더니 40세가 출력됐네요.

다음은 주소에서 한글이 연속으로 다섯 글자 이상 나오는 관측치를 출력한 결과입니다.

```
# [코드 A-73]
customer %>%
  filter(grepl("[가-힣]{5,}", address)) %>%
  select(1:4) %>%
  head()
  cust_id gender age           address
1  C10001      2  44  데이터구 알고리즘로1길 32
2  C10006      1  29  데이터구 알고리즘로9길 18
3  C10009      1  48  데이터구 알고리즘로1길 19
4  C10010      1  41  데이터구 알고리즘로1길 19
5  C10014      1  49      데이터구 알고리즘로 5
6  C10017      1  47  데이터구 알고리즘로4길 56
```

A.6.3 gsub()를 활용한 찾아 바꾸기와 부분 추출

gsub() 함수는 패턴을 찾아서 바꾸는 함수입니다. 특정 문자나 문자열을 찾아 바꾸고, 전화번호 같은 특정한 패턴을 추출할 때 유용합니다.

```
# [코드 A-74]
text2
"가나다123ABC"      "XYZ.9"       "54321"         "A/Z"          "10 가"
gsub("가나다|ABC", "하하하", text2)
"하하하123하하하"   "XYZ.9"       "54321"         "A/Z"          "10 가"
```

gsub()에는 찾을 문자열이나 패턴, 바꿀 값, 작업 대상을 순서대로 입력합니다. 위의 코드는 text2에서 가나다 또는 ABC를 찾아 하하하로 바꾸겠다는 명령어입니다. 따라서 첫 번째 값이 가나다123ABC에서 하하하123하하하로 바뀐 것을 볼 수 있습니다. gsub()는 이렇게 패턴과 일치하는 값에 대해서만 바꾸기 작업을 실행하고 나머지는 원래 값을 그대로 출력하기 때문에 다음처럼 grep()으로 먼저 패턴이 잘 정의됐는지 확인한 다음 사용하는 것이 좋습니다.

```
# [코드 A-75]
grep("[0-9]{3,}", text2)
1 3
gsub("[0-9]{3,}", "---", text2)
"가나다---ABC" "XYZ.9"           "---"             "A/Z"          "10 가"
```

grep()으로 세 자릿수 이상의 숫자를 패턴으로 설정한 뒤 실행했더니 첫 번째, 세 번째 값이 해당 패턴과 일치한다는 것을 알 수 있습니다. 그다음 gsub()에서 세 자릿수 이상의 숫자를 ---로 바꾸겠다고 설정했는데요. 실행 결과를 보면 세 자릿수 이상의 숫자가 모두 ---로 바뀌었습니다.

그리고 gsub()는 대표적으로 특수문자를 제거할 때 사용합니다. 일반적으로 특수문자는 필수로 입력해야 하는 것이 아니라 데이터에서 정보를 더 잘 구분하기 위해 입력하는 경우가 많습니다. 문장부호 역시 큰 의미는 없죠. 오히려 특수문자는 분석에 방해될 수가 있어서 제거하는 게 좋습니다. 아래처럼 명령어 한 줄만 입력하면 간단하게 문자열 데이터에서 키보드에 있는 모든 특수문자를 제거할 수 있습니다.

```
# [코드 A-76]
gsub("[[:punct:]]", "", text2)
"가나다123ABC" "XYZ9"          "54321"          "AZ"          "10 가"
```

특수문자 제거와 비슷하게 문자나 숫자를 제외한 나머지를 모두 제거하는 것도 가능합니다.

```
# [코드 A-77]
gsub("[^[:alnum:]]", "", text2)
"가나다123ABC" "XYZ9"          "54321"          "AZ"          "10가"
```

[[:punch:]]와 다르게 [^[:alnum:]]은 공백도 제거합니다.

이렇게 gsub()는 기본적으로 특정 문자열을 찾아서 바꾸는 역할을 하지만, 문자열에서 특정 부분을 추출할 때도 활용합니다. 이제 지금까지 살펴본 것보다는 조금 긴 문자열을 살펴 보겠습니다.

```
# [코드 A-78]
longtext = "어쩌고저쩌고 .@# product_id=P02930&ABC 123"
longtext
"어쩌고저쩌고 .@# product_id=P02930&ABC 123"
```

longtext에 가상의 로그 데이터를 저장했는데요. 저 긴 문자열 중에서 우리가 필요한 부분은 P로 시작하고 다섯 자리 숫자가 이어지는 6자리 상품 코드입니다. 여기서 고민해야 할 문제는 상품 코드의 문자나 숫자가 달라질 수 있으며, 그 앞뒤로 오는 문자 수도 달라질 수 있다는 점입니다. 이럴 때도 gsub()를 사용하는데, 패턴을 정의할 때 새로운 기호로 .*가 필요합니다.

정규 표현식에서 점(.) 하나는 아무 문자 하나를 의미합니다. 한글, 알파벳, 숫자, 특수문자, 공백을 포함한 모든 문자가 가능하죠. 만약 패턴을 ...으로 정의한다면 아무거나 세 칸을 뜻합니다.

별표(*)는 복제를 의미합니다. 앞에서 사용해본 {}는 안에 입력한 숫자만큼 {} 앞의 문자를 여러 번 반복했었는데요. *는 앞에 있는 문자가 한 번도 안 나올 수도 있고, 한 번이든 열

번이든 개수에 상관없이 나올 수 있음을 표현합니다. 즉, .*는 .을 복제한 거니까 어떤 문자이든 간에 하나도 없을 수도 있고 연달아서 계속해서 나올 수도 있다는 의미죠.

다시 longtext를 확인한 뒤, 일단 눈에 보이는 대로 패턴을 grep()으로 표현해보겠습니다.

```
# [코드 A-79]
longtext
"어쩌고저쩌고 .@# product_id=P02930&ABC 123"
grepl(".*product_id=P[0-9]{5}&.*", longtext)
TRUE
```

정의된 패턴이 복잡해 보이지만 천천히 뜯어보면 별거 아닙니다. product_id= 앞에 어느 문자이든 올 수 있고(.*), product_id= 뒤로는 대문자 P와 다섯 자리 숫자(P[0-9]{5})가 나온다. 그리고 & 뒤에 또 무언가 나올 수 있다(.*)는 뜻입니다. grepl()의 결과가 TRUE인 걸 보니 눈에 보이는 대로 패턴을 잘 표현한 것 같습니다. 만약 FALSE가 나온다면 패턴을 제대로 표현하지 못한 것입니다.

이제 함수 이름을 gsub()로 바꾼 뒤 방금 정의한 패턴에서 필요한 부분을 ()로 감싸줍니다. gsub()는 두 번째 입력값에 바꿀 값을 넣어줘야 하는데요. [Enter] 키 위에 있는 원화 표시(₩)를 두 번 누르고 1을 눌러 "\\1"을 입력합니다. 키보드에서는 보통 원화 표시로 되어 있지만 스크립트창에서는 대부분 역슬래시(\)로 입력될 것입니다. 둘은 같으므로 어떤 것으로 표시돼도 상관없습니다. "\\1"은 바로 앞에서 정의한 패턴 중 '첫 번째 소괄호의 내용'이라는 의미입니다.

```
# [코드 A-80]
gsub(".*product_id=(P[0-9]{5})&.*", "\\1", longtext)
"P02930"
```

결과를 보면 패턴으로 정의한 내용은 모두 날아가고 ()로 감싼 부분의 내용만 남은 것을 확인할 수 있습니다. 이를 응용하면 상품명에서 브랜드 이름만 찾는다거나, 주소에서 특정 부분만 추출할 수 있습니다.

```
# [코드 A-81]
customer %>%
  slice_head(n = 3) %>%
  select(1:4)
```

	cust_id	gender	age	address
1	C10001	2	44	데이터구 알고리즘로1길 32
2	C10002	1	44	데이터구 설계로2길 9
3	C10003	2	67	데이터구 설계로6길 64

고객 데이터에서 **address**를 살펴보면 크게 구, 도로명 주소, 건물 번호로 구성되어 있습니다. 이 중에서 도로명 주소만 추출하고 싶을 때 다음과 같이 **gsub()**를 활용합니다. **gsub()**는 기존 변수를 활용해서 새로운 변수를 만들기 때문에 **mutate()**에 넣습니다.

```
# [코드 A-82]
customer %>%
  select(1:4) %>%
  mutate(roadname = gsub("[가-힣]{2,} ([가-힣0-9]{2,}) [0-9]{1,}",
                         "\\1", address)) %>%
  slice_head(n = 3)
```

	cust_id	gender	age	address	roadname
1	C10001	2	44	데이터구 알고리즘로1길 32	알고리즘로1길
2	C10002	1	44	데이터구 설계로2길 9	설계로2길
3	C10003	2	67	데이터구 설계로6길 64	설계로6길

언뜻 보면 복잡해 보이지만 역시 자세히 뜯어보면 별거 아닙니다. **gsub()**의 패턴을 보면 중간에 공백으로 패턴을 세 덩어리로 나누었습니다. 이는 순서대로 구, 도로명 주소, 건물 번호를 나타냅니다. 처음 덩어리를 보면 구 이름은 모두 두 글자 이상의 한글이므로 [가-힣]{2,}로 정의했습니다. 두 번째 덩어리인 도로명 주소에는 숫자도 포함되기 때문에 [가-힣0-9]{2,}라고 정의했습니다. 마지막 덩어리인 건물 번호는 무조건 숫자이므로 [0-9]{1,}이라고 정의했습니다. 그리고 우리가 필요한 도로명 부분에 {}를 씌우면 중간 덩어리인 도로명 주소만 추출되어 **roadname**으로 잘 저장된 것을 볼 수 있습니다.

이번에는 가맹점 데이터를 이용해 상호에서 브랜드를 추출해볼까요?

```
# [코드 A-83]
merchant = read.csv("data/merchant.csv", fileEncoding = "UTF-8")
merchant %>%
  filter(category == "편의점") %>%
  select(1:3) %>%
  slice_head(n = 3)
```

	merc_id	name	category
1	M92370	GG 설계 WCS점	편의점
2	M27345	GG 설계 AYB점	편의점
3	M41857	CC 통계 RZO점	편의점

가맹점 데이터에서 편의점 업종만 선택해보면 name 변수에 제가 임의로 지은 가맹점 이름이 저장돼있습니다. 일반적으로 편의점 이름은 브랜드명, 지역명, 가맹점명으로 구성되는데, 이 중에서 처음에 나오는 브랜드명만 추출하기 위해 다음과 같이 gsub() 함수를 사용합니다.

```
# [코드 A-84]
merchant %>%
  filter(category == "편의점") %>%
  mutate(brand = gsub("^([[:alpha:]]{2,}) .*", "\\1", name)) %>%
  count(brand)
```

	brand	n
1	CC	27
2	EM	20
3	GG	36
4	SE	17

name 변숫값에서 시작부터 첫 번째 공백이 나올 때까지가 브랜드 이름이므로 ^과 공백을 활용해 필요한 부분을 정의했습니다. 그런 다음 count()로 요약하면 브랜드별 편의점 수가 계산됩니다.

이렇게 정규 표현식과 grep(), grepl(), gsub() 함수를 함께 활용하면 분석 과정에서 필요한 복잡하고 오래 걸리는 일들을 생각보다 손쉽게 해결할 수 있습니다. 물론 함수들을 자유자재로 다루는 것도 쉽진 않지만 우리가 실습해본 내용과 비슷한 상황이라면 정규 표현식과 몇 가지 함수를 함께 활용할 수 있다는 사실만으로도 큰 도움이 될 것입니다.

A.7 변수 형식

컴퓨터는 변수를 저장할 때 나름의 형식을 이용해서 효율적으로 저장합니다. 1이라는 똑같은 값을 정수로 저장할 수도 있고, 1.0과 같이 소수점을 포함해서 저장할 수도 있고, 문자로 저장할 수도 있습니다. 그래서 컴퓨터 프로그래밍 언어를 배울 때 기본적으로 형식과 관련된 이야기를 빼놓을 수가 없습니다.

함수 등을 사용할 때는 변수의 형식에 따라 제약이 생기는데, R을 활용할 때는 비교적 형식에서 자유롭습니다. 굳이 형식을 신경 쓰지 않아도 데이터를 요약하고 시각화할 수 있죠. 그러나 가끔 형식과 관련된 오류가 발생하면 당연히 알맞은 형식으로 맞춰주는 작업이 필요합니다. 그럼 데이터에 있는 변수의 형식을 확인하고, 변환하는 방법을 함께 살펴보겠습니다.

A.7.1 변수 형식 확인

str() 함수에 데이터를 넣고 실행하면 각 변수의 형식을 포함한 데이터 구조(structure)와 관련된 전반적인 정보를 확인할 수 있습니다. 실습 데이터를 불러와서 살펴봅시다.

```
# [코드 A-85]
sample = read.csv("data/sample2.csv")

sample
   ID GENDER AGE SCORE COMMENT
1  1    M    32  8.8
2  2    F    28  9.2   GREAT
3  3    F    30  8.7
4  4    M    31  9.0   GOOD
5  5    M    30  8.5
sample %>%
  str(sample)
'data.frame':5 obs. of  5 variables:
 $ ID     : int  1 2 3 4 5
 $ GENDER : chr  "M" "F" "F" "M" ...
 $ AGE    : int  32 28 30 31 30
 $ SCORE  : num  8.8 9.2 8.7 9 8.5
 $ COMMENT: chr  "" "GREAT" "" "GOOD" ...
```

data 폴더에 있는 sample2.csv 파일을 불러와서 `sample`로 저장했습니다. 그런 다음 `sample` 명령어를 실행해서 저장된 데이터를 출력했습니다. 출력된 데이터를 세로로 보면 숫자도 보이고 영문자도 보입니다. 이러한 데이터를 불러올 때 R은 각각의 변수를 적절한 형식으로 저장해서 불러오는데, `sample`을 `str()`에 넣고 실행한 결과를 살펴보겠습니다.

첫 번째 줄을 보면 이 데이터가 `data.frame`이라는 형식으로 저장되어 있다는 걸 보여줍니다. `data.frame` 형식은 R에서 사용하는 기본적인 데이터 형식으로, 변수들을 묶어서 만든 데이터라고 생각하면 됩니다. 이어서 관측치 개수를 나타내는 `obs`와 변수 개수를 나타내는 `variables`가 있습니다. `sample` 데이터는 5개의 관측치(observations)와 5개의 변수(variables)로 구성되어 있네요.

그다음 줄부터는 각 변수의 특징이 나옵니다. `$`로 변수의 목록을 나열하고 `:` 뒤에 변수의 형식을 표시합니다. R의 기본적인 변수 형식은 다음과 같습니다.

- `numeric`, `num`, `double`, `dbl`   수치형
- `integer`, `int`   정수형
- `character`, `chr`, `string`   문자형
- `Factor`, `fct`   범주형
- `Date`   날짜형
- `POSIXt`, `POSIXlt`, `POSIXct`   날짜/시간형

`read.csv()`는 데이터를 불러올 때 어떤 변수의 모든 값이 숫자면 일단 수치형으로 저장합니다. 위 코드에서 SCORE 변수가 그렇습니다. ID나 AGE도 숫자지만 소수점이 없는 정수이므로 좀 더 효율적인 정수형으로 저장합니다. 그런 다음 숫자가 아닌 GENDER와 COMMENT는 모두 문자형으로 저장해서 불러왔습니다. 이렇게 `read.csv()`로 불러온 데이터에서 변수의 형식을 `str()`로 확인해보면 `num`, `int`, `chr` 중에 하나의 값을 가집니다.

변수의 형식은 `str()` 대신 `tibble()`로도 확인할 수 있습니다. `tibble()`로 데이터를 출력하면 각 변수 이름 아래에 형식도 함께 출력되는데, 수치형 변수가 `num` 대신 `dbl`로 표시된다는 점만 다릅니다.

```
# [코드 A-86]
sample %>%
  tibble()
# A tibble: 5 x 5
     ID GENCER    AGE  SCORE  COMMENT
  <int> <chr>   <int>  <dbl>  <chr>
1     1 M          32    8.8  ""
2     2 F          28    9.2  "GREAT"
3     3 F          30    8.7  ""
4     4 M          31    9    "GOOD"
5     5 M          30    8.5  ""
```

그런데 똑같이 문자형 변수더라도 GENDER와 COMMENT는 성격이 조금 다릅니다. COMMENT는 관측치마다 값이 다를 수 있고 실제 값이 그 자체로 의미 있는 진짜 문자형 변수지만, GENDER 변수는 관측치의 성별을 M과 F로 표현한 범주형 변수입니다. M과 F라는 값 자체가 중요한 것이 아니라 M과 F 대신 남과 여로 표현해도 문제없고, 관측치가 아무리 많아도 성별은 무조건 이 두 개 중에 하나의 값을 가집니다. 이런 변수들은 필요에 따라 Factor 형식으로 바꿔 활용할 수 있습니다.

만약 불러올 데이터에 이런 범주형 변수가 많다면 read.csv() 함수의 StringAsFactors=T 옵션을 사용합니다. 그럼 옵션의 이름처럼 데이터를 불러올 때 문자형 변수를 모두 범주형 변수로 변환해서 불러옵니다.

```
# [코드 A-87]
read.csv("data/sample2.csv", stringsAsFactors = T) %>%
  str()
'data.frame': 5 obs. of  5 variables:
 $ ID     : int  1 2 3 4 5
 $ GENDER : Factor w/ 2 levels "F","M": 2 1 1 2 2
 $ AGE    : int  32 28 30 31 30
 $ SCORE  : num  8.8 9.2 8.7 9 8.5
 $ COMMENT: Factor w/ 3 levels "","GOOD","GREAT": 1 3 1 2 1
```

기본 옵션값으로는 문자형으로 저장된 GEDNER와 COMMENT를 Factor 형식으로 바꿔 불러오는 것을 확인할 수 있습니다. GENDER는 문제없지만 사실 COMMENT는 Factor 형식이 어울리지 않습니다. 관측치마다 값이 다른 주소, 상품명, 상품평 등은 범주형 변수가 아니라 문자형으로 저장하는 것이 더 낫습니다. 따라서 일단 수치형 변수가 아닌 변수들을 모두 같은 형식으로 불러온 뒤 변수의 성격에 따라 범주형이나 문자형으로 바꿔야 합니다. 그럼 다음 내용에서 변수의 형식을 변환하는 방법을 살펴봅시다.

A.7.2 변수 형식 변환

5장에서 문자로 저장된 날짜 변수를 날짜 형식으로 바꾸기 위해 `as.Date()` 함수를 사용했었습니다. R에는 `as.`으로 시작하는 함수가 많은데, 모두 형식을 바꿀 때 활용합니다. 어떤 함수가 있는지 간단하게 살펴봅시다.

- `as.numeric()`   수치형으로 변환
- `as.integer()`   정수형으로 변환
- `as.character()` 문자형으로 변환
- `as.factor()`   범주형으로 변환
- `as.Date()`   날짜형으로 변환

앞에서 불러온 `sample` 데이터에는 정수형 변수 `ID`가 있습니다. 그런데 이 변수는 이름 그대로 고객을 식별하기 위한 것이라서 정수지만 평균을 구하는 등의 연산을 할 필요가 없는 정수입니다. 그렇다고 이 변수를 범주형으로 바꾸는 것도 의미가 없습니다. 성별과 달리 고객마다 ID값이 모두 다르기 때문이죠. 따라서 그냥 이대로 둬도 문제는 없지만, 문자형으로 변환하는 것이 가장 적절합니다.

```
# [코드 A-88]
sample = sample %>%
  mutate(ID = as.character(ID))

sample %>%
  tibble()
# A tibble: 5 x 5
     ID  GENDER      AGE     SCORE    COMMENT
```

	<chr>	<chr>	<int>	<dbl>	<chr>
1	1	M	32	8.8	""
2	2	F	28	9.2	"GREAT"
3	3	F	30	8.7	""
4	4	M	31	9	"GOOD"
5	5	M	30	8.5	""

mutate() 안에서 as.character() 함수를 활용해서 ID를 문자형으로 변환했습니다. 그런 다음 원본 데이터에 변환한 형식을 반영하기 위해서 =으로 데이터를 업데이트했습니다. tibble()로 출력해보니 변수 ID 밑에 문자형인 <chr>로 잘 변환된 것을 확인할 수 있습니다.

이처럼 as. 함수를 사용해서 변수를 원하는 형식으로 변환할 수 있습니다. 앞에서 얘기했듯이 문자형으로 저장된 GENDER 변수는 범주형 변수 형식이 더 잘 어울립니다. 그럼 as.factor() 함수를 사용해서 바꿔봅시다.

```
# [코드 A-89]
sample = sample %>%
  mutate(GENDER = as.factor(GENDER))

sample %>%
  tibble()
# A tibble: 5 x 5
    ID    GENDER   AGE   SCORE   COMMENT
   <chr>  <fct>   <int>  <dbl>    <chr>
1   1      M       32    8.8      ""
2   2      F       28    9.2     "GREAT"
3   3      F       30    8.7      ""
4   4      M       31    9       "GOOD"
5   5      M       30    8.5      ""
```

tibble 형식으로 출력된 결과를 보면 GENDER 아래에 Factor를 줄여서 표시한 <fct>가 보입니다. 형식이 잘 변환되었네요.

그런데 사실 Factor라는 형식을 신경 쓰지 않고도 앞에서 이미 많은 실습을 큰 문제 없이 진행했던 것처럼 dplyr, ggplot2 패키지를 활용해서 데이터를 분석할 때는 GENDER 변수가 문자형이든 범주형이든 큰 상관이 없습니다. 그럼 굳이 왜 여기서 형식을 바꾼 걸까요? Factor 형식은 수준(levels)을 활용할 수 있다는 장점이 있기 때문입니다.

GENDER 변수는 M과 F, 둘 중 하나의 값을 가진다고 했습니다. 이 값을 남과 여로 바꾸고 싶으면 if_else() 함수를 쓰면 됩니다.

```
# [코드 A-90]
sample %>%
  mutate(GENDER = if_else(GENDER == "M", "남", "여"))
```

	ID	GENDER	AGE	SCORE	COMMENT
1	1	남	32	8.8	
2	2	여	28	9.2	GREAT
3	3	여	30	8.7	
4	4	남	31	9.0	GOOD
5	5	남	30	8.5	

그런데 이 방법은 범주형 변수의 수준 개수가 많아지면 일일이 입력하기 번거로워집니다. 이번에는 levels() 함수를 사용해보겠습니다.

```
# [코드 A-91]
levels(sample$GENDER)
"F" "M"
```

levels() 함수 안에 GENDER 변수를 $로 선택해 넣으면 이 변수의 수준인 F와 M이 출력됩니다. 굳이 unique()나 distinct()를 쓰지 않아도 수준 목록을 확인할 수 있죠.

그리고 levels() 함수 뒤에 =을 붙이면 수준의 값을 업데이트할 수 있습니다. 이 작업을 할 때는 기존 수준의 순서를 잘 확인한 뒤 새 수준의 이름을 순서대로 지정합니다.

```
# [코드 A-92]
levels(sample$GENDER) = c("여", "남")

sample
```

	ID	GENDER	AGE	SCORE	COMMENT
1	1	남	32	8.8	
2	2	여	28	9.2	GREAT
3	3	여	30	8.7	
4	4	남	31	9.0	GOOD
5	5	남	30	8.5	

파이프라인이 아니라 R의 기본 함수를 이용해서 명령어를 만든 게 어색할 수도 있지만, F는 여, M은 남으로 잘 바뀌었습니다. Factor 형식을 활용하면 이런 방식으로 손쉽게 수준을 다룰 수 있습니다. 그뿐만 아니라 몇몇 함수들은 반드시 Factor 형식으로 설정된 변수만 사용할 수 있으므로 as.factor() 함수를 잘 기억해둡시다.

찾아보기

A

aes()	111
aggregation	8
AI(Artificial Intelligence)	14
allocation	27
app	3
application	3
arrange()	102
as.character()	322
as.Date()	213, 322
as.factor()	182, 322
as.integer()	322
as.numeric()	322
as_tibble()	77

B

back-end	4
barplot	118
between()	91
big data	13
boolean	85

C

c()	28
case_when()	152
categorical	118
character	320
chr	320
comment	34
complete()	270
contains()	129
conversion specification	210
coord_filp()	291
correlation coefficient	221
count()	101
cut()	133

D

database	4
Date	208, 320
DB	4
dbl	320
DBMS(DataBase Management System)	4
dim()	57
dir.create()	252
distinct()	172
double	320
dplyr	66
DT(Digital Transfomation)	13

E

EDA(Exploratory Data Analysis)	227
element_blank()	302
element_line()	302
element_text()	302
ends_with()	129

F

facet_grid()	231
facet_wrap()	231
factor	182
Factor	320
factor()	182
fct	320
feature	2
fill()	274
filter()	83
font_add_google()	305
format()	213
front-end	3
function	22

G

gather()	278
geom_bar()	119

geom_col()	119	min()	80
geom_histogram()	112	missing value	140
geom_point()	221	ML(Machine Learning)	14
geom_text()	206	mutate()	132
geom_tile()	204		
ggplot2	66, 109	**N**	
ggsave()	257	n()	80
gplot()	288	n_distinct()	80
grep()	307	na.rm	142
grepl()	85, 307	names()	54
group_by()	96	ncol()	57
gsub()	307	nrow()	57
		num	320
H-I		numeric	320
head()	53	numerical	111
histogram	111		
if_else()	145	**O**	
index	32	object	27
install.packages()	40	observation	2
int	320	order statistics	83
integer	320	outlier	117
interface	4		
is.na()	85, 145	**P**	
labs()	300	parameter	58
lag()	240	paste()	31
lead()	240	paste0()	31
length()	81	POSIXct	320
levels()	182	POSIXlt	320
library()	41	POSIXt	208, 320
		project	265
M			
magrittr	71	**Q-R**	
mart	262	quantile()	80, 83
matches()	129	query	9
max()	80	rbind()	59
mean()	80	read.csv()	44
median()	80	read_excel()	51
merge()	61	readxl	50

regular expression	307
reorder()	289
replace()	274
RPA(Robotic Process Automation)	14

S	
scale_fill_gradient()	297
scale_y_continuous()	292
schema	262
select()	125
separate()	173
showtext	305
slice()	157
slice_head()	157
slice_max()	155
slice_min()	157
slice_tail()	157
spread()	278
SQL 쿼리	9
SQL(Structured Query Language)	9
starts_with()	129
string	320
strptime()	209
strsplit()	173
substr()	31, 170
sum()	80
summarise()	79
system.time()	107, 155

T	
table	262
tail()	53
theme()	304
theme_minimal()	121
tibble	76
tibble()	77
tidyr	173
tidyverse	123

U–W	
UI(User Interface)	3
ungroup()	272
unique()	168
UX(User eXperience)	3
variable	2
vertical bar	92
View()	52
write.csv()	252

찾아보기

ㄱ

객체	27
결측치	140
결측치 대체	140
관측치	2
구간화	150

ㄴ

날짜/시간 패턴	211
날짜/시간형	320
날짜형	320

ㄷ-ㄹ

데이터	1
데이터 분석	1
데이터베이스	4
데이터베이스 관리 시스템	4
도수분포표	111
디지털 트랜스포메이션	13
로봇 프로세스 자동화	14

ㅁ

마트	262
막대그래프	118
머신러닝	14
모수	58
문자형	320

ㅂ

백엔드	4
범주형	320
범주형 변수	118, 182
변수	2
변환 지정	210
분위수	83
불	85
빅데이터	13

ㅅ

상관 계수	221
속성	2
수직선	92
수치형	320
수치형 변수	111
순서 통계량	83
스키마	262

ㅇ

애플리케이션	3
앰퍼샌드	92
앱	3
엑셀	10
이상치	117
인덱스	32
인코딩	49
인터페이스	4

ㅈ

자동완성	46
전처리	269
정규 표현식	307
정수형	320
주석	34
중앙값	82
집계	8

ㅌ-ㅍ

탐색적 데이터 분석	227
테이블	262
파생 변수	132
평균	81
프런트엔드	3
프로젝트	265

찾아보기

ㅎ	
할당	27
함수	22
환경창	27
히스토그램	111
히트맵	196

기타	
!=	85
%)%	71
%in%	85
&	92
|	92
〈	85
〈=	85
==	85
〉	85
〉=	85